U0137000

细品蒋介石

蒋介石日记阅读札记

陈红民 等 著

人民出版社

目　录
CONTENTS

历史事件篇

人物网络篇

序　言
我对《蒋介石日记》的看法

蒋介石是中国近现代史上的重要人物，他与20世纪中国的许多重大历史事件与制度有着不可分割的关系。对蒋介石的研究，是学术界长期的课题之一，普通读者对蒋氏的历史亦兴趣不减，坊间充斥着有关蒋的言行事迹的出版物，严谨的学术著作与戏说性质的野史稗闻混杂。近年来，充满神秘色彩的“蒋介石档案”（大溪档案）与《蒋介石日记》相继由台北“国史馆”与美国斯坦福大学胡佛研究所对公众开放，中外学者们通过档案“走近”蒋介石，他与许多重大历史事件的关系得以厘清，有关蒋介石的学术研究进入到新的阶段。

笔者数次造访斯坦福大学胡佛研究所，阅读《蒋介石日记》，发现日记中既有大量内容涉及国家军政大事，也有相当多是记述蒋氏私人生活、其对人对事的观感与个人心路历程。蒋在日记中所记的一些琐事细节，对于我们全面地认识蒋介石的思想生活与人际关系，不无益处。

笔者近10年来，在从事学术写作之余，也有意根据所摘抄《蒋介石日记》内容，辅以其他史料，择前人所不知或有趣之事写成系列琐记，以非史学专业的读者为对象，进行“揭秘”之余，也提供些笔者作为史学工作者的感想，文字长短不拘，所涉史事与人物可大可小。这些短文先后在《世纪》、《凤凰周刊》、《纵横》、《南方都市报》、《中国国家历史》等刊物上刊出，其中，中央文史馆与上海文史馆合办之《世纪》开辟专栏连载。文章刊出后，获得普遍好评，转载率颇高。而笔者所写发表于《近代史研究》、《史学月刊》、《浙江大学学报》、《抗日战争研究》、《江海学刊》等学术刊物上不少专业学术论文，所讨论问题产生的影响也超出史学界。

最初就有希望这类文章能自成体系，日后结集出版的想法。目前，所写已经超过20篇，虽然篇幅长短不一，风格也有所差异（学术论文均在史料与观点不变的情况下重新改写，在文字风格上向通俗化靠拢），虽难以涵盖蒋介石生活的全部，但也能反映他的一些侧面。在所有关于蒋氏的文字中，别具一格。使读者在轻松的阅读中，了解蒋介石鲜为人知的另一面。

本书主要依据的材料是《蒋介石日记》。关于这份日记，坊间已经有不少的介绍，也有争议。以下，先谈笔者对于《蒋介石日记》的看法。

日记本是一种文体，写作者逐日记述个人的工作、生活、感情、见闻与所思所想等，或留作记忆备忘，或自我反省总结检讨，或宣泄个人情感。日记极具个人隐私性质，且是当时所记，较为准确（比较回忆录等史料而言）。重要历史人物的日记，不仅透露出不为人知的感情世界、心路历程、性格特征，更有许多重大历史事件背后的秘闻和世人所不知的内幕。因此，日记在史学研究中深受重视。已经出版的民国时期一些重要人物的日记，如《胡适日记》、《蒋作宾日记》、《王世杰日记》、《徐永昌日记》等被广泛运用。然而，所有这些日记，无论是写作者的地位、日记跨越的时间长度，还是被学术界及公众关注的程度，均不能与《蒋介石日记》相提并论。著名史学家杨天石研究员认为，在中国以至世界的政治家中，有这么长时段的日记在世，内容如此丰富，“大概绝无仅有”。

关于《蒋介石日记》手稿本的基本情况，杨天石先生曾著《蒋介石日记的现状及其真实性问题》一文做过基本介绍，蒋写日记开始于1915年，终止于1972年，前后持续不辍达57年，除1915年、1916年、1917年、1924年的日记因故遗失外，其余53年的日记（共63册）均保存完好。其留存下来的线路为：蒋介石生前一直由本人随身保管，蒋去世后由蒋经国保管。蒋经国在1988年去世，日记由其幼子蒋孝勇保管。1996年蒋孝勇去世后，日记转由其妻蒋方智怡女士保管，并带往海外。2004年经由美国斯坦福大学胡佛研究所的动员，决定暂时存放于胡佛研究所档案馆。胡佛研究所档案馆在进行了技术处理并征得蒋家亲属同意后，从2006年3月起逐步向公众开放，2009年，实现全部开放。如今，来自世界各国的很多学者与民众阅读过《蒋介石日记》。

多家出版机构希望能将《蒋介石日记》出版，据说台湾有关机构已印制了某些年份的日记，但因蒋氏家族内部意见不一，出版之事暂时搁置。希望不久的将来，全部日记能出版。

其实，写日记对于少年的蒋介石是痛苦的记忆：

> 余十四岁，……师为毛凤美先生。毛师热心而无教法，只要余强作背诵而并不指示其写读之法，时或溺爱异常，时或严责痛斥。……当入学之初，即责令余去年之日记，时余实不……为何物，茫无以应。彼以余为伪，必欲余如命呈交，余以实告，彼犹追究不释，如此者数日，使余食息不安。然自入师门，彼并不教余记日记，亦不以日记体裁教余。（“中华民国六年前事略”，以下所引蒋介石日记内容，均出自斯坦

福大学胡佛研究所档案馆所藏的“蒋介石日记”手稿本，只注时间）

奇怪的是，曾因不知日记为何物而“食息不安”的蒋介石，后来变成了酷爱写日记的“达人”。

当越来越多的学者在论著中引用蒋介石日记时，常被问起的一个问题是：蒋介石日记是真的吗？其实，询问者不同，这个问题里又包含了两个层次：一、这真是蒋介石自己写的日记吗？二、即使是蒋亲笔写的日记，其中的内容真实吗？这是判断蒋日记价值，并利用其进行学术研究所必须回答的问题。

有人之所以会怀疑斯坦福大学胡佛研究所收藏的是不是蒋介石的亲笔日记，是有其理由的：伪造历史名人日记的事情时常发生，如“希特勒日记”、“汪精卫日记”等。在胡佛研究所公开《蒋介石日记》前，坊间已经有号称依据蒋介石日记写作的论著，其中最出名的是著有《万历十五年》的旅美史学家黄仁宇教授在没有看过蒋日记的情况下，却写出了《从大历史的角度读蒋介石日记》（台北：台湾时报文化出版社 1994 年版）。2007 年，张秀章著《蒋介石日记揭秘》一书（北京：团结出版社 2007 年版），也以蒋日记为“卖点”，被学者斥之为“伪书”。而存于斯坦福大学胡佛研究所的《蒋介石日记》，则无论从其保存过程，还是字迹与内容来看，确是蒋介石亲笔所写无疑。开放 10 年来，阅读过日记的中外学者，亦无人对此提出疑义。

即使是蒋介石亲笔所记，仍有不少人质疑日记内容的真实性：因为近代历史上，名人“巧妙地”利用了人们对“日记”的信赖，把它“异化”成自我标榜或其他用途的不在少数。如阎锡山的日记，充满着崇高的格言，近乎圣人语录；再如冯玉祥在 20 世纪 30 年代有很快将日记出版的习惯。这种“写给人看”的日记，其真实性确实大打折扣。许多内容真实性很强的日记的主人，在大动荡的时代则不敢留存。许多经历过“文革”的人，都有深夜焚毁日记、家书的经历。蒋介石是否也用日记来粉饰自己呢？要回答此问题，则应先看蒋为什么写日记。

对蒋日记有精深研究的杨天石先生写道：蒋的日记，“主要是为写给自己看的，……目的在自用，而不在示人传世。”他并详举三点理由支持自己的见解：“一、蒋身前从未公布过自己的日记，也从未利用日记向公众宣传，进行自我美化”；“二、蒋喜欢（在日记中）骂人”，如果要公开，他肯定不能如此肆无忌惮地写在日记中；“三、在日记中，蒋写了自己的许多隐私。”笔者完全同意杨天石先生的意见，在此愿结合阅读蒋日记的感受，来补充回答“蒋介石为何写日记”的问题：

一、蒋介石写日记是为个人修身养性。蒋推崇曾国藩，以其为道德修养的楷模，在日记中模仿传统士大夫“日三省吾身”来规范自己的言行修养。台北“国史馆”馆长吕芳上教授感慨地说，写日记是蒋坚持了57年的好习惯。无论时局如何艰困，个人身体、情绪如何变化，能坚持半个多世纪如一日，每天写日记，这是常人所不能做到的。如蒋介石认为1929年日本制造的“济南惨案”是奇耻大辱，此后，他每天的日记均以“雪耻”二字开头，自我惕励，一直坚持到最后。有时，他还以其他的中外名言来自我激励，如1931年上半年他常写的是“人定胜天”、“立志养气，立品修行”。蒋的日记中有大量反省与反思的内容，如他在1931年5月3日“济南惨案”纪念日写道：

> 今日何日？非日本残杀我济南军民之纪念日乎？余以粤事将乱，全力思量而几忘身受之国耻日矣，何以对父母与死难之军民也。记大过一次。（1931年5月3日）

蒋在日记中有对全年工作进行反省的习惯，个人修养也是反省的重要内容。如他在1950年年底写的当年反省录中，专门有“修养”一段：

> 宗教信仰觉有进而无退，朝晚静默祷告各卅分时以上，未曾间断，且增午课静默一次。重修吴译“新约”第一次完，但须造待第二次之修正也。本年对于哲学与精神讲话著作亦较多，对于总理重要遗教亦复重加习读研讨，自觉为难得之机，获益亦多。惟对横逆与诬蔑之来，虽以“忍性吞声，澹泊听天”自勉，有时总不免实［偏］激愤怒，自残身心，不孝不忠，罪莫大也。（三十九年（1950 年）工作反省录）

正因为是要砥砺个人，提高修养，蒋才在日记中不惮写下自己“不检点”的隐私，不停地自责，甚至在日记中以“记大过”等来“自我处分”。蒋不仅自己坚持写日记，还要求下属、子女写日记。20 世纪 30 年代举办庐山军官训练团时，蒋经常抽查学员的日记。蒋经国从苏联回国后，蒋介石要求他写日记，并将自己的日记给蒋经国看，留下一段父子互相观摩对方日记的佳话。在父亲影响下，蒋经国也养成了写日记的习惯（《蒋经国日记》目前也寄存在胡佛研究所，尚未开放）。蒋介石去世后，所有文件都交由“总统府机要室”专管（即所谓“大溪档案”，已转交“国史馆”对外开放），唯独将日记留给蒋经国保存，蒋经国过世后，两人的日记又传到蒋孝勇手中。可见蒋介石将日记当成了“传家宝”。

二、蒋介石写日记是为“资政”。总体而言，蒋介石是个经验主义者，他所处的时代，是中国从传统向现代急骤转变的时期，面临数千年未有之大变局。无论是治党还是治国，蒋介石都没有可资借鉴的经验，他经常翻阅、整理以前的日记或旧稿，从过往的亲身经历中寻找启迪。如 1931 年 4 月蒋介石就有几次看日记旧稿的记载：“晚看自草旧稿，颇有趣也。拟名之曰《自反录》，以自笑自愧之处甚多，可为借鉴也。”（1931 年 4 月 4 日）“回寓整理旧稿，见十年（1921）春复（廖）仲恺信，言苏俄之居心叵测甚详，阅之自慰。……余阅此稿及致（汪）精卫最后函稿，则可以无愧于色，功罪是非当待盖棺定论也。”（1931 年 4 月 13 日）蒋读旧时日记感触也颇多：“近阅二十二年（1933 年）记事，更感吾昔宽容政策其误国大矣。今可证明，凡为叛逆者，如宽赦他一次，则其必有第二次更大之叛变。故叛徒之定律：凡既有一次之叛变，则必有第二第三乃至无数次之叛变。”（1951 年 9 月 7 日）1952 年年底，蒋对日记的“资政”功效有直接的表述：

旧日记自卅二年（1943 年）至卅七年（1948 年）各册皆已审阅完毕，可说最有补于我，此比阅览任何历史所不能得者。（四十一年（1952 年）总反省录）

三、蒋介石写日记是为了日常工作、生活的安排与备忘。蒋是个生活颇有规律甚至有些刻板的人，他常制定“课程表”，对每天从起床到入睡各时间段的工作与生活进行相当严格的划分。他的日记通常包括“预定”（需处理之事）、“注意”（不一定马上处理但需考虑之事）与“记事”（所进行工作与感想等）。现将 1934 年 10 月 10 日（双十国庆节）蒋的日记摘录于下：

雪耻。身为统帅而不能报复国仇，何以对此国庆节，何以对先烈与总理在天之灵也。

预定：一、电白修零陵、道县、江华之线；二、维修洛、伊各桥；三、建筑励志社；四、广寒宫地洞；五、电北宁路何以□年；电司告示仍在车上。

注意：一、赣川各匪行动；二、粤桂态度；三、倭俄方针；四、大会展期；五、整军计划。

上午，九时到洛阳，举行阅兵国庆典礼与分校第二期开学典礼。下午，参加和平小学及分校党部成立典礼，视察洛阳。气象更新矣。

第一段"雪耻"之后是蒋颇带自责的感慨；第二段是他预定当天要做的事，相当具体；第三段是他需考虑的一些大问题；第四段则是他当天的行程。

蒋的日记中除了逐日安排外，每周、每月、每年都有相应的"本星期预定工作"、"本月大事预定表"、"上星期反省录"、"上月反省录"、全年总反省录等（不同时间所用名词略有不同，但内容完全相同）。可以说，蒋保持每天写日记的习惯，因为他是要靠日记来规划工作与生活的。如果乱写，则首先受害的就是他自己。

四、蒋介石写日记是为发泄个人情绪，纾解压力。所有读过蒋日记的人，无不对其在日记中大骂下属，骂人范围之广（国民党上层除吴稚晖、蒋经国外，几乎全都被蒋骂过）、用词之刻薄留有深刻印象。蒋介石骂人，充分反映了他的双重价格：骂人，固然是因为蒋脾气暴躁、修养不够（蒋在日记中也一再反省），也与他的处境有关。蒋身处高位，个性偏内向且刻板，又缺少可推心置腹的朋友，所谓"高处不胜寒"，遇到挫折后不良情绪无正常渠道可以发泄，只能在日记中骂人泄愤，平复自己。需要注意的是，蒋在日记中情绪化地骂人，然而，这并不影响他在公开场合理性化地处理"公务"。在20世纪50年代初期的日记中，蒋私下咒骂陈诚非常厉害："辞修(陈诚）气狭量小，动辄严斥苛求，令人难堪，奈何?"（1950年2月22日）"陈（诚）之不智与懦弱，毫无定识，几乎与何（应钦）不相上下矣。"（1953年11月28日"上星期反省录"）甚至骂陈诚是神经病：

> 到研究院开会，研讨政工制度问题，最后辞修（陈诚）发言，面腔怨厌之心理暴发无遗，几视余为之所为与言行皆为迂谈，认为干涉其事，使诸事拖延，台湾召乱，皆由此而起。闻者皆相愕。余惟婉言切戒，以其心理全系病态也，故谅也。(1950年1月12日)

众所周知，事实是，蒋介石退到台湾后，陈诚是其最重要的亲信，在台湾是蒋一人之下万人之上的“二号人物”。蒋背后如此责骂，却仍委任陈诚以台湾省主席、“行政院长”、“副总统”等重任。台湾学者刘维开认为，蒋在日记中用夸张的语言骂人，是其平衡心理，纾解压力的一个重要手段。日记是蒋宣泄不良情绪的“垃圾桶”。

真实的日记是极具个性又随情绪变化的文字，蒋介石写日记长达50余年，其间蒋经历了不同的人生阶段，地位跌宕起伏，阅世与人生经验不断丰富，其写日记的动机、日记的格式，甚至风格也肯定会有变化。一个最直观的印象是，相比之下，蒋在大陆时期的日记较为简略，记事为多，而到台湾后晚年的日记则普遍篇幅较长，思考与琢磨事较多，大概与人到老年，且在台湾相对安定，格局小、事不多有关。

如同所有记日记的人一样，蒋写日记也是有选择性的，记什么，不记什么，他有自己的标准，也有忌惮，甚至不排除有些日记是写给人看的，想青史留名。蒋日记开放后，不少学者想从中直接找到他对于一些重大政治事件记述，如1926年中山舰事件、1927年四一二事件等，结果发现蒋所记内容并不多。以四一二事件为例，蒋1927年4月13日日记如下：

> 列强未平。
>
> 昨夜不能安眠。今晨八时起床，静坐会客写信，拟告同志书。第二军位置不明，第六军退回江南，内容复杂，彼此疑忌，不能制敌，CP（注：中共之英文缩写）阴谋至此可恨。下午建生（白崇禧）到宁，余决心暂守江南，如江北之敌来攻，则出击破之。若汉口来逼，则让南京与彼，退守苏沪也。上海工团枪械昨日已缴，颇有死伤，而浙江各处CP皆同时驱逐，人心为之大快。津浦路敌闻有退却模样。晚与志

希（罗家伦）、建生谈党务及大局。

表面上平铺直叙，轻描淡写，但熟悉蒋日记写作习惯的人知道，蒋是十分注重作息，按时睡觉，但凡日记中写睡眠有问题，则通常是有大事发生。13日的日记说明，蒋对12日上海事件的后果是思虑过度、十分重视的。

笔者在研究抗战胜利前后的蒋介石时发现，对于战后最重要的受降（受降区划分与主官任命等）问题，蒋所记甚少，明显是隐而不记。推想是蒋自知在受降问题上排斥中共与国民党地方实力派，有失公允。形成对比的是，蒋对与毛泽东的谈判，包括要拘毛审判的念头都记述甚详。

可见，蒋介石日记的内容虽然比较坦承，但还是有所选择的，而在解释已发生事情的原因时，则多偏向自己一边，符合一般人趋利避害的心理。需要特别指出的是，到目前为止，尚未见任何中外学者指出蒋介石日记中有违背历史事实，胡编乱造的内容。

鉴于蒋介石个人在中国近现代历史与国民党史上所扮演的角色，完整而持续的《蒋介石日记》作为学术研究史料的重要性是不言而喻的。蒋介石资料（包括《蒋介石日记》与台北“蒋中正档案”）的全面开放，是近年来中国近现代史研究史料方面最重要的进展之一。笔者曾多次说过，在资料开放之前，蒋介石研究主要依据文集、报刊、回忆录与间接的档案，是“蒋介石不在历史现场的蒋介石研究”，而资料开放后，学者可以依据第一手资料进行研究，相关研究变成了“蒋介石在历史现场的蒋介石研究”。两者有着质的区别。而《蒋介石日记》在研究蒋介石个人历史（生活经历、心路历程、感情世界、人际关系等方面），更有着不可替代的价值。

正是基于这样的认识与理解，笔者才依据《蒋介石日记》写出构成本书的系列文章，以加深对蒋介石的了解与认识。

个人生活与亲情篇

一、蒋介石追忆早年生活

对于蒋介石的身世与早年生活，坊间有不少的传说，多有“演义”性质。蒋介石是如何回忆与看待自己的早年生活的呢?《蒋介石日记》提供了答案。

1. 蒋介石何时回忆早年生活

蒋介石自1918年开始记日记，其后，写日记成为他的日常生活习惯之一,一直坚持到1972年手抖不能写字为止。蒋十分重视个人历史的“完整性”，对于1917年之前的生活也根据记忆所及，专门进行了较详细的补记，并定名为《中华民国六年前事略》，与其他日记一起收藏。这是蒋介石对早年生活完整的回忆。

现在仍不能准确地判断《中华民国六年前事略》补写于何时，但其中的两段文字透出一些蛛丝马迹。一段是蒋介石忆及18岁在宁波求学时，老师顾清廉鼓励他读《孙子兵法》，“以为将来干城之选，不料至今真为军事治兵家矣。”另一段是忆及在日本高田实习时的艰苦生活，“当时甚觉将来与邻邦之作战或有甚于今日者，故事事争先，不感其苦。”蒋自诩为“军事治兵家”，又说到与日本作战事。由此推断应该是在对日作战时期。再由《中华民国六年前事略》全文超过七千字，文字中略透出居高临下的感觉，说明写作时心境尚好，如果不是有段较长的安定轻闲时光，恐难完成来推断，故应该是写于蒋已手握军政大权且与日本发生局部战争的1934—1936年之间。1936年10月，蒋介石在其50岁生日时曾有《报国与思亲》一文公开发表，对其家世有所回忆。比较之下，二者写作的心境很相近。

《中华民国六年前事略》是补叙往事，虽成稿较晚，在胡佛研究所的开放的蒋介石日记目录中，仍排在最前面。相对于其他部分，这部分保存并不好，有不少的虫蛀与破损处，给辨识带来较多困难。幸而无大面积的破损，加之以记事为主，结合前后文大致可以读通。

2. 早年的家庭状况、亲情与童趣

1887年蒋介石出生时，其父蒋肃庵在浙江奉化溪口镇开设玉泰盐铺，经营盐、酒等，并有些薄田，在当地属于中等人家，衣食无虞。但他9岁时，其父病逝，家境由小康而衰落，其母王采玉维持家庭。家庭的变故，使蒋介石自小便体会到世间炎凉，记忆深刻。

蒋介石印象最深的便是他们孤儿寡母被人欺凌之事。当时奉化乡下有收“空粮”的旧习，即乡村中田地租税之外多出的部分，通常应该由乡村中的首富大户承担，而大户常恃势大而往下转嫁摊派，反而成了孤弱者家多出而大户少出。蒋介石10岁后，家中常为人所欺，被摊派甚多，其母孤苦无助，筹款不易，常暗自流泪，她一面恳求有所减免，一面希望能“延欠数日”，却被差役以“赖粮不付”的罪名告到官府。蒋家亲友“忌嫉余母子之寡孤财产，不惟不为之助理，而且催衙役发牌票传余到官。”蒋母气急生病，只有忍气吞心，出钱了事。这样的事情使幼年的蒋介石印象极深，自称：

“余自此乃知社会之黑暗与不幸，而更恨世态之炎凉，……惟知嫌恶土豪劣绅贪官污吏之狼狈为奸，压迫孤寡之情不可言说。”社会大课堂的教育，既养成了蒋坚定倔强的性格，对母亲与家人的依恋，也使其萌生通过个人奋斗改变家境、改造社会的念头。

即使家境中落，少年时的蒋介石家仍过着小康生活，从小读书，衣食无忧，比贫穷人家的孩子不知要好上多少倍。他童年的记忆中多有童趣，如在家门前的剡溪中游泳戏水：

> 余幼时最喜游水，武岭为剡溪总汇，流长而水清，一带绿流经余门外而过转折以入甬江，当暴洪涨发时，常有人沉溺至毙，故先母严禁之。然余一离膝下，即潜入溪中，捕鱼自得，甚至乐而忘食。因是常贻慈母之忧。

蒋介石 10 岁那年，随母亲到宁波。第一次乘船出门，第一次见识都市生活，他充满着好奇，目不暇接，兴奋不已。回到溪口后，他将自己乘船的经验演变成游戏：将几张板凳翻倒，合围成船的模样，让有的小朋友充当乘客，有的当船夫撑船。他有时还模仿在庙会上见到的说书人，自己登台说故事，让小朋友们听讲。蒋从自己童年好新奇爱模仿的经历中总结出儿童富于“仿效”与“好奇”两大天性，故童年的教育十分重要，“入于善则善，入于恶则恶。为父母师长者，不可不慎其所教也。”

值得注意的是，蒋介石回忆童年时，详细记述了四次身体受到伤害险些丧命的经历，大概是少时受到的惊吓使他终生难忘：一是幼年时曾有一次为探知咽喉有多深，好奇地将竹筷刺进咽喉深处，满口吐血，家人恐怕他伤及性命，又怕因此而不能发声变成哑巴。二是他稍大一点时，有次趴在齐腰高的水缸边缘戏水，为取缸内东西，手短够不到，便双脚奋力蹬，结果失控栽到水缸中。恰好有人路过，赶忙营救。时值冬天，被人救起时，蒋已手足冰凉，嘴唇发紫，幸好捞起及时，才得免一死。三是蒋7、8岁时，随祖父蒋斯千登法华庵之竹山，下山时蒋介石趁势冲下，结果失控跌在山路上，血流如注。幸好其祖父略知药理，当即采山上草药为之医治，“移时乃愈”。其祖父怕蒋母知道此事伤心，当天不让蒋回家，俟痊后才放行，且再三叮嘱蒋：“勿告汝母，使汝母心伤也。”四是蒋13岁时在外读私塾时，有人骑马来见塾师，蒋喜爱马，帮着喂食、牵马遛行。不料半路上马突然撒野，竟张口向蒋撕咬，年少的蒋惊吓无措，躲避不及，结果马齿伤背，血肉模糊。后在外祖母家息养数日始得痊愈。

伴随蒋介石成长的是长辈的关心与怜爱，这些亲情对蒋一生影响至深。

在蒋介石记忆中，祖父对他的钟爱异于常人。蒋5岁时第一次去私塾开蒙，是祖父送去的。平时祖父破例让他陪着吃饭，遇有好吃的食物先喂蒋吃，“鲜者且先喂余而后自食。”蒋的外祖母亦对他慈爱亲密。当然，蒋提到最多的是母亲。关于他们母子间的故事，坊间出版物中多有涉及，不多赘述。蒋在回忆中提到两个以前史料未曾提及的细节。一个是蒋母怜子，大家庭吃饭时悄悄在蒋介石的碗底藏些肉食，让他到一边去吃。年少的蒋发现肉，惊喜地对着母亲大叫：“余饭内有肉，饭内有肉。”令蒋母在众人面前尴尬万分，面红耳赤。另一个故事是，丈夫过世后，蒋母把希望全部寄托在儿子身上。有乡间相士到溪口，见蒋介石后摸其脑门，自言自语地说：“此孩必成大器，前途不可限量。”蒋母闻其言，喜不自胜，常以此来勉励蒋好好读书，出人头地。

研究蒋介石的学者均有一个困惑：蒋介石常常忆及母亲，却绝少提起父亲，原因何在？笔者本希望能从《蒋介石日记》中找到解释，但结果却是失望。蒋在回忆早年生活中，提到父亲的只两处，寥寥数字，着墨比祖父、外祖母及弟妹都少，而且重点还是落在母亲身上。一处是写蒋母不忍蒋介石被塾师责打，让蒋父去求情。另一处就是蒋父过世：

九岁，先父亦病殁。此为先母锥心泣血，不知所怀之时也。

父亲在儿子成长过程中的重要性不言而喻，但在蒋幼年的记忆中，上学、游戏、进城、甚至生病时，父爱都是“缺位”的。蒋介石为何如此“冷落”父亲，刻意回避，蒋氏父子间到底发生过什么故事？大概永远是个谜了。

3. 求学的经历

在《中华民国六年前事略》中，蒋介石对早年的求学经历记述十分详细，每个塾师、每个学校都没漏掉。

蒋介石 5 岁即在祖父的牵引下去私塾开蒙，这在乡间孩子中是较早的。因他太顽皮，爱下河，又爱玩火，其母无法管束，想出了交给老师管的办法。自由惯了的蒋介石将私塾视为“监狱”，第一天拜师完毕就闹着要回家，被祖父与塾师呵斥才极不情愿地留下来。他自称是“从此即成儿童囚犯矣。每遇放学，视为大赦，其愉快之情，莫能言喻。”

到 15 岁之前，蒋介石均在私塾读书。他在塾师教导下，读完了四书五经与《左传》、《古文观止》等经典，并学作八股文与写诗。他先后受过任介眉、蒋谨藩、姚崇元、毛凤美、毛思诚、竺景崧等塾师的教导，对各位老师的特点均有点评。蒋谨藩、姚崇元对学生以激励教育为主，常夸蒋“天资聪颖”，令蒋感觉甚好。但蒋对其他塾师的教学方法并不认同，尤其对任介眉的体罚教育方式记忆深刻，畏之如虎：

九岁，复从任介眉先生读经。余在塾，以是年上学期为最苦痛而

> 难堪者，盖任师督课，严重者鞭扑，轻者跪立等罚，极人间之惨状，甚至出恭解手亦不敢放弛。每朝三时，必惊起诵读，自行背诵以至天明，稍不纯熟，又恐任师痛击，则号泣不止，且泣不成声，先母见此惨状，每不自安，当代属先父恳求任师，稍为宽假，然终未获任师假借万一也。……是夏，瘟疫盛行，任师以传染而死。当时严师之威，儿童畏之如虎，至今思之，仍有余悸。

另一位塾师毛凤美“热心而无教法”，只会强求学生死记硬背，并不指示其写读之法，且喜怒无常，对学生时或溺爱异常，时或严责痛斥。蒋介石刚入师门，姚即要他交出上年的日记，14 岁的蒋尚不知日记为何物，更不用说写日记了，“茫无以应”。姚以为他在说谎，连续几日仍在催其交出。可恨的是，姚既然如此重视日记，蒋入学后他却从未教过如何写日记，也从不要求学生记日记。笔者感兴趣的是，蒋对于日记有如此痛苦的记忆，却不知后来何以养成了写日记的习惯？

十年寒窗，通过科举考试读书做官，是那时年轻学子的追求，也是蒋介石努力学习的动力。1902 年夏，16 岁的蒋向母亲提出要参加童子试，母亲以他尚年少不允，蒋“功名之心亦切”，坚持报考，结果却是铩羽而归，没有考中“童生”。蒋自述通过考试看到了其中的种种腐败现象，决意不再走科举做官之路。实际上，次年袁世凯就奏请清廷废止科举，就是想参加也不可能了。

清朝末年，兴办新式学堂的风气也吹到奉化。蒋介石既已断通过科举求功名之念，遂向母亲提出不再进私塾。蒋母将他送进奉化县城的凤麓学堂，并一再叮嘱他：出门须“时刻谨慎”，“先防凶事，后言吉事”。凤麓学堂虽号称新式学堂，其实亦不过是所改良之私塾，只是添有英文与算学、地理诸新课程而已，蒋介石颇多失望。学校内做饭的厨子自恃是校董的亲戚，仗势凌人，饭餐恶劣，几难下咽。学生怨声载道，却敢怒而不敢言。蒋记着母亲的叮嘱，忍之又忍，最后还是按捺不住，把厨子叫到膳厅，要求改善伙食（日记中称对厨子“训斥之”），厨子根本不把蒋放在眼里，反而恶言相向。蒋介石一怒之下，竟将餐厅里的餐碗连桌推翻，结果杯碗粉碎。这一下可闹了大祸，校董大怒，要开除蒋的学籍，并送到官府处理。幸好全校同学共抱公愤，站在蒋一边，学校也怕事情闹大触犯众怒，此事最后不了了之。对于凤麓学堂这场风波的起因，毛思诚著的《民国十五年以前之蒋介石先生》说是众学生因学校的新课目太少而不满，推蒋作为代表向校方交涉，蒋在向校方陈述理由时，“盛气趋前，情态激烈”，引起冲突。这里显然有拔高蒋的意思。作家李敖对蒋介石一向持严苛的批判态度，却在其《蒋介石评传》（台湾商周文化事业公司 1995 年版，第 47 页）中也引用了毛思诚的说法。

蒋介石 18 岁时，进入宁波的箭金学校，在这里遇到了对他影响至深的老师顾清廉。顾清廉学问极好，教学得法，对蒋介石颇多赏识与关照。他系统地讲解国学，使蒋对于死记硬背的四书五经之间的学理关系有了全面了解，他告诉蒋读书要有次序，循序渐进，推荐《曾文正公家书》等书给蒋看，此后曾国藩成了蒋的楷模。蒋自承在箭金中学的那段时间，“发愤向学，进步颇多”。难得的是，顾清廉不仅国学基础知识好，还是个追求新知，了解世界大势的人，为学生打开了一扇通往外界的窗户。蒋介石等人正是在与他的谈话中，第一次听到了“孙中山”的名字，知道了革命党的存在与奋斗目标。顾清廉更鼓励青年学子：“如欲大成求新，应出洋留学”。蒋闻此言，渐渐萌发了出洋留学的念头。由于日本明治维新后迅速强大起来，在甲午战争中战胜中国，又在日俄战争中胜了强国俄罗斯，使得日本成为进步中国人的向往之地。蒋介石便把去日本学习军事当成了努力的目标。

4. 如何赴日留学

蒋介石从产生留学的想法到最后成行，中间的过程也是一波三折。

在当时，去外国留学对于溪口乡下的人来说是闻所未闻，当蒋介石把留学的设想告诉家人时，遭到了一致的反对，甚至有亲友痛哭劝阻。蒋“既痛国事之衰坠，满族之凌夷，复痛家事之孤苦，被欺受凌，更欲发愤图强”，认为要报国恨家仇，除出洋求学外，别无他途。正巧当年恶绅又对蒋家百般欺凌，甚至要以“赖粮不付”罪名把蒋送到官府，更强化了蒋“出洋求学，力求自强”的决心。蒋母虽不忍儿子背井离乡远赴外国，但看其决心甚大，也只能为其筹凑经费，允其出洋。

1906 年春，19 岁的蒋介石离开故乡，开始了留学新生活。他满怀进军校学军事的期望到日本，可到后才知道，这个期望无法实现。清政府为稳固统治，与日本达成协议，只有清政府陆军部“保送”的学生才能进军事学校。自费赴日的蒋介石不能入军校，只能进入东京的清华学校学习日语。他学习军事的志向未变，认为“非入陆军学校，由军队入手不易奏革命之效”。正好年底家中有事，催蒋回乡，他便回国，再作计较。蒋介石第一次东渡虽未能实现理想，失望而归，但日本之行却奠定了他日后发展的基调。蒋在东京期间，认识了陈其美等一批革命志士，对反清革命有了明确的认识，“驱逐满族，恢复中华之心更不可抑矣”。

蒋介石回国后，积极寻找官派留学的可能性。1907 年春天，他去杭州游玩，正巧赶上清廷新设的陆军部保定全国陆军速成学堂（保定军官学校之前身）招考，规定考生基本上由各省督练公所考送，浙江省共招 40 个名额，除各校保送生外，自由报考者取的名额只有 14 名，而报考者近千人。蒋介石投考并被录取。全国陆军速成学堂是清廷为培养高级军事人才而设，校方对学生管束甚严，对革命言论闻之色变。蒋介石入校后，学习相当努力，注意与师生搞好关系。特别是他是唯一剪去发辫的学生，十分引人注目（许多传记提到蒋第一次出国前，为显示留学决心，将辫子剪掉托人交给母亲。蒋日记只说在军校时已无辫，未说明何时剪辫）。他在校“时加警惕，谨慎小心，深自藏拙”。最初的日子相对平静。但有一日，日本教官在讲解微生物课时，指着一块土说：此一立方寸之土，好比全中国人在。中国有四万万人，犹如四万万微生虫寄生在此土内一样。蒋介石听到他将中国人比喻为细菌，“实不能再忍激愤之情”，明知校规反对教官轻则除名回籍，追缴学费，重则监禁求罪，还是奋不顾身冲上讲台，将土块分成八份，质问日本教官：“你日本有五千万人，是否亦像五千万微生虫寄生在此八分一之土内一样呢？”日本教官无言可对，恼羞成怒，他见蒋无发辫，就说：“你是革命党。”“你这学生真放肆无忌，不守规矩，我去报告总办。”眼见蒋介石就要大祸临头，幸而军校总办赵理泰还算开明，只让监督曲同丰把蒋传去“严加训斥”，下不为例，并未处分他。

1907 年年底，陆军部在保定速成学堂内考选赴日本留学生。这本是蒋投考该学堂的目标，他要求报名投考，却遭到拒绝。学堂只准日文班的学生投考，蒋未入日文班，故不得报名。蒋一时心灰意冷，以为留日无望，但他思虑再三，“心犹不死”，到考试前一天，决定给总办赵理泰等人写信，提出要求，做最后之努力。信交去后，蒋一直等到深夜，尚无批复，他彻底绝望了，昏昏睡去。不料，在深夜梦中，有人提了灯笼到他床前，唤道：“蒋志清，总办下了条了，明日准你投考留日学生班”。蒋正酣睡，闻之以为在梦

日本振武学校肄业时的蒋介石，时年二十二岁

中。再睁眼定心看，真有人在床前传讯，告诉他准备明晨即要考试。他一时“喜而不寐”。他感叹最后的努力：

平生唯一之志，屈而不伸，且此次机会又过，而竟于此绝望失机之中，仍能偿我所愿，岂非幸事？

翌日，应考三场。蒋虽未入日文班，但他有前次在日本留学的基础，故顺利考取。次年春，蒋介石等40名学生成为清廷陆军部的官费保送生，到东京进入日本士官学校的预科——振武学堂。他终于实现了赴日本学习军事的理想。

日记中有段他离开日本回国参加辛亥革命的记载：

得武汉起义之报，余乃决心回国，故不辞而归。当时犹恐公使馆暗探侦查，故与张群潜抵长崎登船。及回上海，英士嘱余赴杭主持起义事，余即作书寄慈母与胞兄，明告余为革命牺牲之决心，并劝慈母勿以儿之……为念，以及余死后家……于书中。此书托由杨……志春转交者，今或犹能检及也。当时杭州革命之事实，已于《浙江革命记》中略述之，但未尽详耳。

有几处字迹模糊不易辨识，但蒋以必死之心毅然回国参加辛亥革命的过程基本清楚。而且这应该是蒋第一次写遗书。

《中华民国六年前事略》止于1912年蒋介石因陶成章被刺杀案避居日本。他留学日本后的事迹，各种记载颇多，日记中新意无多，不再赘述。

客观论之，蒋介石对青少年生活的回忆虽有矫情之处，总体上还算平实，并无过分的自吹自擂。他在少年时期形成的争强好胜、喜冒险的性格，精神上对母亲的依恋等，对他日后的从政产生重要影响。他在求学阶段完成了从私塾生、新式学堂学生到留学生的三级跳，可谓与时俱进，正是其后从一个浙江乡间的孩童成长为全国领导人的基础与关键。

二、蒋介石是否“学历造假”？

——兼与李敖先生商榷

“打工皇帝”唐骏的“学历门”事件爆发后，引发出对学历造假方方面面的追究。凤凰网的历史专栏专设了“历史上的唐骏：你不是一个人在造假”（http://news.ifeng.com/history/special/lishishangdetangjun/），指出中外历史上曾出现过无数个学历造假的“唐骏”，其中有个案例所用标题是：“一百年以来中国地位最高的学历造假者：竟然位居‘中华民国总统’”。蒋介石的学历问题再次被提起，被钉在“学历造假”的耻辱柱上，而“地位最高的学历造假者”一词，也颇能吸引眼球。

蒋介石“学历造假”的官司是如何产生的？他真的造过这个假吗？

1. 李敖“揭发”蒋介石“学历造假”

李敖先生是揭发蒋介石“学历造假”的第一人。互联网上所有指责蒋介石“学历造假”的证据，均源于李敖的“揭发”与论证。

凤凰网认定蒋介石“学历造假”的根据是李敖所著《蒋介石评传》。该书系汪荣祖与李敖合著，台湾商周文化事业公司 1995 年出版（大陆版由中国友谊出版公司2000年出版），该书第一章第二节的标题为“与日本士官无缘”，针对国民党“钦定履历”中称蒋为“日本士官学校毕业”一事大加抨击，论证其作伪，并分析道：学历作伪“多少透露蒋介石性格中的自卑感与不安全感。亦由于这种在意，使许多文学侍从，不惜把士官的头衔套在他身上，或尽量把他与士官挂钩”。

事实上，李敖在写《蒋介石评传》前，已著有五本系列的《蒋介石研究》，以“李氏观点”对蒋介石彻底审视、全盘批判。他写于1985年10月的《蒋介石是日本士官学校毕业的吗？》一文中首次“揭发”了蒋的学历问题。《蒋介石评传》的相关论点即脱胎于此文。李敖的基本观点如下：1929年出版的《中国国民党年鉴》的蒋介石履历中有“保定陆军速成学校肄业，日本士官学校毕业”字样。这本年鉴是国民党中央的印刷品（根据李文所配图片，该年鉴系国民党中央党史史料编纂委员会编印，背后有“党内刊物，对外秘密”字样），“自然是‘钦定’履历”。1937年的《蒋介石先生传略》（贝华，文化编译馆）写蒋“入陆军士官学校”，1945年的《蒋主席》（邓文仪，胜利出版社）不仅写蒋入士官学校，还杜撰了蒋“在士官学校的时候，专心求学，……谢绝一切游乐”的细节。李敖又引用张群的《我与日本七十年》、古屋奎二的《蒋总统秘录》等书，说它们“把振武学校和陆军士官学校两者，刻意予以牵连”，瞒天过海地营造蒋毕业

于日本士官学校的印象。李敖最后指出，蒋介石的最高学历只是振武学校出身，“距离进入士官学校，显然还隔了一大段”，所谓蒋系“日本士官学校毕业”，只是民国怪谈而已！

2. 几份权威材料证明蒋介石没有“学历造假”

20 世纪 20 年代蒋介石在中国政坛崛起之后，关于他的各种传记、文章层出不穷。李敖列举了三种确定蒋学历有假的资料，但目前所见更多的材料，尤其是有关蒋的权威资料，均看不出蒋本人或是国民党高层在为其“学历造假”。择要列举如下：

材料之一：陈布雷等编《蒋介石先生年表》（传记文学丛书之六八，1978 年 6 月版）。该书“前记”称，此年表原附刊于毛思诚主编《民国十五年前之蒋介石先生》1971 年的重印本，1887 年至 1948 年部分主要为陈布雷所编，1949 年至 1966 年部分由秦孝仪续编。蒋介石逝世后，更名为《蒋总统革命报国大事纪要》，于 1975 年 4 月 7 日至 14 日在《中央日报》连载。陈布雷是蒋介石大陆时期的“文胆”，秦孝仪是蒋晚年的秘书，蒋的遗嘱即由他“奉命承记”，这两人对蒋生平的权威性无可置疑，而在蒋过世后第三天《中央日报》连载，当可视为对蒋生平的“盖棺定论”。该年表对蒋留学日本经历记述如下：

> 纪元前六年（光绪三十二年，1906 年）公二十岁
>
> 四月，东渡日本，肄业东京清华学校。在东京识陈其美。冬，返国。
>
> 纪元前五年（光绪三十三年，1907 年）公二十一岁
>
> 夏，赴保定，肄业陆军部全国陆军速成学堂。……年终应考留日

陆军学生，获选。

纪元前四年（光绪三十四年，1908年）公二十二岁

再东渡日本，入振武学校肄业。……由陈其美介绍加入同盟会。

纪元前三年（宣统元年，1909年）公二十三岁

仍在日本肄业振武学校。

纪元前二年（宣统二年，1910年）公二十四岁

卒业于振武学校，升入高田陆军第十三师团野炮兵第十九联队为士官候补生。

纪元前一年（宣统三年，1911年）公二十五岁

武昌起义，公微服回国，至沪，陈其美令主持攻浙事。

以上所引见《蒋介石先生年表》第4、第5页，笔者删去了若干与主题无关内容。年表显示，蒋是在振武学校毕业后，在高田以士官候补生的资格结束在日留学的。

材料之二：《总统蒋公哀思录》（黎明文化事业公司恭印，1975年4月版）。蒋介石过世的当月，军方背景的黎明文化公司即出此书。书前有台湾官方的"中央社"所编《总统蒋公大事年表》，对蒋的留日背景交待如下：

（1908年）赴日本，入振武学校肄业。加入同盟会。

（1910年）卒业振武学校，入高田野炮兵第十三联队（为"第十九联队"之误——引者注）为士官候补生。

（1911年）武昌起义，公由日返沪，奉命攻浙，光复杭州。

材料之三：黎东方著《蒋介石序传》（联经出版事业公司，无出版年月，"弁言"写于1975年10月5日）。该书对蒋留学日本的记载是：1908年春，蒋"再度乘船到日本，顺利进入了作为日本士官学校的预备学校之振武学

校”。1910年，蒋“已经从振武学校毕业，在新潟县上越市‘高田野炮兵第十三联队’作为士官学校候补生”。这里的“第十三联队”当为“第十九联队”之误。所以列举该书，是因李敖引用过其中的内容，指该书对蒋过誉，“明显的曲笔”。该书写蒋只是士官学校候补生。

材料之四：秦孝仪主编《总统蒋公大事长编初稿》。此书系秦孝仪以国民党党史会主任职在1978年编成，共8卷12册，大量引用蒋介石日记。著名史学家黄仁宇十分推崇该“长编”的价值，他写《从大历史的角度读蒋介石日记》时，并未看过真正的日记，而是依据“长编”所引蒋日记的内容。“长编”第1卷第16、第17页中对蒋留学的相关记载如下：

> （1908年）赴日本，肄业于振武学校。时我留日习军事学生，例须先入振武学校，既三年，始得再入联队为士官候补生也。
>
> （1909年）仍肄业于振武学校。
>
> （1910年）卒业振武学校，升入高田野炮兵第十三师团第十九联队为士官候补生。时天寒雨雪，朝操刷马，夕归刮靴。……
>
> （1911年）春间，仍在日本联队，由一等兵弁升为上等兵。夏间，托故回国，与陈其美在沪密谋于江浙举义。至秋间始回日本联队。嗣得八月十九日（即阳历十月十日）武昌起义之报，乃自日微服返国。

材料之五：蒋介石的日记。《蒋介石日记》（原件现藏美国斯坦福大学胡佛研究所）已对外开放。蒋介石自1918年起坚持写日记五十余年，后来又补写《中华民国六年前事略》，逐年记述1918年前的个人大事，对其在日留学生活记述颇详。其中入学一段写道：“二十一岁春季送往日本，直入东京牛込区振武学校。此为余平生惟一之愿望幸得达成，自足欣慰。”从振武学校毕业后的情况，他写道：

> 廿三岁冬，由振武学堂毕业，送入日本高田野炮兵第十三联队（第十九联队之误——引者注）为士官候补生。……初入联队，已在冬季，雪深丈余，朝操刷马，夕归刷鞋，劳苦一如新兵，当时甚觉将来与邻邦之作战或有甚于今日者，故事事争先，不感其苦。而日本兵营阶级之严，待下之凶，营内之清洁整齐，余皆于此见之。

此后便是他在辛亥革命爆发后归国的情形，再无与留学有关的记载。日记中没有任何曾在日本士官学校学习并毕业于此的暗示。值得注意的是，蒋毕业后进的是高田第十三师团野炮兵第十九联队，但他在日记中误写为“第十三联队”。“中央社”所编《总统蒋公大事年表》、黎东方的《蒋介石序传》也犯同样的错误，可能是源于日记，以讹传讹。

材料之六：蒋介石的演讲。蒋介石在不少演讲，尤其是对部队官兵与军校学生的演讲中提到去日本留学与在高田实习的经验，却从未说自己毕业于日本士官学校。如蒋在 1944 年对青年从军学生的训话中说：

> 我们都被保送到日本振武学校，这时我已经二十一岁了。振武学校是日本陆军预备学校。在振武学校学习了三年毕业，就进了日本的高田野炮兵联队，最初是当二等兵，后来升上了一等兵，称为士官候补生。这一年我正是二十五岁，就是辛亥革命的一年。

这段话转引自李敖《蒋介石是日本士官学校毕业的吗?》一文（《蒋介石研究》（一集），第 41 页）。

以上六份材料，包括了蒋介石的个人日记、演讲及国民党党史会、官方《中央日报》、“中央社”对外宣传的蒋生平年表，均称蒋自振武学校毕业后，为士官候补生。这符合史实，并无“学历造假”。

3. 与李敖先生商榷

李敖善于与人论战，文字犀利，观点鲜明，往往能“从不疑处生疑”，抓住一点猛攻，语不惊人死不休。他在蒋介石当政时期多次入狱，对蒋家有深仇大恨，在《蒋介石研究》的“自序”中说：“我就是要站出来，一一拆穿蒋家的神话。虽然在情绪上，我对蒋介石深恶痛绝，……但在行文上，我却有历史家的严谨，全凭考据来‘诛奸谀于既死，发潜德于幽光。’”《蒋介石是日本士官学校毕业的吗?》一文具有鲜明的“李敖文章”特点。文章抓住 1929 年出版国民党年鉴中蒋介石履历中“日本士官学校毕业”这句话，认定其为国民党“钦定”，然后顺流而下，把 1937 年的另一份简介、1945 年的一本书中有蒋毕业于日本士官学校的记载连在一起，让人感觉蒋介石、国民党一直在造假，蒋介石到死都在说自己毕业于日本士官学校（李敖虽未明说，其叙述却很有“启发性”）。互联网上就有人指责说，“国民党编写的官职履历表、人物志、年鉴、宣传资料等，都说蒋介石毕业于日本陆军士官学校。”然后，李敖开始用他擅长的历史家考据功夫，以材料“揭发”蒋介石是“造假”。他的论证气势排山倒海，使人不能不折服。然而，细读之下，仍有若干值得商榷之处。

商榷之一，李敖证据的代表性。李敖选定蒋介石造假的“三个把子”，两份是简短的履历，一份是蒋的传记，它们把蒋的学历写成“日本士官学校毕业”或“进入过”士官学校，“造假”的证据确凿，无可抵赖。但是，在国民党统治的大陆与台湾，介绍与吹捧蒋介石的文字多如牛毛，这三个（或者再多些）把蒋学历“提高”的证据在其中所占比例极小，也谈不上有多少的代表性。李敖对大量相反的证据“视而不见”，即便是其使用的材料也进行了“选择性处理”。如前文所说，李敖曾用黎东方的《蒋介石序传》来论证有的史书不惜用曲笔对蒋过度赞誉，他还大段引用蒋的训话来证明“蒋介石自道的学历是‘升了上等兵而已’”。然而，这两处材料同时也明确无误地显示蒋是毕业于振武学校，而非日本士官学校。如果李敖认定这两个材料是真实的，又何苦再费力气去证明蒋介石“学历造假”呢？

再者，至少从李敖的叙述逻辑中，笔者很难找到蒋介石本人与那三份造假材料有直接的关系，它们既非蒋介石所作，亦非蒋介石授意写作。至于国民党内有人出于别种目的抬高蒋的学历，为其涂脂抹粉，则很容易从中国人喜欢神化“伟人”、“圣人”的政治文化中找到传统与原因，绝对不在少数。似乎不应让蒋介石为所有介绍他的文字直接负责。

商榷之二，李敖的论证方式。李文中除了那三个直接证据外，又大段地引用张群的《我与日本七十年》及日本古屋奎二的《蒋总统秘录》作为间接证据，证明两本书竭力把蒋的留学经历与“日本士官学校”联系起来，使读者形成其曾进入该校的“假象”。李敖说，张群瞒天过海，“不愧是老油子，是巧宦，他口口声声提到他跟蒋介石同船‘赴日留学’、口口声声他跟蒋介石‘回国参加革命’、口口声声他跟蒋介石‘均任大元帅府参军’，可是只说自己‘在士官学校毕业’、‘从士官学校毕业’，穿插之中，给人蒋介石也不无同此毕业的印象，这种意在文外的妙文，真是马屁高手段也！”

张群是蒋介石留学日本的见证人之一，《我与日本七十年》一书主要叙述张个人与日本的渊源，及其所见证的中日关系（张长期是国民党内与日本打交道的重要角色）。张群自述离开日本军校两年后重获进入日本士官学校资格的那一段如下：

(1913 年“二次革命”失败后)，我与内子亡命日本，适日本政府容许当年在联队之士官候补生进入日本士官学校，我遂重入士官学校继续学业。民国四年，我在士官学校毕业。

该段引文的前面与后面，均无涉及蒋介石的文字。一般读者无论如何也得不出李敖的结论，即张群是在说，或者影射说蒋介石与其此次同时从日本士官学校毕业。

对于古屋奎二的《蒋总统秘录》，李敖在大段引其关于蒋介石留学日本的记载，加了一些评论，如“东扯西扯一大堆”、“对这个不见经传的‘振武学校’”……“费了许多篇幅，予以详加解释”。“从《蒋总统秘录》的行文中，很有兴趣的发现一个现象，就是它把振武学校和陆军士官学校两者刻意予以牵连，例如它说振武学校‘原为日本士官学校的临时校舍’、说‘日本文部省也承认其为志愿学习陆军的预备学校’”，说张群、阎锡山等也毕业于振武学校等，目的是鱼目混珠，意在造成蒋与他们也是士官学校同学的印象。

《蒋总统秘录》一书是由古屋奎二等日本《产经新闻》的记者集体采访，写作过程中曾得到台湾当局的协助，首先由《产经新闻》连载刊出，边写边刊，对象是日本读者，之后才由台湾“中央日报社”于1975年译成中文。因为它是在报纸上连载的作品，所以结构并不严谨。举个例子，名为《蒋总统秘录》中文本共15册，但整个第1册是几乎与“主角”蒋介石无关，蒋到第2册才出现。在此姑且列它前十节的标题为证：“日本投降”、“中共图扩大叛乱”、“天皇制的存废”、“苏俄野心的暴露”、“以德报怨”、“日本一错再错”、“雅尔达密约——贻害无穷”、“真相渐渐揭露”、“俄提先决条件”、“世界重蹈覆辙”。确如李敖所说是“东扯西扯一大堆”。由于是针对日本读者的，故对一些背景须详加解释，正因为振武学校“不见经传”，且已不复存在，才要多费笔墨来介绍其位置、地位、与士官学校的关系、从该校毕业的名人等，以便日本读者理解。李敖对《蒋总统秘录》的质疑，或许是没有注意到该书特殊的写作背景所致。

商榷之三，《李宗仁回忆录》细节的真实性问题。李敖用了李宗仁的下列回忆来论证蒋介石“学历造假”：

> 蒋先生原名志清，弱冠时曾考入保定陆军速成学堂，因不守堂规而被开除。后往日本进陆军振武学校，接受军士教育程度的训练。回国后，却说他是日本士官学校第六期毕业生。此次到了北京，乃派曾一度任其副官长的陈铭阁（河南人）到米市胡同南兵马司和士官学生同学会总会负责人刘宗纪（士官第六期，曾充任孙传芳的参谋长）接洽，并捐五万元，作为同学会经费。那时有些人，像四期的蒋作宾、雷寿荣，六期的杨文凯、卢香亭等，就向刘宗纪质问，哪里出来这个叱咤风云的大同学呢？刘说，捐巨款还不好吗，何必深究呢？本来“英雄不问出身”，蒋先生实在是多此一举。

李宗仁说的是1928年国民党军占领北京时发生的故事。作为一种史料，回忆录的优势与劣势同样明显，引用者须仔细甄别，对于回忆者自吹自擂、贬低他人之处与一些细节的失误，要去伪存真。李宗仁在国民党内与蒋介石长期争斗，写回忆录时客居美国，不断发出反蒋声音，其回忆录中对蒋颇多批评。李敖所引这段回忆，基调上是对蒋讥讽的。短短的一段文字，就有三处错误：两处是李敖所指出的细节，即雷寿荣不是士官学校第四期毕业，而是第五期的；杨文凯应为“杨文恺”。而一处更大的错误，是说蒋介石在保定陆军速成学堂“因不守堂规而被开除”。查蒋介石当时确因不满日本教官污辱中国人，在课堂上顶撞了他，但校方只是对其训诫（蒋日记中称是“严加训斥”），并未开除。蒋介石是从该学堂直接考取留学日本资格的。李敖对蒋留学的历史如此熟悉，不知为何没有发现李宗仁回忆中的这个错误。须知，清朝末年，只有获得官方保送的学生才能进入日本军校学习。如果蒋被开除了，又何以进入振武学校？李回忆的这段故事，并非个人亲历，更像是道听途说的笑话，用他自己的话，是“一段趣事”。能否作为确凿证据，值得推敲。

笔者认为，“学历造假”的定义应该是，造假者本人或指使他人有意对其学历进行修改，以达到特定的目的。以此衡量，蒋介石从未说过自己毕业于日本士官学校，李敖先生抓住了国民党的宣传资料中提高蒋介石学历的事实，但目前的资料及李敖的论证尚不能证明此系是蒋介石授意所为。相反，国民党最正规与权威的资料中均说蒋介石毕业于振武学校，为士官候补生，这与史实相符。因而，说蒋介石“学历造假”，既不公允，也不准确。

最后，介绍日本学者的最新研究成果。东京大学教授川岛真专门研究蒋介石的留学生活，他在查阅日本防卫厅档案，并赴高田进行田野调查后完成论文《蒋介石的高田时代》，2010 年 4 月在浙江大学主办之“蒋介石与近代中国国际学术研讨会”上宣读。论文指出：蒋介石“如果面对 1911 年的辛亥革命，而没有回国，制度上，他也可以上日本士官学校。”

三、蒋介石的故乡山水情结

蒋介石受传统文化影响较深，具有浓厚乡土观念，对故乡——奉化溪口有着独特的感情，这种情感贯穿于蒋的一生。2011年台北"国史馆"出版了《蒋中正总统五记·游记》（黄自进、潘光哲编，以下简称《游记》），该书成稿于抗日战争期间，以编年的形式将1943年之前《蒋介石日记》中所有游历时对各地景物的描写与观感摘录汇集，其中相当多的内容与奉化溪口有关，有的是蒋返乡小住与游览时对故乡景物的赞美；有的是触景生情对故乡风景的怀念追忆等。《游记》为了解蒋的故乡情结提供了新的窗口，我们可以一窥蒋丰富的情感世界。

1. 儿时，痴迷故乡山水

蒋氏家族世居浙江省奉化县溪口镇武岭之下，靠山面水。"其山自四明、石窗、徐凫、雪窦诸奇峰而来，盘纡深峭，奇丽雄峻，号曰武岭。水则剡源，九曲之下游也，涌碧涵净，如被绮谷，号曰锦溪。"（《游记》第1页）蒋介石年幼时，家境相对较好，常随祖父及母亲游览奉化溪口山水，"好耍甚，常出游"。童年的经历，培养了他对故乡山水的特殊感情。

1892年，年方6岁的蒋介石在锦溪游泳戏水，不料山洪暴发，大水突至，蒋“险遭灭顶者再”。这样的险遇，没有减少蒋的“游兴”，仍时常下河去游泳。他后来曾追忆：

余幼时最喜游水，武岭为剡溪总汇，流长而水清，一带绿流经余门外而过转折以入甬江，当暴洪涨发时，常有人沉溺至毙，故先母严禁之。然余一离膝下，即潜入溪中，捕鱼自得，甚至乐而忘食，因是常贻慈母之忧。(《蒋介石日记》，“中华民国六年前事略”)

次年，蒋介石随祖父登山，行至竹林深处，十分欣喜，得意忘形又跳又唱，结果失足坠入山谷，前额跌破，“血如注”。幸好祖父略知药理，及时采山上草药为之医治，方免于危险。回家后蒋介石向母亲王采玉“详述山中之乐，而未尝一言额之痛也”。蒋介石在山水间屡遭意外，这既是他童年生性顽皮、倔强的表现，也体现了故乡山水对其有着极大的吸引力。蒋母见其好玩，尤其是常不听告诫下河戏水，深为担忧，决定把他早日送到私塾，加以管束，以收其心。

1896年清明，蒋介石随母亲到奉化名胜雪窦山观礼佛，顺游妙高峰，该峰形状怪异，如奇兽之首，士人呼为“仰天狮子”。仅10岁的蒋虽不能道尽山峰之妙处，却也“徘徊瞻望，不忍舍去”。随着年纪增长，其母常带他到附近的鄞县、镇海等地的天童山、育王山、灵峰等地礼佛或游玩。每次出游，蒋介石都“大喜欲狂，归而常以语人”。

2. 离家，动辄返乡观景

1906 年蒋介石东渡日本求学后，大部分时间在外地奔波，但故乡如同有强大的磁场，驱使他一有机会便回到奉化溪口。每次回乡，游览故乡山水都是例行节目。蒋对故乡的景点，如千丈岩、飞雪亭、妙高台、仰止桥、隐潭、雪窦寺等如数家珍，百看不厌。

当事业失意、心情烦闷之时，蒋介石往往选择回到奉化溪口，在故乡山水中寻求精神慰藉，静观时局。以 20 世纪 20 年代初其在粤军中任职时期和 1927 年、1931 年、1949 年的三次下野最为显著。

20 世纪 20 年代初，蒋介石在广东粤军中任职，备受陈炯明、许崇智等粤籍将领的排挤。失意的蒋动辄负气离开，除了到上海“流浪”之外，更多的是回到奉化溪口，在探望母亲及故乡山水之中寻找精神的寄托。1920 年 8 月 11 日，不得志的蒋介石自鼓浪屿启程回家，13 日便出游雪窦山，在山上游玩七日之久。在飞雪亭旁，蒋“倚松俯瞰千丈岩之瀑，会大雨，不忍遽返”，赏此“树杪水飞，溅珠喷玉”的奇景，浑然不觉自己通身为大雨浇透，衣衫尽湿。到妙高台，蒋“登而乐之，望见众山之小，诸流之细，……尤喜望不厌”。在三隐潭，他面对“峭壁回合如盖，日光自罅隙而入，照见细流涓涓自右来，明皪如珠子跳跃”的美景，又不禁“叹观止焉”，心中的失落亦抛之云外。(《游记》第 4 页)

蒋介石常说：“在故乡游览山水为平生最乐之事，尤其在战尘弥漫中引退之时，更觉难得，而其乐亦无穷。”1927 年 8 月他第一次下野，辞职的当夜，蒋就离开南京取道宁波回溪口。刚入宁波境内，蒋遥望甬山之上，见古塔耸然，亭亭云际，诸山雄厚，众水清秀，便觉故乡风景“相将迎余有情，使余爱乡之心，弥加切至，惟自恨卸肩归来之不早也!”。并叹道：

> 余自民国十三年违离故乡，迄今始归，百战余生，犹得见故乡山水，殊自幸也。(《游记》第28页)

8月14日下午，刚到家的蒋介石就迫不及待地入观乐亭。15日，省母墓，入居慈庵。16日，游雪窦寺，观三年来一直“寤寐念之，未尝一日忘也”的千丈岩瀑布。此后直到9月中旬离家东渡日本，蒋几乎每天都徜徉于仰止桥、千丈岩、飞雪亭、妙高台、三隐潭、青锁亭、乐亭等各景之间，“流连之乐，几忘忧患”。

在游览之余，蒋不忘给故乡山水添砖加瓦。观千丈岩瀑布时，他想到要在此处“建三椽于岩麓，并造一桥，以为栖息养心之所”，并决定召工程师来规划。游妙高台时，蒋要人抓紧修理望月台旧屋。此后，蒋又“督工修饰乐亭”、“出币二百元为法华庵大殿筑墙”、“察勘建筑武岭学校基址”。算是对故乡山水的维护尽心出力。(《游记》第30页)

蒋介石在解决了重大国事，取得军事胜利之后也常回乡游历，颇有“衣锦还乡”的味道，不时表露出功成名就后安退故乡林泉、自娱晚年的心愿。1920年11月蒋回乡居雪窦山四日，曾感曰：“我与林泉，盟之夙矣，功成退隐，切莫迟迟”。

1930年10月25日，中原大战获胜的蒋介石回到奉化。当晚，他独坐乐亭前钓鱼，“虽屡举竿，不得一鱼，亦足乐也。”26日，登武岭，经显灵庙、松秧园、金竹园而回，途中见樟树、枫树、杏树，皆高参云天，蒋曰：“足为我家乡荣焉”。28日，蒋与宋美龄到中山岩观瀑时感慨道：

今日自上而下，与夫人相扶步行，观山养心，盖莫善于此焉。(《游记》第 53 页)

10 月 31 日，蒋与一群亲属后辈游雪窦山后，乘竹簰回乐亭，习惯了戎马倥偬的他认为“乘簰之可乐，有胜于轮船军舰焉”，发出了“此何等景象耶，余能养老于此，则于愿足矣”的心声。

1934 年 12 月 15 日，取得对中央红军第五次“围剿”胜利之时，蒋介石又回奉化老家停留长达月余。蒋在故乡“游山观景，补置庭园”，“心境安恬，精神为之一新”，感叹“酣恬为近年来所未有”。

蒋介石对故乡山水的感受，随着时间的推移与心情的变化而时有新鲜的联想。1931 年 4 月 6 日晨，蒋在乐亭睹“明月当空，山光照槛，水色如镜，万籁俱寂”的美景，不禁感叹道：“此情此景，诚足耐人玩味焉”。几天后蒋游奉化县城城北公园，途中眺望西北，见峰峦错起，觉其“不减桂林”，并赞曰：

余昔日以为吾奉化山水，仅在雄壮浑厚之间，而今且亦见其秀丽也。(《游记》第 58 页)

1935 年 10 月 20 日，蒋自南京回到奉化宿慈庵。次日晨起，面对晓月悬空，朝霞明媚，他感到其美“不减于峨嵋［眉］之金顶也”。(《游记》第 90 页) 1936 年 3 月 21 日，蒋介石从南京回乡扫墓，驻足一周。其间，蒋与亲友在法华庵竹山“掘冬笋，坐潭旁野餐”，享受“泉清竹深，尘心顿息”的温馨。28 日回到南京后，蒋仍在回忆在家观瀑情形：

坐飞雪亭，观瀑之形，坐仰止桥，听瀑之声，形声之间，有危奇，有安静，耐人寻思。(《游记》第 93 页)

蒋介石引故乡山水为自豪，他回乡时，时有达官贵人去拜访，蒋总会带其一同领略附近风景。如1927年9月吴忠信到溪口拜访，蒋带着次子蒋纬国一同陪吴忠信游雪窦寺、妙高台、静观庵等处。1930年11月，蒋又带着来访的陈景韩、宋子良、宋霭龄及其子女游三隐潭、妙高台、仰止桥、狮子岩、三叠岩、石笋等胜景。在与客人“乐焉无穷”的游览中，蒋发出“岩屋瀑布激又清，天下无如此幽静”的感慨。

值得一提的是，蒋在游览故乡山水时，偶尔也莫名地心烦气躁。如1934年6月29日，蒋在游妙高台时，突然发怒，随后自儆曰：

> 游乐招灾，忧患成德。……思故乡林泉山水之乐，而殃祸亦即种于此。故每次回乡常遭国难之痛。且未回乡之前，极想念乡间之乐。及既回之后，见闻听及，皆添烦愁，心绪反多郁郁或且因之躁急。……故此次回乡，心殊不安。①

蒋介石游览故乡山水，不仅怡养性情，“亦且以磨砺志节”。从某种程度上说，在故乡的游历培养了蒋介石冒险的性格，使他在面临挫折险境时，显现出不服输的个性。1928年9月，蒋介石夫妇游览三隐潭时，宋美龄指着潭上一块“劲然挺立如笋”的石头对蒋说：“此介石也”，蒋介石“莞尔颔之”，两人在此处览观逾半小时，“徘徊不忍也”。1930年，到溪口游览的宋霭龄恭维蒋介石说：“奉化山高土厚，树直水清，而又有岩壑之幽奇，瀑布之雄壮，蒋公之为人，盖包涵具有焉。”从人莫不称是，蒋也“笑颔之”以默认。1931年4月，蒋在游武岭时，看到悬崖古树，穿岩而出，枝繁叶茂，显示出顽强的生命力。蒋对人说：“余尝以之自况，以为此树之性根，犹余之性根也。”（《游记》第58页）可见，蒋本人也认同故乡山水对其性格养成有深

① 《蒋中正总统档案·事略稿本》第26册，第446页。

刻的影响。

3. 在外，难忘故乡山水

蒋介石对故乡灵山秀水的热爱，还表现为其在外奔波游历时常常想起故乡的美景，或追忆故乡山水，或把眼前风物与故乡美景做对比，以托乡思之情。

1925年6月18日晨，蒋介石率东征军镇压刘震寰叛乱，不禁忆起故乡山水，执笔写下《武岭乐亭记》。其谓：

> 武岭突起于剡溪九曲之口，独立于四明群峰之表，作中流之砥柱，为万山所景仰，不偏不倚，望之岿然，其独以武岭名者，殆取义于武德，即其地以况其所居之人耶！岭之上，古木参天，危崖矗立，其下有潭，流水潆洄，游鱼可数，牧童渔父，徜徉其间，乐且无穷，其幽静雅媚之景象，窃叹世外桃源，无事他求矣！而隔溪之绿竹，与岭上之苍松，倒影水心，澄澈皎洁，无异写真，其有岁寒君子之逸致呼！(《游记》第13页)

全面抗战开始后，奉化溪口沦陷，蒋介石对故乡山水思念不已。1939年2月初，蒋介石与宋美龄到重庆黄山野餐，见到梅花盛发，风和日暖，生出“似觉故乡暮春之时”的幻觉。(《蒋介石日记》，1939年2月5日）1940年9月，思乡甚切的蒋在重庆观看故乡景点的照片，不禁有“冈上林场，林木茂盛，思我家出，为之神驰，今竟陷于敌，唏嘘何能自已”的感慨。1940年10月，蒋在南岳衡山游览时睹物生情，“错把此乡当故乡”：

> 到南岳以来，游览山水，实依依不忍舍也。而我故乡武岭则沦陷矣！向阳冈、雪窦寺诸胜景，及鱼鳞岙、桃坑各墓地，惟有梦魂萦绕，

可想象而不可接，因之对于南岳，更有第二故乡之感，亦以其风景气候与习俗，皆近似吾故乡也。(《游记》第128页)

蒋介石甚至会在睡梦中念及故乡。1943年9月他将此类梦记下，并说“天明思之，犹觉可乐也”：

又梦入故乡，见当铺门前，溪水陡涨，而水势则甚平，游泳者由南而北，向余而来，帆船四、五，前后出现，似有一片太平康乐之景象。(《游记》第159页)

蒋介石每游一外地美景，常习惯于将故乡风景与之比争高下。1927年1月，蒋上庐山游三叠泉，观绿水潭，“因念家乡雪窦山之千丈岩”，并谓“此泉当南宋始出，朱子以未及观为恨，然泉瀑卑短，不如我千丈岩之瀑从岩端直泻之壮观也。”同年10月底，蒋介石在日本的日光市游览著名的华严瀑布，仍将之与溪口的千丈岩对比，谓“岩瀑之高，不及吾家千丈岩三之二分，而雄壮则过之”。1931年4月，蒋介石在游莫干山时评论道：“其风景清秀，过我武岭，而雄壮则不及也。”1942年8月，蒋在兰州视察西北训练团部及省政府之后，漫步栖云山朝元观溪旁，面对“水声潺潺，茂林映带”的风景，蒋感叹道：“久征感倦之人，到此如入仙境，但较之我故乡雪窦，犹不及。”

1949年年底，蒋介石败退台湾，人到老年，思乡之情更烈，他在台湾选择的桃园大溪与角畈山两处行馆，其地势风景与溪口相近，尤其是从角畈山行馆眺望远处景致，与溪口妙高台几无二致。蒋时常在此长坐，聊解思乡之苦。

1968年7月，蒋介石得知其母的坟墓被红卫兵毁坏，反应极其强烈：

得慈庵母墓被毁之消息心痛如割，无心工作，但为报仇雪恨不得不更加奋勉？（1968年7月20日“上星期反省录”）

他决定将角畈山行馆的“自得室”改名为“慈庵”，以纪念故乡慈庵。当晚蒋就“独宿慈庵，静修，思亲也。”

总的来说，《游记》为把蒋介石从一个“政治符号”回归到有血有肉的“社会人”提供了某种思考：乡土观念浓厚的蒋介石对故乡山水有着超乎常人的热爱。他对故乡山水的情感是“半由山水半由人”，奉化溪口的风景之美毋庸讳言，但乡情、亲情尤其是对母亲的感恩与怀念亦是其对故乡山水恋恋不忘的因素之一。“故乡风景之美，山瀑之雄，足以自豪也”，“故乡风景秀丽，使心神顿安焉”，“故乡风光之佳，余之心甚自足也”等赞美之词常溢于其言表。奉化溪口的山水给予了蒋介石极大的精神寄托，也是其力量的源泉——不管在他得志还是失意之时。

1927 年 8 月，下野回家的蒋介石曾说：“此山此水，乃天之所开，以贻我者乎，吾愿于此终老焉”。退到台湾后，他也发誓：“惟望能在光复故乡之后，老死武岭祖宅，归葬于慈庵母墓之傍，以补偿我不孝大罪，慰我慈母在天之灵，为惟一大愿。”然而，造化弄人，1975 年蒋介石过世后，其灵柩只能暂厝于周边风景与故乡溪口颇有几分相似的桃园大溪。

曾经权倾一时的蒋介石是有更大的目标追求而身不由己的政治人，反而连“终老故乡”这个最普通的愿望也未能实现。

四、蒋介石婚前婚后如何称呼宋美龄

1922 年 35 岁的蒋介石初遇 22 岁的宋美龄，他对宋一见钟情，自称是“第一次遇见宋女士时，即发生此为余理想中之佳偶之感想”，并试图追求。5 年后的 1927 年，蒋介石对宋美龄展开爱情攻势，终于修成正果，二人当年成婚，开始了长达 48 年的婚姻生活。蒋宋的联姻及婚后的生活，一直是坊间流传议论的热点，影视作品中，通常能看到的是蒋宋之间用“达令”（英文“Darling”的音译）称呼对方。然而，在他们从相识到共同生活的 50 余年中，蒋介石在人前人后是如何称呼宋美龄的呢？

认真研读《蒋介石日记》与蒋宋之间的往来函电，发现蒋对宋美龄在不同时期、不同场合下有着不同的称呼。透过这些称呼，即能窥探蒋介石对宋感情的微妙变化与其丰富的内心世界。

1. 令人猜详的“林”、“美妹”、“梅林”、“梅弟”

1922 年，蒋介石在孙中山寓所内对宋美龄一见倾心，便请求孙中山从中做媒，终因宋庆龄不同意而未果。当时，宋美龄对蒋介石并无太多印象。之后，两人天各一方，没有太多交集。

1926年1月，宋美龄赴广州探望其二姐宋庆龄，蒋介石在1月17日记道："十时后行第三期学生毕业典礼，孙夫人与其妹亦到，一时训词毕。"蒋介石即将率国民革命军誓师北伐前夕，再次在广州见到了宋美龄，6月30日记道："下午与嘉伦谈时局，往访大、三姊妹，回寓。"宋美龄最早两次出现在蒋的日记中，只有宋庆龄妹妹的身份，而没有名字。但3天后蒋介石写道：

美龄将回沪，心甚依依。（1926年7月2日）

不仅有了名字，且表明蒋已经很动心了。有趣的是，7月2日同一天的日记中，蒋介石还记了："晚傍回黄埔，以纬国母子来粤也。"也就是说，蒋介石在对宋美龄心中依依不舍之时，迎来了携带着养子蒋纬国南下团聚的侧室姚冶诚，而同时他还拥有陈洁如。

1927年蒋介石率北伐军从广州打到长江流域，至年底克复南昌。蒋声名鹊起，在地域上也接近了宋美龄生活的上海，他重新燃起了追求宋美龄的念头。

对比其他历史名人的日记，《蒋介石日记》算是叙事清楚、晦涩暧昧之处较少的，容易读懂。但笔者读到他1927年3月19日所写仅有"寄林信"三字的头条记事时，着实费尽心思，也未猜出"林"是谁，蒋是给谁写信。其时，身为国民革命军总司令的蒋介石正在南昌指挥作战，且因迁都等问题与武汉方面闹得不可开交，千头万绪中，能列入他日记头条的，自然不会是等闲之辈。

在读完后面的日记，反复比对后，豁然发现，"林"竟是指宋美龄，大概是选了"龄"的谐音。3月19日蒋致宋美龄信的内容比较简单，是邀请她及家人到庐山牯岭小住。这条日记写得如此隐晦，只能说明蒋介石对日后与宋美龄关系的发展完全没有把握，不想让别人知道。目前尚不知是什么契机让蒋重启追求宋的念头，并鼓足勇气付诸行动的。

蒋对宋美龄的感情一发而不收，两天后，他在日记中写道：

今日，思念美妹不已。（1927 年 3 月 21 日）

“美妹”这个昵称，比“林”温情多了，更像恋爱中的称呼，似乎蒋的试探得到了宋的良好回应。

3 月下旬，蒋介石率军回到阔别数年的上海，与宋美龄同处一城。但这段时间内他们并未见面。4 月 18 日蒋介石等人在南京成立了国民政府，与武汉形成对峙。政治事务告一段落后，蒋介石于 5 月 4 日日记中写道：“改正讲演稿，晚至十一时毕，致梅林电”。“梅林”，显然是“美龄”的谐音。这里的“电”，不知是电报还是电话。推测应是前者。

5 月 11 日，蒋日记中有“赠梅弟相”、“晚致梅弟信”两条。寄赠个人相片，蒋对宋的追求又进了一步。

5 月 17 日，蒋介石从南京坐夜车赴上海。次日早上 7 点到达上海后，首先访问了宋美龄，他记道：“七时车抵上海，即访梅林与庸之兄（孔祥熙），会子文（宋子文）”，然后参加几项活动，当天即坐车返回南京。从蒋的行程来看，蒋与宋的重逢显然是精心安排的，但过程却较匆忙，且有孔祥熙在旁，大概不能说什么体己的情话。这次见面的形式远大于内容。

彼此见面之后，蒋对宋美龄的思念日甚一日。十天后，蒋介石北上滁州，指挥作战。离开南京前，他特意“致梅林函”——给宋美龄写信。当晚，蒋夜游著名景点醉翁亭，心情大好，“水声潺潺，令人心静，风景平平也。……终日想念梅林不置也”。（1927 年 5 月 28 日）睹物思人，情绪之敏感，颇似恋爱中的少男。5 月 30 日，蒋又写道：“终日想念梅林”。

2. 亲昵的“三弟”与“三妹”

进入6月之后，蒋介石与宋美龄之间频繁通信，关系热络。蒋对宋美龄的称呼也发生了变化，改称为“三弟”。“三”大概是宋美龄在宋氏姐妹中排行老三，称其为“弟”，一面对宋表达特殊的亲昵，亦使外人不易猜透。6月5日，蒋介石记“上午接三弟信。……回寓会客，复焕章（冯玉祥）电及三弟电。”（《蒋介石日记》，1927年6月5日）宋美龄主动写信，可见对蒋十分有好感。蒋立即回复，你来我往，十分热络。

不仅如此，蒋介石每次到上海，第一项议程总是与“三弟”宋美龄见面。无论到达时间是拂晓还是深夜，总要拜访“三弟”。据日记，6月11日，蒋介石从南京到杭州路过上海，到达上海时已是凌晨三点，他立即“往访三弟”，然后再坐八点的车去杭州。次日，蒋介石由杭州返回，路过上海是晚上九点，再与宋美龄见面，“与三弟谈至午夜。”到深夜两点半，蒋才坐夜车回南京。待字闺中的宋美龄肯在凌晨与深夜接待蒋介石长谈，两人的关系确实不一般。此时，蒋介石的攻势似乎并未完全奏效。蒋回南京后的日记中写道：

> 琳姊评余欠准备工夫，全凭临时应付。此诚道着矣。（1927年6月13日）

“琳姊”应是指宋霭龄，她支持蒋介石追求三妹，从旁下指导棋，批评蒋攻势虽猛，却事先不精心准备，无策略。蒋自己也认可。他后来真的改变了策略，除了不断鸿雁传书外，也学着制造些浪漫，7月初的一天，他晚上约宋美龄到乡下去，“同三弟等宴于乡下小餐馆，别有风味也。”也曾与三弟夜间“乘游”。蒋介石下野回溪口老家后，与宋仍是联络不断。

蒋的不懈追求终于赢得了宋美龄的芳心。9月23日，蒋介石从溪口到上海，立即与宋美龄见面，两人关系非同一般：

晚，与三弟叙谈，情绪绵绵，相怜相爱。惟此稍得人生之乐也。(1927年7月23日)

26日，蒋宋请王正廷、李德全做媒，定婚。但到此时，蒋仍以“三弟”来称宋美龄。“晚，与三弟谈往事。人生之乐以定婚之时为最也。”

9月28日，蒋介石启程前往日本。离沪之时他最不舍的是刚定婚的宋美龄：

六时起床，整装往别。三弟情绪绵绵，何忍舍诸？不惟外人不知三弟之性情，即中亦于此方知也。七时前登“上海丸”，九时开船，假眠。下午，发三弟电后，写字，与琢堂兄谈时局。夜，以有浪早眠。致三弟两电，不知其今夜早能安眠否？（1927年9月28日）

蒋介石抵达日本后，即拜见宋母倪桂珍，请其准婚。见面情景，蒋记述甚详：

与（宋）子文回车到有马温泉，拜访宋太夫人。其病已愈，大半婚事亦蒙其面允，惟其不欲三弟来此，恐留此结婚也。不胜怅望。乃致电三弟，属其速来，详述余所以一时不能回国之实情，彼当来乎？下午，三谒太夫人，视其甚快愉，双眼钉（盯）看，未免令新婿为难。夜入浴，早睡。(1927年10月3日)

其中，宋母双眼盯看，“未免令新婿为难”一句，极准确地描摹出当时的场面与二人的内心世界。

10月10日是蒋介石农历生日，得到宋母允婚的他对宋美龄的称呼不再有任何暧昧，改称“三妹”：“今为余诞辰，三妹电贺，心犹不安。”之后，虽偶有称“三弟”，但最终至婚前均称宋为“三妹”了。11 月 10 日，蒋介石回到上海，与分别 40 多天的宋美龄相见，感慨万端：

下午一时半船到上海，日友皆来招待。闻三妹有病，即往访，形容枯瘦，其实操心过度，不胜悲忧。访石曾、静江、季陶、逸民，商议时局，后回宋宅，与子文、庸之兄等商议。晚餐后与三妹叙谈，悲喜交集。十二时后回寓。无家之人，不胜感慨。(1927 年 11 月 10 日)

12 月 1 日，蒋介石与宋美龄在上海结婚，蒋在日记中称宋为“爱妻”、“余爱”：

上午写信，撰爱妻文。……下午一时至孔宅换礼服，三时到宋宅，行教会婚礼。四时到大华礼堂，行正式婚礼。见余爱姗姗而出，如云飘霞落，平生未有之爱情，于此一时间并现，不置余身置何处矣。礼成后，同乘车游行。晚，至宋宅宴会，九时，回新宅，入新房。(1927 年 12 月 1 日)

对人的称呼，一定程度上反映了双方的社会地位及亲疏程度，有时也包含着说话者对听话者的思想情感。蒋介石在其日记中对每个人的称呼都有着极明显的好恶情感。

蒋介石在日记中给予宋美龄不同的称呼，在前期多是他对两人关系前景不明朗（特别是开始是单方追求）时，“林”、“美妹”、“梅林”、“梅弟”等均带着隐晦的色彩，令人费思量。之后，随着关系的加深，蒋对宋的称呼也逐渐浅显易懂。“三弟”到“三妹”，已明确无疑。不同的称呼代表了两人关系处于不同的层次上。而这些称呼的背后，又可看出蒋在追求宋的过程中颇费心机。

3. 蜜月中的“爱妻”、“吾爱”

新婚燕尔，蒋介石日记中对宋美龄的称呼也充满爱意，用了“爱妻”、“吾爱”、“爱”等，有时也沿用婚前的昵称“三妹”。如新婚次日，蒋记道：

今日在家与爱妻并坐拥谈，乃知新婚之蜜，非任何事所可比拟。(1927年12月2日)

3日，蒋记道：“头又作痛，吾爱慰藉略愈。”7日，蒋记道：“与爱乘车访佃信夫”。12月19日，蒋记道：

九时起床，与三妹欢争。……下午同三妹访冯夫人，留其住沪。

蜜月未完，蒋宋就闹了小别扭，蒋12月29日的日记有如下内容：

八时前十分起床，记事，批阅。到事务所办公，以三妹外出寂寞，心甚不乐。复以其骄矜而余亦不自知其强梗之失礼也。下午为此病卧，与静江、稚辉（晖）谈话后，头晕辞客，消（宵）宴就寝。闻三妹病在岳家，乃扶病连夜往访，彼甚以不自由为病，复劝余以进德，心颇许之。夜中以心悸惊跳，不能安眠。(1927年12月29日)

之后，蒋介石在日记中多称宋美龄为“妻”，只在特殊情况下用“至爱”、“美妻”、“贤妻”、“夫人”等。举例如下：

1928年蒋介石率部北伐时，突遇日军制造“济南惨案”。宋美龄于此危难时刻赶赴前线，蒋介石甚是感动：

四时醒后，几不能睡。五时前闻至爱已到车站，乃起床往迎入城。上午团聚，四十六日未得相见，其乐可以知矣。(1928年5月16日)

1931年6月，蒋介石、宋美龄之间产生误会，宋一气之下出走上海，令蒋甚是后悔：

美妻今晚回沪，昨日之函不应撕碎，应交其阅则不致其疑，而我之心地亦可大白，但见信即恨，故一时心忙，不问是非立即撕掉，是出于至诚真心，决无他意，此函或为其来陷害我夫妻二人，如吾人不测反中奸计，是不可不审查也。（1931 年 6 月 20 日）

1932 年年初下野后的蒋介石携宋美龄到杭州，准备复出。他记道：

与妻乘船游湖。午食于楼外楼。……晚，送大姊等车后与妻游行。以国事至此，赴京则尚有挽救之生，而个人之毁誉成败则不顾也。妻以为然。（1932 年 1 月 20 日）

当年 3 月 17 日，蒋介石复职，当天恰逢宋美龄农历生日，蒋是双喜临门，心情倍爽，异乎寻常地在同一天的日记中用了“妻”、“爱妻”、“贤妻”三个词来称呼宋美龄：

今日为夏历二月十二日，爱妻诞辰。上午，草定就职电稿，即发。就军委会长兼参谋总长职。正午，到陵园管理会前仰止亭为贤妻祝福，邀集遗族学生讲话。下午，休息后看书。晚，宴女客为妻祝寿。（1932 年 3 月 17 日）

宋美龄身边的人均尊称其为“夫人”，蒋介石在日记中也偶然以此来称宋美龄，带有钦佩与感激的含义。1950 年 1 月，蒋介石败退台湾，兵荒马乱众叛亲离之际，宋美龄从美国回到台湾，给蒋莫大支持。蒋记道：

夫人回国，对国家发生之影响，在此大陆沦陷、革命绝望、国家危亡、岌岌不保之际，有势有钱者惟恐逃避之无方，而夫人竟在此危急之秋、毅然返国来共患难。此种精神，不仅打消过去共匪一切污蔑之宣传，而其意义实不亚于西安赴难也。（1950 年 1 月 14 日）

1953 年年底，蒋介石极罕见地将宋美龄健康、绘画的内容列在全年“反省录”的第十条，以“夫人”称宋美龄：

十、夫人体力回国后未能恢复，以尼克生与李承晚来访前之准备，用心过度，以致旧日皮肤病复萌，且有黄胆（疸）病之迹像（象）。而经儿之糖尿病亦未能根绝。此皆内心忧虑之事。惟夫人字画反有长进，乃至善耳。

蒋介石写了55年的日记，一直到1972年7月21日最后一篇，那年他已是85岁高龄，众病缠身。在7月20日蒋介石的倒数第二篇日记中，仍以“妻”称宋美龄：“下午，假眠后与妻车游山下一匝，心绪烦闷。”

4. 蒋、宋如何在官方场合下称呼对方

以上主要依据蒋介石日记，看蒋是如何称呼宋美龄的？那么，宋美龄是如何称呼蒋介石的？在其他场合下，或者对他人时蒋宋是如何称呼对方的呢？

1928年3月30日，新婚不久的宋美龄致蒋一函，叮嘱其要保存好日记本：

此日记本为兄带往前方所用。当此军事傍午之际，最易失落，万祈留心保守为荷。至每日所记之言语事实，最为重要。因一言兴邦，一言丧邦。如一言一事记载其上万一为他人所见，关系我兄前途非（匪）浅。千祈

慎重为嘱。

美龄　十七、三、卅

信中，宋美龄称蒋为“兄”、“我兄”，而以“妹”自称。这与婚前他们以兄妹相称一致。

1942年至1943年间，围绕宋美龄是否应接受邀请赴英国访问一事，在重庆的蒋介石与在美国的宋美龄之间有热络的联系，从现存台湾“国史馆”的一组往来电报，配合同时期的蒋介石日记，可以说他们之间在公私场合下的称呼基本呈现了。

1942年，英国友人克里普斯致电蒋介石，希望宋美龄在从美国返国途中访问英国，蒋在电报件上批示“此英文原电转夫人，并问其愿否访英，详复为盼。”批示是交待给下属办的，以“夫人”称宋美龄。宋美龄接电后，反而复电蒋介石，征询其意见：“克里普斯电邀妹赴英一行，兄意如何?”自称“妹”，称蒋为“兄”。

1943年3月14日，蒋介石致宋美龄电称“艾登来访时，必邀请吾妹游英，应即面允并作已允英国之请，……顾大使约咨日可到美国，兄亦已详示方针，请与面商。”宋复电：“妹近来精神疲劳不堪，医生原不准妹再赴各地演讲。……英王王后邀请妹赴英之议，恐身体不堪负担，决婉言辞谢。”

由于宋美龄公开表示不愿访英，英国外交大臣艾登在1943年3月底访问美国、加拿大时并未与宋美龄见面，蒋介石在日记中对宋美龄的任性有些不满：

> 艾登已由美国赴加拿大返英，而未与吾妻会晤。此乃由邱（丘）吉尔演说所造成之结果，吾妻既发表英驻美大使面邀其访英，而以体力关系，未能允诺其请之意，则明示拒绝，彼自不便再谋晤面之请求，此乃吾妻一时之感情过甚所致。然邱（丘）既侮辱吾国至此，自无访英之理。国际关系复杂，此事未必就此终结，其中或有变化，暂作静观待机可也。(1943年4月1日)

此后英国首相丘吉尔访问美国，5月15日，认为已错过一次机会的蒋介石致电宋美龄，要求其设法与丘吉尔在美国见面：

此次丘吉尔在美，终须设法会面方好，但各方面或有不愿邱（丘）与吾爱相晤者，应加注意。然由我方自动设法要邱（丘）会面或亦不便，拟以兄名义电子文，嘱转罗总统电意如下：“此次邱（丘）来美，如有与中国有关之会议，可约余妻与宋部长二人出席即可也”等语。如果照此进行，则应先告子文以此意，或可以间接方法使哈利法克斯知此消息，或可使英方运用促成会议也。若与邱（丘）相晤，邱（丘）约晤吾爱访英，则当面允其请。以最近经验与国际形势，吾爱能顺道访英，实与中国有益也。①

然而，宋美龄不为所动，复电蒋：“丘吉尔如来纽约，当约其见面。妹需休养，已谢绝赴华府，会议事可由子文总办一切。”

对于如此任性的妻子，蒋介石无可奈何，他在日记中写道：

正午，接妻电，不愿与丘吉尔会晤。固执己见，而置政策于不顾。(1943 年 5 月 18 日)

在上面的一系列往来电报中，蒋介石对宋美龄的称呼因场合而不同：对下属称宋为“夫人”，对美国总统罗斯福时称宋为“余妻”，在日记中称宋为“吾妻”、“妻”，给宋美龄电报时，以“妹”、“吾爱”称之。而宋美龄则较为简单，无论何时，均以“兄”称蒋，而自称“妹”。

① 《蒋中正致宋美龄电》（1945 年 5 月 15 日），台北“国史馆”藏“蒋中正总统文物”。

五、《大公报》对蒋宋联姻的报道

《大公报》是民国时期的重要报纸，其对蒋介石的言行去向十分关注，观察角度也颇为独特。1927 年蒋介石、宋美龄的联姻，是一件具有轰动性的社会事件，该报进行了较为详细的分析与报道，反映当时媒体对蒋宋联姻的看法。

《大公报》对蒋介石的关注是全方位的、连续的，其对蒋宋联姻的报道，可以从蒋介石下野说起。

1927 年 8 月 13 日，蒋介石发表宣言，声明辞职下野，震动政坛。14 日，《大公报》以《蒋介石到沪通电下野》为题对此事作了报道。此后，《大公报》对蒋的下野生活及日后的行踪均有详细的分析报道。

有一个细节，说明《大公报》消息来源的及时与准确。9 月 18 日，《大公报》刊出《蒋介石决出游美洲》的消息。终蒋介石一生，他未去过美洲。如果不读蒋介石日记，可能会认为这条消息是编辑哗众取宠杜撰的“假新闻”。事实上，当时蒋确实有过周游世界的计划：

> 此次出洋，预定以一年为准，其目的以考察军事兵器、社会经济、政治组织与延访人才，观察外交为主，以学习经济、政治、社会、哲

学、军事五科为本。在日本学军事与经济，在德国学哲学、经济与军事，在法国学政治与军事，在英国学政治与经济、海军，在美国学哲学与经济，在意国学政治，在土国学革命。(1927年9月16日)

这个计划，出现在蒋9月16日的日记中，就在《大公报》刊出消息的前两天。

最后，蒋介石去了日本。蒋介石为何赴日？这是时人热衷探讨的话题。蒋介石也曾多次通过媒体说明其赴日动机。9月14日，他对记者称，自己有在海外游历五年的长远计划。9月27日，他公开承认与宋美龄之婚事，声言“赴日专为向宋女士母求允许”。在抵达日本后，他曾对记者称：“余此次来日，系为暂时静养”。蒋介石本人对外界宣称的赴日动机是“学习”、“求婚”和“静养”，并无“何等政治上之意味”。《大公报》最初并不认同蒋介石的说辞，认为其赴日另有政治动机。

蒋宋联姻，是蒋介石从下野到复职过程中的重要事件，也是极易吸引一般民众兴趣与媒体注意的话题，《大公报》自然不会放过。

在蒋宋联姻过程中，首先引起世人注意的是蒋介石之婚姻状况问题。蒋介石知其早年的婚姻生活对其政治生涯是负面资产，而且政敌也利用此点制造事端。蒋宋婚礼前有传言说有人邀请姚冶诚到上海，让蒋难堪。蒋介石在日记中判断，此举“必政敌挑拨，使余不安。”（1927年11月17日）他的策略是以攻为守，主动通过媒体进行澄清。

1927年9月28日至30日，蒋介石在《民国日报》、《申报》等报纸上连续三天刊登《蒋中正启事》，向外界说明其婚姻状况：

> 各同志对于中正家事，多有来书质疑者，因未及遍复，特奉告如下：民国十年原配毛氏与中正正式离婚，其他二氏，本无婚约，现已与中正脱离关系，现在除家有二子外，并无妻女，惟传闻失实，易资淆惑，此奉复。[①]

蒋介石还对来访的记者说明他与其他女人（毛福梅、姚冶诚、陈洁如）的关系：“早与陈洁如断绝关系。”“吾于民国十年十月，与吾第一妻按照习惯正式离异，现伊仍住奉化。”蒋介石的解释并非完全是为了对社会公众有所交待，笃信基督教的宋氏家族，也要蒋对过去的婚姻状况及男女关系做一个明确了断。

蒋介石试图澄清其婚姻状况之“清白”，结果反而引起媒体的兴趣。《大公报》将蒋介石与毛福梅办理离婚的信件全文披露。又发表专文进行评论：

> 旧式妇女，教育受习惯之拘束，财产为法律所限制，不能为独立自由之生活，故男子任意离婚，利于男不利于女。中国旧俗，离婚之难，远过欧美，虽有拘束自由之嫌，亦含保护妇女之意，不然，倘男子于中年显达之后，糟糠老妇，任便抛离，则女性之结果惨矣。

可见，《大公报》并不认可蒋介石中年得志后抛弃“糟糠之妻”的行为。对蒋介石所说“本无婚约”的二位女士（即陈洁如与姚冶诚），《大公报》不

---

① 《民国日报》1927年9月28日。

仅专文介绍，且发表题为《离婚与再嫁》的社论，对蒋关于与此二人关系的说辞提出质疑：

所谓现已断绝关系之二女士，在过去究为何种关系，抑经何种手续而断绝之，且蒋在南昌时，尚有所谓蒋夫人之陈女士者出入军中，而今也求婚于宋，则断绝之，抑观蒋氏自称原配之外，尚有其他二女士，其过去生涯之不谨，业已自承。

该社评断言，“蒋氏此举，断难逃清议之讥弹也。”《大公报》此后的文章更是对蒋标榜自己为“革命领袖”，却离妻再娶、弃妾新婚的行为予以谴责：“今彼乃以中心领袖的资格，而觅效市井纨绔之行，厌旧喜新，压迫弱者，使天下之薄幸皆有所藉口，令世间之老妇，俱为之寒心”。

12 月 1 日，蒋介石与宋美龄在上海举行了隆重的婚礼。《大公报》刊载了《蒋宋完婚记》（12 月 2 日）、《蒋婚杂话》（12 月 2 日）、《蒋婚余闻》（12 月 3 日）、《政教合一之蒋宋婚姻》（12 月 9 日）等报道文章，对蒋宋婚礼的筹办情况、举办仪式、奢华场面等方面作了较为详细的报道。值得注意的是，蒋介石在新婚之际，发表《我们的今日》一文，表达自己的喜悦之情与心声：

余今日得与最敬最爱之宋美龄女士结婚，实为余有生以来最光荣之一日，自亦为余有生以来最愉快之一日。余奔走革命以来，常于积极进行之中，忽萌消极退隐之念。昔日前辈领袖问余，汝何日始能专心致力于革命？其他厚爱余之同志，亦常讨论，如何能使介石安心尽革命之责任？凡此疑问，本易解答，惟当时不能明言，至今日乃有圆满之答案。余确信，余自今日与宋女士结婚以后，余之革命工作必有进步。余能安心尽革命之责任，即自今日始也。余平时研究人生哲学及社会问题，深信人生无美满之婚姻，则做人一切皆无意义。社会无安乐之家庭，则民族根本无从进步。为革命事业者，若不注意于社会革命，其革命必不能彻底。家庭为社会之基础，欲改造中国社会，应先改造中国之家庭。余与宋女士讨论中国革命问题，对此点实有同一之信念。余二人此次结婚，倘能于旧社会有若何之影响，新社会有若何之贡献，实所大愿。余二人今日，不仅自庆个人婚姻之美满，且愿促进中国社会之改造。余必本此志愿，努力不懈，务完成中国之革命而后已。故余二人今日之结婚，实为建筑余二人革命事业之基础。余第一次遇见宋女士时，即发生此为余理想之佳偶之感想。而宋女士亦尝矢言，非得蒋某为夫，宁终身不嫁。余二人神圣之结合，实非寻常可比。今日之日，诚足使余二人欣喜莫名，认为毕生最有价值之纪念日。故亲友之祝贺，亦敬爱不敢辞也。

蒋在此文中，把本为个人私事的婚姻说成是理念一致的“神圣之结合”，二人是为革命事业结合在一起，多少有些矫情。但对蒋介石个人的生活而言，这次婚姻确实有巨大的帮助。

《大公报》则以《蒋介石之人生观》为题发表社评，对《我们的今日》及蒋本人进行了毫不留情的批评：

离妻再娶，弃妾新婚，皆社会中所偶见，独蒋介石事诟者最多，以其地位故也。然蒋犹不谨，前日特发表一文，一则谓深信人生若无美满姻缘，一切皆无意味，再则谓确信自今日结婚后革命工作，必有进步，反翘其浅陋无识之言以眩社会。吾人至此，为国民道德计，诚不能不加以相当之批评，俾天下青年知蒋氏人生观之谬误。

该社评词锋犀利，给沉浸在新婚之中的蒋介石一盆冷水。可以说，《大公报》对蒋的婚姻观及由此反映出来的品德是持否定态度的。

观蒋介石日记，筹备婚礼之际，正是国民党内政治纷乱、他准备复职之时，所以，关于婚事的记载并非大书特书，而是散见于各处。现整理如下(当天的其他记载剔除)：

11月26日　到宋宅午餐。下午看新租之屋，往商务（印）书馆买书，……晚陪三妹谈话，乘车。

本日十四时，同三妹到祁齐路新屋，修整房屋。

11月28日　下午与三妹乘游后，访蔡孑民先生，请其主婚。

11月29日　上午会客后，往宋宅谈话，往大华礼堂习礼。下午又发脑晕病，往访各证婚人。

11月30日　上午拟撰文感录，结婚情状，会客后往宋宅习礼……晚至新屋视察布置，九时回寓睡。

12月1日　上午写信，撰爱妻文。以婚期，无人来访，仅见黄埔逃出之人学生而已。下午一时至孔宅换礼服，三时到宋宅，行教会婚礼。四时到大华礼堂，行正式婚礼。见余爱姗姗而出，如云飘霞落，平生未有之爱情，于此一时间并现，不知余身置何处矣。礼成后，同乘车游行。晚，至宋宅宴会，九时，回新宅，入新房。

12月2日　今日在家与爱妻并坐拥谈，乃知新婚之蜜，非任何事所可比拟。

12月3日　十时同爱回门，拜访岳母。……六时散会，应岳母之宴。十时回寓。头又作痛，吾爱慰藉略愈。

从以上日记可见，蒋介石婚前也如普通人一样，经过了租新房、请证婚人、练习婚礼步骤等环节。他在12月1日婚前，称宋美龄为“三妹”，而在婚礼当天，改称“爱妻”、“爱”、“吾爱”等。12 月 1 日记述婚礼情形与感受颇详：“见余爱姗姗而出，如云飘霞落，平生未有之爱情，于此一时间并现，不知余身置何处矣。”这是一般新郎新婚的感受。可惜当日日记开放时被删除两行，推想是蒋兴奋之余描写夫妇新婚之夜的行状。据说，胡佛研究所档案馆与蒋氏家属在开放日记时，对内容涉及财产、健康与过于隐私者有极少量删除。相信日后能有完整版。

蒋宋二人的显赫地位与家世背景，很容易使人想到这不是一桩普通的婚姻。蒋介石在接受记者访问时曾特别澄清：“希诸君注意此次婚约绝无政治关系”。宋美龄在受访时，也强调二人婚姻之单纯，“颇嘲笑婚姻而有政治观念之不当”。但是，蒋自己的《我们的今日》又明确说两人是为革命而结合，这难道不是政治？

《大公报》却提供了另外的思考，该报主要是从国民党内派系整合的角度着眼，将蒋宋联姻与蒋汪关系结合起来，称蒋欲通过蒋宋联姻来拉拢汪精卫，其依据是，“（宋）子文兄妹实可称能利用精卫之第一人也”。该报还指出，蒋宋联姻是孔祥熙、宋霭龄夫妇有意促成的：“大宋夫妇极为心灵手敏之妙，盖彼自闻蒋有意婚三宋之意后，即力赞其成，……其意在借此婚礼为磁石，而乘机造成蒋冯汪三派合作，以成纵横之局也。”

单从蒋介石本人在婚礼前后的日记来看，蒋宋联姻的动机并没有如此多的玄机，《大公报》的追究有先入为主的附会之嫌。

六、从日记看蒋介石对母亲的追思

台湾著名的风景区日月潭有个景点叫“慈恩塔”，该塔采中国传统宝塔结构，建在海拔954米的沙巴兰山上，塔高46米，塔顶高正好1000米。慈恩塔高耸入云，登顶可将湖光山色尽收眼底，是日月潭的地标性建筑。慈恩塔之所以有名，因为它是蒋介石为纪念其母所建。蒋介石退到台湾后，于居室内供奉其母遗像，每天“亲沐慈恩”。20世纪60年代末，已年逾八旬、人近黄昏的蒋介石对母亲的感念日久弥深，决定在日月潭建永久性的建筑，除纪念母亲外，也让台湾民众要“克尽孝道，永怀慈恩”。蒋亲自指定规划设计人员，修改设计方案，在塔对面专设一建筑供奉蒋母王太夫人之灵位。工程修建过程中，他又多次到现场视察，并亲笔题写入口的“慈恩塔”匾额。慈恩塔选址十分讲究，除了地势高外，与蒋介石在日月潭的行馆涵碧楼隔湖相望。作为蒋介石纪念母亲的永久性建筑，慈恩塔于1971年蒋母辞世50周年时竣工。当年4月清明节前夕，蒋携家人到慈恩塔祭拜其母。

蒋介石与母亲的关系至为密切，以往研究蒋的著述均有大量描述。其中既有极尽美化的官样文章，将蒋对母亲之“孝”吹捧为世人应当效仿的模范标杆；亦有刻意丑化蒋介石，将其描绘成表里不一的“逆子”。有一些著述虽能较为客观地叙述蒋对母亲尽孝的言行，但也很难深入蒋的内心世界，了解他对母亲的真实情感。那么，蒋介石对母亲的怀念是偶尔有之还是长存心中，他会在什么样的心情境遇下思念母亲？在蒋的私人世界中，究竟是如何回忆自己母亲的，对母亲怀有怎样的情感？对亡母的悼念在蒋跌宕起伏的从政生涯中起过什么样的作用？通过对散落于《蒋介石日记》各处的忆母文字的解读，多少能提供一些有关这些问题的答案，或可弥补其他史料之不足，以了解蒋介石丰富的感情世界。

1. 蒋介石在何种情形下想念自己的母亲？

蒋介石幼年时，祖父、父亲相继故去，蒋家家店产业一夕之间压在蒋母一人肩上。蒋介石唯一成年的同父异母的哥哥蒋介卿薄情寡义，其父临终前嘱其孝敬继母（即蒋介石的母亲）并顾其幼弟幼妹，蒋介卿非但未能遵从，反而在其父病逝后仅三年便提出析产分家。

此后，蒋介石母子相依为命，生活更加不易。随后几年，蒋介石的幼妹、幼弟又相继夭折，对蒋母打击甚大。尽管厄运连连，蒋母仍苦苦支撑析产后分得的微薄家业，为抚育蒋介石煞费苦心，将所有的希望和全部的心血都寄托在儿子身上，望其光耀门楣。蒋介石少年时的家庭温暖与教育，

全部来自其母，母亲对他成长的影响无人能及。对于母亲养育的艰辛与苦心，年少的蒋介石虽不能完全体会，但成年后却对其母思慕至深，感恩之心也与日俱增。自其母辞世后，蒋便誓言“无论阴历阳历，凡为母亲忌辰之日，不食荤、不动气、不御色，以为终身自惩自戒，冀减不孝之罪于万一”(1922年6月4日)，以示对母亲的纪念。

每年母亲忌辰前后几天，蒋常常连日叨念。除去祭祀，他也将此作为自我激励的机会。这在蒋的日记中有清楚的反映。如1931年在其母忌辰之前两天，蒋在日记中记道：

后日是先慈忌辰，孤衷罪孽深重，永无赎罪之日，亦永无乐趣矣。追慕曷极。(1931年6月12日)

次日，蒋又记道：

明日为先慈忌辰。呜呼，愧为不肖之子，尚何颜立于天地之间耶？(1931年6月13日)

再次日，蒋再记道：

今日为先慈第九忌辰矣。(1931年6月14日)

有时，在其母忌辰过后还会记，如蒋在1932年6月14日的日记中写道：

昨日为先慈十一周年忌辰，余卧病在床，但有忏悔悲感而已。甚望国人不以余之不肖为法，以忠孝为自救救国之本也。(1932年6月14日)

1941年是中国全面抗战的第四个年头，蒋介石领导下的国民政府处于艰难的抗日相持阶段。6月5日，日军对重庆的空袭造成近万市民惨死在大隧道中，蒋于次日亲自前往视察并安排善后工作，当此万事缠身之时，他仍自重庆发电报给在江西的蒋经国，嘱其拜祭祖母：“祖母阳历忌辰十三日已过，未知阴历计算忌辰在阳历何日？查报。望于阴历忌辰日，在赣遥祭。”1949 年 6 月 14 日，国民党政权在大陆已如日落西山，被迫下野后的蒋介石虽已身处台湾，却仍携子遥祭母亲，此有蒋经国所记为证：“今日是先祖母忌辰。清晨随父做祷告纪念。十二时三十分，随父自高雄出发，车行约一百一十公里，三时三十分到达四重溪，……周围景物，酷似江南”。[1]

不但母亲的忌辰蒋记挂心中，母亲的诞辰，蒋也始终不忘。在 1934 年 12 月 15 日的日记中，蒋有如下记录：

> 正午由京乘机出发，以天阴故，飞行甚慢。二时半到沪，六时到杭转奉化古乡，以先妣七十一岁诞辰，连夜十时半到家祭亲。（1934 年 12 月 15 日）

从这次回乡行程的时间看，显然蒋是挤出时间回乡祭母的。在他出发的前一天，国民党第四届五次中央全会刚闭幕，应有诸多政事需蒋安排处理。但蒋仍一路马不停蹄直至当晚十时半才赶回家，只为能在母亲 71 岁诞辰当天祭奠。如心中无对母亲的至深感情，莫说如蒋这样日理万机的政坛要人，即便是无杂事缠身的自在小民也未必能行至于此。

此外，每逢清明节蒋介石便记挂回乡扫墓之事，尽管身处要职，他仍尽一切可能回乡祭母。1931 年，因蒋介石扣押胡汉民而致反蒋力量趁机聚合，并对其政治权威形成极严峻的挑战，蒋仍坚持回乡扫墓，这在他检讨自己应对此次危机不当时的总结中有所反映：

> 此次粤变之来，其祸固当不能避免，但胡事发生后，如果即亲往江西剿共，使陈济棠、古应芬无所藉口，则其变或可暂缓，否则坐守京都不回乡扫墓，则逆谋或亦可防止；又孙哲生夫妇辞行时，如能察言

① 蒋经国：《风雨中的宁静》，第 212 页。

观色，留其在京，则其祸或亦可止，是皆大意疏忽之咎，不能不自责。然事已至此，既入不追，惟有努力奋斗而已。(1931 年 6 月 10 日)

在他的自我检讨中，认为曾有三次机会或可阻止这次粤变的发生，一是“亲往江西剿共”；二是“坐守京都不回乡扫墓”；三是在“孙哲生夫妇辞行时，能察言观色，留其在京”。而他都未能把握，终因内外交迫，被迫于是年底第二次下野。由此可知，他对母墓的祭扫不仅常记心中，而且极为重视。

清明节是传统祭扫先人的日子，蒋自然会想到母亲。1922 年蒋在桂林无法回乡，他于清明节前写信给蒋经国：“清明节近，我大约不能回到家中来拜扫祖母的新墓，心甚不快。到清明一日，要你托才火伯伯，到祖母坟上多种几百株树。”①

蒋介石对母亲思念的文字散见于日记各处，他对母亲的思念会因各种情事勾起。如在 1931 年 5 月 11 日的日记中，蒋记道：

每见送来各处土产，辄悲母不能亲见，而于西藏番僧拉麻等所送来之供养谷物，更悲戚。如母在侧，必欢乐不置也。(1931 年 5 月 11 日)

“每见”二字反映了蒋思念母亲的频率，每逢有人送土产来拜望，便会想起母亲。为什么会想到母亲呢？因为母亲若能亲见四处有人送来土产，自能体会到儿子的成功，一直对蒋寄予厚望的母亲必会“欢乐不置”，因此才“悲母不能亲见”。日记中所反映的情形应是蒋自感得意的情形，可见，在他成功得意之时，他也会想起母亲，哀叹母亲过世太早，不能亲见自己颇有所成。

---

① 蒋经国：《风雨中的宁静》，第 87 页。

与朋友欢聚时，蒋介石也会想念母亲，蒋在日记中记道：

今日为耶苏（稣）圣诞。……下午，约小学生来慈菴（庵）唱歌。晚，约友欢聚，时念慈母并念经儿"。(1931 年 12 月 25 日)

此时，蒋介石第二次下野，下野后立刻返乡，养精蓄锐。蒋圣诞节当天的心情是不错的，先"约小学生来慈菴唱歌"，后"约友欢聚"。然而，对于此时心情颇佳的蒋介石来说，他心中还是放不下对两个人——已逝的母亲和远在苏联的儿子——的思念。

遇有与母亲有联系的事情发生，也会勾起蒋对母亲的思念和回忆。如宋美龄母亲过世时，蒋在日记中记道：

上午，得各方消息，证岳母已弃养，不胜悲伤，中国又缺一贤母矣。乃即成服。(1931 年 7 月 26 日)

当时蒋在江西南昌督战对红军的第三次"围剿"，在前线得知岳母倪桂珍在青岛病故，却无法赶赴岳母身边，蒋便在日记中记自己对岳母的"弃养，不胜悲伤"，并称颂岳母为"贤母"。但日记中的"又缺"二字显露出蒋由此事联想到生母的故去，从中不难体会生母在他心中是中国贤母之首的意味。三天后，蒋在日记中一面对于"岳母灵柩今晨由青岛抵沪，余不能亲迎，聊尽婿情"，表示"不胜歉惶"；一面还不忘在赞誉岳母是"贤母"，对"此贤母也，今竟弃养"，表示"痛哉"的同时，赞颂自己的母亲，称岳母是"除家母以外，实不多见"的又一个"贤母"(1931 年 7 月 29 日)。母亲在他心中的崇高地位由此可见一斑。

2. 蒋介石是如何回忆母亲的？

由寡母艰辛抚育成人的蒋介石时常忆起自己少年时顽皮闹事，惹母动气，并自愧不已，悔恨非常。一日，蒋介石读完《离骚》，又勾起他对母亲教养自己的一段往事的回忆：

余于十五岁成婚之日后，必奉茶于亲属，余母睡眠掩涕，不肯起而接茶，微闻母泣之声，余乃情不自禁，亦痛哭不置久久。母乃泣训曰：余自汝父逝世，教养汝至今日成婚，汝不知（以下内容写在3月15日页面上——引者注）余有多少伤心事。愿汝成年立业，不忘为母者今日教养汝之苦心也。余闻此痛泣，更难成声。呜呼，寡母伤心事谁能知之，中正不孝之罪，一生莫赎矣。此泣为天性最伤悲之表现，而与十三岁夏回□□□（三字无法辨识——引者注）泣与母吾之泣，平生之泣，以此三者为最甚也。（1931年3月14日）

在日记中虽看不出蒋母此次伤心所为何事，但伤心源自蒋介石的不教却是显而易见的，而且此次把蒋母气得不轻，以至于蒋按例到母亲房内奉茶时，母亲也并不理会，只是躺在床上“掩涕”。蒋母虽无意让儿子看到自己的悲痛，但蒋还是在“微闻母泣之声”后，心中顿生愧疚之意，以至“情不自禁，亦痛哭不置久久”。蒋母听到儿子长哭不停之后，这才开始“泣训”，听了母亲一番训斥，蒋更觉愧对母亲，以至于“痛泣，更难成声”。蒋在日记中对母亲当时的情绪及对自己的教训记述得如此详细，所费笔墨之多几与对当年重大事件的记述相当，令人不难体会蒋此时对母亲的思念之切。而蒋随后对自己“不孝”行为的反省更是深刻，甚至过于苛刻，他称自己的“不孝之罪，一生莫赎矣。”这种对自己不孝的反省，在日记中曾多次出现，如在距母亲忌日尚有两天的日记中悲叹：“孤衷罪孽深重，永无赎罪之日，亦永无乐趣矣。”（1931年6月12日）字里行间蕴含着蒋对母亲的深深歉疚之情。值得注意的是，蒋在日记中称“余于十五岁成婚之日后，必奉茶于亲属”，对于如蒋这样一个顽劣非常、且正处于叛逆期的少年来说，尽管时常“犯错”，惹母伤心，但始终能坚持每日奉茶，遵守对母亲的孝道礼仪，足见母亲在他心中地位之高。

在当天的日记中，蒋称此为他一生中发自肺腑的三次悲泣之一，另有两次悲泣，即“十三岁夏回□□□泣与母吾之泣”，其中虽有三字难以辨识，但从时间上看，应当都与其母有关。蒋虽经历诸多风浪波折，却认此为平生最悲之事，在他看来，触动最深处情感的事都是与母亲联系着的。

蒋介石对母亲的回忆文字中每每感念其母持家育子的辛酸：“回忆幼年，……念及寡母孤儿之苦痛，不能为怀矣。”（1931 年 3 月 22 日）。

1936 年，蒋介石在年届 50 岁时写就《报国与思亲》一文，回顾：“中正九岁丧父，一门孤寡，茕孑无依，其时清政不纲，吏胥势豪，夤缘为虐，吾家门祚既单，遂为觊觎之地，欺凌胁迫，靡日而宁。……与此之时，独赖吾母本其仁慈，坚其苦节，毅然自任以保家育子之重，外而周旋豪强，保护稚弱，内而辑和族里，整饰户庭，罔不躬亲负荷，谨慎将事”。

1964 年，他在纪念母亲百岁诞辰时又追忆，“先妣一生守节抚孤，保家教子，悽怆悲戚之情状”，念及“九岁丧父之时，一门茕茕孤寡，觊觎既多，迫辱备至。先妣乃备其坚贞自信之一念，当家难之迍邅，独以一身任之。抚孤成立，再造吾家，当时吞声饮泣，枕上泪痕，荼蘖茹苦，灶间晕厥之惨状，髣髴（仿佛）目前，拊心追慕，益增怛恻。”

有意思的是，蒋在 1935 年的日记中也有关于十五岁那年母亲教育自己的大段回忆。同是描述十五岁那年母亲因自己犯错而进行的教育，但其中的意旨韵味却完全不同。蒋在日记中如下记叙道：

尝忆儿时（十五岁时）先慈对我忧焚、痛笞之时，为儿不肯向母求恕讨饶，因之痛笞不已，忧楚益盛，及至最后，母痛哭曰：笞儿即笞我肉，我尖心痛如割割，望儿讨饶，免我再笞，免加儿罪。儿仍硬颈如石，毫不求恕。及至最后亲友前来说情，命余讨饶，余仍顽强不服。亲友又曰：你如何以可以讨饶？余曰：母愈打则余愈不讨饶，虽死不变。亲友又曰：如你母不打，你可讨饶乎？余曰：可。母乃不打，儿乃讨饶求恕。自后母亦不再打余。教子者当研究儿童心理为要也。(1935年8月17日)

蒋在此处回忆，对自己的不成器，母亲心忧如焚，爱之深，责之切，因而对蒋"痛笞"。但对母亲的痛笞，蒋并不讨饶。母亲见此，"忧楚益盛，及至最后"，母痛哭"望儿讨饶"，仍不能令其屈服，蒋"仍硬颈如石，毫不求恕"，任凭亲友劝说，毫不为动，并称"母愈打则余愈不讨饶，虽死不变。"亲友问他，如何才能讨饶，他答称，母亲不打才会讨饶求恕。蒋在此处并没有提自己因何犯错，叙述的重心并不在于对自己犯错的悔过和对母亲的歉疚，而是在于回顾和审视当日母亲"痛笞"自己这一教育方式，而且强调由于这一次教育受挫，"自后母亦不再打余"。显然，蒋不认同母亲当日用简单的暴力管教自己的方法，并以此反省总结教育子女之法，得出了一条教育子女之道首要在于"研究儿童心理"的结论。看来，母亲在蒋心中的地位虽重要崇高，但蒋倒也不是对母亲的一切言行迷信盲从，不加分辨的愚孝。偶尔，他还能从对与母亲相处之事的回忆中，总结出一些经验教训来。

3. 悼念亡母对蒋介石处世有何作用？

自父亲去世后，蒋介石一直与母亲相依为命，对其母极为依恋，以至于每次出门离开母亲都极为不舍，据蒋1930年在日记中记述："自我有知识以来，凡欲出门之时，必恋恋不舍弃我母，到十六岁时，必待我母严责痛击而后出门；及至二十余岁犹如此”，这种恋母情状实在令外人所难以想象。他与宋美龄结婚后，甚至试图从妻子身上寻找母亲式的安慰，“近三年来，凡欲出门时，此心沉闷惨憺，惨恼必不愿与妻乐别者，岂少年恋母之性犹未脱耶”，而这种深深的恋母情结连他自己都“诚不知其所以然也”。（1930 年 12 月 4 日）

在蒋介石的感情世界中，对母亲的怀念实际上已经超越具体的母子情怀，而是升华到一种精神寄托与力量源泉。母亲虽已离世数年，但在蒋介石心中她始终不曾离去，并一如既往地陪伴支持他，这或许也是他后来每当遭遇挫折伤害都要回乡憩息在母墓之旁的原动力。

蒋对亡母的悼念常与对自己的鞭笞激励联系在一起，如他在 1929 年日记中所记：

> 人类之幸福，及使内忧外患与日加增；为党国之故，而谤毁集于一身，不惟无益于民生，而且为军阀盗贼及一般亲友作奴隶牛马，人格几将丧失殆尽。其将何以对我所生也，小子免诸，无忝所生乎。（1929 年 12 月 31 日）

1931 年蒋在母亲忌日这一天记曰：

> 今日为先慈忌辰矣，呜呼，何日得报！如不为人类与党国努力效忠，何以能对所生也。勉之，勉之。（1931 年 6 月 14 日）

蒋如此感叹之日，正是反蒋力量重新组合聚集，对其统治权威形成极大挑战之时。1931 年 5 月底，反蒋派在广州成立了以汪精卫为主席的“国民政府”，形成宁粤对峙的局面。同时，对红军的第二次“围剿”失利，此时正部署筹划第三次“围剿”。国内政局混乱，国外又生事端，日本以“中村事件”（即日本参谋本部的中村震太郎大尉非法潜入中国进行间谍活动被当地驻军截杀一事）为借口，对南京政府施加压力，中日关系十分紧张。处此内忧外患之境地，蒋也需要调整情绪，振奋精神，以应对来自各方的压力。因此，他以回报母亲养育之恩，不辜负母亲的谆谆教诲和期望为动力，在心中勉励自己“为人类与党国努力效忠”，“以能对所生”。两个“勉之”显然是他想以此对自己强烈地激励和警醒。蒋介石1964年在文章中回忆自他25岁以后，“吾母苦撑坚忍，而使吾家由剥而复之开端”，随后笔锋一转，自勉道“以家喻国，家难益甚，而有志者，其必愈能精勤砥砺，刻苦奋进，以自免于怠荒暴弃。国忧愈深，更将致力集义养气，负重致远，以自拔于颠危险阻之境。”可见，母亲一直是他身处逆境时顽强进取的精神动力。

对母亲的祭奠还是蒋介石寻求心灵安宁慰藉的一个重要方式。蒋在日记中记道：

> 近日来军政繁忙，自觉心力交瘁，非暂离京休息，必致败误大事，不仅徒劳无益而已。故急望回乡扫墓，以慰先人之灵也。（1936年3月20日，“本周反省录”）

每个人遇有强大压力时，都会寻求减压释放，而减压的方式和渠道却各有不同，有人以娱乐消遣为纾解的方式，有人以会友交流为减压之道，而以蒋介石此时的身份地位论，这两种方式都有难行之处。那么他能以何种方式排遣压力呢？每当他“自觉心力交瘁”时，“回乡扫墓，以慰先人之灵也。”此“先人”自然是指其母。事实上，蒋介石祭母减压的方式几乎伴随他从政沉浮的一生。1927年，蒋介石第一次下野，在上海发表下野宣言的当天，便赶回家乡，养精蓄锐，积极谋划，成功地实现了东山再起。1931年12月，蒋在内外夹击下被迫下野后，又立刻赶回溪口老家，并再次成功复出。1949年，蒋介石第三次下野后，更是以溪口老家为基地，遥制“代总统”李宗仁，掌控政局。母亲安息之处看来正是蒋介石的避风港和重新启航之地。

七、20 世纪 30 年代蒋介石

——围绕蒋经国归国的感情纠葛

1910 年蒋经国出生时，其父蒋介石 23 岁。在那个时代的浙江农村，23 岁有第一个孩子已经算晚的，何况此时蒋介石已有 9 年的婚龄，其 27 岁的发妻毛福梅绝对是“高龄产妇”。蒋经国的出生，某种意义上说，不是蒋“爱情”的结晶，而是他“孝心”的结果。蒋介石婚后与毛福梅关系并不亲密，之后他留学日本眼界大开，与没见识的毛福梅更有渐行渐远之势。蒋的母亲王采玉思孙心切，1909 年得知蒋介石从日本回到上海度假，便携儿媳从奉化赶到上海。以“不孝”、“忘本”指责不肯与妻子同房的蒋介石，并说如果再冷落毛福梅，她就投江自尽。蒋介石在母亲逼迫之下，总算与妻子共同生活了一个夏天。蒋经国就是在这段时间孕育的。

蒋经国的出生给蒋家带来无穷的欢乐。蒋介石对这个唯一的亲骨肉倍加怜爱，倾心栽培。蒋介石在其日记中骂人是有名的，其政敌、同僚、下属、亲人几乎无人能幸免，甚至他一直称为“爱妻”的宋美龄也曾被骂到，而蒋经国则是极少数没有被骂过的人之一。父慈子孝，父子情深本是通常之事，但这对中国曾经“第一家庭”的父子，两个影响中国历史发展的男人之间的故事，注定非同寻常，父子感情的背后，充满着“公”与“私”、“国”与“家”的纠葛。

1925 年至 1937 年间，蒋经国滞留苏联 12 年，其中有相当长的时间音讯全无，蒋介石在这段时间的日记中，表达了对儿子连绵不断的惦念。

1. 父子天各一方

蒋介石在1936年4月9日的日记中写道：“校正十四年(1925) 年谱初稿，阅至十月十九日经儿赴俄句，不禁感慨。”此处所说“年谱初稿”，实即毛思诚所编《民国十五年以前之蒋介石先生》，其在 1925 年 10 月 19 日的记载中有：“是日，长公子经国，启程赴俄莫斯科，留学孙文大学。”这看似普通平常的一句话，让蒋介石“不禁感慨”，是因为它再次触发了蒋长达十多年的思子之情。

据江南的《蒋经国传》，1925 年苏联在莫斯科建立孙逸仙大学，以纪念孙中山先生，培养中国革命的新生力量。投考者颇多，蒋经国等 30 位国民党要员的子弟因得到苏联顾问鲍罗廷特别推荐而被录取。蒋经国去苏联的意愿十分强烈，蒋介石对经国留学的态度起初是“处于两可之间”，但最后还是首肯。但他没有想到，父子一别竟是 12 年的生死离别。

1927 年蒋介石一改过去的“联苏”政策，实行反苏反共，赶走苏联顾问，屠杀共产党人。蒋经国在苏联陷入尴尬与危险之境，他在 1927 年至 1931 年间曾两次向苏联方面提请回国，都被拒绝。蒋介石设法营救蒋经国回国，亦被苏联方面以种种理由推脱拒绝。蒋介石作为一个父亲，又身为一国领袖，面对苏联以其子安危相挟，在“党国利益”与亲子安危之间，他做出了怎样的抉择，内心有着怎样的感情纠葛？

1928年12月9日，蒋介石闻蒋经国在苏处境不利，不禁感叹：“今日见报载，经儿被俄共放逐于白海，吾心固泰然也，然而吾无以对先慈爱孙之心之切矣，岂天果欲使我有亏于天性之爱乎。呜呼，吾亦惟有实行吾救国救民革命之志以报我先慈。夫革命之子弟亦皆为吾之子弟，何必戚戚以子侄为念。”得悉蒋经国在苏联的艰难境况，蒋介石表示自己“心固泰然”，他自认为了民族利益而舍亲子之情十分坦然。然而骨肉亲情乃人之常情，忧子之心令他不禁发出“天果欲使我有亏于天性之爱乎”的感叹。为了摆脱消极情绪，他以“革命子弟皆吾子弟”劝慰自己，但当夜却为蒋经国担忧，长夜难眠，“竟夕不寐”。

2. 拒绝交换条件

1931年，蒋经国有了一次可以被蒋介石赎回中国的机会。蒋介石在日记中对此事有较详细的记述：“孙夫人（宋庆龄——引者注）欲释放苏俄共党东方部，告其罪状已甚彰明，而强余释放。又以经国交还相诱。”

日记中所称“苏俄共党东方部”应指国民党当局刚刚逮捕的苏联情报人员牛兰。蒋介石“清党”后，苏共和共产国际对中国的局势感到十分迷茫，远东局派遣波兰籍情报人员牛兰赴中国调查。牛兰于1930年3月偕夫人由莫斯科来到上海，对外称是“泛太平洋产业同盟”秘书处秘书。1931年6月牛兰夫妇在上海租界被捕，被引渡给国民党当局。牛兰被捕后，共产国际、苏联政府和中共中央有关部门动员各方面力量紧急营救未果，苏联当局便透过在国民党内有一定地位的孙中山夫人宋庆龄协调此事。当时，宋庆龄为奔母丧匆匆离开德国，1931年8月13日经莫斯科抵达上海，回国后即多方奔走，担负起营救牛兰的重任。从日记中反映的情况看，宋庆龄曾见到蒋介石，提出释放牛兰的要求，并提出以蒋经国回国作为交换条件。

面对这一很有吸引力的交换条件，蒋介石做出了怎样的抉择？他在日记中详述了自己的想法和决定：

> 余宁使经国不还，或任苏俄残杀，而决不愿以害国亡之罪犯以换亲子也。绝种亡国，乃数也，余何能希冀幸免。但求法不由我而犯，国不由我而卖，以保全我父母之令名，使无忝此生则几矣，区区后嗣，岂余所怀耶？（1931年12月16日）

以蒋之性格，极厌恶受人胁迫，因此对宋提出的以蒋经国交换牛兰的要求，反应十分强烈，震怒之情跃然纸上。但蒋也非意气用事之人，他之所以拒绝宋的提议，更核心的原因是“党国利益”，因此，他决定绝不释放“害国亡之罪犯以换亲子”，即使这一决定可能意味着“经国不还，或任苏俄残杀”。在“家”与“国”之间他做出了甚为坚决的选择。蒋在此处的记述颇为悲壮，声称“区区后嗣，岂余所怀耶?”字字铿锵有力，斩钉截铁。但其内心果真如文字所述对子嗣毫无所怀?

数日后，时值圣诞节，蒋介石在日记中记道：

> 今日为耶苏（稣）圣诞。上午，祷告后下山游览。下午，约小学生来慈菴唱歌。晚，约友欢聚，时念慈母并念经儿，而夫妻俩人如宾相敬，虽无子女亦至乐也。（1931年12月25日）

逢节思亲，已是基督徒的蒋介石在圣诞节想到的是母亲与儿子，“时念慈母并念经儿”，可见他在前段日记中所发“区区后嗣，岂余所怀耶”之感慨，不能仅从字面理解。蒋前段日记所记正是在拒绝宋庆龄要求后而发，那一段“豪言壮语”与其说是平静状态下的内心独白，毋宁说是震怒之下的感情宣泄。在求得儿子的平安与维护“党国利益”之间，他选择了后者。他也明白蒋经国能否回来已是未知，惟有接受现实，幸而有爱妻宋美龄相伴，让他感觉“虽无子女亦至乐也”。在这日记前后文字的矛盾转折之间，多少泄露出蒋内心的起伏和感情纠葛。

未隔两日，蒋又在日记中抒发由挂念儿子安危所引发的感想：

> 尝思传世在事业与德行，而不在子孙。史中圣贤豪杰忠臣烈士每多无后，而其精神事业卓绝千秋，余何为先人而独忧无后，其志之小可鄙孰甚。经国如未为俄寇所陷，则余虽不能生见其面，适余死后，彼必有归乡之一日，如此，则余愿早死以安先人之灵也。（1931年12月27日）

1931年年底的蒋介石正处于事业的低谷，不久前他被迫第二次下野，回乡避居。身处此间更加深了他对儿子的思念，何况中国的传统伦理观念对子嗣传承极为重视，古云：“不孝有三，无后为大”，深受中国传统文化熏陶的蒋介石对此也有一份执着。他虽在日记中自责不该只忧虑无后，并说自己“其志之小可鄙孰甚”，但联系前几段日记，这些文字恰恰表明他对蒋经国身陷苏联而带来的无后传承的问题不是毫无介怀的。

蒋介石思念蒋经国的这些日记里，还透露出一个重要信息，即蒋纬国确实不是其亲生。蒋在公开场合下都说纬国是其儿子，并有“纬儿可爱”的评语，但若蒋纬国真是亲生，蒋介石又何必一再在日记中表达出没有经国就是“无后”、“绝种”的意思。

虽然在蒋不愿为一己私情而以“党国利益”交换蒋经国回国，但他一直在等待有利时机。

3. 托人寻子

1932 年 12 月 12 日，中苏在日内瓦宣布恢复邦交，两国关系似乎出现了解冻的曙光，然而实际上此后的几年间种种障碍使得两国关系一直踯躅不前。1934 年 10 月，知名学者、清华大学教授蒋廷黻赴苏联考察，临行前，蒋介石委托其“研究苏联的情况”，并“测探中苏两国合作的可能性”。而由夫人宋美龄向他转达了蒋介石想念儿子之意。这一“公”一“私”的表达方式很是得体，显示蒋介石与宋美龄配合何等默契。

蒋廷黻到达苏联后，立即向苏联方面提出遣返蒋经国的问题。但斯大林显然认为让蒋经国回中国为时尚早。据蒋经国自传所记，当时苏联当局百般阻挠他回国，甚至要求他写信给莫斯科外交部，表明自己不愿回国，被他所拒绝。之后，中国驻苏大使馆外交官要求面见蒋经国，苏方又对整个谈话过程进行严密监视，使他不敢稍露回国之意。这次营救蒋经国回国的行动无果而终。蒋介石在日记中也有记载，他表示：“得经国不愿回国之消息，乃知俄寇之诈伪未已而已，必仍泰然自若，无所疑虑。当此家难，能一笑置之，自以为有进步也。”（1934 年 12 月 14 日）对于从苏联方面传来的蒋经国不愿回国的消息，蒋介石十分肯定是苏联人阻挠蒋经国回国的“诈伪”之行，非蒋经国本意。

蒋介石对蒋经国被扣在苏联回国遥遥无期一事，很难释怀，有时难免会胡思乱想。有一次，他竟在日记中记了如下一段：

> 近日尝念塞翁失马之格语，乃思经儿赴俄虽归来无期，然若当时鲍尔廷（即鲍罗廷——引者注）、共匪等如不恃我有子在俄，不惧我反俄除共之心理，则彼獠不在粤杀我，亦必欲于十五年冬在汉制我死命

矣。（1935 年 2 月 15 日后之“本周反省录”）

蒋介石从“塞翁失马，焉知非福”的角度考虑其利弊得失，认为如果不是有蒋经国在苏联，令鲍罗廷和中共方面感到可以此为恃，则他自己肯定会被杀害了。因为蒋经国在苏联，自己这才逃过一劫，此“实救我国家与救我生命之最大关键”。这种与事实无据、近乎无厘头的推断，只能说明蒋介石思念儿子到了昏头的地步。

1935 年 1 月莫斯科《真理报》上刊登了蒋经国的《献给母亲的信》，信中以给母亲写信的形式，对蒋介石极尽谴责，斥其为中国人民的仇敌，也是蒋经国本人的仇敌，表明要与其父蒋介石划清界限（据蒋经国回国后申明，此信是陈绍禹（即王明）逼他写的）。此信引起国际国内舆论一片哗然，不少人猜测蒋介石看到亲生儿子的这封“大逆不道”的信后，必然怒不可遏。

那么，蒋介石看到信后究竟反应如何？他在日记中对此事有记述：“近日身体虽劳而心神甚乐，夫妻同心前途远大也。得经儿在莫斯科报上致其母函，诋毁其父之消息，疑信未定，而中心为之一慰。”（1936 年 2 月 14 日）此处的文字表述相当平和，无丝毫情绪激动的迹象。当他看到以儿子的名义公开发表的信后，首先表现的不是愤怒和不满，而是对此信“诋毁其父”的真实性表示怀疑。继之，则有“心为之一慰”之感。此信如此“大逆不道”，他却还感到安慰。让他心之所慰的到底是什么？此处虽未明言，却并不难揣测。当时国内关于蒋经国已在苏联被捕的谣言四起（王明正是以国内有谣传，要求蒋经国写封公开信，向家人报平安），令蒋介石更担心蒋经国的安危，而读到有蒋经国亲笔署名的信，至少证明他暂无性命之忧。这封信让蒋介石看到了最希望得到的信息，即确认蒋经国的平安。至于内容如何，反倒不是他最看重的了。

1936年12月，西安事变发生时，蒋介石被扣，在生死未卜之际，他分别给宋美龄、蒋经国与蒋纬国各留下一份遗嘱。全文如下：

贤妻爱鉴：兄不自检束，竟遭不测之祸，致令至爱忧伤，罪何可言。今事既至此，惟有不愧为吾妻之丈夫，亦不愧负吾总理与吾父吾母一生之教养，必以清白之身还我先生，只求不愧不怍无负上帝神明而已。家事并无挂念，惟经国与纬国两儿皆为兄之子，亦即吾妻之子，万望至爱视如己出，以慰吾灵。经儿远离十年，其近日性情如何，兄固不得而知；惟纬儿至孝知义，其必能克尽孝道。彼于我遭难前一日尚来函，极想为吾至爱尽其孝道也。彼现驻柏林，通信可由大使馆转。甚望吾至爱能去电以慰之为感。

廿五年十二月二十日　中正

又嘱经、纬两儿：我既为革命而生，自当为革命而死，甚望两儿不愧为我之子而已。我一生唯有宋女士为我唯一之妻，如你们自认为我之子，则宋女士亦即为两儿唯一之母。我死之后，无论何时，皆须以你母亲宋女士之命是从，以慰吾灵。是属。

父　十二月二十日

（1938年12月13日）

这两份遗嘱是在一年后蒋介石补记在日记里的。他在生死关头确实动了感情。除了夫妻情、父子情外，他最惦念的是死后宋美龄与蒋经国、蒋纬国的关系。宋美龄只比蒋经国大11岁，蒋宋结婚时，蒋经国已在苏联，且曾公开谴责过蒋介石的反共行径，遗嘱中并坦言自己对蒋经国的思想与现状并不了解："其近日性情如何，兄（蒋介石自称——引者注）固不得而知"。故蒋在遗嘱中既要宋美龄对两个儿子"至爱视如己出"，又要儿子们"无论何时，皆须以你母亲宋女士之命是从。”用心可谓良苦。

西安事变和平解决，不仅使中国局势为之大变，国共合作局面形成，中苏关系大为改善，也为蒋介石父子团聚创造了条件。1937 年 3 月底，蒋介石得到好消息，他记道：“本日接莫斯科蒋大使电称，经国到使馆叙谈，已有妻与子各一，约下月可到沪等语。”（1937 年 3 月 25 日）这是 10 年来蒋介石首次得到自己儿子的确切消息。

接下来的情节有些出人意料。蒋经国回国，1937 年 4 月 19 日，失散十年的父子在杭州相见，这本是蒋介石盼望已久之事，却惹出家庭矛盾。先摘抄蒋介石那几天的日记：

4 月 18 日　正午乘机飞杭，家事愁闷，不可言喻。

4 月 19 日　下午见经国，以昨日到杭不愿即见也。

4 月 20 日　本日以家事烦恼，不胜抑郁沉闷，强勉由杭来沪，此身几无自由之趣，将以他人之喜怒哀乐为哀乐，可悲之至。

何以喜事当前，蒋介石反而“抑郁沉闷”呢？细细研讨分析，原来是他复杂的家庭关系所造成。蒋介石与宋美龄婚结婚之前，已与毛福梅离婚。毛是离婚不离家，一直在溪口老宅住着。宋美龄相当大度，甚至跟蒋介石回过溪口。但现在蒋经国回来，一下子拉近了蒋介石与毛氏的关系，宋美龄自然会生出无名的嫉妒，却也无法阻拦蒋氏父子相见，只能甩脸色给蒋介石看。所以蒋经国不能直接去上海见父亲，要到杭州等父亲召见。蒋介石居然也压抑心情，到了杭州的第二天才见儿子，且第三天就“强勉”返回上海。真是左右为难，不得不发出“家事烦恼”，“此身几无自由之趣”的感慨。

八、父子危难相随

——败退台湾前后蒋介石蒋经国的父子情

20世纪40年代末50年代初，蒋介石经历了他人生中最黑暗的一段岁月。军事危局、金融崩溃、党内政争、国外倒蒋图谋，迫使蒋介石面对他人生中的又一重大抉择：苦撑危局抑或“引退图新”。蒋介石反复权衡，选择了后者。1949年1月21日，他落下了政治棋局中的“下野”一步，迈上了死守台湾这一晦暗不明的新局。困厄之间，蒋经国给予父亲以忠心的守护与协助，蒋介石回应儿子以全心的信任与关爱，父子携手走过了这段动荡不安的日子。

1. 下野前后的心路历程

1948年年底，淮海战役——这场国共间最后的大决战——以蒋介石部署在南线战场上的精锐部队几近全歼告终，军事形势急转直下。国民党内军政大员纷纷要求与中共恢复“和谈”，谋求“和平”的呼声日炽。桂系趁机发难，逼蒋“引退”。蒋介石最强有力的支持者美国也在酝酿倒蒋“换马”。陷入困境中的蒋介石被迫发表“求和”文告。文告发表当天，正值1949年元旦，蒋详记了当天的行程与感想：

> 六时起床祷告后，朝课如常。国防部团拜谒陵后，特到基督凯哥堂默祷。毕，即入总统府团拜。致词后与德邻（李宗仁——引者注）谈准备去职工作必须经过一时间，不能草率从事以致将来有负于彼，望其转劝健生（白崇禧——引者注）稍安勿急也。送伯川（阎锡山——引者注）后回寓，召见颂云代表（程潜——引者注）方、杨诸生。正午，约见国防部高级将领。下午，与经儿车游汤山，后修订讲稿，七时方毕。晚课后与经儿车游市内，伤兵满街，杂乱无状，不胜忧虑，应急加整理。本日，文告发表，自读甚慰，逆谋或可打消，寸衷较为宽舒也。(1949 年 1 月 1 日)

内外交困，危难重重，也没有改变蒋介石的作息时间。他一如往常“六时起床祷告”，“朝课如常”。谒陵后，又特地到“基督凯哥堂默祷”。此时，对基督教的信仰是他冲破险阻的精神动力，他在日记中述称：“汤盘铭曰：‘苟日新，日日新，又日新’。今日又是一个新年新日了，我的德行心灵果有新进否。去年一年的失败与耻辱之重大为从来未有，幸赖上帝的保佑，竟得平安过去了。自今年今日起，必须做一个新的人，新的基督人，来作新民，建立新中国的开始，完成上帝所赋予的使命，务以不愧为上帝的子民，不失为基督的信徒自誓。去年一年，虽经过一年的试验，遭遇无数的凶险，对于上帝与基督的心毫不动摇，实可引为自慰也。”(1949 年 1 月 1 日)

有趣的是，蒋介石立志“从新”竟是以一种“西旧杂糅”的方式表现出来。据蒋经国回忆，蒋介石 1948 年年底已经“缜密考虑引退问题”，之所以有此种考虑，是因为他认为“在内外交迫的形势之下，必须放得下，提得起，抛弃腐朽，另起炉灶，排除万难，争取新生。”“退”是为了“图新”，“重定革命基础”。[①] 这是他反复强调“新”的动因。

“图新”虽是蒋介石立志努力的方向和未来工作的基点，但眼下迫在眉睫的问题是，桂系正步步紧逼，促他“下野”，如何才能妥善应对？为此，他先“与德邻谈准备去职”，继之，又以“工作必须经过一时间，不能草率从事以致将来有负于彼”为由，要李宗仁劝告白崇禧“稍安勿急”。此种处置可谓“刚柔并济”，既有对桂系“逼宫”的安抚与回应，又以堂皇之理由告诫李、白等人不要相逼太急。更重要的是，他为自己争取了时间，以对未竟之工作妥善安排，进一步完善自己“图新”的布局。

其实，“求和”文告发表本身即是对桂系为首的反对派的回击，蒋对这篇文告相当满意，自读后“甚慰”，他之所“慰”何来？日记中有明确的答案：“逆谋或可打消”，因而“寸表较为宽舒也”。如此看来，他在文告中表示愿与中共“商讨停止战事，恢复和平的具体办法”显然只是表面文章，与中共重开“和谈”的五项条件才是重点，即限定以“中华民国国体”的存续和“宪法”、“法统”及军队的保存为前提。为“和谈”设置重重障碍，捆住“主和派”的手脚，才是他发表文告的真意之所在。

当天上午，蒋介石处理完重要事务，约见各方人员后，即在蒋经国的陪同下到汤山，晚课后又“与经儿车游市内”。结合蒋经国的回忆，蒋介石当天从上午“谒陵”到晚上“游市内”全程皆由蒋经国陪同，几乎须臾不离。日记中提到，他在车游市内时，看到“伤兵满街，杂乱无状”，令他“不胜忧虑”。按说蒋介石此时面对的棘手问题极多，又行将“下野”，且兵败之下军心动摇，各种失序现象的出现在所难免，但他对此却耿耿于怀，思虑“应

① 蒋经国：《风雨中的宁静》，第123页。

急加整理”。对此类“小问题”的关注在他“下野”后回乡第一天的日记中也有表现。当天，他在家乡“浏览营房旧地与电灯厂”时，“见牛痍非常”，愉悦之情一扫而空，“急思纠正”。（1949 年 1 月 22 日）蒋介石一生十分注重细节，难免过于琐碎，与其“领袖”身份不符，由此可见一斑。

文告发表后，蒋利用“下野”前的最后一段宝贵时间，布置了国库储备金银的转移，安插陈诚、蒋经国、汤恩伯等亲信到合适的职位。一切部署就绪后，蒋介石于 1 月 21 日正式宣布“下野”。当天，蒋行程过于繁忙，而在次日的日记中补录了前一天的行止：

> 昨正午赴基督凯歌堂，默祷告辞。下午四时十分，由京起飞，以天晚即在杭州下机，宿于空军学校天健北楼。与辞修（陈诚——引者注）、经儿（蒋经国——引者注）同到西湖楼外楼聚餐，心地安闲，如释重负也。回校接岳军（张群——引者注）电话称，宣言中以常委改正之点未明出处，须加修正，余允之。不料其对余“既不能贯彻戡乱政策以奠定永久和平”一语亦并删去，殊为不料也。后闻白、李（白崇禧、李宗仁——引者注）商谈，如不照此改正，则李之宣言不发相胁耳。晚课后，九时十分就寝。（1949 年 1 月 22 日）

蒋介石离京抵杭州当晚，由浙江省主席陈仪在杭州著名的楼外楼设宴，为其洗尘，除了日记中提到的陈诚和蒋经国，陪同的还有汤恩伯和俞济时。蒋自谓此时“心地安闲，如释重负”。蒋经国也回忆说，父亲入睡前曾告诉他：“这样重的担子放下来了，心中轻松得多了。”是日夜，蒋睡得很早，“九时十分就寝”，且“甚能安眠”（坊间有论著称，蒋介石在楼外楼用餐时，神色阴沉，低落的情绪表露无遗。此一说法，与蒋自记颇有差距）。蒋介石回到住处后，接到张群电话，称李宗仁对蒋的“引退”宣言有异议。蒋同意了李宗仁修正宣言的部分内容，但李改动的幅度远超过蒋能接受范围，两人的“斗法”并未因蒋“下野”而终结，而是进入新的一轮。次晨，蒋“七时前起床（昨夜甚能安眠），朝课如常。九时见辞修（陈诚——引者注），商谈今后台湾军政、经济及对反动方针后，十时起飞，安抵故里。”（1949 年 1 月 22 日）

自此，在蒋经国一家的陪伴下，蒋介石在溪口度过了他并不悠闲的一段“下野”岁月。

2. 父子相伴过难关

蒋介石在日记中常常自我反省，有大量自责的语言，同时他个性中又有诿过于人的习惯，遇事将责任推给他人与下属，大加责骂。面对大陆惨败，蒋虽有自责，但更多的是责备国民党干部不力，军事将领无能。被桂系逼迫下野后，他对国民党内同僚的信任降到最低点，不再相信任何人，

1949 年 4 月 23 日，解放军攻取南京。25 日，蒋介石在蒋经国的陪护下诀别故乡溪口。此后，蒋经国作为蒋介石最信任的人，一直守护在蒋介石身边，陪同蒋介石多次往返于大陆与台湾之间，部署军防，对蒋介石的事业给予了极大的支持。

正因为蒋经国身具蒋介石亲生子的特殊身份，又为蒋介石最信任的人，他才能在特殊场合发挥无人可替代的作用，在这段人心不定、局势叵测的困难时期，协助蒋介石处理机密事宜，资政建言。蒋介石日记中有多处反映此点的记述，如 1949 年 10 月，为了推动台湾财经工作的顺利展开，蒋经国奉父命赴香港邀请理财专家俞鸿钧赴台湾，主持财经工作：

十时岳军（张群——引者注）等来会，始悉鸿钧离穗赴港，不肯任

中央总裁也，闻之悲伤。时局如此，关系复杂，不能强人为难耳。惟非此则财经不能支持，乃令经儿赴港，挽之同来。(1949年10月1日)

1950年年初，蒋介石开始着手“复职”，重新走到前台来控制台湾局面，同时接受大陆失败的惨痛教训，对国民党实施改造。所有这些活动，蒋经国均是他主要的助手。这些在日记中都有记载。如蒋经国参与“复职”问题的讨论：

昨晚约集经儿等干部商讨伯川辞职善意之运用，以及广西子无耻丑行及其动态之检讨，不禁为之发指皆裂，决心作复位之准备。(1950年2月5日)

蒋介石认为，大陆失败的主因在老军阀官僚的贪腐无能，拉帮结派，故希望通过改造国民党淘汰老官僚，清除异己，选拔年轻得力的新干部。对此蒋经国也参与意见（实际上，蒋经国是其最想要提拔的人）：

本党改造方针之不能实施，以人事关系，各干部成见太深，无法使之牺牲小我成全大我也。只有另组核心，遴选积极有为之青年受直接领导，秘密进行，树立革命新生之基础也。

朝课后批阅公文，审阅经国新组织意见，先得我心也。(1950年2月3日)

有段时间，蒋介石出于对党内反对派的不满，甚至提出对“国民党”这个名称都不满意，要将党名更改。此意一出，蒋经国表示环境不许可，改名要慎重：

更改党名问题，以对共匪斗争时期，共匪未消灭以前，不忍更改，此乃经儿今日之意见，应加考虑。(1952年10月4日)

1949年12月，国民党在大陆军事完全失败后，蒋介石面临台湾到底能守多久的困境。美国国务院与中央情报局在研究台湾的现状与前途时曾断言：在美国不出兵的情况下，台湾将在1950年陷落。时局之艰亦可从蒋在日记中的悲叹窥知一二：

> 晚课入浴后，孤独在黄埔公园屋顶纳凉，忧虑党国。不知何以为计矣。（1949年10月1日）

危急存亡之际，宋美龄尚在美国争取援助未归，蒋经国全家的陪伴是蒋介石仅存的安慰与乐趣，蒋介石在1950年元旦的日记中记道：

> 上周年杪，全家儿孙集合一堂，共度圣诞，乐叙天伦，此为近来所未有之快事。惟夫人与勇孙（宋美龄与蒋孝勇——引者注）未能团聚，不无缺憾。（1950年1月1日后之“上星期反省录”）

1950年旧历新年第一天，蒋介石又在日记中记曰：

> 正午，经儿全家大小皆来拜年聚餐，一家团叙，虽在异乡，犹显自慰。上帝赐我福泽，能不感谢，武孙、勇孙活泼天真可爱也。（1950年1月17日）

蒋介石对痛失大陆，身在异乡虽不无感慨，但“一家团叙”仍令他感到欣慰，对上帝的福泽充满感恩。对两个孙儿蒋孝武、蒋孝勇的活泼天真，蒋介石极是喜爱。他后来在日记中还提到与两个孙儿相处，孙辈争要压岁钱的趣事：

> 两孙前后来辞别二次，以侍从皆发特别赏金各一二百元，两孙来问为什么只有他们不发，亦要求补发如数，乃允之。勇孙要求更切也。（1952年12月13日）

对于蒋介石而言，宋美龄和蒋经国是他最亲的人，对这二人的健康他格外关注，在日记中时常流露出对妻儿的健康状况非常担忧：

夫人体力回国后未能恢复，以尼克生（尼克松，时为美国副总统——引者注）与李承晚来访前之准备，用心过度，以致旧日皮肤病复萌，且有黄胆（疸）病之迹像（象），而经儿之糖尿病亦未能根绝。此皆内心忧虑之事，惟夫人字画反有长进，乃至善耳。（1953年“本年度总反省录”）

对至亲之人健康的关切原属人之常情，不甚特别，但此段日记值得注意之点在于，蒋在对1953年这一年做总结时提出此事，将夫人旧病复发与“经儿之糖尿病亦未能根绝”，列入该年度“十件大事”之中，此点更具非同寻常的意义。

作为一直陪伴在蒋介石左右最受信任的亲人，蒋经国对于父亲处境之艰难，自然有更深切的体会。看到父亲忧心烦闷，郁郁寡欢，蒋经国便想借邀请父亲观看他喜欢的“平剧”（即京剧——引者注），来缓释父亲心中的郁结。蒋在日记中对此事记道：

余平生爱观平剧，自去年来台以来，经儿屡劝我观平剧以解忧闷。彼不知余已私自立愿，如不收复北平，此生不再观平剧矣。故昨彼借平剧之电影来家邀观，余以为此虽电影，仍系平剧，故亦却之，但恐彼亦不知其所心耳。（1950年1月10日）

蒋介石清楚儿子此举纯系一片孝心，但由于已“私自立愿”，所以再三回绝。蒋介石决心很大，只要与“平剧”相关，哪怕只是电影也绝不去看。最后，他只能辜负儿子的孝心。但由于自己是屡次拒绝蒋经国的邀请，故又生出了“恐彼亦不知其所心耳”的担心。他的这一担心多少透露出父子二人相处中的微妙之处。

在书写这段日记的两个月后，蒋介石在朝野一片呼拥声中“复位”总统，政治生涯中又一次实现“以退为进”。尽管如此，他在自己设计的“退守台湾，反攻大陆”的棋局中，却终未能实现“以退为进”，反败为胜。他立誓不“收复”北平此生不观平剧，实际上并未做到，从 20 世纪 50 年代末起，他就常在家中看电影，包括各种的戏剧片。或许就是他先破了誓言，一语成谶，至死未能看到令他魂牵梦萦的“收复”北平的那一天。

九、蒋纬国是蒋介石亲生的吗?

1. 问题的提出

蒋介石次子蒋纬国究竟是否蒋介石所亲生?

对此问题，长期以来坊间有不少的版本与演义，众说纷纭。肯定亲生的证据是蒋介石与蒋纬国二人无论在公开还是私下场合，均以父子身份示人，亲密无间。在蒋家族谱中，蒋纬国与蒋经国并列。否认亲生的基本版本是，蒋纬国系国民党元老戴季陶与日本女子所生，戴因惧怕太太钮永恒而不敢认养。蒋介石与戴为浙江同乡，在日本期间交往密切，主动认养了蒋纬国。然而，作为传言当事人的蒋介石与戴季陶，生前均未对此事有过任何的公开说明。蒋纬国对此也讳莫如深，以至关于他身世的传言过段时间就被炒一遍，久而不衰。

1996年，年届80的蒋纬国在台湾接受采访，整理出版《千山独行——蒋纬国的人生之旅》一书，对外承认，他是戴季陶在日本期间与当地护士重松金子互生爱慕交往的结晶，生于1916年10月6日。因戴季陶已婚且惧内，刻意隐瞒此事，蒋介石遂义气地将蒋纬国收养，交给自己的侧室夫人姚冶诚带大。一段公案至此始有定论。

其实，蒋介石虽未公开说过蒋纬国的身世，但仔细研读蒋介石日记，却能发现有两处记载非常清楚地交待了蒋纬国的身世，他确系戴季陶之子。

其一为1921年3月11日蒋介石日记：

> 今晨起床，接季陶信，知纬儿生母因难产物化，不胜哀悼。纬儿生长之不能见其生母，必为其终身之缺憾。上午致季陶信。

这说明，重松金子在纬国5岁时即已去世，戴季陶将此消息告诉了蒋，而蒋在哀悼之余，更多的是为纬国将终生得不到亲生母亲之爱而惋惜。

这段日记也直接否定了台湾政界的另一传言。该传言说，蒋纬国的生母叫津渊美智子，与蒋纬国长期保持着书信来往，1957年蒋纬国与邱爱伦结婚时，曾由戴安国陪同到日本东京举行婚礼，主婚人正是他的亲生母亲津渊美智子。后蒋纬国将津渊美智子接到台湾奉养，后者于1977年才过世。

其二为1949年2月13日蒋介石日记：

> 据报季陶昨晨五时犹食面包，其后至八时始发觉其病症危急，十时乃逝世，并发现其床前有安眠药二空瓶，是其饮片自杀无疑。此为布雷去世以后所屡为忧虑之事，早恐其步布雷之后而自杀，故嘱其家人不可任其服安眠药，必须移藏他处。不料其家人亦病，无人监察，竟遭此凶耗。平生对余最忠实之两同志皆服毒自杀，是余不德、无能，以致党国危殆至此，使友好悲绝自杀，其罪愆莫大。然其天性皆甚弱，不能耐怨忍辱，时时厌世，于其个人则生不如死，余亦不甚可惜也。
>
> 朝课后写安国侄唁函，命处理丧葬事宜。派立夫、希曾、纬国飞粤协助也。

此日记系戴季陶自杀当天蒋介石的感受，其中特意写派蒋纬国与陈立夫、陶希圣专赴广州协助治丧，陈、陶均有公职，蒋纬国绝少被派出席这种场合，这次受派，可谓双重身份，一则代表蒋介石本人吊丧，更重要的是给蒋纬国与其生父最后告别的机会。

以上两则日记，前后间隔 28 年，分别是蒋介石在蒋纬国生母、生父过世时的所闻所感，是真情流露。由此可确认，蒋纬国非蒋介石亲生，而为戴季陶之子。

2.“父子情深”

蒋介石是如何培育“养子”蒋纬国的呢？

蒋纬国虽是蒋介石收养的非嫡亲，但早年蒋介石对蒋纬国怜爱有加，视如己出，他以“经儿可教，纬儿可爱”来形容少年蒋经国与蒋纬国的不同特性。甚至，因为蒋纬国的不幸身世，蒋介石对他倾注了更多的关爱。他早年日记中涉及蒋纬国成长的内容，处处显示出父严子爱的真切感情。

如 1919 年 7 月 14 日蒋介石记道：“纬儿狡慢，问训一次。事后心甚不忍，恋爱无已。”蒋介石教训过淘气的蒋纬国后，又觉得过于严厉而于心不忍，这是父亲面对调皮爱子的普遍心理。同年 8 月 18 日，蒋介石记了对纬国生病的担忧，“纬儿寒热未退，心甚忧虑”。更有意思的是，不久后蒋纬国又因顽皮弄伤手指，蒋介石怜爱之余，竟然迁怒于姚冶诚，责怪其对蒋纬国爱护不周：

> （纬儿）涂染手股，股上起泡，心甚悲怜，而恨其母冶诚看顾不周也。移时稍恙，心方安。

甚至，蒋介石与姚冶诚因各种矛盾考虑分手之时，难下决心的重要因素居然是姚系蒋纬国养母，担心分手后蒋纬国的教养会成为问题：

（姚冶诚）离退之心坚不可动，凶狠如此，是诚男子之所不能为者。脱离固不可免，纬儿养育问题，其将何以解决耶？悲伤极矣。

幼年蒋纬国对蒋介石也深深依恋，1921 年 9 月，蒋介石奉孙中山之召离开故乡南下广东，他日记中有临行时 5 岁的蒋纬国依依不舍的细节：

纬儿始则依依不放，必欲与我同行，继则大哭，大叫“爹爹”，用力缠绕我身，不肯放松，终为其母阻拉放。及予出门，犹在门首作不愿舍之声。此儿聪慧过人，年长尤觉亲亲可爱也。

一幅情深父子离别的场景跃然纸上，可见蒋介石是真的动了情，也有百般的不舍。“亲亲可爱”是他对年幼蒋纬国的评价。在南行途中蒋介石仍是记挂着蒋纬国，“寄纬儿示，船中甚想望纬儿不已”。“近日甚想纬儿，恨不能与其同行耳”。此时，蒋纬国仅 5 岁，肯定无法读信，蒋介石却已通过书信与其联络感情，表达怜爱。1921 年 11 月 28 日，蒋介石与毛福梅闹离婚，涉及经、纬二子，他写下“纬儿可爱，经儿可怜”，表达了他们的复杂感情。

1922 年春节期间，蒋介石一人在南方，倍觉孤寂，曾感慨道，“纬儿与诚（姚冶诚）、璐（陈洁如）三人，有一在此，亦作以消遣。”当年 6 月，蒋奉召南下陪侍蒙难中孙中山的路上，面对生死未卜，他虽决心“效忠于党事”，却对家事与蒋纬国均放心不下，写道：

五时起床，思虑闷坐，皆为家中与党中之事，思纬儿更甚。家与党不能兼顾，惟有舍我亲爱之家族，以效忠于党事也。

当年 12 月，蒋介石再次记下父子在码头离别的不舍情景：

开船时，纬儿在码头叫应，依依不舍，直至船远，不见不闻为止。人为感情动物，而临行时尤足引起感情也。

作为父亲的重要职责，蒋介石对蒋纬国的教育从幼年时就抓得很紧，他亲自为蒋纬国制订课程表，为他购书。1923年2月农历春节前后，蒋介石多次记“课儿”、“夜，课儿”：“下午，与纬儿外出购物。晚，课儿读书”。“下午，入浴祭祖，陪纬儿外出游览。晚，在家度旧岁，课儿书。”春节期间，蒋介石白天带蒋纬国购物、游玩，晚上则亲自督促孩子读书，释疑解惑。聪明伶俐的蒋纬国在学业上进步，很令蒋介石宽心，他曾记：“下午在家课纬儿，出外十日，纬儿品学皆有长进，心甚喜也。”蒋介石在外期间，时常给只有6、7岁的纬国写信，关心其成长。他在外看到好的字帖，特意购买后寄给纬国临摹。

蒋介石事业并不顺利，在外屡受挫折，短暂回到故乡教育幼年的蒋纬国，成为他放松的方法。他日记里曾写，外间可信任者甚少，“可与其言者，在家乡则小孩，在外则孙公（孙中山）及一二知友而已。”与孩子在一起带给他不少的乐趣，“在乡间只有与儿童盘旋，反比在都市应酬有兴十倍。”1923年8月，蒋介石在赴苏联考察前回到故乡，每日教蒋纬国认字，帮他整理书籍、拟定课程表，有几天晚上还“陪纬儿观剧”、“与纬儿玩耍”。他写道：“与纬儿耍笑，心神渐乐。整书检衣，预备起程赴欧。”为与孩子多待几天，蒋介石还特意把蒋经国、蒋纬国带到上海。临别前一天他写道：“今日对两儿及家事发依恋不忍舍之心，甚且暗地吞泪，如十二三岁外读时依母之状。无异可怪也。”8月16日，蒋介石从上海启程去俄国。船启航后，蒋昏沉欲睡，“船中时闻小孩声音，以为纬儿呼父亲之音，甚至梦中惊觉。天性之于人，殊不可思议也。”次日，他又记“船中颇不寂寞，风平浪静，又为乐事，惟时念纬儿而已。”蒋介石远行怜子，蒋经国、蒋纬国均到上海送行，可蒋两次都只记了纬国，应该是有所偏爱。1923年12月，蒋介石返回故乡，多次记了辅导蒋纬国学习，共读《西游记》及游玩于山水间。这年的最后一天，蒋介石总结一年得失:“驻粤三月，驻俄三月，看书无几，得益不多，而世事经验或较昔年为多也。”接着，他笔锋一转，记当天的活动，蒋经国仍是主角:

入雪寺茶食后回家，纬儿跳笑嘻歌，活泼自在，殊可爱也。

1926 年 2 月，姚冶诚带着 11 岁的蒋纬国从上海去广州探亲，蒋介石特别高兴地记道:

晚餐吃酱蹄，与冶诚、纬儿等围坐言笑。近日来，以今为最欢也。

蒋介石在繁忙的军政事务中，抽空带着蒋纬国母子游鱼珠炮台、到第一公园观览游艺会等，并照相留念。7 月，蒋介石率国民革命军出师北伐前夕，姚冶诚专程再带蒋纬国到广州为其壮行。这段时间，蒋介石数次用“纬国母子”来指称姚冶诚与蒋纬国，颇有姚氏是“母以子贵”的意味。7 月 8 日，蒋介石记“往黄埔与纬儿散步解愁”；18 日，蒋再记“下午休息后，与纬儿讲笑话”;24 日，蒋又记“晚来黄埔，与纬儿谈天”。27 日，蒋介石正式出发，他写了在车站送行的情形:

七时半由东山寓中出发，八时半到黄沙车站，同志已来站鹄候多时矣。纬儿能送此行，我心甚乐，而离别亲友未免有感，含泪痛别，足征心理之强健，不如从前也。

这么重要的场合，这么多党政要员送行，蒋介石独记“纬儿能送此行，我心甚乐”，足证纬国在其心中的分量。

幼年蒋纬国得到的父爱，不在蒋经国之下。蒋纬国的天真、活泼，也使蒋介石在尽父亲职责的同时得到许多的慰藉与乐趣，成为一个小“开心果”。

蒋介石因与宋美龄结婚而声明与姚冶诚“断绝”关系，但他对纬国的抚育没有任何的放松。1934 年，18 岁的蒋纬国考入东吴大学，两年后，被蒋介石送到德国学习军事，寄予厚望。1939年蒋纬国归国，正值抗日战争期间，蒋经国到赣南，蒋纬国在陕西，但回到蒋介石身边的次数较蒋经国为多，给蒋介石不少的慰藉。1942年年底，蒋介石日记中多次提到蒋纬国，包括其参加宴会醉酒未归家、在家便餐等。12月31日，蒋介石因宋美龄不在身边，约蒋纬国的同学到官邸聚餐，以贺新年：

> 晚，约纬儿同学来家聚餐，故不觉寂寞，惟以妻在美不能共同团圆为念。餐后看“青鸟”影片，甚有所感。

1944年下半年，蒋介石因“史迪威事件”而陷入一场对美国外交危机，十分苦恼。当时蒋经国、蒋纬国在重庆陪伴，给他莫大鼓励，他在9月25日写道：“患难中唯二子侍侧，足慰余怀。然其足知余之苦闷忧损，而不知其所以然耳。”危机解除后，蒋介石总结原因时更把经、纬二子的陪伴当成是其克服困难的重要支柱：

> 当此患难困穷，四围受敌之时，有足自慰者：甲、两儿侍侧；乙、（宋）子文听命；丙、哈雷（赫尔利）协助。此三者乃为此次难得之助力，较之十五年三月二十日前后孤苦伶仃之环境，实不同矣。

10月6日是蒋纬国28岁生日，蒋介石处理完公务后，特意带着两个儿子在黄山官邸巡游一周，让人在“岁寒亭”布置茶点，“为纬儿生日，共食寿杂饼也”。次日，蒋又让俞济时召集官邸的侍卫人员共同聚餐，“为纬儿祝生日福也。”连着两天亲自为蒋纬国过生日，也属罕见。

3. 蒋纬国失宠？

蒋介石对成年的蒋纬国态度是否有了变化？

随着时间的推移，蒋介石在两个孩子之中，越来越钟爱蒋经国，而对蒋纬国不满渐多。这或许是成年的蒋纬国未能达到其要求，更可能是相比之下，蒋经国更能领会他的意旨，更堪造就。

转折点出现在1943年。这年以后的蒋日记中，涉及曾经“可爱的”纬国之处，多是责备与批评之词。最早在1943年年底的“总感想与反省录”中，蒋介石曾检讨自己“本年修身之道进步较多，而暴戾傲慢之气未能减除。”因而对下属的斥责“粗暴失态”，“对于纬儿强迫太过，亦有愧色。”虽然蒋未详列对蒋纬国“强迫太过”的事例，在这样的语境下，还是可以读出他对纬国的要求已超过了后者所能达到的程度。1944年年底，蒋纬国与石静宜结婚。蒋介石的祝贺之余，不忘“训诫”蒋纬国，“勿饮酒，勿说谎”，希望其结婚后能改过，获得新的人生。

笔者未能看完蒋介石在台湾的全部日记，已阅读部分的初步的印象是，到台湾之后，蒋介石日记中涉及蒋纬国的记载远远少于蒋经国，且多是不如意之词。1956年2、3月间，蒋介石记下对于安置蒋纬国的考虑，要安排他当军校校长。他先写：“对纬儿工作，决定其任参校或步校校长，此亦一久延未决之工作也。”3月底的“工作预定”中又记：“参校长皮、吴之芝，军校长纬国，步校长谢。”真是颇费思量。然而，蒋纬国的履历中，1955年至1957年间，他供职于参谋本部，历任副厅长、厅长。可见，蒋介石让蒋纬国当军校校长的想法并未落实。当年5月，蒋介石与蒋纬国游览庭院，散步中听蒋纬国讲德国的军士制度与实施办法。1958年7月，蒋介石对蒋纬国表达不满：“告诫纬儿切避夸张，严戒酗酒，笃实服务，公正率下，为其要务。”到1959年5月，蒋介石的不满在继续升级，把“纬儿生活行为之不正”，列为其“近来内心苦痛愁闷之无法自解之事也。”不久后，蒋介石决定以“免职”处分来惩罚蒋纬国：

近日并以纬国言行好事招遥（摇），有损家风，几乎不能安眠为苦，决予免职。

1962年，蒋纬国的儿子出生，蒋介石甚是高兴，亲自为其起名“孝刚”。过了一年多，蒋介石有次在回士林官邸途中见带着儿子的蒋纬国，就邀他们一起去官邸，祖孙三代小聚，自是高兴，但蒋过后的日记中却对孙子的教养担忧：“刚孙骄养太过，应加注意。”背后蕴含着对初为人父的纬国不满。

1968年2月23日，蒋介石又记了蒋纬国惹其动怒的事情：

纬国未得批准，擅自在立法院报告往访西班牙情形。此儿招摇欺妄，屡戒不改，应予严处。即记大过一次，并撤其陆军参大校长之职，调国防研究院受训。

上午，致函经国，处治纬国招摇与不法行为，先记大过一次，并别候处治。

蒋介石对蒋纬国的“屡戒不改”真是动了气，并给时任“国防部长”的蒋经国写信，要求其惩治弟弟。查蒋纬国1963年起主持陆军指挥参谋大学，而在1968年改任三军联合大学副校长。此一职务变化，当与蒋介石的“动怒”有关。蒋纬国赴台后，无论于政于军，出头露面的机会都不多，他着力于军事战略教学与研究，有人称其为“军事战略学家”，蒋介石对其研究成果也颇肯定，曾记“纬儿所提供的建军、备战、军资参考，可见其对学术近年来甚有进步，为慰。”

1970年4月27日，83岁的蒋介石在日记中最后一次记下对蒋纬国的评价：

纬儿国文太差，且有不通处，甚为忧虑，应设法训练。

这只能是一种人到晚年的家长无奈情绪吧，真不知他要用何种妙法训练已 54 岁儿子的国文水平。

以上根据蒋介石日记梳理出他与蒋纬国的关系。总体而言，蒋纬国虽不是他亲生，但他们情感与关系却不亚于亲生的父子，完全可用“父子情深”来形容：蒋介石对年幼的蒋纬国充满严父的怜爱，对成年的蒋纬国刻意栽培，晚年虽对蒋纬国有所不满，其背后也部分蕴含着“爱之深，责之切”的父爱。

而蒋纬国在享受蒋介石“父爱”与权势所带来富贵人生的同时，对蒋介石十分尊重与孝顺，使蒋享受到父亲的威严与家庭乐趣。当然，这是另一个故事。

十、解读蒋介石最后的日记

2009年7月，美国斯坦福大学胡佛研究院档案馆解禁了蒋介石最后一批日记，时间为1956年至1972年。至此，蒋介石从1918年至1972年长达53年（1924年日记缺）的日记全部对公众开放，供研究者查阅。

阅读过蒋介石日记的中外学者已经著文披露过不少内容，但多侧重先期开放的其1950年前在大陆时期的日记。蒋介石退到台湾后，环境、格局与在大陆时大不相同，尤其是人到晚年，年老体衰，心境、格局又有很大变化。他那时关心些什么、想法如何？解读蒋介石最后的日记，了解他的所思所想、所作所为，我们既可以看到一个长期占据权力核心的威权统治者晚年更强的权力欲，对人对事的猜忌狐疑与反复多变，也可以看到一个老者被诸病缠身的痛苦，对家庭与亲情的渴望，对自己后事的安排等。这些，对评价蒋的一生是十分重要的。

笔者即拟以蒋介石最后大半年的全部日记，即1972年1月至7月的日记为文本，来解读他晚年的行为与内心世界。

1. 为何在 1972 年停写日记

现存蒋介石最后一天的日记写于 1972 年 7 月 21 日，全文如下：

雪耻。今日体力疲倦益甚，心神时觉不支。下午，安国来访，后与经儿车游山下一匝。

“雪耻”二字，是蒋介石自 1928 年 5 月日本出兵济南屠杀中国军民、阻止其“北伐”后每天日记必首先写下以励志的两个字，48 年未曾改变，这应该是一个奇观。“安国”是蒋好友戴季陶之子，“经儿”是指蒋经国。1972 年写这篇日记时，蒋介石已是 85 岁高龄的老人，离其 1975 年 4 月病逝不到三年。

蒋介石从 1915 年开始写日记，无论外在环境如何紧张，事务多么繁忙，每日不辍，甚至在身体生病时也勉力支撑。偶尔漏记，也会补上。除逐日记载外，周末、月末还要写“上星期反省录”、“上月反省录”，全年还有“反省录”。这个习惯坚持了 57 年，写日记已经成为其日常生活重要的组成部分。仅此一点，即可见其毅力确实有过人之处。为何他在 1972 年停止了这长达 57 年的习惯呢?

答案很简单，他的身体状况已经不允许写字了。

1969 年 9 月，蒋介石遇到一次车祸，蒋在日记中记载如下：“与妻乘车巡视市区，不料回程至村头时已黄昏，忽尔座车与前导车相撞，当时妻已晕倒，余则口鼻撞破出血甚多，妻伤势较重也。”（1969 年 9 月 16 日）虽未造成严重的损伤，但蒋介石身体大受影响，健康状况每况愈下。晚年的蒋介石经过前列腺手术后留有挺严重的后遗症，还有心脏病，体检后医生数次建议其停止一切对外活动“静养”，多卧床休息。从 1970 年起，蒋日记中已有“病不能记事”、“此次大病之中以元月下旬至七月上旬间最为险恶沉重，余心神沉迷昏晕毫无知觉至今。余起身解手，此身体僵硬为木棍，必须有二人护持推拉也”等记载（1971年7月31日（9月8日补记））。从1972年起，蒋介石经常要卧床治疗，导致肌肉萎缩，尤其是手肌萎缩，几不能写字。蒋在日记中多次仅写：“手抖不能记事”几个字。或“本日病痛，不能记事。”

蒋介石真是在无法写的情况下才不写日记的。其最后一天日记中“体力疲倦益甚，心神时觉不支”的字句也可证明。

在形式上，晚年日记也有大变化。20世纪60年代中期之前，蒋介石通常会写一满页的日记，有时还会写得太多而放在边款空处。内容也相当丰富，包括“雪耻”、励志性的“名人名言”、读书心得、时局观感、预计要做的事情、日常记事、对人对事的评论等。而其最后几年的日记，内容基本上只有最重要的记事，已经有时断时续现象，字数越来越少，有一天甚至只写了“雪耻”二字。

2.1972年元旦日记

蒋介石1972年第一天的日记如下：

> 上午，经、纬两儿及武、勇来拜年。十一时在中山堂团拜，读文告后照相，正午见军中英雄与政军成绩最优人员。今日病况如常，但精神甚佳也。

短短的日记，包含四个内容：每年元旦、春节、中秋等节日及蒋介石、宋美龄生日，蒋经国、蒋纬国通常会率全家去向蒋介石拜年与庆贺，这是“家规”。孙辈长大成婚后，也单独来向蒋介石拜年。蒋介石晚年对孙辈颇为宠爱，颇得“含饴弄孙”之乐，蒋在日记中常有与孙辈游玩嬉戏之记载，蒋经国的两个儿子孝武、孝勇更是常伴祖父度过寂寞晚年。他的日记中有“上午武孙来侍膳。……晚纬儿、刚孙来侍膳。”（1972 年 6 月 11 日）、“午膳、夜膳，勇孙皆来侍膳，不觉寂寞。”（1972 年 6 月 12 日）“刚孙”是指蒋纬国之子蒋孝刚。

虽然医生已经嘱咐蒋介石不能外出活动，但有些场面上的“例行公事”，他即使再痛苦也要勉力参加，尤其是在外界对其健康状况有种种猜测时，每一次“出场”都有特殊作用。这是长期抱着权力不放的威权统治者晚年的痛苦之处。元旦上午，在阳明山中山堂与台湾党政要员团拜、照相也是蒋的“保留节目”，20 世纪五六十年代，蒋介石对每年的“元旦文告”相当重视，常常亲自修改，而现在只能是照本宣科了。蒋介石控制军队的方式有多种，如时常巡视军队、兼任各类军官学校的校长等。元旦接见“军中英雄”与其共进午餐也是手法之一。这次可能只是象征性地见了面，而没有一起吃饭。

在新年的第一天就写生病事，应该是大忌。但蒋诸病缠身，每况愈下，能维持“病况如常”已经不错，何况“精神甚佳”，故蒋也当好事记下了。

3. 对尼克松、田中角荣访问北京的抱怨

蒋介石在台湾的统治较为稳固，很大程度上得益于美国的支持与保护。蒋介石幻想与美国“平等合作”，甚至能利用美国，但其实台湾只是美国全球战略中的一颗棋子而已，它从来不会因蒋介石的感受而改变政策。美国是台湾时代蒋介石屡受“挫伤”却又离不开的最重要靠山，故他的日记中充满着对美国的抱怨与谩骂。1972 年，美国对华政策发生重大变化，尼克松总统决定访问北京，这是继前一年被逐出联合国后台湾所受的更大的打击。尼克松曾是蒋介石的好朋友，1953 年、1956 年两次以副总统身份访问台湾，

是访问过台湾地位最高的美国人，力挺蒋介石。据说尼克松竞选总统时，台湾出巨资协助过。

1月5日，蒋介石记道：

与经儿在车上谈尼函复信方式与内容要点，决不提其往北平字样，乃以提醒其慎重行之。

1月11日，蒋介石记道：

上午，经儿来告贾来克昨日见他，问尼克生将来从北平回来后中美两国是否要最高层会议，经即予以复绝，并告贾，匪、我决无和谈之可能，否则等于自杀答之。其意与我完全相同也，而贾则甚惊也。

尼克松到北京前，曾派代表到台北做些礼节性通报，蒋经国与其会谈并将结果告诉其父。屡遭挫折的蒋介石已经无力再谴责美国“背信弃义”，只能“提醒其慎重行之”。当然，尼克松并不为之所动，仍如期访问北京。2月下旬，蒋介石对尼克松在北京的行程十分重视，几乎是逐天听报告，记在日记中：

听取经儿报告。观察尼丑访问匪区情形，毛贼未在机场亲迎，其接待情形冷落。下午尼丑带季辛吉（基辛格——引者注）往访毛贼约谈一小时，而未有罗吉斯，是其形同偷访。据其发表新闻所谓“认真而坦白”者也。(1972年2月22日)

上午，省察尼与毛匪会谈，与匪方广播对尼“双方不放弃其原则”之宴会答词并略而不载。(1972年2月23日)

尼、周（周恩来——引者注）会谈可以想到者，第一为台湾问题，第二为越南问题，第三为苏俄问题，第四为中东以阿问题，第五为一般问题，所谓裁军问题，第六为结论。本日所思考的为尼、周会谈情

形。(1972年2月24日)

尼丑访北平匪区今日最后一日，其游紫金城后仍与周匪谈三小时，尼、周在晚宴会所是一套旧话，并未有一点内容。(1972年2月25日)

匪、美公报在上海发表，其内容皆由共匪一方面的一面之词，美尼不敢提其所应有之立场，对我“中华民国”皆以“台湾”代之，尼丑之无耻极矣。(1972年2月27日)

阅尼丑与周匪所发表之“联合公报”不胜愤慨，此为尼丑手出卖我政府既定之方针，亦为其枪下屈服之一举，无耻已极。(1972年2月28日)

日记中的“毛贼”、“毛匪”、“周匪”等，为蒋的污称。台湾历次对美国交涉多以“受挫”收场，而过程大致是“三部曲”：先是台湾向美国提出意愿，阻止各种对台湾不利的情形发生。继而在交涉过程中，美国根本无视台湾的要求，蒋介石便会大骂美国“背信弃义”、“帝国主义本性不改”等。最后面对败局，蒋介石又会强调“处变不惊”，“求人不如求自己”。蒋介石面对尼克松访问北京，大致上也是如此。日记中更恼羞成怒地以“尼丑”贬称尼克松，泄其心中怒气。3月初，蒋针对尼克松访华后的局势，结合“历史教训”，写出四点“反省”：

1. 大陆以依赖外援而沦陷，驻台以“经援”断绝而图强，于是经济反得独立自足。

2. 美国今日在台湾之“军援”实为有名无实，只保有其机构而已，切勿存以“联防协定”之存否为基地强弱之决断。

3. 吾人再不可以外援联防为依据，重蹈大陆时期之覆辙。

4. 建立独立自主之心理。(1972年3月4日“上星期反省录”)

尼克松访北京对台湾社会的震动极大。国民党召开中央全会商讨因应之策，蒋介石抱病出席主持，并亲自修改演讲稿，“指示外交之不可依赖，应求之于己为立国之道。”（1972年3月6日）

蒋介石对尼克松北京“破冰之旅”行程的观察，特别注意他与北京领导人之间的“分歧”，其中有许多臆想与夸大的成分。如蒋从毛泽东未到机场迎接便推测“接待情形冷落”；从尼克松与毛泽东会谈时只带基辛格而未带国务卿罗杰斯，便说是“形同偷访”，等等。可窥见其内心仍是盼望中美间仍有大矛盾，能为其所用。

1972年是台湾“外交大溃败”的一年，尼克松访华之后，台湾在亚洲最重要的“盟友”日本也发生巨变，与蒋介石交情甚好的首相佐滕荣作下台，田中角荣当选为自民党总裁并组阁。蒋对此十分关注，最初曾判断认为“田中对外交尚慎重也。”（1972年7月7日）但很快就发现事情不妙，田中角荣确定要访问北京，实现日中关系正常化。蒋介石在日记中对此也有记载：

> 下午，与经儿车游，谈日本与匪共问题，此时惟有尽其在己也。（1972年7月16日）

> 经国与日本大使说，三军可夺帅，匹夫不可夺志也。又说士可杀不可辱。上午审阅国际情报，下午与经儿谈日本外交与埃及驱逐俄顾问事，此乃国际前途一大变化也。（1972年7月19日）

> 上午，假眠后审阅情报，并核定中日关系，阐明我严正立场。下午，假眠后与妻车游山下一匝。心绪烦闷，大丈夫能屈能伸。（1972年7月20日）

在蒋介石停止写日记的前几天，他最关心的就是日本与中国大陆关系的改善，但他确实知道无法扭转大势，故只能用“惟有尽其在己”、“大丈夫能屈能伸”等来表达无可奈何。这年9月，田中角荣访问北京，中日关系实现正常化。虽然这时蒋已经不写日记，无法确切地知道他的心态，但又恼又恨是可以肯定的。

4. 第五任“总统”

1972年，是台湾选举“总统”的年份。根据“宪法”，“总统”由“国民大会代表”选举，任期六年，最多可连任一次。蒋介石1948年出任“第一届总统”后，最多只能做到1960年。但国民党政权退到台湾后，蒋介石完全操控政治，玩弄“宪法”，篡改规则，在1960年不顾反对强弓硬上当了“第三届总统”。之后，又在1966年“连任”。1972年时，蒋已经85岁，却根本不想让权。每逢“大选”之年，蒋的日记中总会有大量记载，其中不乏想“卸任”、“另选贤能”之类的自我标榜，但实际上却霸着权位不放，没有任何“交权”动作，且形成了终生独霸“总统”权位的趋势。关于1972年的“大选”，蒋介石也早在运筹帷幄之中。

1970年5月，距下次“大选”尚有近两年时间，蒋介石即在日记中写道：

> 近来研究下任总统，决心辞去，尤以上周检查体力衰弱现象后为然。惟继任人选甚难选择其适当之提名者，以今后光复大陆事业将更艰巨，非有特出之才德者，不能为国人所信服耳。所谓以天下得人难也。(1971年5月19日)

这段表述非常有代表性。他一面说决心不当“总统”，另一面又说“继任人”难选，慨叹“天下得人难也。”事实上，他霸着最高权力，大搞“个人崇拜”，怎么可能会有人才出来？当年“副总统”陈诚军政资历丰满、政绩斐然、民众口碑也相当不错，胡适等人明确提出要蒋在“任满”后“让位”

给陈诚，蒋断然拒绝，且处处防范陈诚，致其郁郁而终。

在台湾每次“大选”前，台湾当局都会煽动舆论，铺天盖地地营造“拥戴蒋总统连任”的“民意”。有些投机钻营者不免投其所好，早早地向蒋介石“劝进”。1970 年，担任“国策顾问”的国民党前高级将领薛岳在距“大选”尚有两年时即向蒋介石进言，“拥戴”其再任“总统”。蒋十分不屑薛岳之所为：

> 薛岳以为我再想竞选总统，用尝以惟有我再任总统为言。彼诚老旧军阀之观念，以度我心也。殊不知我之心事在如何摆脱此一重负，以早日光复大陆为念也。（1971 年 5 月 7 日）

薛岳等人拍马屁拍到马蹄上，自取其辱。如单看这段日记，真会觉得蒋风格挺“高尚”，日夜在思考如何不做“总统”，还怒斥“劝进”的人是“军阀观念”，以小人之心来度他。但实际上蒋此际只是“伪崇高”，是要营造一种他身体不好，根本无心再做，但无人可继任，自己“连任”只是“为国为民”勉为其难的一种牺牲的公众印象。用“既要当婊子，又要立牌坊”来形容是难听点，但确有几分相像。蒋的手法并不高明，当年袁世凯搞帝制，也是在文武百官的一再“拥戴”之下才当皇帝的。

选举时间临近，蒋介石的口气慢慢转变，1971 年年底的日记中，谋求“连任”的心迹日益明显：

> 明年为大选之年，为个人进退，为国家安危，关键最大。公私利害，生死存亡，应皆为公为国也。（1971 年 11 月 8 日）

> 今后打破尼丑险恶阴谋之道：第一，接受连任下届总统，团结内部；第二，加强军事与国防科技，力求独立自保而已。（1971 年 12 月 1 日）

> 本日回台北，下午身体略佳。近日常思明年大选对于年龄体力皆应乘机退休。但当此国难严重，敌势重压，如告退休，国脉民命无法保存何？（1971年12月20日）

蒋介石此刻给自己"连任"找的理由是：在"对美国外交"受重大挫折后，台湾形势严重，"敌势重压"，他只有"连任"才能打破尼克松的阴谋，"团结内部"，否则，"国脉民命"将无法保存。这其实只是个由头而已，他以前几次"连任"时说要"反攻大陆"、"完成复国大业"，均未兑现。

然而，在公开场合下蒋却又推说自己年老体衰，不愿再选"总统"。甚至在1972年2月"国民代表大会"开幕式上致辞时，他谈到自己的出处，"非常谦恭"地向代表们表示：

> 中正自许身国民革命已六十余年，与我代表同仁竭其苦心毅力，以维护民主宪政，亦已二十有五年。顾终以世局多蹇，尚未能使中兴大业提前完成。中正虽许国之心有余，而忝承之疚已久！务期大会另选贤能，继此职责。①

蒋介石此番话，只是冠冕堂皇的"客套"。他长期独揽大权不放，根本没有任何"交出"职位的意思与安排。至3月6日国民党中央会议推出蒋介石为"总统候选人"，他在日记里明确表示要"连任"：

> 尼丑必欲出卖我中华民国于共匪，如我不接受总统候选人，则再无他法以抗其狡计，则乃不忠于国家，虽年老力衰，亦不敢推辞，愿为国牺牲也。（1972年3月11日）

因蒋介石执意要选，无人敢与其争，以前被国民党称为"友党"的两个

① 陈红民等著：《蒋介石的后半生》，第498页。

小伙计青年党与民社党还会推出人来陪选，这次却完全放弃，成为蒋一人出选的“独角戏”。所以在3月21日“国民代表大会”选举时，蒋介石以高票“当选”。他当日记道：

> 今日国民代表大会大选总统，大选揭晓，出席者1316，得票1308，得票比率为百分之九十九点三。此乃天赋之磨练，最艰苦之重任，对内为剿毛复国，对外为雪耻报仇。自感年老力衰亦不得不顺受其职也。(1972年3月21日)

两天之后，当王云五等人当面向蒋介石报告选举结果时，蒋自述“心绪沉重，甚以能否完成此一任务为念。”怀疑自己不能完成职务赋予的任务是其理智的一面，但理智终归敌不过他的权力欲与私心。在蒋介石的记述中，经常出现“公”、“国”这样的名词，似乎他的所作所为都是出于“为公”、“为国”的“使命感”，甚至是一种牺牲。这是长期垄断权力的威权者一个共有的思维特征，他已经误将“私”认为“公”，误将“家”当作“国”，公私不分，化公为私了。

5月20日，蒋介石宣誓就任“第五届总统”。典礼完成后，他记道：

> 上午，举行第五任总统就职典礼，朗诵文告，气壮声宏出乎意料外，其他行动如常，惟缺一点，宣誓时未举右手为歉。(1972年5月20日)

这段日记，可见病重体衰的蒋对自己的表现十分在意，他高声宣读誓词，“出乎意外”一词不知是旁人意外，还是他自己意外，抑或两者均有之。但是，“宣誓时未举右手”应该是相当严重的失误。从其事后自省看，并非有意为之。蒋已经是第五次做相同的宣誓，其他大场面经历也不少，当时肯定不是紧张，而是“老糊涂了”导致忘事。宣誓须举手以示庄重是最基本的要求，哪有不举手的宣誓？此事若发生在别人身上，蒋一定痛加责骂。但发生在他身上，在场主持宣誓、监誓的却无人敢提醒一下。威权主义者的强势，常可将制度与规定踩在脚下，制度和规定是他们制定了来限制别人的。

5. 向蒋经国"交班"

蒋介石之所以年迈体衰仍占着"总统"宝座，很大的原因是要为其子蒋经国"保驾护航"。

蒋介石长期栽培蒋经国。他认为干部不得力，无人可用是其失去大陆的重要原因，到台湾后尤为注重对蒋经国的培养。20 世纪 60 年代中期陈诚过世之后，蒋介石更刻意扶植蒋经国，向其"交班"的趋势日渐显露。蒋经国长期担任国民党"中常委"，1965 年起出任"国防部长"，1969 年出任"行政院副院长"兼财经委员会主委，党政历练渐趋完备。蒋介石选择的"副总统"兼"行政院长"严家淦是财经专家，性情温和，权力欲不强，明显是个过渡性人物。1971 年，蒋介石体检结果不好，脑动脉血管硬化，他担心自己一病不起，传子计划不能顺利实行，终于用"遗嘱"的形式留下让蒋经国"接班"的政治交待。毕竟，父传子继的传统权力传承方式在 20 世纪被多所诟病，蒋虽稍有所顾忌，但仍行之。对此，他写道：

> 审阅检查身体报告书，脑动脉血管有硬化之象，自觉亦有所病也。如医药与休息无效，则国家后事应预作安排。经国乃可继此复国任务，惟其为我父子关系，不愿有此遗嘱，但其能力为静波（严家淦，时为"副总统"——引者注）之助手，出任行政院长，则于公于私皆有益，望我党政军同志以助我之心助彼完成我光复大陆之共同使命也。（1971 年 6 月 9 日）

12 月 23 日，蒋介石再次留下了遗嘱：

今后政府组织：一、以家淦继任总统。二、以经国任行政院长兼三军总指挥。三、党务应集体领导。

6月的遗嘱中，只要求蒋经国任“行政院长”，而年底的这份遗嘱中，却要他再“兼三军总指挥”，再加上“党务”集体领导一条，蒋经国将执掌军政实权，而严家淦只得“总统”虚名。这是蒋介石如意的政治安排。

进入1972年，蒋介石日记中充满着对蒋经国的“怜爱”与信任。从日记内容涉及蒋经国的表现为几个方面：

（1）对蒋经国日记的审阅。自1937年蒋经国从苏联返回后，蒋介石即要求其写日记，更时常要其交来审阅批注，以了解其行为与品德修养，并时加批注指导。到晚年，阅读蒋经国日记已成为蒋介石的重要工作。如：

日间看经儿去年日记，精神为之一振，此儿可继我事业，完成革命也。（1972年1月25日）

看经儿去年日记，彼之环境冤屈，幸能立志自励，前途大有可望。余年老多病，愧对国事无大贡献耳。（1972年1月27日）

看经儿去年日记有益。（1972年1月29日）

看经儿去年日记解闷。（1972年2月1日）

看经儿去年6、7月日记，心甚安乐，可以继承我志也。（1972年2月8日）

阅经儿去年八、九月日记，心绪烦闷。但经儿志气强盛，毫无气馁之意，引以为慰。（1972年2月11日）

经国日记今日全部阅毕，悲喜交集。悲者悲其多忧多愁，有损其身体，喜者喜其智能充裕，志气坚强，足以继承我事业也。（1972年2月13日）

重审经儿日记，加以批示。彼说“成败之分在于丝毫之间”。此言与我平时经验，实获我心也。我又为“存亡之分由于一念之间”也。(1972年2月14日)

蒋介石对蒋经国的日记一读再读，越读越爱，对蒋经国不吝赞美之词，认为其“能立志自励，前途大有可望”、“志气强盛，毫无气馁之意”、“实获我心也”等，甚至用读蒋经国的日记来“解闷”。而最大的结论，就是蒋经国可以继承其志向与事业也。

（2）蒋经国出任“行政院长”。蒋介石在1971年写的遗嘱中，蒋经国将通过任“行政院长”来控制台湾实权。1972年蒋介石第五次担任“总统”后，便认为时不我待，将原定在死后的计划提前实施。3月下旬，蒋介石日记里频有与蒋经国、严家淦等人“研讨改组政府人事问题”的记载，其中对严家淦颇多不满之辞，如“静波量小器狭，不能容刚强有为之人，如何能望其革新建国也?”（1972年4月3日）“甚以严（家淦）、黄（少谷）二人无原则，不能当大难为忧。”（1972年4月15日）有意思的是，蒋介石一面仍选择严家淦担任“副总统”，一面却如此贬低他，其主要目的是要严让出所兼的“行政院长”。果然，在随后的国民党会议上通过蒋经国任“行政院长”，台湾的“立法院”4月26日实施对蒋经国任职的同意权，蒋介石对此有详细的记载：蒋经国获得381票，得票率为93.4%，有27人反对。他对投反对票者耿耿于怀，说“此乃对本党反对之死硬派也。”两天后，蒋经国宣誓就职，蒋介石倍感欣慰，写道：

经儿已任行政院长，必使先慈在天之灵得到安慰。(1972年4月28日)

蒋介石完全将蒋经国当“行政院长”视为自家光宗耀祖之事，足以告慰自幼喜爱蒋经国的母亲王采玉的在天之灵。实际上，最高兴的应该是他，因为“传子计划”终得落实。

（3）对蒋经国的依赖与关心。20世纪50年代初期，蒋经国就发现有糖尿病，蒋介石十分担忧儿子的健康，时常流露出怜惜。进入晚年后，蒋经国不仅是其事业上的接班人，也是其感情上的重要支柱，经国几乎每日来陪伴。蒋介石将“大业”交给他，却又不忍有病在身的儿子太劳累。“经儿飞金门巡视，嘱其多驻几日，以资休养。但觉心甚冷落，作伴无人也”。（1972年2月16日）一方面想让儿子在外地多休息，另一面却又因儿子不在身边而感冷落，矛盾之情跃然纸上。5月1日是蒋经国62岁生日，蒋介石“正午设家宴祝寿”。父为子祝寿，可见对儿子的倚重。蒋还有一篇日记：

> 今晨经儿飞台中，往省政府新旧任主席监交典礼，以气候不佳，乃令其乘车回来。（1972年6月6日）

恐怕儿子乘飞机从台中飞台北时意外，命令其改乘车返回。蒋介石对蒋经国的关心可谓无微不至。

尤其值得一提的是，蒋介石最后的日记中有将自己全部日记托付给蒋经国的记载：“经儿来谈时局，对我日记处理事项，经儿对政治与事局早已成熟，其有时还高于我为慰。”（1972年7月12日）蒋介石生前对日记相当重视，时常随身携带，随时阅读。不知他最后交给蒋经国时有何感想，有何嘱咐？但他肯定没有想到的是，其日记竟然要辗转到美国的一所大学保管，并在那里对外开放。

6. 家事与日常生活

蒋介石晚年生活中的一个娱乐活动是看电影，从20世纪50年代后期起的日记里，有不少关于看电影的记载，通常是晚饭后放映一部电影，有国语片，也有不少好莱坞的电影，还有戏剧片（多是京剧片，蒋仍称其为“平剧”）。蒋从来不记所看电影的名字，有时会在日记中对影片有“好看”、“乏味”之类的简单评语。受伤之后，日记中关于看电影的记载几乎绝迹，可能与其身体状况变差，不能久坐有关。但是，他在1972年7月突然又恢复看电影，在7月1日、2日、3日、5日、10日、13日都有“晚观影剧”的记载。

蒋介石很早就养成了一个特殊的习惯，在傍晚时坐车出游，在车上消遣休息或思考问题。通常情况下，是蒋经国、宋美龄或孙辈陪其坐车。车游的线路是台北市区或阳明山区，车游市区时，他会观察市容市貌，借以观察社会。虽在车游时遭遇车祸，却未改变他的习惯，坚持不断。如“今日病状左脚边痛疼扩大为苦，与妻车游市区消遣一小时。”（1972年1月17日）“与经儿乘车游山一匝消遣。”（1972年1月17日）在其最后的两天日记中，仍有抱病车游的记载：“下午假眠后，与妻车游山下一匝，心绪烦闷。”（1972年7月20日）“下午，安国来访后与经儿车游山下一匝。”（1972年7月21日）。因为蒋需养病，精力有限，车游成为他与蒋经国交流思想与情况的重要时间，许多重大决定也是在车游时做出的。如前文提到他授意蒋经国如何应付尼克松访问北京事件、关于召开“国民大会”等。再如：

与经儿车游山上，研讨改组政府人事问题。（1972年3月27日）

与经儿车游市区，商谈政府事。（1972年4月1日）

阅经儿所呈改组行政院所属人事后，与经儿视察埔里，车上谈心，甚以严（家淦）、黄（少谷）二人无原则不能当大难为忧也。（1972年4月15日）

上午召见（沈）昌焕，疲倦不堪，以数日来水疗过度，体力几乎不支。与经儿车游山下一匝，畅谈政务，台北市政府组织完成。（1972年

6月10日）

这里，车游时间又成了决定台湾政局人事布局的关键时刻，汽车成为重要的办公场所。

从日记来看，伴随蒋介石度过晚年孤寂生活的，还有两条宠物狗——分别叫做“小白”与“小黑”。蒋在日记中记载他与狗斗气的事：“小白”因不守规矩，在地毯上随地便溺，被蒋罚禁食。蒋与宠物狗在一起拍了不少照片，因怕这类“玩物丧志”的照片影响蒋的“领袖”形象，长期以来禁止传播。2010年4月，中国国民党党史馆主作邵铭煌来杭州参加“蒋介石与近代中国国际学术研讨会”时，在其论文中详细披露了蒋与宠物狗的亲密关系，并展示了多幅照片。

人间重晚情。在蒋介石晚年的家庭生活中，宋美龄是不可或缺的。宋美龄习中国画，蒋介石在上面题字是他们相偕互持的证明，两人闲暇时一起下跳棋，与晚辈游戏。蒋在日记中对宋多是赞扬与关心，显示夫妻情深。多年夫妻难免也有失欢斗气的时候，蒋日记中也偶有对宋的埋怨之词。1972年，蒋宋之间再次发生争执，竟闹到了蒋介石负气“离家出走”、老夫妻分居的地步。

事情由孔令侃惹起。宋氏三姐妹中，宋庆龄、宋美龄均无子嗣，宋美龄对大姐宋霭龄与孔祥熙的几个孩子相当疼爱。孔令侃为宋霭龄的长子，1949年后移居美国，宋美龄有时托其处理相关事务，到美国疗病时也会住孔令侃处，但蒋介石对孔令侃并无好感。孔令侃自恃在美国政界有朋友，夸口能帮助台湾购得急需的军舰，但运作一段后，效果不佳，蒋介石认为其不可靠，中止了他的工作：

以令侃鲁莽自是行动为深忧，乃属妻令其停止在美工作。本日朝

课后，手拟令经国制止令侃谋求众院对潜艇援华之提案，以其不正当行径对国家有害无益也。（1970 年 3 月 21 日）

蒋介石平素多疑，对人产生成见后很难改变。1972 年年初孔令侃到台湾，自然要去拜见姨妈与姨夫，蒋介石想避而不见，无奈宋美龄硬拉他一同见。蒋在日记中颇多抱怨：

晚见令侃心神厌恶，国家生命几乎为他所送。妻即爱我，为何要加重我精神负担？身体不安。（1972 年 5 月 17 日）

那段时间，正是蒋如愿就任“第五任总统”前后，本该愉悦的心情却被孔令侃给搅得乱七八糟。蒋介石 5 月 27 日的日记是这样写的：

近日精神苦痛，以女子小人为难养也，故拟独居自修。

蒋介石并未直接写导致其“精神苦痛”的原因，但“女子小人为难养”的感叹，在当时的环境下他身边的“女子”只能是宋美龄，“小人”则应是指孔令侃。比起 10 天前初见孔令侃时，蒋介石的怨恨更多地转到了宋美龄身上，以致不愿见到宋，要“独居自修”。三天后，蒋介石真的离家出走。5 月 30 日下午，“独自迁移中兴宾馆”。

倔强固执的蒋介石负气出走，可将蒋家上下忙坏了。当晚，蒋经国就到中兴宾馆去探望，并陪父亲晚餐（蒋称之为“伴膳”），但却无法劝其回官邸。之后的几天，蒋经国、蒋纬国、蒋孝武、蒋孝勇、孔令伟（孔令侃之妹，著名的“孔二小姐”）或单独或结伴去中兴宾馆陪蒋介石，尽量让其开心。蒋介石虽然痛恨孔令侃，却又未公开挑明，也不说到中兴宾馆是为了躲他。孔令侃不明就里，作为晚辈，他也要随大家探望姨夫。蒋介石听到孔令侃要来的消息，心情大坏：“晚闻令伟言令侃要来见我，心神为之痛苦不堪，但只好听其来见。夜间未能安眠。”（1972 年 6 月 7 日）次日，蒋介石见了孔令侃，与其谈话，在日记中很不以为然地记道：“上午，与令侃谈话时，任其美国对他开玩笑，而仍自以为得意，殊为可叹。”（1972年6月8日）这里，我们看到了一个老年畏事的蒋介石，听到讨厌的人来见，痛苦不堪到了夜不成寐地步，却不敢拒绝，而这个人只是个晚辈亲戚而已。

蒋仍迁怒于宋美龄，与其分居的意志颇坚。他在6月12日记道：

> 惟小人与女子难养也。“近之则不逊，远之则怨。”女子更为难养，切勿近之。午膳、夜膳，勇孙皆来侍膳，不觉寂寞。

6月15日是端午节，蒋介石将蒋经国、蒋纬国两家人约到中兴宾馆过节，中午聚餐，而宋美龄仍未出现。这对时常以恩爱示人的夫妻，裂痕实在有些大。蒋介石对孔令侃的仇恨一直没有化解，甚至情绪化地将孔当成了罪恶的渊薮：“耻辱仇愤没有一时能忘我怀，我的病源起于令侃，我的国耻亦发于令侃，用人不可不慎也。”（1972年7月11日）

老夫妻间的矛盾终归要解决，好像还是宋美龄妥协了。6月19日，蒋介石独自在中兴宾馆住了20天后，宋美龄搬来同住。之后的日记中，又有了三次与宋美龄相关的记载：

> 晡，与妻车游，雨雾甚大，即回。晚观影剧。（1972年7月3日）
>
> 下午，召见马安澜后与妻车游。晚观影剧。（1972年7月14日）
>
> 下午，假眠后与妻车游山下一匝，心绪烦闷。（1972年7月20日）

法国记者皮埃尔·阿考斯和瑞士医学博士皮埃尔·朗契尼克曾全写过一本影响很大的书《病夫治国》，从病理学、心理学角度写罗斯福、丘吉尔、斯大林、希特勒等著名人物。其实蒋介石的日记也是一个不错的范本，老年蒋介石诸病缠身，面临巨大压力下的狐疑多变、贪权恋栈等，均有威权主义者的典型意义。

十一、蒋介石最后的日子

蒋介石 1975 年 4 月 5 日在台北去世。这天是中国传统祭祀祖先的清明节，台北当日蓝天白云，气候宜人，民众利用假日外出扫墓踏青。唐朝诗人白居易的诗："乌啼鹊噪昏乔木，清明寒食谁家哭。风吹旷野纸钱飞，古墓垒垒春草绿。棠梨花映白杨树，尽是死生别离处。冥冥重泉哭不闻，萧萧暮雨人归去。"道尽清明时节人间生死离别的凄凉。当晚，台北原本晴好的天气突然骤变，电闪雷鸣，瓢泼大雨从天而降。蒋介石在这个风雨交加的清明节夜晚与生活了 88 年的人世间道别。

大人物的生与死，总会被不着边际地与某些自然现象生拉硬扯联系起来，蒋经国称他父亲病逝时台北的天象是所谓"风云异色，天地同哀"。

蒋介石的暮年，是在与恶化的内外环境与个人身体的病痛抗衡、斗争中度过的。

1. 内外困境

1949 年，国民党政权败退到台湾。蒋介石并未善罢甘休，利用国际上两极对峙的冷战局面，依靠美国支持，通过各种努力在台湾站稳了脚跟，逐步建立了威权统治，并幻想着要“反攻大陆”、“光复大陆”。然而，随着时间的推移，国际环境与台湾社会内部都发生了变化，国民党的统治在20世纪70年代出现了新的危机。

首先是台湾在联合国的席位被剥夺，国际生存空间受到挤压。在美国的帮助下，台湾当局长期占据着联合国大会及安理会内的中国席位。但随着中国大陆实力的增强和外交政策的成功，台湾在联合国的席位连续受到冲击。美国基于国家利益与全球战略的考虑，也对恢复中国联合国的席位采取了新的政策。1971年10月25日，联合国大会对“中国代表权”进行表决，以76票赞成、35票反对、17票弃权的压倒多数顺利通过阿尔巴尼亚等22国“关于恢复中华人民共和国在联合国一切合法权利并驱逐台湾”的提案。台湾首席代表周书楷见大势已去，在大会表决之前便带领手下退出会场，以表示台湾是“退出”而不是被“驱逐”出联合国。此事对年迈体弱的蒋介石打击极大，他在次日写道：

> 今日我正式宣布退出联合国，此乃尼丑（对美国总统尼克松之污称——引者注）谋害我，……但不足致我死命耳。
>
> 本周退出联合国在外表上虽予我一个莫大之打击，但在内心上实为数年来最大之心愿，今日决心断行，乃心安理得，又一雪耻图强之开始也。

失去联合国的席位，只是台湾“外交溃败”的开始。国际间兴起一波与台湾“断交”、承认中华人民共和国的浪潮。美国总统尼克松于1972年2月21日访华。28日，中美两国在上海发表了《联合公报》，中美两国关系逐渐正常化。当年9月，日本首相田中角荣访华，中日实现邦交正常化。尼克松曾持坚定“反共”立场，是蒋介石的“老朋友”，但当选总统后，基于美国利益的现实考虑，决定访问中国大陆，蒋介石极为愤慨，在日记中称其为“尼丑”，几近谩骂地写道：

> 阅尼丑与周匪（注：对周恩来之污称）所发表之联合公报，不胜愤慨。此为尼丑手出卖我政府既定之方针，亦为其枪下屈服之一举。无耻已极。

面对联合国被逐、尼克松访华、中日建交接二连三的“外交溃败”，蒋介石强打精神，提出今后台湾要“建立独立自主之心理”，不可再完全依赖美国，“重蹈大陆时期之覆辙”。他不得不改变内外政策，更加注重在台湾的扎根与建设。

其次，20 多年间国民党政权在台湾保持着僵硬的统治体制，而台岛的社会经济结构则发生了深刻的变化，两者之间产生严重矛盾。岛内新一代知识分子开始表现出议政参政的热情，广大民众对国民党的专制统治，上层权力机构老化僵化以及政治效率低下等现象极为不满。如果再用老办法强行压制，一着不慎就有可能引发连锁反应。蒋介石对国民党内部问题成堆，也有较清晰的认识。他在 1969 年 6 月批评道：“当前本党最严重的问题，就是处处显示出一种衰老滞钝的现象……从组织上看，不是因人设事，肢大于股，就是松懈泄沓，了无新生的革命的气象。从人事上看，则是表现着管道壅塞，老大当退不退，新生当进者仍不得进的现象。从工作方向上看，更是抱残守缺，被动敷衍。……而这种有事无人做，有人无事做的情形，也不止党的组织为然，政府各机构，莫不皆然。”

蒋介石已经意识到，面对内外环境巨变带来的挑战，如不深刻反省，改弦易辙，国民党在台湾的统治将失去基础，面临危机。然而，此时的蒋介石已是耄耋之年，岁月不饶人。他决心尽快为蒋经国接班铺平道路，实现政坛上的“更新换代”。

2. 传子计划

蒋介石选择接班人的过程十分漫长，传子计划是逐渐形成的。

败退台湾之初，陈诚对蒋十分忠诚，为台湾社会的稳定立下汗马功劳，得到社会各界称赞与认可。20 世纪 50 年代后期，陈诚身兼国民党副总裁、“副总统”、“行政院长”等要职，在台湾的地位仅次于蒋介石。1960 年台湾举行第三届“总统”选举，依法规已担任两届的蒋介石不能再参选，社会普遍认为陈诚可顺理成章地“接班”。不料，蒋介石执意要参选，并不惜为此修改相关法规。这实际上是堵陈诚的路，为蒋经国接班做准备。蒋介石接受在大陆失败的教训，认为只有交权给自己的儿子才放心。

1962 年，75 岁高龄的蒋介石进行前列腺手术，为预防万一，他 7 月 23 日的日记中终于对“交班”计划有明确的交待：

> 病中甚念外交与内政问题，如余果病死……至内政问题，在“人和”为第一，如辞修继任总统以后，唯一重要问题即行政院长与台省主席人选，余认为目前只有（周）至柔、（袁）守谦与经国三人中选择之。此外以余所知者皆不适也。

在这个假定他死后的“交班”计划中，陈诚继任“总统”，“行政院长”与台湾省主席二职则只能在周至柔、袁守谦、蒋经国中三选二。蒋经国在三人之中资历最浅，职位最低，而蒋将其与陈诚并列，嘱咐“互谅互助，彻底合作”，显然是竭力提升蒋经国的地位。

1965 年，“副总统”陈诚忧郁多年因病去世，蒋经国“接班”的最大障碍消除。蒋介石选择性情温和、行事低调的严家淦担任“副总统”兼“行政院长”。严家淦体会蒋介石旨意，保荐蒋经国出任“国防部长”，使其顺理成章地掌控了台军兵权。

1969年国民党“十全大会”通过《现阶段党的建设案》，提出要加紧推行党政工作的全面革新。蒋介石将“全面革新”与蒋经国“接班”紧密地结合在一起。通过政坛的“更新换代”，既能革新政风、巩固国民党的统治地位，又能为蒋经国接班铺平道路。

时任“行政院副院长”的蒋经国利用“全面革新”，充分表现和展露了政治才能。其主要内容有：一、推行“本土化”政策，延揽更多的台湾籍人士担任“中央”及省级高级职务。二、推行“专业化”政策，大批技术型官僚进入权力核心。三、推行“年轻化”政策，大力提拔青年精英逐步开始统治阶层的改朝换代。四、在行政上，着意宣传“十大革新”，突出标榜“廉能政治”，力除陋习弊政。蒋经国主导的这场革新被称为“革新保台”，改造了不适应岛内政治、经济发展，并且日益成为革新阻力的僵化保守的制度和官僚阶层。与此同时，蒋经国在经济上开展了以交通、重化工业、大型机械制造为主体的“十大建设”，为经济持续发展奠定了基础，改善了民生。

所有这些，为蒋经国增色不少，有人将“全面革新”视为“蒋经国时代”开始的标志。实际上，这背后有蒋介石在利用权威为蒋经国扫除保守障碍，“保驾护航”。蒋介石对蒋经国的栽培可谓不遗余力，到晚年仍要求已年逾六十的儿子每年交上日记本给他批阅，以指导其处理政务的能力与品行。

1972年，蒋介石蝉联第五届“总统”，严家淦再次当选为“副总统”。此时，让蒋经国正式走上政治前台的时机也已成熟。严家淦“主动让贤”，辞去“行政院长”兼职，同时提议蒋经国出任“行政院长”。蒋经国从此时开始在事实上掌握了台湾政局，台湾悄然进入“蒋经国时代”。

蒋介石苦心孤诣经营“传子计划”，很有私心，有封建家天下意识。此计划若从退台初期算起，到 1972 年也经历了 20 多个年头，蒋经国在台湾政坛一个台阶一个台阶地走到最高层，历练完整，能力出众。陈诚逝世后，环顾台湾政坛，确实也无出蒋经国其右者。后来的历史证明，蒋经国领着台湾走出了另一片天地。

3. 晚年病况

读蒋介石日记，他的身体状况不算特别好，年幼时乡村术士为其算命，说活不过 63 岁。他年轻时常患病，中年后因安装假牙，多吃软食。1962 年前列腺手术后，曾长期低烧昏迷，以致他都留了遗书。进入 80 岁后，身体机能全面衰退是自然规律，而蒋在 1969 年 7 月又遇到一场车祸，使其身心受到很大伤害。

当时，蒋介石的车队向阳明山开去，速度极快，一名军官在参加军事会议结束后匆忙乘车下山，阴差阳错地与蒋介石的车队发生车祸。在撞击的一刹那，车内的蒋介石丝毫没有准备，嘴巴、胸部和下体受到强烈撞击。坐在蒋介石左侧的宋美龄受伤更重，厉声叫喊。车祸发生后，侍卫立即把蒋介石夫妇送到医院急救。这次车祸令年逾 8 旬的蒋介石胸腔和心脏受创极重，而且心有余悸，他曾对前来探访的严家淦说过，这次车祸“减我阳寿 20 年。”

1971 年春天，蒋介石在一次小便时尿血。这是蒋介石前列腺手术后留下的后遗症。几乎每逢春季，蒋介石都要犯这毛病，官邸的洗手间内专门摆几个空瓶子，只要蒋介石一发现小便有暗红色的血丝流出，就吩咐手下接血尿。但这年尿血后，蒋的整个身体机能衰退得厉害，抵抗疾病的能力已相当衰弱了，常患感冒。该年 6 月，蒋介石例行体检报告中称其脑动脉血管硬化，而他在自知来日无多时，再次留下了遗嘱：

> 审阅检查身体报告书，脑动脉血管有硬化之象，自觉亦有所病也。如医药与休息无效，则国家后事应预作安排。经国乃可继此复国任务，惟其为我父子关系，不愿有此遗嘱，但其能力为静波（注：严家淦字）之助手，出任行政院长，则于公于私皆有益。望我党政军同志，以助我之心助彼完成我光复大陆之共同使命也。

该遗嘱中已经明确要让蒋经国出任“行政院长”，并由其领导完成“复国任务”，等于是说他死之后由蒋经国“接班”。

1972 年，蒋介石出任第五任“总统”，当时他的身体已相当虚弱。5 月 20 日就职典礼时，官邸人员为做周全之策，在“总统府”大客厅中蒋介石和宋美龄站立的后边摆上一张沙发椅，可让蒋挨着沙发椅站着，既给他一个依靠，使其站着不会太吃力，又可防止其因身体不支而突然跌倒。医疗小组还在会场后安放了氧气瓶，以备急用。蒋介石自已精心准备，对其本人当天的表现基本满意：

> 上午，举行第五任总统就职典礼，朗诵文告，气壮声宏出乎意料外，其他行动如常，惟缺一点，宣誓时未举右手，为歉。

蒋介石是第五次“宣誓就职”，对程序了如指掌，但这次却“宣誓时未举右手”，严重违反了宣誓的礼仪，说明其确实有些老糊涂了。

就职仪式完成后，蒋介石的身体检查报告显示，他的心脏已经比之前更为扩大。医生建议蒋介石停止一切对外活动，到一个完全封闭的环境中休息半年。在此前后，蒋介石坚持了 57 年每天写日记的习惯，常以手抖、病痛等只写数字，或干脆不写。到 1972 年 7 月 21 日，蒋介石写下了他此生的最后一篇日记：

雪耻。今日体力疲倦益甚，心神时觉不支，下午安国来访后，与经儿车游山下一匝。

7月22日，蒋介石突然陷入昏迷，令官邸上下陷入紧张和恐慌。据侍卫回忆，宋美龄在伤心之余，已做好了操办后事的心理准备。

为医治蒋介石，台湾当局在“荣民总医院”开设了专用病房，并从美国请来国际心脏科治疗方面的权威专家。在“总统”医疗小组的全力抢救与尽心照料下，蒋介石在1973年元月奇迹般地苏醒过来。此后，蒋身体更形衰弱，因为手脚的萎缩和变形，在行动上诸多不便。蒋介石的家人体贴入微，给病中的他不少安慰。宋美龄终日随侍在侧，儿孙们也常来探视，忙于政务的蒋经国只要在台北，“每日探病至少三次”。

在长期实行威权统治的地区，威权统治者的身体状况是绝对秘密与政治晴雨表。蒋介石卧病期间，外界不断有一些关于他病情的谣传。为安抚人心，稳定政局，蒋介石间或利用家族的活动亮相，以证明其尚健在。1973年后，蒋介石对外有4次露面，均由宋美龄一手策划。

蒋介石的第一次露面是在1973年7月其孙蒋孝勇结婚时。蒋没有参加婚礼，但孝勇夫妇在完成婚礼之后，按照奉化家乡的习俗，前去给蒋介石、宋美龄夫妇奉茶。在发布新闻的同时还配了新婚夫妇与蒋介石夫妇的合影。

第二次是同年11月间，国民党十一届三中全会结束后，由中央委员会秘书长张宝树带领全会的10位主席团成员，到“荣总”晋见蒋介石。

蒋介石的第三次曝光，是在蒋孝武夫妇带着年方周岁的蒋友松去士林官邸探望他。那次的家族活动后，对外发布了一张蒋家合影，证实蒋还“好好地”活在人间，以肃清当时台湾流传的蒋已不在人世的谣言。

第四次曝光是1975年年初，蒋介石接见即将离任的“美国大使”马康卫。

早在一二年前，马康卫就向台湾“外交部”提出晋见请求，均被其以蒋身体不适婉拒。面对马康卫离职前的最后晋见请求，宋美龄考虑再三，决定还是安排接见。此举不仅为打消坊间不必要的臆测，更因如果再对美国有失礼之处，对台美“邦交”会有负面效应。此次曝光是一次别无选择的政治性亮相。

除了这四次对外曝光，有关蒋的病情从未在任何正式媒体上透露，这是国民党控制言论的一个典型例证。

4. 病逝孤岛与遗愿

1973 年后，蒋介石的身体似乎有所改善，但这不过是“回光返照”而已。对一个年近九十的高龄老人，身体机能全面退化，稍不小心，随时都有不测。而导致蒋介石生命垂危的“最后一根稻草”，是对其实行的“肺脏穿刺手术”。

宋美龄为使蒋早日摆脱病痛困扰，“康复如前”，希望能寻找到一种“根本转变病情”的医疗办法。1975 年年初，她听从友人建议，请一位美国胸腔专家为蒋诊治。美国医生检验后提出，蒋病因是肺脏有三分之二积水，最好立即进行肺部穿刺手术，将积水抽出，如此，心脏病将大为缓解。但台湾的专家们认为，此手术有太多的变数，很难掌握，一旦发生术后并发症，会有致命的后果，何况蒋已 88 岁高龄，更不适合做这种穿刺手术。然而，宋美龄坚持己见，并说“我负全权责任”。

结果，穿刺手术本身是成功的，蒋介石肺部的积水被顺利抽出。但医疗小组专家所预料的术后并发症却不幸出现了。蒋介石高烧不退，小便带血，心电图出现的心脏停跳频率也愈来愈高，其间隔愈来愈近。据侍从副官们回忆，蒋自从“荣总”回到士林官邸后，每一二个月也会有心电图中出现心脏停跳的信号，但做完穿刺手术后，他的心脏是警讯频频，一夕数惊。可以说，此次手术之后，蒋介石的生命很快就走向了尽头。

1975年4月5日，蒋介石因病发性心脏病，病逝于台北。终年88岁。

台湾官方的医疗报告称：4月5日，蒋介石突感腹部不适，泌尿系统失灵，医生认为蒋的心脏功能欠佳，便施以药剂使之排尿。傍晚8时15分，蒋入睡不久，病情便极度恶化。医生发现蒋的脉搏突然转慢，用紧急电话通知蒋经国。当蒋经国赶到时，蒋的心跳已不规则，血压下降，情形甚危。医生施行人工呼吸无效，转而运用药物和电击直刺入心肌，刺激心脏跳动，蒋的心脏与呼吸短暂恢复正常。但4—5分钟后，心脏再度停止跳动。11时50分，蒋介石双目瞳孔放大，经抢救无效病逝。

蒋介石弥留之际，夫人宋美龄及长子蒋经国等家属均随侍在侧。蒋介石死时虽是深夜，“副总统”严家淦暨“立法”、“司法”、“考试”、“监察”各院院长及有关高层人士，闻讯立即赶达官邸，瞻仰了蒋介石遗容，随后即移遗体至荣民总医院。

蒋介石有在预计将有不测之时留遗嘱的习惯。晚年知其来日无多，数度写下类似遗嘱的文字。他最后的遗嘱是在1975年3月29日口授，由秘书秦孝仪整理记录。4月5日蒋去世的当晚，这份经宋美龄、“副总统”暨“五院院长”签字的遗嘱，迅速由“行政院”新闻局交各传播机构播告：

自余束发以来，即追随总理革命，无时不以耶稣基督与总理信徒自居，无日不为扫除三民主义之障碍、建设民主宪政之国家艰苦奋斗。近二十余年来，自由基地日益精实壮大，并不断对大陆共产邪恶势力展开政治作战；反共复国大业，方期日新月盛，全国军民、全党同志，绝不可因余之不起而怀忧丧志！务望一致精诚团结，服膺本党与政府领导，奉三民主义为无形之总理，以复国为共同之目标，而中正之精神，自必与我同志、同胞长相左右。实践三民主义、光复大陆国土、复兴民族文化、坚守民主阵营，为余毕生之志事，实亦即海内外军民同胞一致的革命职志与战斗决心。惟愿愈益坚此百忍、奋励自强，非达成国民革命之责任，绝不中止！矢勤矢勇，毋怠毋忽。

该遗嘱自其公布以来，便褒贬不一。有人认为，蒋生前不会写遗嘱，又是在睡眠中过世的，不可能完成遗嘱，而且遗嘱没有蒋的签字。很多人质疑遗嘱真实性，甚至说是蒋过世的当晚宋美龄逼着秦孝仪“补写”的。但只要了解蒋介石有留遗嘱的习惯，生前各阶段先后写过不下10份遗嘱，就不会有此质疑了。

蒋介石晚年虽已很少直接参与政治活动，但他死时身兼“总统”与国民党总裁两个最重要的职务，在台湾的权威与影响力无人能与之匹敌。他去世的消息自然引起十分强烈的震撼。民众听闻蒋去世，皆惊愕不已，原定的各种假期活动遂自动取消，电影院等各娱乐场所则停止营业，各商店门前都下半旗志哀，民众多佩戴黑纱。

4月9日中午，蒋介石的遗体奉移台北市“国父纪念馆”灵堂，并于10日至14日开放灵堂，供民众瞻仰遗容。据台湾报纸统计，五天内前往瞻仰蒋介石遗容者达250余万。16日上午8时，在国父纪念馆举行蒋介石遗体大殓奉厝仪式。场面极为隆重，在遗体殓礼完成后，又由基督教牧师主持追思礼拜与证道。接着，蒋介石的灵车在2000多执绋人员的护送下，驶向其灵柩的暂厝地——慈湖。

慈湖行馆是一座古色古香、雅洁朴素的中国传统式建筑，位于桃园县大溪镇福安里。在葱郁的青山围绕中，湖面如镜，映着山光，景色如画。蒋介石生前非常喜欢，在此建了行馆，常来此小住，并嘱咐在他死后灵柩暂厝此地。故蒋经国与宋美龄依此遗愿，同时表示，“以待来日光复大陆，再奉安于南京紫金山”。

蒋介石一生漂泊，此时总算是有了归宿，这是他不愿意却也不得不接受的结局。他一直只把台湾当成是“反攻复国”的基地，是暂住之处，而最终却只能带着无可奈何的“遗志”长眠于此。

抛除一切政治的因素，作为一个老人，蒋介石的思乡之情在其晚年也是不断加剧，日记中有许多对故乡、亲人的思念。因此，他最大的心愿，如其生前所言：“日后光复大陆，中正生于斯长于斯，要将遗体移返南京，葬于中山先生之侧。”或许这才算是他真正的遗愿吧。

蒋介石去世，留给世人的政治遗产是蒋家王朝继续统治的台湾。数十年来，蒋介石时刻叫嚣“反攻大陆”，一切行动也都围绕这一中心展开，但遭受无数的失败。蒋介石晚年意识到，“反攻大陆”根本就是无法实现的痴心梦想，要想国民党在台湾的统治得以持久，惟有发展经济、改善民生。他提出，“施政”“要处处为民众着想，事事为民众打算”。他晚年推动的“革新运动”，使台湾在内外交困险境中立足，渡过难关，国民党在台湾的统治得以维持。最后，蒋介石及蒋经国始终坚持“一个中国”的立场，同各种分裂中国的阴谋及“台独”势力坚持不懈地进行斗争。这使得两岸统一仍有可能在未来实现。想必，这也是蒋介石的“政治遗愿”吧。

十二、蒋介石“遗嘱”知多少

1. 最后遗嘱的真伪之争

2009年第4期的《先锋·国家历史》上，刊登了台湾传记作家王丰《蒋介石的最后岁月与真假遗嘱问题》一文，质疑1975年4月蒋介石逝世后台湾当局所公布的遗嘱的真实性。蒋介石最终遗嘱全文如下：

余自束发以来，即追随总理革命，无时不以耶稣基督与总理信徒自居，无日不为扫除三民主义之障碍、建设民主宪政之国家艰苦奋斗。近二十余年来，自由基地日益精实壮大，并不断对大陆共产邪恶势力展开政治作战；反共复国大业，方期日新月盛，全国军民、全党同志，绝不可因余之不起而怀忧丧志！务望一致精诚团结，服膺本党与政府领导，奉三民主义为无形之总理，以复国为共同之目标，而中正之精神，自必与我同志、同胞长相左右。实践三民主义、光复大陆国土、复兴民族文化、坚守民主阵营，为余毕生之志事，实亦即海内外军民同胞一致的革命职志与战斗决心。唯愿愈益坚此百忍、奋励自强，非达成国民革命之责任，绝不中止！矢勤矢勇，毋怠勿忽。

中华民国六十四年三月二十九日　秦孝仪承命受记

曾撰写多部蒋介石家族历史传记的王丰在文章中提出："蒋介石是在睡梦中心脏停止跳动，因而最后临终之际，并未留下任何口头遗言，逝前也没有命令文书侍从（如秦孝仪）作任何书面遗嘱。"他的结论是，蒋逝世后公布的最后遗嘱是"补写"，是台湾官方版"政治遗嘱"，不是真正的遗嘱。

无独有偶，在王丰文发表之前的2007年12月，台湾记者访问曾长期服侍蒋介石与蒋经国的"两蒋贴身卫士"翁元。翁元以当事人的身份叙述道：蒋是在睡眠中过世的，等通知党政高官集中到士林官邸后，才请秘书写遗嘱。"那遗嘱是急就章，等到所有人都签完字后，再请蒋夫人签字。"翁的说法与王丰一致，即蒋最后遗嘱是其死后由秦孝仪"补写"的。12月30日，凤凰资讯网刊出这次访问[①]，次日，中央电视台的央视网也刊出[②]，标题均为《贴身侍卫翁元曝秘闻：蒋介石遗嘱是事后急就章》。蒋介石遗嘱是"伪作"的说法更广为传播。

自蒋介石去世后，其遗嘱的"真伪"问题在台湾一直有人讨论。现在，王丰等人旧事重提，以他们的特殊身份及重要媒体的介入，大有将蒋介石遗嘱确认为"伪作"定案之势。

王丰、翁元否定蒋介石最后遗嘱真实性的基本理由是，蒋逝世当天根本没有留下遗嘱，又不可能事先留遗嘱。翁元接受访问时还反问道："谁敢先写好遗嘱？你怎么知道今天会死？"但这只是基于一般常理的推论，不能

① http://news.ifeng.com/history/1/200712/1230_335_348487_7.shtml。

② http://news.cctv.com/taiwan/20071231/100894.shtml。

当作事实依据。王丰等人所不了解的是，蒋介石有在预计将有不测之时留遗嘱的习惯，他在年迈体衰、自知无力回天之际留遗嘱本不足为奇。蒋在撰写遗嘱问题上的“超前意识”，反而令王丰以其去世当天未留遗言而即断定遗嘱为“伪作”。

但蒋介石晚年确曾数次留遗嘱，这在其日记中有迹可循。他在1971年6月写道：

> 审阅检查身体报告书，脑动脉血管有硬化之象，自觉亦有所病也。如医药与休息无效，则国家后事应预作安排。经国乃可继此复国任务，惟其为我父子关系，不愿有此遗嘱，但其能力为静波（严家淦，其时为“副总统”——引者注）之助手，出任行政院长，则于公于私皆有益，望我党政军同志以助我之心助彼完成我光复大陆之共同使命也。（1971年6月9日）

退到台湾后，蒋介石刻意栽培其子接班，蒋经国虽已出任“行政院副院长”，但蒋的目标是让他任“行政院长”全面掌权。1971年，已经84岁的蒋介石在阅读体检报告、确认来日无多后，唯恐“传子计划”不能实现，预留遗嘱，且在遗嘱中“内举不避亲”。他这篇日记着重就遗嘱中对力推蒋经国任“行政院长”做一番解释。

当年年底，蒋介石再次留下了遗嘱。这次是单独写在一张纸上，夹在1971年日记本中，形式上更像“遗嘱”。全文如下：

> 今后政府组织：一、以家淦继任总统。二、以经国任行政院长兼三军总指挥。三、党务应集体领导。
>
> 中正　12月23日（1971年日记，活页）

从其内容来看，基本上重复了6月遗嘱的内容，其中用了“今后政府组织”、“继任”等词，显然是做最后的交待，而且郑重其事地署下名字与日期。

1972年6月，蒋经国出任“行政院长”，蒋介石晚年最关心的“传子计划”变成现实，蒋遂完全退到幕后。因此，他1975年的最后遗嘱能够写得“漂亮”、“空灵”而不涉具体人事安排。蒋过世后，严家淦继任“总统”，蒋经国留任“行政院长”，且当选国民党中央委员会主席，全面掌握党政实权，超过了蒋介石1971年时所预定的“党务应集体领导”。

前面所引蒋介石1975年的最后遗嘱是精心准备的，在形式上，甚至是句式上，均刻意模仿了孙中山的遗嘱，包括最后的“秦孝仪奉命承记”字样。令蒋有些遗憾的是，孙中山遗嘱在病重时完成，在弥留之际完成了亲笔签字，而蒋是在睡眠中过世的，未及在遗嘱上签字。而蒋没有亲笔签字，又成为有人质疑遗嘱真实性的理由。

从蒋介石的个性与生活习惯、其最后遗嘱在其过世后第一时间即公布原件，且有宋美龄、“副总统”及“五院院长”签字等程序来看，1975年蒋介石的最后遗嘱是真实的，绝非“伪造”。

2. 西安事变时的三份“遗嘱”

随着一批重要档案的开放，研究者注意到蒋介石在1936年西安事变时留过遗嘱。2004年斯坦福大学胡佛研究所开放的宋子文日记中，首次披露西安事变时蒋介石曾写有遗嘱交宋子文，但没有遗嘱的具体内容，之后开放的蒋介石日记中则有其所写三份遗嘱的全文。

有趣的是，蒋在西安事变时写的遗嘱全文首次出现是在两年之后的日记中。1938年12月13日蒋写道：“本日检阅，得前年在西安寄妻子与两子之遗嘱，读之不禁有隔世之感。兹特录之”：

贤妻爱鉴：兄不自检束，竟遭不测之祸，致令至爱忧伤，罪何可言。今事既至此，惟有不愧为吾妻之丈夫，亦不愧负吾总理与吾父吾母一生之教养，必以清白之身还我先生，只求不愧不怍无负上帝神明而已。家事并无挂念，惟经国与纬国两儿皆为兄之子，亦即吾妻之子，万望至爱视如己出，以慰吾灵。经儿远离十年，其近日性情如何，兄固不得而知；惟纬儿至孝知义，其必能克尽孝道。彼于我遭难前一日尚来函，极想为吾至爱尽其孝道也。彼现驻柏林，通信可由大使馆转。甚望吾至爱能去电以慰之为感。

廿五年十二月二十日　中正

又嘱经、纬两儿：我既为革命而生，自当为革命而死，甚望两儿不愧为我之子而已。我一生唯有宋女士为我唯一之妻，如你们自认为我之子，则宋女士亦即为两儿唯一之母。我死之后，无论何时，皆须以你母亲宋女士之命是从，以慰吾灵。是属。

父　十二月二十日

一周之后的12月20日，蒋又写道：“廿五（1936）年12月20日在西安遭难时，告国民之遗嘱，特录之”：

中正不能为国自重，行居轻简，以致反动派乘间煽惑所部构陷生变。今事至此，上无以对党国，下无以对人民，惟有一死以报党国者，报我人民，期无愧为革命党员而已。我死之后，中华正气乃得不死，则中华民族终有继起复兴之日。此中正所能自信，故天君泰然，毫无所系念。惟望全国同胞对于中正平日所明告之信条：一、明礼义；二、知廉耻；三、负责任；四、守纪律。人人严守而实行之，则中正虽死犹生，中国虽危必安。勿望以中正个人之生死而有顾虑也。中华民国万岁！中国国民党万岁！三民主义万岁！国民政府万岁！国民革命军万岁！

蒋中正

西安事变发生后，蒋介石认为张学良、杨虎城的行为是“叛乱”，必须严惩，要求南京政府急速进兵讨伐。但他恐怕这会更加危及到自己的生命安全，在此生死未卜之际，写了上述三份遗嘱。从形式上看，蒋介石有模仿孙中山先生的痕迹。孙过世时曾留有三份遗嘱，分别是“国事遗嘱”、“家事遗嘱”、“致苏俄遗书”。细读蒋给宋美龄与蒋经国、蒋纬国的遗嘱，确实动了感情。除了夫妻情、父子情外，他最惦念的是死后宋美龄与蒋经国、蒋纬国的关系。宋美龄只比蒋经国大 11 岁，蒋宋结婚时，蒋经国已在苏联，且曾公开谴责过蒋介石的反共行径。故蒋在遗嘱中既要宋美龄对两个儿子“至爱视如己出”，又要儿子们“无论何时，皆须以你母亲宋女士之命是从。”可谓用心良苦。

蒋介石三份遗嘱留存的过程也颇曲折。西安事变爆发后，被扣押的蒋已抱必死之心。12 月 15 日，当端纳冒险从南京飞到西安时，蒋给宋美龄写了封大意与后来遗嘱相同的信，交同去的黄仁霖带回：

兄决为国牺牲，望勿为余有所顾虑。余决不愧为余妻之丈夫，亦不愧为总理之信徒。余既为革命而生，自当为革命而死，必以清白之体归还我天地父母也。对于家事，他无所言，惟经国与纬国两儿既为余之子，亦即为余妻之子，务望余妻视如己出，以慰余灵而已。但余妻切勿来陕。

蒋写完信后，有个反常的举动，将给妻子的信当场向黄仁霖朗诵两遍，令其准确记忆，“恐张（学良）扣此函，而使黄回京见妻时能以此意口头报余妻也。”（1936 年 12 月 15 日）结果是张学良连黄仁霖也扣留了，该信未送出。20 日，宋子文与端纳从南京再飞西安，蒋介石这次备好三份遗嘱，在与宋子文单独谈话时，蒋“先将遗嘱交彼，嘱其转寄于妻。”（1936 年 12 月 20 日）或是为了感化张学良，宋竟然将遗嘱转给张学良看，张认为此时传出不好，再次扣下，并以人格担保假如战事发生，一定将遗嘱传出。

至于遗嘱何时重回蒋之手，蒋介石、宋子文日记中均无交待。而他在两年后能再抄到日记上，说明蒋并不避讳死与遗嘱这样的话题。

3.5 份鲜为人知的“遗嘱”

西安事变时的遗嘱，远非蒋介石最早的遗嘱。蒋日记中最早出现遗嘱的记载是在西安事变前 25 年的 1911 年。蒋为了补上早年没有日记的遗憾，曾补写了《民国六年前事略》，事略中记其辛亥年间从日本回国参加革命的过程，其中有：

> 及回上海，英士（陈其美——引者注）嘱余赴杭主持起义事，余即作书寄慈母与胞兄，明告余为革命牺牲之决心，并劝慈母勿以儿之……为念，以及余死后家……于书中。此书托由杨……志春转交者，今或犹能检及也。

虽有几处字难辨识，但其中“为革命牺牲之决心”、“死后”等字，可见所作“寄慈母与胞兄”之书是份遗书。如此说来，蒋介石在 24 岁时即写过遗嘱。

第二次关于遗嘱的记载是 1920 年 3 月 1 日，蒋介石在日记中写道：

> 今日致舅父一书，可作死后遗 ×× 遗嘱，是为口（一字不清——引者注）之作也。近来自觉死为吾分内事，而必欲为此遗口（一字不

清——引者注），是仍不能忘情于家庭，牺牲于社会之病。（1920年3月1日）

此时，33岁的蒋介石在援闽粤军中任职，地位不高，人际关系不睦，时常感到“受小人排挤”，郁闷不得志，故立遗嘱。蒋日记中有较强烈的自我反省意识。从这段日记可以看出蒋对留遗嘱有些矛盾：一方面觉得自己要为公牺牲，在所不惜；另一方面却又自责，认为自己仍有私念，“不能忘情于家庭”。

第三次出现有关遗嘱的记载是1922年。当年6月16日广东发生陈炯明部属炮轰总统府事件，孙中山被迫退到永丰舰上，18日孙用密电召在家乡的蒋介石。蒋决心南下护卫“蒙难”的孙中山，临行前抱有去无回之决心，20日“上午写静江遗嘱事”，（1922年6月20日）将家事托付好友张静江，但日记中并未提到遗嘱的具体内容。

第四次出现遗嘱的记载是在九一八事变发生后，这是一次内容完整的遗嘱。蒋1931年9月28日的日记如下：

今日，中央大学学生攻击外交部，打破其头部。上海学生来请愿者络绎不绝，其必为反动派所主使，显有政治作用。时局严重已极，内忧外患相逼至此，人心之散生好乱，国亡无日矣。孔明云鞠躬尽瘁，死而后已。余于今兹，惟此而已。终不愧为我父母之子，总理之徒而已。万一不测，当见危授命，特书此以为遗嘱。

持其复仇之志，毋暴雪耻之气，兄弟阋墙，外侮其御，愿我同胞团结一致，在中国国民（以下写在29日栏——引者注）党领导指挥之下，坚忍刻苦，生聚教训，严守秩序，服从纪律，期在十年之内，湔雪今日无上之耻辱，完成革命之大业。蒋中正遗嘱。

上午，会客，批阅。下午，与上海各大学生五千人训话约一时余，皆领受而回，此乃一最好现象，青年爱国守法，接受痛训，是难得之宝也。

妻回京，在此危难之中，不避艰险，来共生死，无任感激。（1931年9月28日至29日）

这篇遗嘱，夹在蒋当天的日记中间（蒋所用日记本为印制好的，每天一页。非特殊情况，蒋很少有将前一天内容记入次日页面的），前后各有挺长的文字，不仔细看难以发现，蒋自己日后未再提起，故至今也未见有人披露。

从叙述顺序来看，蒋介石是在当天南京的青年学生为九一八事变请愿，要求政府出兵抵抗日本侵略而冲击外交部，打伤外交部长王正廷而发的感慨，突然转到遗嘱上来。单从表面看，蒋介石此时绝无生命危险，何以会心血来潮写下正式的遗嘱呢？九一八事变后，蒋介石成众矢之的，不仅民众、舆论批评，国民党内的反对派（如存在于广州的非常会议）也借机大肆攻击。蒋心理压力极大，感到“内忧外患相逼至此”，特别敏感，竟由王正廷被打而联想到自己“万一不测”，遂有立遗嘱之行为。

第五次出现遗嘱是1934年。这年6月底蒋介石携宋美龄返回溪口老家，这是宋美龄首次陪蒋回乡，祭扫祖坟，会见亲友故旧。7月5日从宁波乘中山舰回南京的船上，蒋、宋二人谈及家事，竟至蒋死后之安排，遂有遗嘱之议。蒋介石记道：

本日在舰中，与妻常提家事，并念如余死后之家事，约记如下，以代遗嘱：一、余死后，不愿国葬，而愿与爱妻美龄同葬于紫金山紫霞洞之西侧山腹之横路上。二、余死后，凡武岭学校，以及不属于丰镐房者，皆全归爱妻美龄管理。三、余死后，经国与纬国两儿皆须听从其母美龄之教训。凡认余为父者，只能认余爱妻美龄为母，不能有第二人为母也。四、农民银行之资本金与公记户存款，皆为国家公款，本为发展航空之用，如余死后若能仍为建设空军更好，否则当加作遗族、武岭、政治三学校基金各一百万元外，其余应并入中央银行，作为农村复兴永久之基金。家庭私人不得参加干预其事也。（1934 年 7 月 5 日）

此是一标准的家事遗嘱。其背景是宋美龄此次陪蒋返乡，蒋深受感动“妻于劳疲之中仍能尊亲敬长，不失仪范，可敬也。”（1934 年 7 月 4 日）蒋与结发妻毛福梅虽离婚，但毛氏仍住在蒋家老宅里。宋美龄去溪口，难免会对蒋家的复杂关系有想法。蒋介石死后，蒋经国、蒋纬国对宋美龄的态度成为问题。蒋氏要与宋氏合葬，将相当的产业划归宋氏支配，显为保障自己死后宋氏在家族和家庭中的地位。

遗嘱中“凡认余为父者，只能认余爱妻美龄为母，不能有第二人为母也”一条，是用父子情来绑架二子，有些强人所难。因为蒋经国有生母毛氏，蒋纬国有养母姚氏，都是情深意笃，怎么能让他们完全割舍而只能认宋氏为母亲呢？可能是蒋介石自觉对宋愧疚太多，才不择言。两年后西安事变时的遗嘱中，蒋有所更改，只要求宋氏对二子“视若己出”，而二子“克尽孝道”。这样更合情合理了。

此外，蒋氏在遗嘱中把掌握的国家财产与其个人财产做了区别，对国家财产的用途有所指示，特别嘱咐国家财产的支配蒋家私人不得干预，显得公私分明。

奇怪的是，八年抗战与其后的内战中，蒋介石也面临过困境，但却还没有见到他写遗嘱的事情，想必是他对形势判断与毅力有关。

1949年年底，蒋介石的政治生涯遭到极大挫败，国民党政权败退台湾，美国人放弃对蒋的支持，解放大军摧枯拉朽。蒋介石危机四伏想到了死，但却连立遗嘱的心情都没有了。1950年年初，他写道：

> 手拟《中国存亡与东方民族之自由独立之成败问题》。如果革命失败，台湾沦亡时必以身殉国，则不必再另有遗嘱矣。(1950年1月15日)

当年6月，朝鲜战争爆发，美国开始全面援助台湾，蒋介石渡过难关。

蒋介石在台湾的第一份遗嘱，也是目前所知第九份遗嘱，写于1962年，75岁高龄的蒋介石要进行前列腺手术，为预防万一，他写下日记交待后事，类似遗嘱：

> 近日行将施用手术以前，甚思今后党国与政府如何革命之任务问题，有一个切实指示，就是经国与辞修精诚团结，以支持此一难局，来收复大陆全部失土，拯救全国同胞，以达成我毕生之志愿。甚望辞修能宽容大度，一以诚心待人，不尚虚伪；则经国自能以事我者事彼，共同一致完成革命也。惟有如此，方能贯彻我期望也，但此事必须有夫人从中指导，依照我的意志解决问题。口能发生效果，望辞修与经国皆能善体此意则幸矣。(1962年4月25日)

此遗嘱的内涵已在本书其他章节分析过，不再赘述。

按时间排列，蒋介石在人生的不同阶段与时刻，有着留遗嘱的习惯。目前所知，他分别在1911年、1920年、1922年、1931年、1934年、1936年（3份）、1962年、1971年（2份）、1975年，共写过12份遗嘱（或效力等于遗嘱文字）。

蒋介石遗嘱的内容与形式依其在国民党内地位的提升而有变化，前两个遗嘱纯属“家事”，1931 年后则以“国事”为主，形式上模仿孙中山的趋势也越来越明显。至于蒋介石缘何“爱写”遗嘱，他有什么样的生死观，则是需要另外探讨的问题。

十三、蒋介石的遗嘱由哪些人签字

1975年4月5日深夜，蒋介石在台北去世。在他弥留之际，其夫人宋美龄及长子蒋经国等家属均随侍在侧。蒋介石死时虽是深夜，但台湾的党政高层人士，闻讯立即赶达蒋官邸，瞻仰了蒋介石遗容。“行政院”新闻局发布在对岛内外宣布蒋介石去世消息的同时，也把蒋的遗嘱交各传播机构播告。内容为：

自余束发以来，即追随总理革命，无时不以耶稣基督与总理信徒自居，无日不为扫除三民主义之障碍、建设民主宪政之国家艰苦奋斗。近二十余年来，自由基地日益精实壮大，并不断对大陆共产邪恶势力展开政治作战。反共复国大业，方期日新月盛，全国军民、全党同志，绝不可因余之不起而怀忧丧志！务望一致精诚团结，服膺本党与政府领导，奉三民主义为无形之总理，以复国为共同之目标，而中正之精神自必与我同志、同胞长相左右。实践三民主义、光复大陆国土、复兴民族文化、坚守民主阵营，为余毕生之志事，实亦即海内外军民同胞一致的革命职志与战斗决心。惟愿愈坚此百忍，奋励自强，非达成国民革命之责任，绝不中止！矢勤矢勇，毋怠毋忽。

中华民国六十四年三月二十九日　秦孝仪承命受记

这份题为“总统蒋公遗嘱”在公布时，除原文外，还有宋美龄等7人的签名。遗嘱中文末一句表明，这份遗嘱是蒋介石在1975年3月29日口授，由其秘书秦孝仪（时任国民党中央副秘书长）整理记录。

蒋介石这份遗嘱的真实性后来受到许多人的质疑。质疑理由大致有二：一是蒋介石本人未在遗嘱上签字；二是台湾官方说蒋是在安睡中过世的，如何能写遗嘱？因而多断言蒋的遗嘱是其过世后宋美龄令秦孝仪“补写”的，甚至有人用了“伪造”、“捏造”等词。

随着《蒋介石日记》的开放，人们对蒋的行事风格与个性有了更多的了解，新史料确认蒋介石有在预计会有不测之时留遗嘱的习惯，漫长的年月中，他至少写过12个遗嘱，且内容与形式依蒋在国民党内地位的提升而有所变化，从侧重“家事”，到以“国事”为主。1975年3月29日，是当局规定的“青年节”（纪念1911年黄花岗起义烈士而设），年老休衰的蒋介石对秦孝仪口授了最后一份遗嘱备用。

据每天必去其父床前请安的蒋经国记述，蒋介石去世当天精神颇佳，“今晨向父亲请安之时，父亲已起身坐于轮椅，见儿至，父亲面带笑容，儿心甚安。”蒋介石在深夜安睡中逝世，为始料未及之事，使得他未能在其最后遗嘱上亲笔签字。

在蒋遗嘱上签字的田炯锦曾回忆，1975年4月6日凌晨1时许，台北狂风骤雨大作，他突然接到了请他赶快到蒋官邸的电话，到达后立刻被请上二楼，蒋睡在床上，盖着一床被单，“很安详地长眠了”。之后，台湾党政高官集体向蒋遗体行礼，身为长子同时又是“行政院长”的蒋经国，跪下向各位回礼，其他人再三拦阻，蒋经国仍坚持如仪。宋美龄则坐在床后的一张椅子上，神态哀戚，并安慰蒋经国不要太悲痛激动。之后，大家就在蒋介石的遗嘱上签名，以示见证。

为何蒋介石的个人遗嘱要有另外 7 个人签名？这与国民党的政治文化与传统有些关系。

蒋介石自命为孙中山的接班人，其最后遗嘱经精心准备，在形式上，甚至在句式上，均刻意模仿了 1925 年孙中山过世时留下的遗嘱。

孙中山临终前，由汪精卫草拟遗嘱，并在后面署上“笔记者汪精卫”。蒋介石遗嘱最后的“秦孝仪承命受记”就是对此的模仿。令蒋有些遗憾的是，孙中山在弥留之际完成了亲笔签字，而蒋是在睡眠中过世的，未及在遗嘱上签字。在孙中山遗嘱的最后，有 9 位“证明者”签名，以示郑重，他们是：宋子文、邵元冲、戴恩赛、孙科、吴敬恒、何香凝、孔祥熙、戴季陶、邹鲁。这些人或是随孙中山北上的国民党高层人物，或是孙中山亲属。蒋介石的最终遗嘱，同样也有采用了“证明者”签名的形式。有 7 人签字，分别为：蒋宋美龄、严家淦、蒋经国、倪文亚、田炯锦、杨亮功、余俊贤。这 7 人大有来头，非同一般。除了宋美龄、蒋经国为亲属外，其他人则是在台湾当局地位仅次于蒋介石的“副总统”与“五院院长”。

国民党败退台湾后，仍沿用其在大陆的统治体制与政府结构，“中央政府”采取“总统”加“五院”的架构。五院制渊源于孙中山的“五权宪法”理论，孙认为西方各国所实行的三权分立不错，但也有弊端，因而融合西洋各国行政、立法、司法三权分立的长处，加入中国古代考试权和监察权独立的优点，创立了以“五权分立”为核心的“五权宪法”理论。1928 年国民党统一全国，宣布进入“训政”后，即以“五院制”为国民政府的组织形式。行政院是五院中地位最重要、职权最广泛、组织最庞大的部门，处理内外大小各类政务。立法院是最高立法机关，主要职权是制定法律、议决议案、宣战媾和等。司法院是最高司法机关，主要是司法审判、管理惩戒，并且有权解释法律、变更判例。考试院的主要职权是考选与铨叙，即负责考选各类公职人员、任命人员与专门职业人员，并掌理他们的考核与铨叙事项。监察院主要是综理全国监察事务，有弹劾、审计等职权。

对比在孙中山遗嘱与蒋介石遗嘱上签字的名单，两者的组成大致相似，即一部分是亲属，一部分是党政上层人物，但再细察究就会发现，众人在孙遗嘱上签字时，顺序并无一定之规，而在蒋遗嘱上签字的人拥有更高的行政职务，更完备且符合“规矩”：“副总统”及“五院院长”全数到齐，无一缺漏，且签字顺序与平素官方排序完全一致，使得遗嘱成台湾当局最重要“官方文件”的色彩，更加凸显了蒋介石在逝世时仍作为“中华民国总统”的权威与地位。（笔者推测，或有以见证者的“权威性”来弥补蒋未亲自签名遗憾的用心。）

以下对宋美龄之外在蒋介石遗嘱上签名的6位逐一简要介绍：

严家淦时任“副总统”，是蒋介石为保证其“传子计划”所特意安排的过渡人物。严是个典型的技术官僚，个性谦和、治事严谨、生活朴素，“不争功，不揽权，处事圆通，……绝不得罪人”，深得蒋介石之意。1963年接替陈诚担任“行政院长”，1966年又出任“副总统”，甘心为蒋经国上位保驾护航。1975年蒋介石逝世后，严家淦以“副总统”身份继任“总统”，并于1978年届满辞退后，由蒋经国出任“总统”。

蒋经国时任“行政院长”，他同时是蒋介石的长子。在遗嘱中他以“行政院长”的名义签字，故排序在严家淦之后。自国民党败退台湾后，蒋介石便大力栽培蒋经国。蒋经国于1966年担任“行政院副院长”后，实际上已主持“行政院”工作，他推行“全面革新”路线，在经济上进行“十大建设”，赢得了民心，树立权威，积累了政治资本。1972 年，蒋经国出任“行政院长”，至蒋介石去世时他已 65 岁，资历与威望皆足以承继蒋介石的权位。后来的事实也证明，蒋经国确实带领台湾走出另一片天地。

倪文亚时任“立法院长”，浙江乐清人。大陆时期，历任大夏大学教授与暨南大学教授，三青团中央团部训练处长、常务干事，当选“立法委员”。1949 年赴台，历任革命实践研究院副主任，中央青年部长。在“立法院”曾任副院长、代理院长，1972 年出任“立法院长”，长达 16 年之久。蒋经国去世后，于 1988 年 12 月辞去“立法院长”，渐渐淡出政坛。

田炯锦时任“司法院长”，甘肃庆阳人。毕业于北京大学，曾参加五四运动。历任东北大学教授、监察委员、甘肃教育厅厅长、陕甘监察使、考选部长等职。1949 年赴台，初任“行政院政务委员”兼“蒙藏委员会”委员长，后改任“内政部长”。1971 年调任“司法院”大法官，旋擢“司法院长”。1976 年当选国民党中央议评委员会主席团主席，1977 年病逝。

杨亮功时任“考试院长”，安徽巢县人。北京大学毕业，留美回国后曾长期任教，历任安徽大学校长、北京大学教授兼教育系主任等。被人称为“贯通中西教育理念的先行者”。后转入政界，出任闽浙监察使、闽台监察使等,1947 年曾奉派往台湾调查“二·二八事件”。1949 年赴台后，任“监察院”秘书长。1954 年转任“考试院”考试委员，1968 年升任“考试院”副院长，1973 年擢为“院长”，直到 1978 年卸任。

余俊贤时任“监察院长”，广东平远人。中山大学毕业，初任国民党中央组织部干事，后参与海外党务作业，任印尼《民国日报》总编辑，曾因批评日本政府阻挠国民革命军北伐被捕入狱 8 个月。回国后历任中央党部组织部总干事、海外组织科科长等职，致力华侨文化教育事业。1949 年赴台，任“监察委员”，于1973年当选“监察院长”，并任国民党中央评议委员会主席团主席。1987年才卸任“监察院长”，成为蒋经国时代年高资深的大员。

从以上签名者的经历与职位来看，他们的签名保证了蒋介石遗嘱的在台湾至高无上的“权威性”，也说明，蒋的遗嘱与其说是个人的临终嘱咐，不如说更像是一份政治文件。

历史事件篇

一、蒋介石与国民党特务组织的兴起
二、蒋介石笔下的 1935 年汪精卫遇刺案
三、蒋介石与 1937 年国民政府迁都
四、蒋介石兼任四川省政府主席始末
五、蒋介石缘何允许董必武参加旧金山会议
六、蒋介石、毛泽东在抗战胜利前后的政治判断与抉择
七、蒋介石与“李闻惨案”的善后处置
八、蒋介石仓促任命陈诚为台湾省主席的秘密
九、神秘的“白团”
十、蒋介石在台湾复任“总统”风波
十一、“日台和约”签订前后蒋介石之所思所想
十二、蒋介石处置“弹劾俞鸿钧案”
十三、蒋介石如何应对联合国的“外蒙入会案”

一、蒋介石与国民党特务组织的兴起

蒋介石为巩固其统治，通过“中统”、“军统”等特务组织来对外镇压中共及其他反对势力，对内剪除国民党内异己力量的史实，已人所共知。1932年，是国民党特务组织发展史上的一个重要年份，“军统”的前身是1932年4月成立的三民主义力行社（复兴社）特务处。“中统”的前身国民党中央组织委员会党务调查科虽成立于1928年年初，但其成规模也是在1932年将调查科扩编为特工总部之后。为什么蒋介石在1932年会如此重视特务组织建设，他是如何认识特务组织重要性的，又是如何亲手缔造特务组织的？蒋介石这一年的日记中透露了许多的秘辛，能帮助我们解开这些谜团。

1. 蒋介石为何要建立特工组织

蒋介石建立特务组织，与其早期经历与性格有关。蒋早年家境一度不错，但因丧父而迅速中落，又受乡吏欺侮，体验了世态炎凉。这形成了他复杂的性格：固执、倔强、多疑与以自我为中心。他年轻时留学日本，接受过粗浅的军国主义教育，与陈其美交谊，这些经历铸成了他蛮干、注重情报搜集和效忠个人的特殊心态，这是他组织特工机构的思想根源。辛亥革命后，蒋介石在上海暗杀了光复会首领陶成章，并未留把柄，这次成功的经历让其过了把“特工瘾”。

然而，蒋介石在国民党内崛起后的头几年，并未立即着手建立特务组织，他在1932年才付诸行动，与当时的蒋在国民党内的地位、处境及国内外形势有关。

南京国民政府成立后，蒋介石的权力始终受到了来自党内反蒋派系的挑战，1931年年底，蒋遭胡汉民、汪精卫与两广地方实力派的联合逼迫，被迫下野。这次下野经历使他对各级党部的组织能力、干部对其个人的忠诚均怀有疑虑。痛定思痛，如何在党内建立一个属于自己的核心组织，成了摆在蒋介石面前的课题。恰在此时，后来成为复兴社核心人物的刘健群、康泽等均向蒋介石建言，主张在保留国民党旧躯壳的前提下，重建一个新的政党形态的秘密组织。

刘健群在《贡献一点整理本党的意见》中提到，当前的国民党“不仅与民众相脱离，党与党员亦日趋隔膜。党的领袖与党员的关系只有互相利用，党的领袖根本看不清谁是忠实的党员。”刘健群向蒋提出，要在国民党内另建一种新的组织，“以充实党的内容，建造党的灵魂。”康泽则在研究了苏联的“格伯乌”（即克格勃）的结构后，非常推崇这种“挑选最忠实的党员来参加工作的，它和党有密切的联系”的组织，他向蒋介石建议“我们需要一个意义更广泛足资号召的组织，‘格伯乌’只能是当中的一部分。”

蒋介石对刘健群和康泽的建议持十分肯定的态度，鼓励他们放手去实行。1932年蒋介石重新上台后，组建特务组织的工作就提上了议事日程，他的日记中不时有相应的记载，而此前的日记中并无太多关于特务组织的内容。蒋介石建立特务组织，在当时有两个最直接的需要：

一是推行“攘外安内”政策。九一八事变后，蒋介石推行“攘外必先安内”政策，其建立特务组织，就是要推行这一政策。蒋介石认为，国内反对其“攘外安内”政策的人颇多，不能集中意志与力量以完成统一国家与对日作战的准备。他在对励志社的演讲中强调要“攘外安内”，为秘密组织制订的誓言中，也有“抗日除奸，为党牺牲”等语：

下午，与妻回陵园居住。往励志社与各同志会晤，自觉忍痛不堪也。余对大局贡献以外交问题非先统一国内不可。（1932年1月22日）

晚，与贺（衷寒）、康（泽）等生谈组织事，必欲组织一秘密奋斗、人尽其才，控置（制）全国之机关，方得完成革命。如仅普通组织，则必腐化消灭也。乃得数语，曰“抗日锄奸，为党牺牲，实行主义，革命革心，矢勇矢勤，严守秘密，服从命令，愿受极刑。”（1932年2月21日）

康泽回忆说，1932年3月下旬，蒋介石召集他们开会时说：“现在最亟待解决的问题是剿匪，我们以‘攘外必先安内，安内必先剿匪’为我们的方针，历史上无有不是‘内安’才能‘攘外’的。我们决定这样做，并且也就这样宣传。”

二是要剪除党内政敌。蒋介石复职后，对党内的反对派恨之入骨，必欲除之而后快。他在日记中多次将政敌称之为“反动派”：

下午与（宋）子文、（汪）精卫谈话，汪有以允许其他政党存在之意，余谓此事非开全国代表大会不能解决。余决力争，不顾反动派之反对也。（1932年3月28日）

在蒋介石看来，对党内的反动派，必须加以监视、制裁，以致消灭。他在日记中明确表示要利用侦探特工组织剪除政敌、加强个人权力：

组织政党彻底革命，必先组织侦探队，防止内部叛乱，制裁一切反动，监督党员腐化，宣传领袖主张，强制社会执行，此侦探队之任务。而侦探队之训练与组织指挥运用则须另订也。（1932 年 2 月 17 日）

蒋介石建立特务组织，还与当时流行的“德国模式”与法西斯主义有关。德国是第一次世界大战的战败国，但其短期内迅速崛起，再度成为世界强国，这引起了国人的注意。蒋介石对德国经验相当有兴趣，他采用“亲德”政策，聘请德国军事顾问对军队进行整训，自己也时常听取顾问的各种建议。或许是受德国顾问的影响，1932 年年初他一直在读《俾斯麦传》，在 1932 年 3 月 3 日、5 日、7 日、9 日、15 日、18 日、30 日及 5 月 4 日的日记中，都有读《俾斯麦传》的记载，如“下午，来汤山休息，看《俾斯麦传》，视察学校。”（1932 年 3 月 7 日）“上午，批阅，会客，看《俾斯麦传》，到参部传见部员。”（1932 年 5 月 4 日）该书对俾斯麦“铁血政策”的渲染及对普鲁士精神的颂扬深入蒋氏心中，对其思想不无影响。从日记来看，蒋介石对法西斯主义有所研究，内心钦佩。蒋希望的是建立秘密的、效忠个人、听命于自己的组织，而不是公开的宣传。他在日记中写道：

今日革命军人同志会开成立大会，结论以“亲爱精诚”之外，加以“礼义廉耻”四字，方足以医今日青年之病也。而“铁血”二字，尤未提出。（1932 年 4 月 16 日）

2. 蒋介石支持力行社成立

为了解现代特务组织的特性，蒋介石身体力行，认真研读情报学的理论书籍，与陈立夫等人研讨，每有心得，便随笔记录：

上午，看情报书，会客。（1932 年 4 月 22 日）

上午，看情报。情报之学，一言以蔽之，曰利用对象中之现象之

而已。……此时插人于目的敌中，乃为唯一之要件。志之。晚，与(陈)立夫谈情报事。(1932 年 4 月 24 日)

五时起床，看情报学。下午，与（宋）子文谈话，会客，看情报学完。修正讲演稿。(1932 年 4 月 25 日)

蒋介石后来支持戴笠等人改善电讯设备、鼓励特务活动注入警察系统、开办政训班等，都与他的情报素养有关。

蒋日记中反映出，他直接推动了复兴社特务组织的建立，包括选拔干部、多次亲临训话、拨款资助等。蒋十分注重特务人才的选拔，在日记中常提到对一些“可造之才”的观察，甚至将特务人才作为其干部人选的主要来源，提出“选人以情报班、军校侍卫宪警为基。”(1932 年 4 月 28 日）他在 1932 年日记中提到的复兴社骨干，包括刘健群、李士珍、邓文仪、贺衷寒、康泽、郑介民、滕杰、戴笠、乔干梁、蒋坚忍等，这些人日后都是国民党特工的要角。他对刘健群的评价是“有见解之青年”，对李士珍的评价是“可造之才”。读过蒋日记的人都对其论人之苛有深刻印象，他对刘、李的评价之高，实属难得。这与刘健群等对他个人的极度忠诚有关。

在力行社成立前后，蒋介石不断地对其干部及成员训话，听取工作报告，督促其组织的发展：“下午，与力行社干事谈话。”(1932 年 3 月 8 日)“晚，与力行社干部谈话。”（1932 年 3 月 21 日）“问康泽与（刘）健群谈话情形，转约郑校教官，戴约何浩若谈话，约徐谟谈话。求人不得，只有建立团体，集中建立团体，集贤聚才以代之。”（1932 年 4 月 8 日）力行社成立时，蒋亲自出席，并“训话一时余。”（1932 年 3 月 29 日）

有个细节可以证明蒋介石对力行社工作的格外重视，蒋的作息时间较刻板，通常晚 11 时前后睡觉，但他有几次对力行社干部的训话，持续到了午夜12时，有几天日记中记道："晚，宴客，对力行社听取报告，训话，至十二时。"（1932年4月9日）"晚，力行社干事来会议，至十二时完。"（1932年4月25日）

特务组织与工作的发展，直接影响到蒋情绪的起伏，日记中有："与力行社谈话，组织无甚进步也。"（1932年4月4日）"与康泽、戴笠谈话，……各地特务组织亦有研究，较有进步也。"（1932年4月9日）"与训练班讲话，情报人员与组织无甚进步，焦急之至也。但自嫌无进步，而实或有进步也。"（1932年4月26日）

据力行社成员回忆，其总会的全部经费除所收社员的会费外，都由蒋介石在军事委员会的特别费项下拨给，特务处的特务经费则不在总会经费预算之内，而由特务处长戴笠自行造具预算，直接报经蒋介石核拨，其经费总额，据说较之总会的全部经费至少约在10倍以上。这在蒋介石日记中得到了印证，他在4月13日中就记了"发力行社经费。"

蒋介石还十分注重特务组织的扩大。复兴社特务处成立后不久，就取得了杭州警官学校训练特务化警官的权力，蒋介石提出要"组织杭州警察班。"（1932年5月14日），并在1932年6月派戴笠为杭州浙江警官学校政治特派员。戴笠以"培训警官"为名，将该校作为培养特务的摇篮，开设了甲、乙、丙三种特训班及电讯班，使之成为特务系统最早的培训基地，在"军统"特务史上占有重要的位置。这与蒋介石的鼓励与支持是分不开的。国民党军队中的特务系统也由蒋一手打造，他提出亲自确定"军队党务特派员之人选与组织，在高级班与力行社中挑选之。特务组织以徐恩曾、陈希曾、戴笠、郑介民、竺鸣涛为干部，蔡动军亦可入选。"（1932年4月13日）蒋介石一度考虑将特务训练扩大到全社会的层面上，在日记中异想天开地写

道：要“对军队以政治训练，对社会以特务训练”。（1932 年 4 月 8 日）

尽管日记内容有些琐碎，却也明白无误地显示出国民党内特务组织是在蒋介石的授意与支持下建立起来的。

二、蒋介石笔下的 1935 年汪精卫遇刺案

1935 年 11 月 1 日上午，国民党四届六中全会在南京的中央党部举行，就在开幕式后举行全体委员合影之际，摄影记者中突有一人举枪射击，只见国民党的二号人物、行政院长汪精卫当场中弹倒地。“行政院长汪精卫遇刺”一时成为轰动全国的新闻，轰动程度盖过了四届六中全会本身。当时，日本策动“华北事变”，中日矛盾激化，国民党内部倒汪的风潮不断，四届六中全会本是为召开确定国民党内外方针的第五次全国代表大会做准备的，此际发生汪精卫被刺事件，自然引起中外舆论的极大关注，刺案是谁？为什么要刺杀汪精卫？这是人们最想知道的答案。

蒋介石一度被怀疑为刺杀事件的指使者。理由是蒋介石与汪精卫历史上曾经针锋相对，在不少问题上有矛盾。刺杀案发生于集体合影之时，蒋介石已到会场却没有参加照相，这种反常举动更令人心生疑窦。许多文章均写当蒋介石闻讯赶到汪精卫被刺现场时，汪的妻子陈璧君情绪十分激动，双手紧紧扭住蒋介石，边哭边喊：“你不要汪先生干，汪先生可以不干，为什么派人下此毒手啊？”蒋介石竟无以应对。还有人质疑，刺客能混入警戒严密的国民党中央党部下手，说明背景很深。

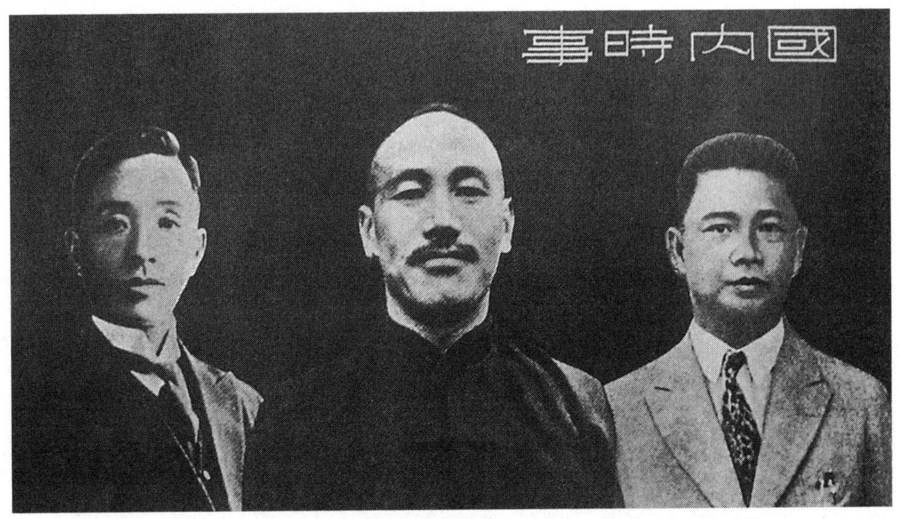

1932年1月28日，蒋介石回宁主持临时中政会，改选汪精卫为行政院长。蒋介石仍为军事委员会委员长，出现蒋主军、汪主政的蒋汪联合执政的局面（图为蒋介石（中）、黄郛（左）、汪精卫（右））

不久之后，案件宣告侦破。实施刺杀汪精卫的是华克之领导的一群爱国人士，他们强烈不满以蒋介石为首的南京政府的对日妥协政策，组织了晨光通讯社，经过周密部署，伺机以记者采访新闻的便利接近蒋介石，将其刺杀。在错失几次机会后，终于确定在国民党四届六中全会开幕合影时动手。不料，蒋介石竟然没有出现，实施行刺的孙凤鸣临时决定将枪口对准了汪精卫，汪成了蒋的替死鬼。案情公布时，南京方面又说，刺客系受共产党指使，或是“斧头帮”王亚樵所策动，但许多人仍将信将疑，认为南京宣布“破案”是蒋介石在使用转移公众视线的“障眼法”。直到刺汪案一周年时，华克之为纪念因此案死难的孙凤鸣等战友，特地写《告全国同胞书》，揭露蒋介石推行不抵抗政策的罪行，坦承刺杀是由他们所为，与共产党、王亚樵均无关，行刺的目标就是蒋介石，最后之所以射击汪精卫，则是孙凤鸣不得已的临时选择。蒋介石这才从刺汪案中彻底解脱。

有关1935年孙凤鸣刺杀汪精卫案件的文章已相当多，对案件某些方面的挖掘也很细致，但作为缺席主角的蒋介石当时有何作为与感想，却鲜有论及。《蒋介石日记》中对此事件有极详细的记述，正可弥补其他文章之缺憾。

蒋介石记事通常较简略，但1935年11月1日、2日对汪遇刺的情节及个人观感的记述却相当详细，而且两天日记连在一起写（因1日汪遇刺内容太多，页面所限写不下，故延至2日页面上）。11月1日至7日每天的日记都记有关于汪精卫遇刺的内容，在11月的“本月反省录”中，还对刺汪案与侦破大发感慨。仅从行文上就看出他对此事的重视程度。如笔者在“蒋介石为什么写日记”中所分析，蒋日记的内容是有选择性的，记什么，不记什么，他有自己的标准。有些事情，他只做不写，如1927年的“四一二事件”等。有些事情他认为日后可能会遭“误解”、“蒙冤”的，他会写得详细，如1931年软禁胡汉民事件等。汪精卫遇刺案属于后者。蒋开始也不知行刺者及其动机，怕自己“背黑锅”，故尽量记得详细，以备洗刷自己。

读《蒋介石日记》，可以了解他与刺汪案的一些细节。

1. 蒋介石为何不参加集体合影而逃过一劫？

作为国民党最重要的领导人，蒋介石却“无故”不参加会议集体合影，而谋刺汪精卫就发生在此时，人们很容易联想到他与刺汪案的关系。他在1935年11月1日的日记中对自己当天上午的活动及感想记述如下：

> 早起，祷告静坐毕。八时前谒陵毕，见礼节与秩序仍如往日之纷乱。到党部开六中全会之礼节亦纷乱如故，犹未改正，不胜悲愤。将至摄影场时，一出门即当头遇见倭人，察其形色，似专候余之出来者，

心犹疑滞。及至场所情形纷乱，心更痛戚。本党同志之不知礼乐，不守秩序，其无建国能力，一望而知。(以下内容写在11月2日页面上——引者注）启敌国之轻侮攻伐，增友邦之卑视，□（一字无法辨识——引者注）皆由于此，乃因悲慨独回议场，不愿摄影。正欲益之（朱培德——引者注）等痛切告诫此理，而未及片刻，忽闻摄影场枪声连作，有人来报汪先生被刺。

根据国民党开中央全会的习惯，会前全体与会人员必须先到中山陵，拜谒总理孙中山先生，开幕式后集体合影，允许中外记者拍照，然后再进入正式议程。正是这种惯例的议程，使得华克之、孙凤鸣等人可以预先设计刺杀方案。1日上午谒陵之时，委员们衣着不统一，行动拖拉，“礼节与秩序仍如往日之纷乱”。蒋介石是个注意细节的人，对此纷乱状况已觉不爽。六中全会开幕之时，司仪又看错议程单，漏掉读“总理遗嘱”程序，引起会场不小的混乱。蒋介石大为不满，他将国民党高官们在国难当头之际尚不自觉悟的行为上升到“无建国能力”的高度，认为这是“启敌国之轻侮攻伐，增友邦之卑视”的根源。他也曾到合影现场，但见场面混乱，便“因悲慨独回议场，不愿摄影”。

根据这段日记，蒋介石未参加合影有偶然的成分。他是到了摄影场地后见场面混乱，“心更痛戚”，又退回去的，希望以此引起他人的觉悟。另一个以前文章均未提到的细节是，蒋介石出门时，迎面遇到一个日本人，似乎专等蒋出来，引起蒋的警觉，“心犹疑滞”。按常理，国民党的高官们从全国各地到南京开会，难得见面，在谒陵、开会与拍照间隙聊天寒暄属人之常情。会议开幕式及拍照既然对中外记者开放，正值中日关系紧张之时，日本记者出现并伺机采访蒋介石也属正常。但蒋的过分敏感与警觉却保护了他。

（有文章记汪精卫不见蒋来，曾专门去请，蒋未允，并说“情况很乱，可能要出事情”，劝汪也不参加合影。蒋日记中未记载此细节）

蒋这段日记透露出的另一个信息是，国民党纪律相当松弛。蒋不满于其他人的不知礼节不守秩序，自己却更不识礼节，擅自不参加集体合影（好像朱培德等高官也未参加），如此双重标准，他显然是将自己置于党之上了。

2. 案发后蒋介石所受到的压力有多大？

蒋介石 1 日的日记中接着写道：

> 余即下楼，见其（汪精卫——引者注）已眠于地上，血流满面，彼犹以余两人之感情能否恢复，能否谅解昔时误会为言。心滋悲戚，对泣无语。坐待其傍约一小时，医生始来，乃始敷药车往医院。而会仍未开，余乃入场催开会。会毕，往医院诊视，详察弹壳，乃为最旧之弹，必无伤于生命，此心始安。下午，连访数次，精神甚受刺激也。

蒋介石赶到行刺现场时，汪精卫已经血流满面倒于地上。汪精卫见蒋来，竟在生死未卜之时，问蒋能否恢复两人感情，“能否谅解昔时误会”。言下之意，是怀疑蒋因不谅解而报复行刺的，蒋闻之“心滋悲戚”。但此时任何解释也不起作用，两人只能“对泣无语”。日记称，“约一小时，医生始来”，显然是夸张。一则对汪的抢救不会拖这么久，中央党部离南京最好的医院也不远。二是当天上午四届六中全会完成了谒陵、开幕式、集体拍照及正式会议所有议程，若汪遇刺后一小时才重新开会，时间上肯定来不及。蒋介石当时焦虑无助，度日如年，所以感受到那段时间特别漫长。这在心理学上是可以解释的。汪被送医院前，蒋一直陪在旁边，送医院后，蒋又数次去医院探望病情。2日，蒋又去医院探汪三次。他自述“精神甚受刺激”，一方面固是汪何以在中央党部遇刺让蒋也感到疑惑；另一方面则是各方面的矛头直指向他。

蒋日记中没有出现一般文章所述他刚到现场就被汪妻陈璧君拉住责问的窘状，但确实有数次提到陈璧君对他指责。蒋在2日记道：“凶手本晨三时死去，国之内部疑心丛生，汪夫人且疑及组织部所为，闻之殊为□□（两字无法辨识——引者注），党内之无精诚而且猜疑如此之深。”孙凤鸣行刺后，当场也被卫士击中数枪，次日凌晨即死，这使案件更扑朔迷离。陈璧君具体指名是蒋指使组织部手下杀人，国民党内外对蒋的质疑声音也不断，蒋介石切实感到了压力与痛苦：“汪陈璧君处处以刺案定要余（蒋介石自称——引者注）一人负责办理，当此国难党难逼紧，万绪待理之时，又遭此不幸，苦痛之事，精神之受打击既深，而再加此不谅与疑难之案，实不堪设想。何天之试人不断，一至于此哉？”（1935年11月5日）“茹苦负屈，含冤忍辱，对外犹可，而对内尤难，何党国不幸，而使余犹当此任也。”（1935年11月6日）当时，四届六中全会正在进行，蒋介石每天必须面对党内同志质疑的目光，百口莫辩，其巨大的精神压力可想而知，他那时甚至情愿子弹打到自己身上，而不愿承受不白之冤：

> 精神之受打击，其痛苦较甚于枪弹之入肺脏数倍，此次之弹如穿入于我心身，则我心安乐必比甚何等事快也。（1935年11月3日）

蒋介石每天去医院探视，下令给汪精卫发慰问金，还亲自向汪精卫的亲信们说明自己的诚意。然而，案件一日不破，疑虑无法消除。蒋介石对破案工作十分重视，在日记中有具体督办的记录：“全力准备缉凶”、“本日对缉凶事有所指示。”（1935年11月3日）“六中全会闭幕，组织特种会办理刺汪案。”（1935年11月6日）。

所幸，蒋介石的催办产生了效果。国民党特工人员很快查明行刺者孙凤鸣系晨光通讯社记者，再顺藤摸瓜，于蒋介石宣布组织“特种会”来侦办刺汪案的当天（11月6日），即在江苏丹阳将参与策划行刺的晨光通讯社社长贺坡光抓获，案件得破。蒋介石得讯大喜过望，但他最初竟也有些不敢相信：“得刺汪主使人贺某已在丹阳拿获，信疑参半。”（1935年11月6日）。直到次日，更详细的侦破的情况传来，确实无误，蒋心里才如一块石头落了地。他写道：

> 刺汪指使凶犯贺坡光为其改组派员，……已缉获，证明无误。此事乃得大白，一团疑虑尽释，使余如释十字架之重负，是天父之试余信念究为何如乎？（1935年11月7日）

3. 蒋介石事后如何看待刺汪案？

1935年11月的汪精卫遇刺案对蒋介石影响颇深，多疑的性格使他得以幸免被刺，其后虽有很大的精神压力，但又能较快破案。他日记中以相当长的篇幅来对此事发感慨：

> 六中全会开幕之日，汪先生被刺，而刺客第一目的则在我，幸获如天之福，得免于难，此为国运存亡所关，非个人之祸福已也。冥冥中益信主宰常临而非人力所可勉强而成。惟我未被刺之痛苦，当时嫌疑丛生，殊较被刺痛苦为犹甚也。幸此案不久彻底破获，猜疑尽释，使余如释重负，更足自慰。据凶手供，去年五中全会时在中央党部已经在余身畔行刺一过，因当时手枪在怀，取之不出，故错过机会，而此次仍未达其目的，岂非有上帝在上主宰而能免此乎？以此而可记者，

凡经过数度被刺而事后由凶手自白者，一为十四年（1925）之广州，二为廿二年（1933）之安庆，去年则为第三次也，事后刺客皆临事转意，其前二次皆见余神采奕奕，不忍下手，而反生敬畏也。乃知天之未丧我中华也，反动其如余何？倭寇其如余何也？（1935年11月30日“本月反省录”）

蒋介石的这段感慨有三层意思：第一层是庆幸身为行刺的第一目标的他，却能“获如天之福”避开杀身之祸；第二层是庆幸案件迅速得破，自己得以洗刷与解脱；第三层则是将此偶然事件当成必然，联系自己以前几次逃脱遇刺、大难不死的经历，说成是上帝庇护、主宰的结果，言语之间不免有“天将降大任于斯人也”的自得。

值得注意的是，蒋在总结自己躲过几次谋杀后所写的最后一句：“乃知天之未丧我中华也，反动其如余何？倭寇其如余何也？”蒋自视甚高，把他个人的生死与国家命运联系在一起，“反动其如余何？”意即国内反对他的人不会成功，这好理解。“倭寇其如余何也？”则看似突兀，因为汪精卫遇刺案从表面上看不到日本的影子，但联想到当时日本对中国步步紧逼，蒋介石心理上始终难以摆脱日本侵略造成的阴影，此句也就不难理解了。果然，在1935年11月底召开的国民党第五次全国代表大会上，蒋介石就宣布了较为强硬的对日政策。

三、蒋介石与1937年国民政府迁都

1937年"七七事变"后，日本灭亡中国的野心暴露无遗。"八一三"淞沪会战开始，战火延至华中，首都南京的安危成为时局的焦点。11月初，日军在杭州湾登陆后，淞沪战局急转直下，日军急欲攻占南京，以摧毁中国人民的抵抗意志，逼迫中国投降。国难当头，蒋介石与国民政府毅然决定按既定的计划，迁都重庆，实行长久抵抗的战略。

对于任何国家，迁都兹事体大，国民政府是如何在战火纷飞之际做出迁都决定并顺利实施的？蒋介石又是何时离开南京的？

1. 迁都之筹划

国民政府有过迁离南京的经历。1932年1月28日，日军突然对上海发起进攻，"一·二八"事变爆发。日本军舰兵临南京附近江面，直接威胁到国民政府首都的安全。次日，蒋介石提出迁都以利作战。然而，兵荒马乱之际迁到哪里才最合适？当时被提及的城市包括武汉、西安、重庆、洛阳等，蒋介石与汪精卫、林森等磋商至深夜，匆匆确定迁都洛阳。蒋介石对此过程记道：

余决心迁移政府于洛阳与之决战，将来迁移结果不良时，必归罪于余一人，然两害相权，实较其轻，否则随时受其威胁，必作城下之监业。林（森）、汪（精卫）皆赞同余之决心，深夜乃决也。先为林、汪筹办渡江安全之法。（1932 年 1 月 29 日）

国民政府在洛阳办公长达 10 个月，在此召开了国民党四届二中全会和“国难会议”。那段时间，洛阳被称为“行都”。

国民政府在筹划未来对日作战过程中，不得不考虑日本根据《淞沪停战协定》在上海有驻军权，首都南京随时受到威胁，需要另找“大后方”的问题。1935 年蒋介石第一次到四川视察后，产生了将四川定为抗战大后方的预想。王世杰日记显示，1936 年秋国民政府曾对非常时期如何迁都有过计议，“有总动员时政府机关迁往株洲之方案”。

蒋总统视察前线时留影

1937 年“七七事变”不久，迁都之议复在国民政府高层中酝酿。7 月 27 日，蒋介石从庐山返回南京，迅即手令各部院会在 3 天内完成总动员及迁地办公之准备。8 月 1 日，军事委员会命令各机关公务人员疏散其家属，妇孺尽快离京。8 月 13 日淞沪会战打响的当天，四川省主席刘湘提出希望国府迁都四川的建议，但次日举行的第一次最高国防会议上决定，外侮虽告急迫，但为稳定军心民心，政府仍应暂时驻守首都，不必迁移。

但迁都是个现实问题，如果要迁都，何处是归宿。蒋介石的想法随战局而变化。他在 8 月的预定工作中，考虑政府地点拟定武汉，或长沙、广州，大本营拟在洛阳、西安等处。显然，在蒋的考虑中，负责指挥作战的大本营应该置于离前线更近的地方。8 月 29 日，蒋介石在日记中明确记道："如迁都应在重庆"。9 月 5 日，蒋介石表示："长期抗战，必须坚守西部"，并让军委会第三部的翁文灏"准备振作西部基地的生产力量。"

蒋介石之所以最终选择四川重庆作为迁都之地，与其 1935 年的西南之行密切相关。

1935 年，蒋介石在中央势力渗入西南后，对西南数省进行了长达半年的考察，他对地形复杂险要、在国防上具有重要战略地位的四川给予了高度认可，初步策定要以四川为抗日的根据地。当年 10 月，蒋介石在题为《四川治乱为国家兴亡之关键》的演讲中，阐述了四川在未来对日作战中的重要性：

> 今后的外患，一定日益严重，在大战爆发以前，华北一定多事，甚至要树立伪政府都不一定。但是我们可以自信，只要四川能够安定，长江果能统一，腹地能够建设起来，国家一定不会灭亡，而且定可以复兴！日本人无论在东四省或者将来再在华北弄什么伪组织，都不相干，都不足以致我们的死命。我们今后不必因为在华北或长江下游出什么乱子了，就以为不得了，其实没什么！只要我们四川能够稳定，

国家必可复兴！①

此后，国民政府即着手经营以四川为首的战略大后方，做了不少的准备工作。

2. 迁都之实施

淞沪会战进行中，日军已开始轰炸南京，以逼迫中国投降。蒋介石9月25日记道：

本日敌机炸京五次，共有九十四架之数，所受损害甚微。批阅、会客如常。敌以为反覆（复）轰炸可以逼我迁都或屈服，其实惟有增强我国之抵抗而已。(1937年9月25日)

到10月底，中国军队在淞沪战场处于不利地位。蒋介石已与刘湘等商定关于整理四川财政及加强国防建设等事项，为中央政府西迁入川预作安排。10月30日，蒋在国防最高会议上正式通报其迁都构想：

从二十四年（1935）开始，将四川建成后方根据地以后，就预先想定以四川作为国民政府的基地。现在中央已经决议国民政府迁到重庆。国府迁渝，并非此时才决定的，而是三年以前奠定四川根据地时早已预定，不过今天实现而已。②

11月11日，上海失陷。日军自太湖南北两岸同时西进，威胁南京。12日，蒋介石与国民政府主席林森会商，初步决定迁都重庆。13日，蒋介石决心迁都，长期抗战，其日记云："本日嘉善战况甚急，沿长江各口敌亦登陆，左翼受危（威）胁，此前线处置迟缓与轻敌之故也。决心迁都于重庆。"

① 《先总统蒋公思想言论总集》卷13，第479—480页。

② 蒋纬国编著：《抗日御辱》第2卷，第28页。

并表示“抗倭最后地区与基本线乃在粤汉、平汉两路以西。”次日，蒋介石又在日记中写下了迁都的理由：

迁都理由：甲、为长期抵抗之计；乙、不受敌军威胁，以打破敌人城下之盟之妄念。（1937 年 11 月 14 日）

15 日，国防最高会议决定国民政府及中央党部迁都重庆，军事委员会之迁移地点由委员长酌定。16 日起，南京各军政机关人员开始向重庆、汉口、长沙等地迁移。当晚，国府主席林森即率随从 10 余人登船离京。蒋介石仍留守南京。

20 日，国民政府正式发布迁都宣言，昭告全国军民：“为适应战况，统筹全局，长期抗战起见，本日移驻重庆。此后将以最广大之规模，从事更持久之战斗。以中华人民之众，土地之广，人人抱必死决心，……继续抗战，必能达到维护国家民族生存独立之目的。”宣示迁都重庆的根本目的是为了持久抗战。蒋介石认为，迁都之举“实为内政外交转移之一关键”。当天，蒋介石致电各省市政府及党部，解释迁都决策，坚定抗战信心：“此项措施，在使中枢不受敌人暴力之威胁，贯彻我全国持久抗战之主旨，以打破日寇速战速决之迷梦。国民政府迁渝以后，不唯我前方抗战军事仍本既定方针，照常进行，绝无牵动；且中枢移驻内地，首脑既臻安固，则耳目手足，更能发挥其效用；就整个抗战大计而言，实为进一步展开战略之起点。”

实际上，南京各机关的西迁工作在 10 月份已陆续开始，到 11 月中旬作出迁都决定时，已进入大规模的后续阶段。迁都宣言发布时，党政领袖与各机关办公人员已基本离开了南京。11 月底，林森、叶楚伧、吴稚晖等一批党政大员先后到达重庆，宣布迁都初步完成。

在前方节节败退、后方兵荒马乱、交通工具极度缺乏的时节，又有日军飞机的轰炸，这么多的机关与人员在短时间内长距离搬迁，其难度可想而知。虽然困难重重，其间也有慌乱与失误，但最终迁都工作还是顺利完成。

值得一提的是，在 1938 年 10 月武汉失陷前，重庆作为陪都只是一个象征性的地位。国民政府与国民党的多数党政军机构在初期分别是迁移到了武汉、长沙等地，武汉一度成为抗战的中心。

3. 蒋介石撤离南京

日军占领上海后，直接扑向南京。对于南京是战是弃，国民政府内部意见不一。蒋介石在 11 月中旬召集的军事会议商议，多数高级将领均以南京孤立、无现代要塞设备，主张只做象征性的防守，在适当抵抗之后主动撤退，以保存力量，反对“固守”南京。陈诚、白崇禧、刘斐、何应钦、徐永昌等均持此看法。而唐生智则认为，南京为首都、总理陵墓所在，为“国际观瞻”所系，“在首都不可不作重大牺牲”，主张固守。蒋介石一时拿不定主意，在固守还是放弃南京之间“踌躇再三”。最后，蒋选择了“固守”，他认为作为首都的南京地位与影响均重要，守南京足以表现抗战的意志和决心，并可牵制敌军，使其他部队得到整补的机会。11 月 19 日，蒋介石任命唐生智为南京卫戍司令长官，负责守卫南京，作战期限为 3 个月至 1 年。

不过，蒋介石也确知南京难守。11 月 25 日，蒋召高级将领与守城将领“训示一切”，表示“对首都与总理陵墓，以及苏浙同胞无任悲伤，何以报答此恩，雪此耻辱。”26 日，蒋特意去拜谒中山陵与阵亡将士公墓，作最后的告别。他一面感慨“不知何日再得谒见矣。”一面叹惜“南京城不能守，然不能不守，对上对下，对国对民，无以为怀矣。”对南京，明知不可守而守之，这正是蒋内心矛盾所在。

统帅部制定了利用既设工事，节节抵抗，巩卫首都南京，并在后续援军到达时，在钱塘江附近歼灭日军的作战计划。然而，淞沪会战后，中国部队残破不堪，战力薄弱一时难以复原。在日军机动性较强的海陆空军尾随追击下，原本已混乱的部队更加凌乱异常，事先修筑被誉为“中国兴登堡防线”的国防工事也形同虚设，根本不能达到节节抵抗的意图。蒋介石11月23日亲赴常州督战，召集前方将领训话，亦于事无补。12月1日，日军攻占江防要塞江阴，完成对南京东面的包围。同日，日方大本营下达“攻占敌国首都南京”的第八号敕令。南京城的防守问题，便出乎蒋介石意料地提前到来。

蒋介石集中了15个师左右的兵力，形成守卫南京复廓阵地的两线配备态势。但这些部队多是从淞沪战场撤退过来，既混乱又无组织，士气低落，战斗力弱。蒋介石此时之所以坚守南京，一是南京系首都与孙中山陵寝所在，攸关体面；二是九国公约会议仍在进行之中，蒋寄望英美等国在会议上对日本进行制裁；三是德国大使陶德曼正在暗中向中方转达日本的停战条件，进行调停；四是蒋介石对苏联出兵援华仍有所幻想。

作为中国最高军事统帅，蒋介石身处即将陷落的首都当然不妥。但何时离开却又让他难以抉择。11月27日他记下自己的心情：

> 不愿决定离京日期，余能多留京一日，国家、人民、首都与前方军队皆多得一日无穷之益，总理与阵亡将士之灵亦必得多安一日也。对上、对下、对生、对死、对手造之首都实不忍一日舍弃。依依之心不知为怀矣。（1937年11月27日）

12月1日，坐困愁城的蒋介石迎来与宋美龄结婚十年纪念，感慨万千：

> 雪耻。结婚已十足年。党国前途艰难，重生以后第二之十年究不知如何变化，惟竭尽吾两之心力，所谓鞠躬尽瘁，死而后已，期达吾

人结婚之目的而已。

苏俄飞机今日第一批始到南京，惜时已晚，但尚有效用也。本日批阅，巡视城内，实现荒凉与零乱之状。如余早日离京，不知南京作如何景象？窃恐敌人虽欲不来亦不能不来矣。（1937 年 12 月 1 日）

以上两段日记，有些感性矫情的成分，夸大了他自己的作用，但总体上反映了蒋的内心感受。

12 月 4 日，日军推进到句容、镇江、秣陵关一线，基本完成对南京的包围，同时对南京城施行日夜轰炸。为安全起见，蒋介石从陵园官邸搬到清凉山暂住。他在“本周反省录”中对自己坚守南京的作用有所小结：

本星期留驻南京，不仅于军事布置能强勉完成，而且于军心民心亦有裨益，应迁移之物品皆能如数运完，南京幸免兵乱，早十日离京，则败局更不堪问矣。(1937 年 12 月 4 日，“本周反省录”)

12 月 5 日，日军开始猛攻淳化镇、汤山、龙潭等南京外围阵地，南京城岌岌可危。6 日，蒋介石研判时局，“倭寇对德国大使所提调停办法，以我不能屈服，彼已决绝乎。史（斯）大林覆电亦到，俄态度已明，再无所待矣。”即陶德曼调停失败，苏联出兵更是无望。蒋下定决心，离开南京。他在日记中写下“十年生聚，十年教训。三年组织，三年准备”来自我勉励。同时，他仍继续鼓舞其高级将领，坚决守城：“南京决守城抗战，图挽危局。一月以后，国际形势必大变，中国当可转危为安。”

7 日，是蒋介石离开南京的日子。清晨 4 时，他即起床祷告、默坐，五时三刻乘坐“美龄号”飞离南京。为稳定守城官兵军心，蒋临行前特意留下两个班侍卫守在下关码头的小兵舰，意在向外界说明自己尚在南京。飞离南京之时，蒋介石百感交集：

人民受战祸之痛苦，使之流离失所，生死莫卜，而军队又不肯稍加体恤爱护，惨目伤心，无逾于此。……对倭政策，惟有抗战到底，此外并无其他办法。(1937 年 12 月 7 日)

6 天之后的 12 月 13 日，日军攻破南京城。

四、蒋介石兼任四川省政府主席始末

学术界对于 1939 年至 1940 年间蒋介石曾一度兼任四川省政府主席这一历史事件，已有一定研究成果，但多拘于叙述事件经纬，失之简单，评论更有可商榷之处。随着蒋介石档案与日记等资料的公开，使得重新审视这一事件成为可能：蒋介石缘何要兼任？其兼理四川期间的政绩如何？如何评价蒋的兼任？

此处拟以蒋介石兼理川政的缘起、经过及后续影响为主线，探讨蒋介石兼理时期的安川、建川方针及策略，冀在对此历史事件进行复原的同时，充实与深化蒋介石研究，尤其是蒋与地方实力派关系的研究。

1. 蒋介石对四川政局的认识与治川举措

四川位于中国西南腹地，人口稠密，物产丰富，素有“天府之国”之称。然而，由于偏居西南，交通不便，加之军阀派系林立，四川长期处于半独立的状态。

蒋介石对四川在全国军事地位重要性的认识始于民国初年，他 1921 年 1 月呈交孙中山的军事意见书中提出：“对于军事准备之意见，四川非导入我势力范围不可。故军事准备，概以粤、蜀相提并列。”南京国民政府成立后，他对整理四川军政、财政、教育等方面均有规划，期能“树统一之机关，破防区之弊制。”然而，当时蒋面临种种困难，对整理川政心有余而力不足。据不完全统计，从1912年到1935年间，四川地区大小武装争斗达400次以上，其中“规模较大的战争就达到二十九次”。

为安定四川，将其真正纳入国民政府的统治之下，蒋介石派以贺国光为主任的“军事委员会委员长行营参谋团”于1934年年底入川，协助刘湘“剿共”。1935年2月，四川新省府宣告成立，刘湘、邓锡侯、杨森等人相继交出防区，实现四川省政的基本统一，时论认为是开创了四川“新纪元”。

1935年3月，蒋介石第一次到四川。他发表了题为《四川应作复兴民族之根据地》的演讲，强调四川的重要地位及对四川的期许：

> 中国自古还有一句话说“天下未乱蜀先乱，天下已治蜀未治”。这句话并不是随便说的，其中确含有很大的意义。我提出这句话，也并不是要来责备四川同胞，乃是说明四川对于国家治乱的关系与四川同胞的责任之重要。我们无论从历史的事实来证明，或从四川在全国所处的地位来看，四川的治乱，确可以影响全国的安危。所以要统一国家，完成革命，必须四川同胞先来负起这个责任。如果四川同胞不能负起革命责任来尽力于革命事业，我们整个革命事业，更没有完成之一日。①

蒋介石对四川地理、物产、人文、交通等作了综合考察，意识到要将整理川政、建设四川与未来的抗战结合起来，认为“只要四川能够安定，

① 周开庆：《民国四川史事》，第53—54页。

长江果能统一，腹地能够建设起来，国家一定不会灭亡，而且一定可以复兴。……就是只剩下我们四川一省，天下大事也还是大有可为。”

全面抗战爆发不久，身兼四川省主席、川康绥靖公署主任、第七战区司令长官等要职的四川实力派代表人物刘湘于1938年1月20日病故。四川各派系都将刘身后留下的空缺当成是扩张实力的契机。刘湘部将潘文华、王缵绪等跃跃欲试，非刘湘部属的刘文辉、邓锡侯等人也不甘示弱。一场中央与四川、四川各将领之间的多角角逐拉开帷幕。

蒋介石闻刘湘死讯，立即意识到是统一四川的良机：“晚，得刘湘病故之报，但从此四川可以统一，抗战基础定矣，未始非国家之福。”（1938年1月20日）国民政府于1938年1月22日决议由张群继任四川省主席，撤销刘湘任司令长官的第七战区与川康绥靖公署。此时，距刘湘故去仅两天。

刘湘尸骨未寒，蒋介石就匆忙派张群主政四川，其控制四川的迫切意图招致川人怨愤。四川省保安司令王陵基于1月25日率先通电反对，“对川省人事有所主张”。王陵基是刘湘在陆军速成学校的教官，深得刘信任，自觉有把握填补刘湘的空缺位置。原先矛盾重重的四川实力派均意识到，“各自为战，不如联合起来共同对付蒋介石”。他们转而密切联络，以“武德学友会”为中心的各派势力在成都组织群众游行示威，反对张群入川。

蒋介石得知川省反对风潮，研判“四川反张（群）风潮与其背景”，感觉不能动硬，随即确定“处理川局须和缓、安定”的方针，并致电川军各将领说明，以期平息风波：

> 中央重视川政，固无不筹维悉当，而中正对我全川父老袍泽，及与甫澄（刘湘——引者注）主任多年患难相依之关系，于公于私，尤不能使一事一人之不得其所，甫澄之僚友，即中正之僚友，甫澄之部属，

即中正之部属，爱护之诚，罔间始终，诸凡措置，必以对国、对川、对逝者、对生者，均无遗憾为前提，一方面使川省对国家克尽伟大之贡献，同时亦必保障，才能登用贤俊，俾成有效率之机体，即机关或有更张，而人员必为安顿，只要服从中央命令，遵守甫澄遗嘱，则绝不令甫澄所部有一人之失所而无所依托也。①

然而，蒋介石并未改变张群入川主政的本意，其安抚措施收效甚微。1月29日，川军留川部队旅长彭焕章等27人联名电呈蒋介石，请收回成命，重新考虑人选，并通电全国，申诉他们的主张。蒋介石与川军将领的分歧在于：蒋希望加强中央对四川的控制，而川军将领以“川人治川”口号抵抗蒋的企图。四川绅耆也对蒋介石施压。3月13日，四川绅耆方旭、刘咸荥、尹昌龄、张澜等联名电呈蒋介石，对川政应努力途径有所陈述，内含“川人治川”的主张。

蒋介石在碰了不少钉子后，终于改变主意，转而选择较为忠心且有一定实力的川军将领王缵绪代理四川省主席。行政院1938年4月26日公告：“经行政院本日会议议决，由王缵绪代理四川省政府主席。”同日，军事委员会任命邓锡侯任川康绥靖主任、潘文华为川康绥靖副主任、刘文辉兼任重庆行营副主任。主要的川军将领各有所得。

至此，刘湘病故后之川省军政人事问题初步获得解决。这次风波，以蒋介石骤然决定张群任四川省主席开始，以收回成命结束，四川地方实力派是赢家。有学者指出：“蒋中正在处理川省风潮过程中可谓费尽心力，除派员斡旋、电勉慰藉以消弭川军反对意见外，亦运用内部分化、权利平衡及利

① 顾祝同：《墨三九十自述》，第176—177页。

益拉拢等诸般手段，加以配合舆论及川中父老之压力，终使风潮得以平息，事件和平落幕，总算有个不错的结局。”

2. 蒋介石无奈兼任省主席

王缵绪对蒋介石甚是忠诚，上任后即宣称完全服从中央，服从蒋：“我们只有一个领袖，即如本人亦只知服从蒋委员长，国家前途成败利钝，全由蒋委员长做去。”王自恃有蒋撑腰，肆意妄为，在多种场合责骂川籍要员，诋毁刘湘，对刘文辉、潘文华等也不放在眼里，对省府人事大加更张，排斥旧人。王的行为，在四川引起普遍不满。耆老张澜素与王缵绪不睦，避居重庆，声称“王非治川之才，应早去之”。

1939 年 8 月，谢德堪等 7 位川军师长联名通电，宣布王缵绪“祸川十大罪状”，要求中央尽速撤换，“以平民愤”。发起“倒王事件”7 个师长的背后，是邓锡侯、潘文华、刘文辉等实力派人物。一时成都城内谣言四起，混乱不堪。蒋介石得知 7 师长反王消息，深感痛愤：

> 四川军阀又要争夺私利，目无中央，目无外患，悲痛无已。此为内乱内讧，虽为川事，实最严重。上帝佑华，必不使此事表面化，而能化险为夷也。
>
> 下午，为川阀内讧事深忧切痛，外患至此，尚有军阀如此作恶，愚鲁无识之徒不可以包容为也。（1939 年 8 月 11 日）

四川省主席的纷争事关安定后方大局，须尽早解决。王缵绪已成众矢之的，若另选川将中任何一人继任，恐怕亦难服众，何况这会助长四川地方实力派对抗中央之气焰，之前的种种努力将前功尽弃。而若选派中央大员出任，又有川康实力派拒绝的前车之鉴。蒋介石左右为难，只能考虑亲自兼任四川省主席以解困局。

战局的发展容不得蒋介石从长计议。9 月 19 日，国民政府明令接受王缵绪辞呈，由蒋介石兼理四川省政府主席职。蒋在日记中表达了对兼任的感想："国际局势万变，不可究诘，敌情变化亦难断定，惟有安定四川，集中人才，全力建设，乃为惟一基本工作，只要基础稳固，则其他皆易运用也。"（1939 年 9 月 21 日）

蒋介石兼理川政消息传出，反应普遍良好，四川各将领均表示"竭诚拥戴"。《申报》以"社评"大为赞扬。国民党高级干部评价不一。唐纵认为，此乃安定川局一举两得良策，既鼓励川中将士努力抗战，又杜绝省主席一职引发的纷争。陈布雷则认为，这是蒋"严诚婉劝，均无效果"的无奈之举。军令部部长徐永昌更指"蒋先生自己决定兼代，乃策之最下者。"

蒋介石兼任四川省主席后，一度很认真地考虑政务。他于 10 月 3 日从重庆飞成都，处理川事。10 月 7 日上午，四川省政府举行新旧交接式，蒋介石正式视事，秘书长贺国光等同时就职。蒋介石赴蓉的主要目的是安抚民心，了解川情概况，以便筹划建设方针。他的行程颇为紧凑，大致包括：1. 主持省务会议，听取各厅长报告本年度施政纲领；2. 对党政干部及川军将领训话，训勉各界人士共同协作、发展四川；3. 约见成都绅耆、教育界人士，征询治川意见；4. 视察成都市的建设。

10 月 15 日，蒋介石于离开成都前以兼理主席身份发表《告四川省同胞书》，阐述此行观感与对川省父老昆弟的期望："其一，愿全省贤达与知识人士，领导社会，转移风气。其二，今日川政要务，厥在休养生息，然修（休）养生息之道，决非姑息苟安，而生息之本，乃在勤劳严肃。其三，为拯救川民，势必厉行禁政，肃清烟毒。此为中正所欲特别申言，而愿我全省军民切实遵行之一事。”最后，蒋介石希望：川省同胞能“胞勤勉奋发，进为现代之国民，而发扬我川省之特长，于以求抗战之胜利与建国之成功。”

半年后的1940年4月，蒋介石再次到成都处理川省政务。与上次以安抚人心、了解情况为主不同，蒋此行主要目的是视察川政进展状况、制定四川复兴建设后续计划。蒋的行程主要包括：1. 主持省务会议听取汇报，研究省政府概算，商定《四川省经济建设纲要》；2. 主持禁烟、剿匪、生产建设委员会等各项具体的工作会议；3. 约见川康军政要员；4. 会见成都各界绅耆、学校校长；5. 发表演讲，鼓励各界为国奋斗，服务桑梓，投身新四川建设。

蒋介石此行共19天，从日记看，观感相当复杂，他看到四川省经济建设与社会治安渐走上正轨，稍微心安。但更多的是深感忧虑，“川政尚无基础，预算尚未确定”，需要努力以求进步。或许对兼理省政已感到厌倦，蒋有诸多不满，他在5月9日离成都前对各厅处长表示：“此次到省所见所闻，无一事可比较满意者”，甚至认为“治川难于抗战”：

> 四川习俗环境太劣，政治复杂，顾忌太多，如何使之改革上进，思之痛苦！其艰难有甚于抗战也！①

3. 治川方针的制定与施行

身处抗日战争胶着阶段，蒋介石关注更多的是整个战局，不可能以全部心力投入川政。事实上四川省的日常事务是交由秘书长贺国光处理的，蒋通过贺遥控四川。他首次到成都时写下“川政方针”10条：

> 甲、安定人心。乙、处理保安队维持秩序。丙、振刷纪纲。丁、

① 黄自进、潘光哲编：《困勉记》（下册），第412页。

信赏必罚。戊、保障人事。已、加紧工作。庚、改正生活。辛、投资生产。壬、官不营商，不争官做，戒除贪污。癸、安置失业与政客，收容难童，优待童工。（1939年10月7日）

蒋介石的“治川方针”，内容庞杂，多数是一些具体措施。他的总体目标是清除地方主义，安定社会，发展生产，改善民生，使四川成为抗战稳定的后方。1939年12月5日，蒋介石手订之《四川省施政纲要》颁布。这个代表他治川方针的施政纲要计9项28条，其中治安与剿匪4条、禁烟4条、吏治4条、地方自治2条、财政金融2条、地政1条、卫生3条、经济建设5条、教育3条。

蒋介石1940年4、5月间第二次到成都时，重点关注经济建设。他与各级官员商讨后，核定了《四川省经济建设纲要》，确定经济建设的政策、机构与兴办实业项目。该纲分为政策、组织、建设项目、经费4个方面，确定“发挥民生主义之精神，以增加物资之生产，谋人民全体幸福，兴利以惠民，非与民争利”的经济建设原则。在具体措施方面，筹备设置四川省经济建设委员会，作为推动经济建设的设计与推动的中心组织，拟定土地、农林、工矿、交通、贸易、金融、垦殖、卫生等八项为建设主干，分头并进。各项政策措施确定后，蒋介石认真督促落实。

1940年10月16日，贺国光代表蒋介石在四川省临时参议会第三次大会上报告省政府的施政，从10个方面详谈近年来的政绩：第一，剿匪。四川省的大股匪患已经肃清，总清剿工作已经完成。在总清查方面，延迟到1940年年底之前彻底完成。第二，禁烟。禁种方面，四川省内地已经根绝，但在省边区如雷马屏峨等处，深山峻岭不易查处，尚未彻底铲尽；禁售方面，已没有公开销售现象。第三，吏治。两次甄选县长，共甄选出合格县长 117 人，三次甄选佐治人员，共甄选出合格人员 185 人；甄选出的官员均经过训练，在省府特别设立人事科负责对官员的考核事宜。第四，征兵。省府考虑到原来的按照抽丁征兵办法对民众生活影响过大，提请中央在四川实行征保办法，并提高应征人员的待遇。第五，征工。改变过去流弊滋多的征工办法，不使人民赔累。第六，新县制。省府已经成功训练 80% 的乡镇长，最近就能全部完成，以奠定新县制的基础。第七，财政。省府已实行会计审计及公库制度，一切行政经费数目达到 3000 元的项目，都必须经审核后才能动用。第八，经济建设。对整个经济建设已有详尽计划，由于财力的限制，实施起来仍有很大困难。第九，教育。最重要的国民教育正在努力推广进行中，对质量不佳的状况正在设法改善。第十，粮食。已遵照中央命令成立粮食管理局，严禁囤积居奇，保证一般平民的水平，并特别设立军粮处。

贺国光也谈到施政的诸多不足方面，并强调环境上的困难："迄今检讨，自然有许多未能付诸实践，但确系实际上有困难所致"。

这个报告可以说是蒋介石兼理期间政绩的自我总结。几乎在同时，中央通讯社也对蒋介石就任省主席一年来四川省的工作进行总结，共列出禁烟、剿匪、平定物价及管理粮食、改进兵役办法等 25 项进步措施。

这些总结，固然有吹嘘与奉承的成分，但所列项目均非空穴来风。蒋介石兼理川主席，使得四川有了其他省份所不具备的"优势"：蒋以全国的视角，从抗战大局出发制定治川政策，他的权威使各项政令贯彻推行时阻力稍小，他所拥有的有形与无形资源也有助于四川建设逐渐走上正轨。

蒋介石兼省主席本就是权宜之计，是特殊时期的一个过渡，找到合适的继任者才是长远之计。蒋属意的人选仍是张群，他兼理一年多，都在刻意为张群继任四川省主席做铺垫。

蒋介石帮助张群入川的重要步骤之一是设立川康经济建设委员会。蒋在第二次赴蓉时，首次提出建设四川省经济建设委员会“以为推动研究设计及服务之中心组织”。1940年6月，行政院颁布《川康经济建设委员会组织规程》12条，将组织扩大为四川、西康两省，其成员为川康两省政府主席，经济、交通、农林、财政等部代表及两省建设、财政厅长等。9月27日，蒋介石决定自兼委员长，并指定张群、徐堪等10人为该会常务委员。11月1日，川康经济建设委员会在成都成立，蒋介石特意委托张群主持，由张代为陈述今后川康建设之重要方针，希望“政府与民众共同努力”，为川康两省“一般人民谋福利”。川康经济建设委员会政治上的影响，远大于其在经济上的意义。通过经济建设委员会，张群与四川各军政将领有了经济利益上的“互动”，彼此联系更加密切。四川军人看到蒋介石力推张群主川的决心，由之前的“拒张”转为“迎张”。

1940年11月13日，行政院第四九零次会议议决照准蒋介石辞去兼理省主席职，由张群继任，同时委派张为成都行辕主任。川省各界态度与两年前大不相同。成都商会及农工商士绅民众等纷纷表示竭诚拥护。《大公报》认为，蒋介石兼任省主席本就不合国家体制，而张群来主川政，是中央重视四川的表现，四川人应协助张群。

张群顺利入川主政，使蒋介石得以放心地解职。他在11月的“反省录”中写道：“川省主席由张群继任，此为三年来不决之大问题，能获得如此顺利圆满解决，实如释重负。”

4. 蒋介石兼理川政的得与失

检讨蒋介石兼政四川一年多的得与失，应该从他兼任川主席的背景与目的两方面着手。

蒋介石是在委派中央官吏为四川地方实力派所拒，而四川实力派内部又矛盾重重的情况下，无奈自己兼任的，经过一年多的部署，他最终将职务移交给自己属意的张群，虽然在时间上有所延迟。

蒋介石希望能将四川建设成稳固的抗战大后方。他对四川事务表现出较大的热情，对各项建设事业作了较详尽的规划，他还亲力亲为，督促清剿烟毒、整理县市财政、推动实行新县制等。他主政期间，四川的各项事业有了一些进步，为全国抗战事业作出了贡献。

然而，蒋介石兼理川政的时间只有一年多，许多工作只是刚起步。更何况蒋施政有许多不尽如人意之处。他的一大败笔是在平抑粮价方面。

1940 年粮食普遍歉收，加上日军劫掠等因素，四川出现粮荒，成都米价于 2 月开始飞涨。蒋介石密切关注，他认为“成都米价陡涨，确系奸商大贾囤积抬高居奇，诚堪痛恨”，命令各军政首长严加惩治。蒋要求川民遵行粮价法规，如有囤粮居奇或藏粮待价而不遵法令出售者，一定以“妨害民生，扰乱社会”论罪。然而，粮价飞涨的局面并没缓解。11 月初，蒋介石专门约党政要员讨论粮食问题。他无力平抑粮价，就在日记中将所有的问题归罪于“四川军阀”：

> 四川军阀之无知自扰，与粮食之高涨不已，足使精神不安也。此种不生不死之环境与局势，令人郁闷无已。（1940 年 11 月 7 日）

蒋介石兼任的另一个目的，是希望能加强对四川的控制，尤其是消除四川实力派的地方主义。刘湘病逝后，蒋介石认为是一个机会。不料，他控制川局的各项举措“操之过急”，遭到抵抗而不得不亲自披挂上阵。他兼理四川政务期间，对四川实力派采取恩威并施的方针，但在内心对川系军人始终是厌恶与敌视的。在全民族抗战大背景下，四川地方实力派也有所收敛，政局渐显稳定。然而，这是治标不治本，蒋的各种努力，最终也未能消除四川地方实力派的离心倾向。抗战胜利后，川康军人与蒋渐行渐远，以此点而论，蒋介石并不成功，或者说是失败的。

透过蒋介石处理四川省主席空缺的过程，或可窥探出蒋介石与四川地方实力派较量的态度与策略，即目标上坚持原则，但方法上却颇费心机，较为灵活柔性，甚至不惜妥协退让于一时。蒋坚持实现四川“中央化”的目标不变，刘湘死后，他拟派张群主持川政，遭到川系军人抵制后，遂改为选择川军中最“亲中央”的将领出任，再次受挫后，就自己亲自兼任，阻止四川地方实力派的企图，培植基础，待时机成熟，仍成功地达到了让张群主政四川的目标。观察他的处置过程，行事不果断，自己受累，效率低，且留有后患，但在当时情况下，却也是不失为一种减少动荡与阻力、付出成本较少的选择。蒋的这种风格，在其处理与其他地方实力派的关系时也常常显现。

评论蒋介石兼任四川省主席的得失时，有个绕不过去的问题是其兼职过多、过滥。1939 年，蒋介石已是国民党总裁、行政院长、军事委员会委员长、最高国防会议主席。在四川，他除兼任省政府主席一职外，还兼着在成都的中央军校校长、四川禁烟督办公署督办、烟毒总检查督查团团长(1940 年 8 月交由褚辅成代理)、省训练团团主任、省生产计划委员会主任委员、川康经济建设委员会委员长等职。因而，有人认为，蒋只是挂一个空名、“爱揽权不爱授权、独裁专权”，讥其为“兼职冠军”。

笔者认为，对蒋介石兼职过多过滥现象，还要具体分析。首先，如前所述，蒋兼任四川省主席是非所愿，甚至觉得是“苦差”。他在 1939 年 9 月 14 日记道：“今日更无片刻之暇，而政客、官僚之无心肝，国难至此，尚以私利私见为重，尤可伤也。”10天后更记道：

> 对内对外，对老对少，对文对武，皆须以一身亲当，处境之苦，窃恐古今中外，未有如我今日之艰危也！至此不能不叹民族之衰老，与民智之幼稚，何能生存于此优胜劣败之世，呜呼！余之心力交瘁矣！（1939年9月25日）

文字中难免夸张矫情，但实情大致如此。其次，蒋在四川省内的兼职，除中央军校校长一职外，均是相关规定的职责所在。张群继任省主席后，这些职务全都移交给张群。故若以兼理川政事为例来批评蒋喜欢“揽权”，似乎过于苛求。

当然，蒋介石兼任之后不能专注于省主席职守，遥控指挥，这本身就是“下策”，是其无法把握大局、不会培养与使用干部、执行力与处理危机能力不足所致，同时也与其狐疑寡断、揽功于己诿过于人，遇事不能抓大放小，喜好亲力亲为的个性有关。作为例证，蒋兼任省主席期间，有时关注的事情也是无关省政宏旨的细琐问题，如道路的整洁、城门的口号等。蒋的这些失误，是一个国家领导人的大忌，难免事倍功半，所有劳累，可谓咎由自取。

从更深层的层次上探究，此事还与落后国家的社会组织结构不健全不无关系。抗日战争是在经济军事方面较为落后的中国与较为先进的日本之间进行的一场全面战争，中国在军事、经济诸方面均逊于日本，只有建立“战时体制”集中权力来调动社会资源方能维持抵抗。批评蒋兼任是“下策”的徐永昌也表达了“同情”：蒋出此下策与其“燎急个性”有关，但最大原因是国家落后，“人才少不得助”。黄仁宇曾分析蒋介石事无巨细领导方式的原因：

> 并不是蒋（介石）爱亲理庶政，而是中国社会尚未进化到现代的阶段，尤以大陆之内缺乏工商业组织，无完善之税收制度。……蒋缺乏适当之社会架构在后支持他的军事，因之他只能自己挺身而出代替组织制度之不足。①

对照抗日战争期间他兼理四川省主席的经历，大抵上印证了黄的分析是精妙之论。

---

① 《从大历史的角度读蒋介石日记》，第347—348页。

五、蒋介石缘何允许董必武参加旧金山会议

1945 年联合国的建立是 20 世纪的重大历史事件。作为联合国的创始国之一，中国代表团参加了旧金山会议。会前，围绕中国代表团的组成问题，国共两党曾有过激烈的争执，美国人也介入其中。《蒋介石日记》透露了他当时面临的压力及如何被迫允许中共代表参加会议的过程。

1. 蒋介石拒绝中共代表参加联合国大会

随着世界反法西斯战争的节节胜利，美、苏、英三国首脑于 1945 年 2 月在雅尔塔会议（又称“克里米亚会议”）上决定在旧金山召开会议，组建联合国，以维护世界和平与安全。蒋介石 2 月 13 日通过外交部来电得知此讯息后，非常高兴，认为这是“新年第一胜利之捷音”：

> 晨起默祷读经以后，即得外交部电话，称罗（斯福）、邱（丘吉尔）、史（斯大林）会议关于国际和平机构问题，已有定议，一如我所期待者，此为新年第一胜利之捷音。感谢上帝。（1945 年 2 月 13 日）

蒋介石首先想到的是制订出可行的“宣传纲要与实施计划”，利用旧金山会议达到其得益的最大化。那段时间的日记表明，蒋时常在考虑此一问

题，尤其注重与美国的沟通与联络。他在获悉旧金山会议的当天，就在日记“预定”项目中写下“对哈雷（赫尔利——引者注）回国以前之谈话准备”，强调须与其谈“国际安全机构”之事。他曾数次召见王世杰与毕范宇，讨论对旧金山会议的“宣传纲要与实施计划”。美国驻华大使赫尔利也赞同蒋的思路。

然而，当问题进入到中国代表团组建时，蒋介石就感到头疼了。这与抗日战争后期的国内政治格局有关。

1944 年以后，国共两党围绕“联合政府”与“一党训政”的问题争执不下。蒋介石作为国民党的最高领导人，坚持“训政体制”下的一党专政，他只能接受共产党“参加”以国民党为主体的政府，而不能接受多党的“联合政府”。蒋认定“组建联合政府无异于推翻政府，召开党派会议等于分赃会议”。而共产党随着自身实力的壮大，坚决要求组建“联合政府”，形成国民党、共产党、民盟三方共享政权的局面。国共双方为此多次谈判，但没有实质性进展。在此情形下，蒋介石自然排斥中共参加中国代表团，他担心中共在国际舞台上的亮相，增强其影响力，日后更难控制。

而中共方面在得知旧金山会议的消息后，毛泽东在 2 月 18 日召开的中共六届七中全会上提出要求，即中共一定要派员参加。周恩来随即致电赫尔利，提出在旧金山召开的联合国会议，绝不能单独由国民党政府派遣其代表出席。出席旧金山会议的中国代表团应包括国民党、共产党、民主同盟三方面代表。国民党代表只应占代表团全体人数 1/3，其余 2/3 的代表，应由共产党及民主同盟派遣。

针对中共的要求，蒋介石的第一反应是拒绝。他在日记中写道：

黑海三国会议宣言后，共匪借其中民主语句作猛烈之宣传，并以争取其出席旧金山会议代表为条件，以减弱我政府国际地位相威胁，党内外几乎皆［被］其吓倒，以为我政府大祸又将临头之感。余以正言明告，此次国际会议乃为各国政府会议，而非各国之党派会议，如果中共参加此会议，则各国自置其于何地？如我政府不参加，则此会其能有效乎？（1945 年 2 月 20 日）

蒋介石认为旧金山国际会议为“各国政府会议”，非“各国之党派会议”，否认中共参加会议的资格。他甚至认为，只要国民党政府不参加会议，纵使中共参加，旧金山会议也将失去其合法性。

2. 蒋介石拟定参加会议人选名单，中共被排斥在外

从日记看，蒋介石从 2 月下旬起，即数次提到他在考虑参加旧金山会议的人选。到 3 月 5 日，蒋介石日记中第一次出现具体的人选名单。

旧金山会议代表人选：子文、亮畴、少川、伯聪、适之、肇基、雪艇、詠（咏）霓、公权、君劢、语堂、石曾。

蒋最初拟定的 12 人名单，其成员结构相当丰富：宋子文、王宠惠、顾维钧、魏道明、王世杰、施肇基、翁文灏、张嘉璈、李石曾是国民政府的官员，或擅长外交，或形象较开明；张君劢是民盟成员；胡适、林语堂是无党派知识分子。至少可以说，蒋介石在当时确实有派遣无党派知识分子参加代表团的心理准备，并非要“一党包办”，只是这个有限度的“扩大范围”，并不包括中共在内。

为谨慎起见，蒋介石在 6 日约宴国民党中央常委，“商讨国际会议方针”。蒋还当面征询王世杰的意见，表示“或将使其参加中国代表团”，而王以“当再研究”婉辞。

当晚，蒋介石接见顾维钧，商谈出席旧金山会议中国代表团的组成问题。顾维钧事后回忆，在谈到“旧金山会议代表团的组成原则”时，蒋表示，“这个代表团不应太大，有三五个人就足够了”，而顾则力主扩大代表团的政治基础和规模。

蒋介石在听取各方意见后，于7日再次列出了旧金山会议代表人选：宋子文、王宠惠、顾维钧、魏道明、王世杰、张君劢、王云五、胡政之、胡适之。

与两天前相比，这个名单中少了施肇基、翁文灏、张嘉璈、林语堂、李石曾等五人，而增加了王云五、胡政之。代表的政治构成基本上没有变化，王云五与胡政之均为无党派人士，且是出版与新闻界的翘楚。蒋介石此举，或有加强宣传报道与扩大代表界别之意。但这个名单中，仍无中共人士。

蒋介石排斥中共参加旧金山会议的做法，遭到中共的坚决反对。周恩来致函王世杰，请其转达国民政府，国民党一手垄断旧金山会议代表团，不但不公平、不合理，而且有可能导致中共与国民党的分裂。周提出，代表团中应有中共和民主同盟人员，中共由周恩来、董必武、秦邦宪参加。如不采纳，将对国民党代表团在国际会议上的一切言行保留发言权。中共提出的三个人选，是经过慎重考虑的。因为周恩来等三人均有与国民党合作或谈判的经历，又都在重庆生活过。

除通过自身与国民党交涉斗争外，中共还积极争取各方面的同情与支持，向蒋介石施压。蒋介石首先感到了来自苏联方面的压力。那段时间，蒋介石通过蒋经国与苏联驻华大使馆保持着密切联系，商谈两国关系。苏联方面向蒋表示：“希望中国进步，但觉现在所采政策办法太缓。”蒋将此理解为苏联是在替中共说话，对其施压。他在 3 月 16 日的日记中写道：

（苏联）一要我容纳共匪参加政府，二要我指派共匪参加旧金山会议任代表也（而且带有恫吓之意），否则彼俄对旧金山会议或不参加之意。余则置若不知其所谓也。弱国受辱，能不自反？（1945 年 3 月 16 日）

除苏联外，宋庆龄也在替中共说话。她向顾维钧表示："共产党人希望在中国出席旧金山会议代表中，占有两个名额。"消息传到蒋介石处，蒋大为恼火，迁怒于宋庆龄：

共匪知我对其各种横逆暴戾卑劣手段皆不能生效，知我决心绝无指派其代表参加旧金山会议之可能，彼乃间接运动宋庆龄对我说项。以庆龄与我提共匪事，乃为十五年来第一次，以其从不愿与我谈政治与共匪也。最后则以宋谈项无效，乃不得不由俄国出，而暗示其护共之态度，要求我容共。此乃共匪已经山穷水尽、各路杜绝之象，故俄国亦不得不用其最后一着，此恶乎可？余仍置之不理、视若无睹，彼将于我奈何也。（1945 年 3 月 17 日，"上星期反省录"）

这段日记表明，即使宋庆龄、苏联出面，蒋仍将"置之不理、视若无睹"。宋庆龄兼具孙中山遗孀与宋美龄二姐的双重身份，蒋介石虽与她政见不合，但保持着基本的尊重。蒋对拒绝中共参加的态度，不可谓不强硬。

3. 罗斯福施压使蒋介石不得不改变策略

然而，美国的态度却是蒋介石不能不考虑的。蒋对旧金山会议的总策略，就是联合美国，争取权益。美国对于中共代表要求参加旧金山会议的态度，极大地影响蒋介石的心情和决策。他在日记中明言："对美对俄外交时有忧虑，尤以美国为更切也。”

2 月 20 日，赫尔利返回美国述职前复函周恩来，指出旧金山会议为政府会议，而非党派会议，这与蒋介石的观点完全吻合。蒋介石相当高兴，发出“国际趋势似于我有利”之感慨（1945 年 2 月 24 日，“上星期反省录”）。

然而，当赫尔利回国述职向罗斯福总统提及中共的要求，即国民党、共产党及民主同盟应以平等基础参加中国代表团时，罗斯福同情中共的主张，随即给蒋介石发电报指出：“如阁下之代表团容纳共产党或其他政治结合或政党在内，余预料不致有何不利情形，实则此种办法有显著之利益。若能容纳此类代表，在会议中必能产生良好印象，而阁下对于统一中国之努力，势将因阁下此种民治主义之表示，而获得实际援助。”

罗斯福总统的电报用词极婉转，表面上对蒋很尊重，但绵里藏针，话中有话。其潜台词是如果蒋不选中共代表，则美国就对其不提供“实际援助”，这击中了蒋介石的要害。罗斯福的电报在 3 月 22 日由美方转交给外交部长宋子文时，蒋介石正离开重庆在云南视察。23 日，蒋介石得到消息，他在日记中写道：

> 亮畴（王宠惠——引者注）、少川（顾维钧——引者注）赴美过昆明来谈，乃知美罗来电，要求余派中共参加代表团。始闻之决心拒绝，以彼太不知共匪之目的与将来之利害也。（1945 年 3 月 23 日）

下午，蒋介石回住所后见到罗斯福的电文，细读之下，发现美国的要求虽然坚决，但“其措辞委婉”，照顾了他的面子。蒋介石虽然非常郁闷，但不得不思考美方的要求，当晚辗转难眠。24 日，蒋在日记中写下了他的痛苦：

> 昨日心神悲痛沉闷，再三考虑，惟有依赖父神。十分忍耐以待有

济，乃用逆来顺受之法，最后祷告，决派中共一人参加旧金山会议代表团。以政治方法全在现实，如为顾虑将来之利害而违反今日之策略与时势，则非政治之道矣。然而忍痛极矣。（1945 年 3 月 24 日）

美罗要求我代表团加入共匪名额，虽其辞意尚缓，而其对我之心理又加一次压迫矣。且其对共匪利用之梦想犹未杜绝也，始而痛愤不已，继而决定忍痛应之。盖不得不以逆来顺受处之也。（1945 年 3 月 24 日，“上星期反省录”）

蒋面对巨大的压力，只能通过祷告的形式来排解苦闷，以“政治即现实”、“逆来顺受”来说服自己让步。他在当天早上决定中止原定的大理之游，返回重庆处理代表团人选问题。实际上，他是接受了罗斯福的建议。

王世杰在 23 日给蒋密电，考虑就中共所提三人（周恩来、董必武、秦邦宪）中选派一人，并建议选秦邦宪。但蒋介石考虑的却是长期在重庆与国民党谈判且身为国民参政员的董必武。

回重庆后，蒋介石立即与宋子文见面，研究罗斯福来电的深意，商谈旧金山会议代表人选。26 日上午，蒋介石主持国防会议，决定出席旧金山国际会议代表人选。当场商定，指派中共方面的董必武参加。中国代表团由宋子文、顾维钧、王宠惠、魏道明、胡适、吴贻芳、李璜、张君劢、董必武、胡霖 10 人组成。此最后名单与蒋在 3 月 7 日拟定的名单相比，减少了王世杰、王云五二人，增加了吴贻芳(妇女界)、李璜(青年党）与董必武(中共）三人，代表性更广泛。而最大的变化就是中共董必武的加入。但实际上最后敲定的代表人选基本上还是以蒋介石最早酝酿的人员名单为主干。

名单决定之后，蒋介石立即复电罗斯福，报告已落实其中国出席旧金山会议代表团应“尽量代表各方面”的建议，并详细说明了代表团的构成情况："中国政府今日已派定代表十人，其中六人为国民参政员，即国民党以外之共产党及其他两反对党各一人，暨无党派者三人，大公报社长亦在其内。"

蒋的复电颇有技巧，他故意不提国民党占代表团的绝对多数，而含混地说国民参政员有六人，中共与反对党三人，无党派三人，造成很民主的样子。其实，国民参政员的六人中，包括了中共的董必武、青年党的李璜、民社党的张君劢、无党派的吴贻芳，完全是重复计算。

由上可见，蒋介石从排斥中共代表出席旧金山会议，到最后同意董必武参加，是受到中共、民主人士、苏联及美国压力的结果，尤其是罗斯福以"援助"相要挟的电报在最后关头起了作用。

有趣的是，蒋介石在接受中共代表时极其痛苦，但在事后反省时觉得效果不错，又变得颇为自得。他记道：

> 和平机构会议代表人选煞费苦心，最后决定发表。加入共党一名，始则觉甚枉屈，但结果则影响良好。乃知能忍能吃亏，只要有志意、有目的，则必收良效也。此又多得一经历矣。……俄国派新大使征求我同意，此与指派中共参加旧金山会议或有影响也，俄国对我政策或有改善之意。(1945年3月31日，"上月反省录")

六、蒋介石、毛泽东在抗战胜利前后的政治判断与抉择

1945 年 8 月，日本投降的消息喜从天降，经过八年艰苦卓绝的奋斗，中国人民的抗日战争终于获得胜利。这个颇具戏剧色彩的时刻，瞬间改变了中国的国运，改变了千千万万中国人的命运与生活轨迹，中国历史揭开了新的一页。

笔者拟根据《蒋介石日记》与《毛泽东年谱》中 1945 年 7 月至 10 月间的记载，通过观察蒋介石、毛泽东在抗战胜利前后所思所想与所为，还原当时历史的真实片断，显示他们在突然到来的历史转折关头对大局的判断能力、抉择与执行力。主要是通过对比当时制约蒋、毛二人政治判断与把握的因素，指出作为国共两党重要领导人，他们的个性、思维与决策特质对于其后中国政局走向的影响。

1. 何时判定抗战将最后胜利？

“军事第一，胜利第一”是 1938 年国民党临时全国代表大会确定的方针。“抗战胜利”是蒋介石的信念，在抗战最暗淡的困难时刻，蒋以此说服下属，动员全国军民。毛泽东也坚信抗日战争一定能胜利，并在《论持久战》中将

战争进程分为防御、相持与反攻三个阶段。

面对强大凶残的日本侵略者，中国的抗日战争何时能取得胜利，军事上一败再败已被压缩到西南的蒋介石根本不能确定。战争是综合国力的较量，单从军事力量对比上看，中国远逊于日本。1941年太平洋战争爆发后，中国战场成为世界反法西斯战场的重要组成部分，抗日战争的进程不但取决于中国的力量，更取决于盟国的军事战略与日本的国策。

1943年9月，蒋介石对抗战胜利的时间有过估计，他在国民党五届十一中全会开幕时宣称："我可以断言，我们最后的胜利，快则就在这一年之内，迟则要在一年之后。""总之，战争结束的时间，无论一年以内或延长到一年以后，而这个时期是很容易过去的。"基于这样的判断，蒋介石提出会议的主要任务是积极准备胜利后的"建国工作"。随后蒋在《中国之命运》中，预计世界战争的结束，"不能延至二年以后"。

然而，残酷的战争进程击破了蒋介石的乐观。至1944年年底，盟军在欧洲战场与太平洋战场上均取得了压倒性胜利，而中国战场不仅没有反攻，反被日军长驱直入，以"一号作战"打通了"大陆交通线"。

1945年年初，蒋介石照例写下了预定的全年计划，几乎都是如何应付困局的，其第十二条"军事目标"如下：

> 甲、第一期收复南宁与柳州（六月）；乙、第二期收复香港、广韶，占领广州湾与香港海口（十月）；丙、第三期收复衡阳、长沙、岳阳与武汉、宜昌（十二月），并收复台湾。

在这如意算盘的全年计划中，蒋介石的奢望只是通过三期的反攻，收复华南与长江以南的华中地区，完全没有年内全面取得对日作战胜利的想法。而第十三条"战后建设要政之设计与筹备"，也说明蒋只考虑要将战后建设列入“设计与筹备”。如果考虑到当时中国军队的颓势，蒋的设想已属相当乐观了。

即使盟军在欧洲战场取得重大胜利的消息传来，有转而出兵打击日本的可能，蒋介石脑海中虽闪过“抗战胜利”曙光在前的念头，却未敢对抗战胜利的具体时间做出判断。1945年5月间，国民党召开第六次全国代表大会，会议的主体基调是如何取得抗战胜利与战后要采取的政策，蒋在大会开幕词中说：“现在我们对日抗战已满八年，最后胜利基础虽已确立，但是要达成歼除敌寇的目的，收到最后胜利的成果，还需要振奋比以往八年更旺盛更炽热的牺牲精神，经过最危险最艰难的险恶苦斗。”

1945年5月的抗战环境远比1943年9月好得多，尤其是欧洲战场上德国已战败投降，蒋介石反而未能如两年前对抗战胜利作出乐观的判断，是受下列因素影响：(1) 八年战争痛苦的经验与当时中国战场所承受的巨大压力；(2) 虽为重要盟国的领袖，但美、苏等国并不将完整的战略意图与战后安排告诉蒋介石，甚至刻意隐瞒；(3) 蒋介石对日本军阀“顽强不屈”性格的了解。

在毛泽东方面，中共“七大”于1945年4月23日至6月11日在延安召开，毛在大会开幕词中说，大会是在“反法西斯战争最后胜利的前夜”召开的，所以“是一个打败日本侵略者、建设新中国的大会，是一个团结全中国人民、团结全世界人民、争取最后胜利的大会”。然而，毛并未明确指出打败日本、夺取抗战最后胜利的具体时间。

“七大”期间，中共中央决定派出由第三五九旅第二梯队与警备第一旅组成的南下支队，由延安出发，挺进湖南、广东一带，开辟新的根据地。6月15日，“七大”闭幕后的第四天，毛泽东为中央军委起草了致王震、王首道电，指示南下支队今后方针。其中对国内外形势的判断，认为目前整个形势仍“于我有利”。“日、美决战当在明年夏季以后，故你们尚有一年至一年半以上之时间可以利用，过此则将发生变化，国民党有发动内战可能，到那时你们的根据地须具相当规模以便应付内战，造成南方一翼，此任务具有重大意义。”此电报透露出的信息是，即使在“七大”之后，毛泽东对美军与日本决战时间的判断是在1946年夏季之后，中国的形势到那时才会巨变。中共的政治主张与措施，如联合政府，邀请褚辅成、黄炎培等6位国民参政员访问延安，派出南下支队，揭露国民党的内战阴谋等，均是判断局势会相对稳定一段时间的长远打算。

7月14日，蒋介石从美国方面得到消息，“日本投降心切，但不愿无条件投降，并由其天皇准备派近卫赴俄商谈。或可于三个月至半年之结束战事。”蒋判断消息可信度较高，认为必须有所准备：“倭如在三个月内投降，则我华北军事之布置与筹备更应急进而勿再迟延。”（1945年7月14日，“本星期预定课目”）可是，“事务主义”的痼疾使蒋陷入眼前的各种事情中，他在一周后确定的“最近要务”是：“第一为滇事之解决，第二为俄之外交，第三为中央银行之改组，第四为行政院问题，第五为东北机构与人选组织之决定，第六为清党与组织之计划。”（1945年7月21日）这六条虽然均与抗战胜利多少有些关系，但多数是枝节问题，没有一条直接与准备接受日本投降有关。

8月8日，蒋介石记录了美军在日本投下原子弹之事。9日，蒋接到苏联对日宣战的消息，当天日记如下：

> 今晨接俄国已对日宣战之消息，忧喜参半。而对国家存亡之前途与外蒙今后祸福之关系，以及东亚民族之盛衰强弱，皆系于一身，能

不战慄恐惧乎哉。

预定：一、沦陷地区收复后，除田赋外，其他一切捐税皆豁免一年之预算数；二、青年军整个使用之方案，分组织与阶段；三、青年军入团手续；四、青年军政工之统一教材；五、注重组织与对共打破其组织之训练；六、具体经费之增加；七、朱毛之功罪评论；八、输送工具之发给。（1945 年 8 月 9 日）

由此断定，蒋在得知苏联对日宣战之时，方断定日本投降就在眼前，并真正着手战后准备。

毛泽东得知美军在日本投下两颗原子弹的消息后，曾约胡乔木等人谈话，指出“不应夸大原子弹的作用”。8 月 8 日苏联对日本宣战。9 日，中共召开七届一中全会第二次会议，毛泽东阐述了苏联参战后的形势及中共的方针与任务，指出苏联的参战，使抗日战争进入到最后阶段。中共的任务有四项，即配合（苏军）作战、制止内战、统一集中、国共谈判。毛泽东指出，“内战的危险随着日本垮台而增加”，中共在第一个时期的主要任务是要取之于日伪，扩大地方，扩大力量，然后才有可能在第二时期回过头来，“对付内战的威胁”。同日，毛泽东以中共中央主席的名义就苏联对日宣战发表声明，表示中国人民热烈欢迎苏联对日宣战，抗日战争的时间将大大缩短，最后战胜日本侵略者及其走狗的时间已经到来，“在这种情况下，中国人民的一切抗日力量应举行全国规模的反攻，密切而有效地配合苏联及其他盟国作战。”① 可见，毛泽东忽视原子弹对促使日本投降的作用，而更重视苏军参战对抗战胜利进程的影响。

---

① 《毛泽东年谱（1893—1949）》（修订本，中卷），第 619 页。

2. 胜利之时

判断日本投降在即，8 月 10 日，蒋介石立即着手各种布置：当天上午，手拟重要命令五道。中午军事会报，“指示敌寇投降时之各种措施与预备事项”。下午批示核对各战区布置之要旨，见东北各省主席。

蒋介石详细记录了得知日本投降的过程：10 日晚 8 点左右，他默祷将完时，忽闻求精中学美军总部一阵欢呼声，继之以爆竹声。蒋问身边人，如此嘈杂究为何事？得到的答复是：听说是日本人投降了。蒋命令再去探确实消息。一会儿，各方正式的消息不断报来，“乃知日本政府，除其天皇尊严保持以外，其余皆照中美英柏林公报条件投降。”（1945 年 8 月 10 日）

按照原先的日程，蒋介石当晚要约宴墨西哥大使。外交大事不可爽约，蒋人在宴会，心思却全然在胜利之后的各项布置上。宴会匆匆结束，墨西哥大使想与蒋多说几句话，蒋甚着急又不便发作，“墨使不识体统，纠缠谈话不休，而不知抗战最大事要在此时决定也。”陪同的外交部次长吴国桢两次劝阻，墨西哥大使方辞去。蒋介石立即召集军事干部会商，向前方各战区发电报指示方略，并对吴铁城、陈布雷交待“宣传与党部应办各事之措施”，一切完毕后，已是深夜 12 时，蒋再次祷告后方睡。（1945 年 8 月 11 日）

《毛泽东年谱》8 月 10 日的内容有三条：

晚上，得知日本政府发出乞降照会。

为中共中央起草致郑位三、李先念、陈少敏并告华中局电：“苏联参战，日本投降，内战迫近。你们所处地位不可能夺取大城市，而应乘机扩大地区，夺取武装，夺取小城市，发动群众，准备对付内战。”

晚十二时，朱德总司令在延安总部发布命令，要求各解放区抗日武装部队向附近敌伪送出通牒，限其于一定时间内缴出全部武装，在缴械后，我军当保护其生命安全，如敌伪拒绝投降，予以坚决消灭。①

可见，迎接日本投降的军事布置，是蒋、毛二人最先考虑的问题。

日军在中国的投降有三个重要的时间点。蒋介石均有记录并颇多感想。8 月 15 日，日本政府正式宣布无条件投降。蒋介石记道：

今晨接获敌国无条件投降正式覆文以后，惟有深感上帝所赋予我之恩典与智慧之大，殊不可思议，尤以其诗篇第九章无不句句应验，毫无欠缺为感。上帝所予我之祝福如此其大，岂可不更奋勉戒惧，以竭尽其工具之职责乎？

上午七时前，接吴国桢电话，知日本已向我四国正式投降，其覆文定七时在四国同时发表，乃即默祷。在静默中即听得日本投降之播音，此心并无所动，一如平日。静坐卅六分时。朝课毕，阅报，决定十时对世界广播。记事后，即往广播大厦播词。发电邀毛泽东来渝，共商大计。手拟接收各省及招降各人员姓名。正午，督促对敌冈村命令之设法接发，与催其回电等各种处置。下午，发美英俄三国贺电，并派文官长到三国使馆代祝共同胜利。（1945 年 8 月 15 日）

《毛泽东年谱》8 月 15 日只有两条：一是记日本天皇发投降诏书，美国总统指定蒋介石享有在中国受降的权利。二是毛为中共中央起草致华中局电，指示入城前后，要利用各城市的警察维持秩序。

9 月 2 日，在东京湾的“密苏里舰”上举行了日本向盟国投降仪式，徐永昌代表中国政府在日本投降书上签字确认。次日，中国举国欢庆，国民政

① 《毛泽东年谱（1893—1949）》（修订本，下卷），第 1 页。

府举行庆祝典礼，确定9月3日为抗战胜利纪念日。蒋介石记道：

上午八时，来到国府先遥祭，再举行庆祝典礼，发表对内政方针告书。后召见沪粤市省委员之外，另见十余人。十一时半由军委会起检阅。沿途民众其发乎内心之一种情绪，对余所表示敬慕爱戴之精神，狂欢热烈，实非笔墨所能形容。卅年之苦心与奋斗，惟见此略得宽慰耳，然新旧忧虑终未能消除耳。

下午，分别访贺、孙、于、戴各院长。五时，见俄大使，自觉情态轻忽，戒之。关于与共谈话经过，余亦明告之，期以诚感之。（1945年9月3日）

毛泽东于8月28日应邀到达重庆，故他应该目击了9月3日重庆的庆祝场面。《毛泽东年谱》当天有两条，一是中共将所拟谈判意见11条交给国民党代表，另一条是：

上午，会见王世杰。下午，往访于右任、戴季陶、白崇禧。下午一时，会见韩国临时政府官员。六时，会见郭沫若、于立群、邓初民、冯乃超、周谷城等，征询他们对时局的意见。晚七时半，赴苏联大使彼得洛夫的宴会，会见英、美、法等国大使和荷、比等国官员。①

9月9日，中国战区日军受降仪式在南京举行，侵华日军总司令冈村宁次向中国陆军总司令何应钦将军呈交投降书。蒋介石记道：

本日为革命第一次在广州起义纪念日。而日本在南京投降典礼正于今日举行，实为本党五十年革命光荣与胜利的一日。然而，东北失地犹在俄军之手，而且新疆各重要地区亦皆为俄国傀儡哈匪着着叛乱

① 《毛泽东年谱（1893—1949）》（修订本，下卷），第20页。

而丧失，军政主官无能，军队擅自撤退，不能奉行命令，因之迪化演成风声鹤唳、朝不保夕之局。而且外蒙问题亦未解决。国耻重重，可说抗战以来局势危急未有甚于今日者。故人之为荣，而余则万分忧辱。呜呼，抗战虽胜，而革命并无成功，第三国际政策未败，共匪未清，则革命不能日成也。勉乎哉。

上午，到陆大举行将官班开学典礼。正午军事会报，下午心神忧闷，批阅，拟新疆及子文等电令稿，默坐祈祷。晚，约美军官聚餐，与魏德迈商讨对东北运输部队及美国武器接济办法。(1945年9月9日)

蒋介石自1928年“五三惨案”开始，每日以“雪耻”自勉。经过八年艰苦抗战，忍辱负重，终于迎来日本投降的一天，个人的威望空前提高，其欢欣与激动可想而知。但是，读蒋日记，却发现他的“幸福感”远没有想象中的强烈，且呈迅速下降的趋势：8月15日，他听完日本投降的广播，“此心并无所动，一如平日”。9月3日，面对国民海啸般的欢呼，蒋感到“卅年之苦心与奋斗，惟见此略得宽慰耳，然新旧忧虑终未能消除耳。”6天后的9月9日，蒋的忧虑已经压倒喜悦占了上风：“国耻重重，可说抗战以来局势危急未有甚于今日者……呜呼，抗战虽胜，而革命并无成功”。

蒋介石个性中有很强的悲观主义色彩，一事当前，往往先考虑最坏的结果。面对抗战胜利之际国内外的环境，如何完成国家建设与“革命使命”，他确实难免悲从中来，忧大于喜。9月2日蒋日记中有一段感慨，为他此际的心理作了最好的注解：

“雪耻”的日志不下十五年，今日我国最大的敌国日本已经在横滨港口向我们联合国无条件的投降了，五十年来最大之国耻与余个人历年所受之逼迫与侮辱至此自可湔雪净尽。但旧耻虽雪，而新耻又染，

> 此耻又不知何日可以湔雪矣，勉乎哉，今后之“雪耻”乃雪新耻也，特志之。(1945 年 9 月 2 日)

原为针对日本侵略的“雪耻”二字，自此转而成为蒋自我激励的座右铭，伴随其终生。

《毛泽东年谱》记 9 月 9 日毛当天的活动只有一条：

> 下午，在红岩村会见郭沫若、于立群等，并同他们共进晚餐。在谈到郭沫若在文化界应采取的态度时，毛泽东认为态度应该强硬些，要有斗争，指出“前途是光明的，道路是曲折的。”①

两相对比可以发现，毛在国民政府主导的日本投降几个重要关节点上，与蒋交集不多，8 月 15 日、9 月 3 日、9 月 9 日，毛完全有自己的行程，按预定的方针进行，并未因国民政府庆祝活动安排而改变。

3. 当务之急

在抗战胜利后的最初两个多月里，蒋介石究竟做了些什么？蒋日记中这两个多月所涉及事务较为繁杂。化繁为简，蒋当时考虑最多的，大致有以下三个方面：

（1）安排接受日军投降事宜

如前所述，8 月 10 日白天，蒋介石从美国两次对日本投掷原子弹及苏联出兵东北的消息断定日本战败期在不远，已在军事上有所准备，拟命令，开军事会议。当晚，日本投降的消息传来，他连夜召开军事会议，向前线传

① 《毛泽东年谱（1893—1949）》（修订本，下卷），第 22 页。

达命令。次日上午，又与赫尔利、魏德迈会面，商量“对沦陷区军事紧急处置与中美联合对敌办法”。随后，蒋连续记道：“对军事处置已如预定计划实施矣”。“各重要沦陷区人事亦已完全决定矣。”“晚，召集敬之（何应钦——引者注）等会议，军事部署方针及人事等问题，即令傅宜生（傅作义——引者注）直入平津接收投降，十时后方毕。”（1945 年 8 月 13 日）“晚，会议全国军队部署方案与接受敌军投降手续等事。”（1945 年 8 月 14 日）“手拟接收各省及招降各人员姓名。正午督促对敌冈村命令之设法接发，与催其回电等各种处置。”（1945 年 8 月 15 日）“核定各战区接收招降之主管及分配各地区负责各部队等令稿。”（1945 年 8 月 18 日）可见，蒋对此事最为上心。

一个有意思的发现是，中国战场接收日军投降的人数最多、地域较广，且事出突然，是件非常棘手的工作。然而，中国战场的受降工作，在总体上可谓顺利。如果没有蒋介石的精心安排与督促实施，很难想象。然而，蒋介石日记中对受降军事安排记载不多，更很少涉及具体的事宜。笔者思考原因，认为最大的可能是蒋在受降过程中将中共军队排斥在外，对国民党的地方实力派也是排斥，他明知如此“私心”难以示人，故均隐而不记。

8 月 11 日，毛泽东在为中共中央起草《关于日本投降后中国共产党的任务的决定》中指出：“目前阶段，应集中主要力量迫使敌伪向我投降，不投降者，按具体情况发动进攻，逐一消灭之，猛力扩大解放区，占领一切可能与必须占领的大小城市与交通要道，夺取武器与资源，并放手发动群众，不应稍有犹豫，为此目的，各地应将我军大部迅速集中，脱离分散游击状态，分甲乙丙三等，组织成团或旅或师，变成超地方性的正规兵团，集中行动，以便在解决敌伪时我军取得胜利。”简言之，就是要迫使敌伪向中共军队投降，猛烈扩大解放区，扩张中共武装。

得悉日本投降后，蒋介石命令八路军“应就原地驻防待命”，此令遭到中共的“坚决拒绝”。毛泽东并一针见血地指出，蒋介石的命令“活画出他一贯勾结敌伪、消除异己的全部心理了，”并视此为蒋介石要打内战的阴谋。8月13日，毛泽东对抗战胜利后的时局与中共方针有如下判断：

> 对于蒋介石发动内战的阴谋，我党所采取的方针是明确的和一贯的，这就是坚决反对内战，不赞成内战，要阻止内战。
>
> ……
>
> 从整个形势看来，抗日战争的阶段过去了，新的情况和任务是国内斗争。蒋介石说要“建国”，今后就是要建什么国的斗争，是建立一个无产阶级领导的人民大众的新民主主义国家呢，还是建立一个大地主大资产阶级专政的半殖民地半封建的国家？这将是一场很复杂的斗争，目前这个斗争表现在蒋介石在篡夺抗战胜利果实和我们反对他的篡夺的斗争。①

中共军队坚决贯彻毛泽东的指示，利用有利时机，迅速向当面敌伪收受城市与交通线，一度曾有过夺取上海、北平、天津等大城市的计划。9月26日，在重庆的毛泽东接到中共中央的来电称，到9月初，我军扩大到127万，解放区人口1亿2千5百多万，县城285座（反攻前为89座），且以上数字均不包括东北。

（2）对外政策

身为国家领袖，蒋介石十分注意国际局势的变化，并据此制定对内对

---

① 《毛泽东年谱（1893—1949）》（修订本，下卷），第5页。

外政策。1945 年 7 月底，蒋介石在得知英国大选工党上台的结果后，专门写了一段很长的文字，分析由此带来国际格局的变化及中国的自处之道。经过权衡，蒋介石提出今后国际政策方针为："一、亲苏俄，联英美；二、居间自重、自主、自立；三、防美孤立主义（不问东亚事）；四、防俄操纵，陷我孤危。"（1945 年 7 月 28 日，"对国际形势与今后政策之研究"）

这个方针确定十余天后，战争即结束。蒋介石基本上仍照此方针处理对美国与苏联的关系。

在战后受降等方面，蒋介石与美方密切合作。8 月 11 日上午，他约见赫尔利、魏德迈，讨论对沦陷区军事紧急处置与中美联合对敌办法。蒋介石更关心的是停战之后租借法案是否仍适用于中国，及美国答应的八十师武器是否继续供给问题。他向美国人表达了看法，"但决不作任何要求，任美自择而已。"在中国战区的受降问题上，蒋介石认为美国是真心帮助他的，因而在香港受降问题上受到英国压迫时，蒋也是向美国求助。当得到美国将继续援助的保证时，蒋感慨道："彼等实有诚意合作助我建军也，此与去年此时史迪威时代之情势完全相反矣。"（1945 年 8 月 19 日）但是，美国有自己的利益，不可能满足蒋的全部要求。赫尔利当面对蒋叹息说，国务院对他的行动屡加掣肘，不如罗斯福在世时信任。"杜鲁门总统对华政策亦不如罗之坚定支援也"。

日本投降时，中苏条约谈判正在进行中，苏军已进入东北，蒋介石怕生变数，急于促成。8 月 14 日，《中苏友好同盟条约》签字，蒋介石感到满意。条约签订后，苏联在新疆制造事端，出动飞机轰炸中国军民，蒋介石闻讯"始甚惊骇愤激，继则依据理智研究，渐臻平定。"他要求外交部进行交涉，并通知美国方面，然而，当赫尔利等表示愿意派员参加调查真相时，蒋思考之后“婉却”了，理由是“恐俄恼羞成怒也”。出于阻止苏联援助中共与从东北撤军的考虑，蒋介石一度对苏联逆来顺受：

> 俄机轰炸我乌苏精河等阵地，彼已破坏中俄同盟条约矣。……惟彼虽如此已卸其假面具，而我则仍应坚忍持志，勿稍暴气，终使之对余无借口之机，使其不能不履行交还东北之义务为唯一方针。故对其一切挑战非法行动，皆应极端忍受，履行余所应行之条约义务，即使外蒙独立问题亦不因此迟延而不为，必使其自动暴露其毁约与侵略之行动而后已也。(1945 年 9 月 8 日，“上星期反省录”)

毛泽东也十分注意国际局势的变化，决定赴重庆谈判的背后也有苏联与美国因素，但因为他尚处于“在野”的位置，所考虑的主要是如何争取外国对其的同情与支持，较少束缚。在重庆期间，他出席苏联大使、美国大使的宴会，与英、法、加等国大使及荷兰、比利时的使馆官员和韩国临时政府的代表见面，曾招待外国记者，甚至还会见美国第 14 航空队的霍华德·海曼等 3 位士兵，向他们介绍解放区情况，阐述中共主张，还“请他们吃晚饭”。

（3）国内政策

蒋介石是每日早晚做祷告功课的基督徒，他在 8 月 14 日决定修改抗战时期的每日祷告文：

> 每日祷告文中“驱逐倭寇”一词应改为“巩固统一”。又“全线阵地，稳固坚强”，改为“全国统一，稳固坚强，以后建设，日日进步，步步完成。”(1945 年 8 月 14 日)

新的祷告文，可以看成是战后蒋的内心祈盼。

A. 重庆谈判

如何处理中共，是始终萦绕蒋介石心头的大问题。8 月 12 日，蒋在安排受降事时即考虑到中共的因素，当天日记中有三处提到中共："指示对朱共叛乱言行处置之件"，显然是针对八路军朱德总司令要求解放区军民向日伪军进攻的命令；"下午手拟人事令稿，对敌、对伪、对共均有关系之令稿，……约卅余通，煞费苦心，此实为接收敌伪投降最重要之关键，若稍失当，则共匪即可与之勾结一气，演成极大之动乱也。"（1945 年 8 月 12 日）

蒋介石深思熟虑的结果，是邀请毛泽东到重庆，当面谈判。8 月 15 日，蒋听罢日本正式投降广播，即去录制《抗战胜利告全国军民及世界人士书》，接着，他就发电"邀毛泽东来渝，共商大计"。姑不论蒋介石的用意及最后谈判的结果如何，此时此刻的这一举动，可谓蒋政治生涯中生动的一笔。蒋对此深自得意，称给毛泽东的四份电稿将会成为历史性资料。

蒋邀毛是深思熟虑的结果，也与他处置政治对手的策略有关，并非完全是政治作秀，引中共上当的权谋。至抗战结束，蒋已是位有着相当政治经验的大党领袖，在国民党内的斗争中，他有许多采用收买分化手段"不战而屈人之兵"的经验。蒋介石邀毛泽东到重庆的主要目的，是想"和平"解决中共问题，压制中共迫其就范，实现统一。作为策略与手段，蒋也有一定让步的诚意。在毛泽东到达前，蒋召开会议，确定的对毛方针是："决以诚挚待之。政治与军事应整个解决，但对政治之要求予以极度之宽容，而对军事则严格之统一，不稍迁就。"（1945 年 8 月 27 日）重庆谈判虽多有波折，蒋介石一度十分恼怒，但最后双方共同签署并公布了《国民政府与中共代表会谈纪要》（即"双十协定"）。这份《会议纪要》的初稿是中共方面周恩来起草，是双方互相让步的结果。蒋介石对中共"让步"的部分原因是盲目自信，他在毛泽东离开重庆后写道：

> 共毛十一日飞回延安，彼虽罪恶昭著，而又明知其必乘机叛变，将为统一之大碍，但断定其人决无成事之可能，而亦不足妨碍我统一之事业。任其变动，终不能跳出此掌握之中，仍以政治方法制之，使之不得不就范也。政治致曲，不能专恃简直耳。(1945年10月13日，“上星期反省录”)

毛泽东对于蒋介石的前两次邀请均予以拒绝，但斯大林打电报给中共称，日本投降，国共应言归于好，共商建国大事。如果继续打内战，中华民族有毁灭的危险。中共中央政治局于8月25日经过反复权衡，“决定毛泽东去重庆”。毛泽东对往前线的干部说起对重庆谈判的展望：

> 我们的口号是和平、民主、团结，首先立足于争取和平，避免内战。我们提出的条件中，承认解放区和军队为最中心的一条。中间可能经过谈谈打打的情况，逼他承认这些条件。今后我们要向日本占领地进军，扩大解放区，取得我们在谈判中的有利地位。你们回到前线去，放手打就是了，不要担心我在重庆的安全问题。你们打得越好，我越安全，谈得越好。①

中共不仅将毛赴重庆谈判的原则向全党通告，且在组织上做了必要的准备，毛泽东提议，他与周恩来去重庆期间，由刘少奇代理其主席职务，并增选陈云、彭真为候补书记。毛泽东在重庆期间，不仅在重要问题上没有向蒋介石让步，还利用这个机会广交朋友，向国内外人士宣传中共主张，扩大了影响。

---

① 《毛泽东年谱（1893—1949）》（修订本，下卷），第13页。

B.解决龙云

1945 年 3 月，蒋介石专程去云南视察，对“云南王”龙云拥兵自重、“跋扈不法”极为不满，甚至以“夜郎之徒”、“猡猡”等称之，开始谋划撤换龙云。7 月下旬，蒋已做好了撤换龙云的所有准备：

撤换滇龙应作之准备：甲、霑益之部署；乙、南路开化铁路之部署；丙、人事之准备，卢汉与李宗黄；丁、劝导之人选，子文、惺甫；戊、命令方式；巳、电稿。（1945 年 7 月 21 日，“上星期反省录”）

抗战胜利的新格局，打乱了蒋撤龙云的部署，却未打消他固执的念头。此时，他将撤换龙云与战后的“统一”相联系，对西南实力派以警示。8 月 12 日，蒋介石记道：“昨午自国府回寓，后与杜聿明商议昆明之防范计划，此事又恐延缓时间矣。”内心很是不甘。半个月后，蒋在工作预定中又记道：“滇龙撤换时期与川军整顿问题。”到 9 月底，蒋介石认为，所有重要工作按预定完成了百分之九十，“惟滇龙问题犹未撤换耳。”而解决云南问题与中共问题同样重要，“虑云南与共毛对国家前途之利害与存亡关系甚切也。”（1945 年 9 月 28 日）他决定在滇系军人执行完在越南的受降工作后，用调虎离山方式，将龙云调离云南，到重庆任军事参议院议长。

经过精心布置，蒋终于在 10 月初用威逼利诱的方式将龙云调离云南。他自得地写道：

云南龙云问题已如期解决，此乃全国统一与西南国防及建设前途最重要之基本大事。自此共毛、俄史、东北与西北问题虽变乱叵测，但建国已有南方统一之基地，而且俄国未有如日本往昔之海军可以干扰或封锁我基地。八年抗战至此，方得建立此革命基地，不亦难乎，惟心神乃得自慰矣。（1945 年 10 月 6 日，“上星期反省录”）

蒋介石内心深处对地方实力派充满着不信任，甚至是厌恶。但在抗日战争胜利之时，国家百废待兴，急需各种人才施展抱负，蒋介石一面感慨“此时更愁助手缺乏矣”，一面却不忘私仇，排斥异己。蒋介石此时对中共尚且能够容忍，对党内异己反而变本加厉地清除，虽得逞于一时，但却埋下祸根，无论是龙云还是云南实力派均与蒋渐行渐远，并在最后关头对蒋反戈一击。

4. 结语

抗日战争全面胜利，是中国人民百年来抵抗外国大规模侵略的首次胜利，国共两党、蒋介石、毛泽东均参与领导了这场战争，分享了荣耀。

由于决定这场战争进程诸多因素的复杂性，使得坚信“抗战胜利”的蒋、毛二人在对胜利最后到来的时间点判断上反而不敏感，错失了正确预判并做出正确应对的最佳时机。他们几乎是与普通民众一起得到日本投降消息的。

蒋介石、毛泽东立即投入战后的设计与实施中。在此，笔者就蒋、毛战后最初的反应与应对进行简单的评判：

（1）受降方面，这是与战争胜利最直接相关的事情，也是蒋介石最先安排的。虽然在其日记中难以找到蒋介石的具体指令，但至10月25日台湾受降，整个中国战场的受降，包括中国军队参加的越南地区受降，总体上可称成功。至于受降过程中对中共军队的排斥与对地方实力派的挤压，从国民党与蒋介石的一贯立场上看，再自然不过。毛泽东则在得到日本投降的喜讯后，立刻命令中共各地的军民扩大军队，全力反攻，缴械日伪军队，将抗战的胜利转变成“人民的胜利”。中共在最初的两个月中，所拥有的地区急剧扩大，获益颇丰。

（2）对外交涉方面。蒋介石签订《中苏友好同盟条约》，对苏联妥协，采取依靠美国的策略，在接收香港问题上对英国的巨大让步，都是基于当时中国基本国力、国际地位的考虑，站在国民党政权利益一面看（限制主要政治对手共产党的发展），属于“两害相衡取其轻”的选择，没有太大的错误。毛泽东一方，因为没有包袱，故积极争取苏联、美国支持。

（3）国内政策方面。蒋介石在美国支持下邀请毛泽东到重庆谈判，试图以和平方式解决中共问题，实现统一，既有权宜之计的成分，但更多的是其处理敌对势力的一贯思路使然。毛泽东在苏联的建议下，最后接受蒋之邀请赴重庆谈判。双方经过艰苦谈判，终于达成《国民政府与中共代表会谈纪要》，使得八年抗战胜利后的中国呈现出“和平建国”的曙光。两党的举动得到了国内民众的支持。陈克文得知毛泽东要到重庆的消息后认为，“共产党大概从此妥协了，内战从此不致再发生了。”①

抗战胜利前后，中共上下一致团结一心，迅速扩充军事力量，扩大地盘。而国民党方面却有不少越来越腐败的军政官员，在国家面临重大转折关头多私心自用，“猎官的人，醉心权位的人，心里的焦急，奔走的繁忙，真有不易形容的地方。”② 蒋介石更是延续战前的既定政策，对地方实力派进行压制，以武力架空龙云，加剧了国民党内部纷争。

1945 年抗战胜利之时，生于 1887 年的蒋介石 58 岁，生于 1893 年的毛泽东 52 岁，均是政治家精力体力充沛、历练丰富的黄金年龄，他们在各自

① 《陈克文日记（1937—1952）》（下册），1945 年 8 月 31 日。（台北）中央研究院近代史研究所 2013 年 11 月版，第 1005 页。

② 《陈克文日记（1937—1952）》（下册），1945 年 8 月 16 日。（台北）中央研究院近代史研究所 2013 年 11 月版，第 1003 页。

党内具有崇高的领导地位。但细细考究，除共同点之外，他们之间也有明显差异：

（1）自 1928 年起，国民党在中国执政，蒋介石担任国民党与国家领导人已 17 年，抗战胜利后，充其量就是回到战前的执政，胜利的喜悦自不待言，但也没有多少新鲜的冲动，反而对此后的艰难思虑过度。而中共长期在野，为了生存而挣扎，而由此带来的旺盛战斗力不可低估。蒋介石与国民党有执政党的优势，但也背负着包袱；毛泽东与中共有着资源掌控上的劣势，但也没有太多包袱。

（2）在个性方面，蒋介石遇事优柔寡断，对部属不够信任，事无巨细，事必躬亲，执行力较弱。毛泽东则遇事果断，善于发挥其“抓主要矛盾”的哲学理念，信任部属，执行力强。

所有这些因素加在一起，不仅作用于时局的发展，也深刻地影响着抗战胜利后国共力量消长的基本态势。

七、蒋介石与“李闻惨案”的善后处置

1946 年 7 月 11 日，著名民主人士、中国民主同盟中央执行委员李公朴在昆明遇害，激起极大民愤。7 月 15 日下午，中国民主同盟云南省负责人、著名诗人闻一多在李公朴先生追悼会上发表《最后一次演讲》，谴责枪杀李公朴是“昆明出现了历史上最卑劣最无耻的事情!”，表示绝不会被吓倒:“你们杀死一个李公朴，会有千百万个李公朴站起来”。当天，闻一多即被杀害。富有影响的学者与民主人士相继被杀，尤其是闻一多是在光天化日之下遇害，引起舆论哗然，昆明学生的罢课游行示威活动波及至云南全省，广大师生要求国民党当局追究责任，惩办凶手，演成影响全国的政治事件。各界群众都将矛头指向国民党及其特务，有人甚至认为，如此高层的政治谋杀背后一定有蒋介石的指使。最典型的一种说法就是:“虽然目前尚未见到蒋介石同意杀害李闻的手令或其他文字材料，但也不能排除蒋曾有口谕或默许的可能性。”

那么，到底是否蒋介石授意杀害李公朴、闻一多?“李闻惨案”发生后他的态度如何，又是如何处理应对的呢? 1946 年 7、8 月间的《蒋介石日记》对此有所记载，可以为这段“公案”提供些新的线索。

学者闻黎明先生（闻一多的孙子）曾著《李闻惨案之善后》一文（《近代史研究》2011年第4期），对“李闻惨案”善后过程中各方的角力有精辟分析，其中也引用蒋介石档案与日记讨论了蒋处置“李闻惨案”的态度与手段。在此拟以时间先后为序，把蒋日记中所有涉及“李闻惨案”的内容全部披露，以使读者对蒋在处理善后过程中的态度、决定与心理动机有更全面的了解。

1. 蒋介石得知“李闻惨案”

1946年7月11日李公朴遇刺后，蒋介石并无所记。7月14日，蒋介石乘飞机到九江转上庐山，一则避暑，一则在此与来华调停国共关系的美国特使马歇尔协商。1937年7月，蒋介石在此发表著名的“庐山谈话”，中国进入全面抗战时期。九年后抗战胜利，他故地重游，感觉良好。然而，他的好心情没有维持多久。

7月17日，蒋介石日记中第一次出现了“李闻惨案”（据闻黎明的研究，16日云南省主席卢汉向蒋报告闻一多遇刺案），他记道：

> 昆明连出暗杀案二起，先李公朴，次及闻一多，皆为共党外围之民主同盟中党酋，应特加注意，撤查其凶手，以免共匪作污陷之宣传。最可耻者，以此案出后，在昆之民盟酋首八人皆逃至美国领事馆，求其保护。此等智（知）识分子而且皆为大学有名之教授，其求生辱国，寡廉鲜辱耻，本时期自夸所谓不牺死者，而其牺至此，书生学者毫无骨格乃如此也，可痛！（1946年7月17日）

这段文字中，蒋介石把李闻惨案定性为“暗杀案”，对李、闻遇害不仅未表同情，反而对他们及民盟成员充满着轻蔑，甚至是谩骂。蒋所关心的是事件不要让共产党利用，“作污陷之宣传”。还需要说明的是，这段文字是蒋记在当日的“注意”栏目下的第七条，并非特别重视。蒋介石对自由主义知识分子与学生运动没有好感，1945年年底昆明发生学生运动，蒋对卢汉等人指示处理方针，其中一条是不得已时解散西南联大，理由是“该校思想复杂，秩序紊乱，已为共匪反动派把持，不可救药矣，自由主义误国害学之罪甚于共匪，为不可宥也。”（1945年12月7日）

次日，蒋介石宴请马歇尔及美国新驻华大使司徒雷登。美国人向蒋提出，张君劢认为生命安全已无法保证，要他们为昆明的暗杀对蒋介石发出警告。蒋对“告洋状”的举动十分反感，评论道：“此等投机小肖，寡廉鲜耻要不是道，惟可证明无识者必无胆，是对人之心理又一发明也。”（1946年7月18日）7月20日上午，蒋介石约司徒雷登谈话，其中重要的内容是：“对昆明暗杀案拟重申无威力之人民与党派，政府应负责保护其生命与自由”。这次谈话的背景是，李闻惨案发生后，美国驻昆明领事馆将可能被害的10多位民主人士接到馆中保护起来，司徒雷登等当面对蒋转达民主人士的要求，明显表现出对云南治安的不信任。这使蒋甚为难堪，不得不做出澄清与保证。此时蒋亟须美国的支持，美国人的关注与介入，始终是蒋处置“李闻惨案”时的重大压力。

蒋7月20日的“本星期反省录”中写道：“昆明李闻被刺案，殊所不料。干部之无智（知）识，徒增政府情势之险恶，领袖地位之不利，可痛之至。”“殊所不料”四字，显示蒋事先并不知情。（这也可从沈醉的回忆中得到印证。沈回忆说，蒋曾从庐山打电话到南京责问军统毛人凤，毛回答不知是什么人干。）但接着“干部之无智（知）识”等看，蒋开始就断定暗杀是其部属所为，只是时机不对，给他添乱。蒋把处理昆明暗杀列为下周工作的

第一项，决定令云南警备司令霍楑彰到庐山报告情况，“再定处置。”（1946年7月21日）

7月23日下午，蒋介石“研究昆明追究凶案情”，给霍揆彰写信，晚上与云南省主席卢汉聚餐，“听取其报告”。24日，蒋再接见卢汉，谈暗杀案，允诺增加卢汉的权力，让其主持云南党政会报，同时下令云南守备机场与沿途的部队“不准再行检查”，以消除当地民众的恐怖情绪。蒋同时催促霍揆彰到庐山。蒋介石在见了卢汉后，对案情已基本了解，故于7月25日初定了“彻底究办”此案的“应注意之点”：

> 甲、反动派必以此加强其政府暗杀反对党人之罪恶，更将诬陷为一“法息（西）斯”党矣；乙、对霍处置之方针；丙、公布与审判之准备；丁、宣传技术之注意；戊、政府应主动彻究此案；巳、凶手之口供及其行刺之动机；庚、被刺者咎由自取乎；辛、使投机与附共者有所警惕；壬、问霍能否自动彻究此案。（1946年7月25日）

蒋所注重的有两层：即如何对付反对者利用惨案所进行的宣传，如何从技术层面进行善后，尽快了结。他对惨案的被害者没有丝毫的同情，甚至想制造“被刺者咎由自取”的假象，以杀鸡儆猴，吓倒“投机与附共者”。当晚，他接见了奉命上山的霍揆彰，结果是大发雷霆。蒋在日记中记道：

> 晚课后召见霍揆章，彼犹呈其假造人证与共供，其幼荒谬极矣。乃面加斥责，并明告其所部之所为，且指出其行刺之人名，即令彼自想此案之办法而退。再令张镇宪兵司口(此处一字不清——引者注) 谈，指示其与霍研究手续与要口（此处一字不清——引者注)。临睡已十二时矣。(1946年7月25日)

蒋之所以发火，是霍在上山前拼凑“假案情”与证据，企图嫁祸他人，开脱自己。蒋已通过其他的渠道了解案情（据沈醉回忆，案发后，蒋即命警察总署署长唐纵赴云南彻查），故当面斥责霍的假报告。可是，蒋仍要霍等提出具体的善后办法。蒋习惯早睡早起，晚间12点睡对他是“熬夜”理政。

7月26日上午，蒋约见宪兵司令张镇与霍揆彰，共同研究昆明刺案。当晚，又约陆军总司令顾祝同及张、霍等晚餐，要求他们同返昆明，查处案件。次日一早，蒋又单独见顾祝同，“指示昆明案处理方针”。此后的两天，蒋日记中未有关于“李闻惨案”处理的记载。推想蒋大致认为对惨案的善后已在掌控之中，可按步就班进行。

2. 美国人对蒋施压

7月30日，马歇尔与蒋介石见面，专谈“李闻惨案”：

> 正午，马歇尔来谈，彼以昆明暗杀案比内战之消息使美国影响更恶为矣，其意中告余允民主同盟之请求，准彼党共同侦察也。余婉却之。此事自当由政府负责调查，如其调查结果公布后，认有怀疑之点，自可组织有关团体参加研究。彼以为然。总之，昆明之案无论对内对外皆增加政府与余个人之艰难口口（此处二字不清——引者注），更使共匪在时局面上转败为胜。霍之罪孽无穷。（1946年7月30日）

美国人的介入使蒋的压力倍增，他日记中痛骂霍揆彰“罪孽无穷”，开始失态。蒋在“上星期反省录”中记道：“昆明李闻被刺案暗又予反动派以‘法西斯’恶名之诬蔑。干部无知幼稚，殊令人啼笑皆非。本周几乎全为此事增加烦恼之苦痛也。”在“上月反省录”中记道：“昆明李闻暗杀在政治上实予政府以重大之打击，所部无智，徒增苦痛。”蒋介石已确定，是部下为讨好他而制造了“李闻惨案”，结果让他“啼笑皆非”，受到指责与牵连。

“李闻惨案”的基本事实已清楚，但如何处置下属，如何善后，何时宣布处置结果，让蒋介石大费周章。

8 月 3 日上午，陆军总部副参谋总长冷欣晋见蒋介石，提交了“李闻惨案”的所有口供。蒋审阅后发现“破绽甚多”，要求冷欣“指正”。次日，蒋又当面向冷欣指示“对昆明案件处理程序”。蒋在“上星期反省录”中写道：“昆明李闻暗杀案处理方针与办法虽定，而尚未宣布”。显然，蒋并非想彻底清查，只要求下属做到尽量不出“破绽”，以应付各方。同时，蒋也在等待合适的时机宣布最后处置。

8 月 6 日，蒋记道：“下午，考虑昆明案件处理方针甚切，幸得上帝指示改变前定办法。”从日记中找不到在祷告中上帝是如何指示他，及他在多大程度上改变了之前的办法。但蒋当晚召见空军总司令周至柔“授处理方针”，命周飞昆明落实。次日，蒋介石记道：“朝课后派至柔飞昆明，指示处理暗杀案方针，必须撤究严惩霍揆章（彰）方得其平也。”（1946 年 8 月 7 日）由日记的逻辑关系推论，蒋介石原先似不想严惩霍揆彰。8 月 10 日，蒋接见回到庐山的周至柔听取报告，指示周再飞回昆明，“传达意旨”。

8 月 15 日，军事合议审判法庭对暗杀闻一多案凶手举行第一次公审。8 月 18 日，冷欣受顾祝同之命携带对闻被判案审判供词及相关报告飞到庐山，呈交给蒋介石。蒋批阅至深夜，“研究至再，未能决定办法，十一时睡。”次日，蒋向冷欣下达了“对昆明案决定要旨及公布方式。”做出了最后的决定。蒋日记中详细地记了自己的感想与决定：

> 共匪猖狂异甚，美国压力续增，艰难可云极矣。而又加上昆明暗杀案使万目睽睽，中外注视，敌党匪部皆以此为集中攻讦诬蔑之目标，而对霍揆章之愚拙粗暴，可痛可愤，但又不能不为之恕谅，殊令人受

意外之打击。可说近年以来，无论外交内政如何困苦，未有如本案处置之拮据也。

今晨六时点起床，朝课后拟定处置办法，决将二凶犯枪决，而将霍革职交顾总司令看管，待李（公朴）案破获后，再定霍之处。如此先将闻案解决，告一段落，再观舆论之变化也。（1946 年 8 月 19 日）

8 月 20 日，蒋介石凌晨即起，“默念昆明案件”，他上午召见冷欣，“谆属其转告顾总司令注意之事。”大概就是将前一天确定处置办法交顾祝同等办理：枪毙两凶犯，将霍揆彰革职管束。

在“李闻惨案”处置善后过程中，蒋介石非常注意舆论的态度，尤其是美国舆论的态度。8 月 22 日下午，蒋“总览美国舆论”中关于“李闻惨案”的报道，大受刺激：“以论坛报对我文告社评为最坏，咸以昆明暗杀案件指明为余部下所为矣，更加深刻。心神顿受刺激。美国受共匪宣传之深，几乎牢不可破矣。”（1946 年 8 月 22 日）次日，蒋再次审阅昆明闻一多被刺案之全卷，指示应注意的“要点”。晚上，蒋仔细阅读《申报》所载昆明闻案公审情形，发现报道中多与其“所要指正者有碍也。”蒋再次召见冷欣，“补充数点后，令即赴滇。”从前后文推想，蒋所要求补充的应是针对《申报》报道的质疑。

8 月 25 日，在昆明举行闻案第二次公审，判决结果是将两凶犯汤时亮、李文山判处死刑；警备总司令霍揆彰革职，交陆军总部看管；李公朴案“严饬速缉务期破案”。至此，李闻惨案的处置告一段落。蒋 8 月 26 日的日记如下：

昆明闻一多被刺案，凶手已判决处死。昨日正式宣布，同时将霍揆章（彰）革职妥管，以平公愤，对其特务营以及所有关系人员一律监禁与解散。如此或可告一段落。然而困难、痛苦与受辱未有如此案之甚者也。而李公朴案则犹未解决，只可作为悬案乎？（1946年8月26日）

而在蒋8月底所记的“上月反省录”中，与“李闻惨案”相关的内容是：“闻一多被刺案已审判公布，告一段落，此为月内政治上最烦恼之一事，竟有一解决，亦得自慰。”读来颇有些解脱困境的快感。

3. 简单的结论

以上是7月17日至8月底蒋介石日记中关于李闻惨案的全部记载，时间点上与惨案的善后过程处置重合，大致能勾勒出蒋与“李闻惨案”的关系的基本轮廓。似可得出以下几点简单的结论：

（1）蒋介石事先对李闻惨案并不知情，惨案发生后，他颇感被动。最近笔者在南京市档案馆查到1946年8月7日蒋介石致南京市长的电报，命令以昆明等事件为例，严密防范暗杀案件，“尤其对于非武装之各党派人士并应妥为保护，”可见他对暗杀事件也是有所忌惮：

南京市马市长：查人民生命财产之安全，政府负有确切保护之职责，讵意迩来昆明、开封等地竟先后发生暗杀案件，无论其情由如何，各该地方之军政当局，职守有疏，均难辞咎。诚恐不肖之徒阴谋未已，为特严切通令，仰切实注意，周密保护，尤其对于非武装之各党派人士并应妥为保护，不得稍事疏虞，否则倘有任何意外发生，均惟各该地军政当局是问，除分电外，希各凛遵并饬属遵照为要。中正。未江。①

① 南京市档案馆藏，档号：10030010276（00）0002。

(2) 在惨案性质的认定上，蒋介石深信涉案下属的忠心，对遇刺李闻等人也无丝毫同情，只是觉得下属无智，时机不对，令他“啼笑皆非”。有趣的是，在蒋日记中，霍揆彰的名字始终被误写为“霍揆章”。

(3)“李闻惨案”的善后工作，一直在蒋事无巨细的亲自过问下进行。国内外的压力，尤其是来自美国的压力，使蒋不能不认真处理此事。蒋的出发点并非查清真相，缉拿真凶为死者昭雪，而只是在不出漏洞的情况下敷衍，应付危机。

(4) 在处置凶手方面，蒋8月6日前后态度有所转变，此前想丢卒保车，降低处分层级，之后才不得不抛出霍揆彰以平息民愤。在这一过程中，他非常注意舆论的风向。

(5) 在善后的总体策略上，蒋步步为营，见风使舵，凡事没有证据没有压力就不认账。他将前后相连、性质相同的李公朴案、闻一多案分成两个案件，只查发生在光天化日下民愤更大的闻一多案，对发生在夜间案情复杂的李公朴案则搁置，让其变成“悬案”。如此，割断两案间的联系，减少对国民党当局的冲击力。单从技术层面看，蒋介石还是成功的。

综合考察，笔者同意闻黎明先生的观点，即蒋介石对李闻惨案的处置，尤其是对闻一多暗杀案的处置是其统治大陆时期罕见的例外，此前的政治暗杀案最终都不了了之。在处置闻案时，蒋介石亲力亲为，派出数员大将，最后公审处决凶手，并革职封疆大吏。这样的举措，前所未有。蒋介石日记为我们观察这个例外提供了独特的视角。

如果把蒋介石处置李闻惨案善后的过程当成是他一生中应对各类突发性事件的个案来观察，或许值得研究的东西更多。

八、蒋介石仓促任命陈诚为台湾省主席的秘密

1948年年底，蒋介石与陈诚几乎同时处在各自生涯的一段“谷底”：蒋介石的地位受到来自桂系的巨大挑战，面临下野；陈诚则因东北战败，在国民党内备受责难，被解除职务，有人甚至直呼“杀陈诚，以谢国人”。

陈诚虽是蒋介石最信任的将领之一，现有的研究多指蒋任命陈为台湾省主席是其下野前处心积虑的安排。但《蒋介石日记》却显示，这个任命有一定偶然性。当时，蒋介石内外交困，用人捉襟见肘，而陈诚恰巧在台湾养病已半年，可就近上任。

1. 陈诚匆忙上任

蒋介石在1948年11月开始考虑更换台湾省主席之事，他最初考虑的人选并非陈诚。在国民党内对陈诚的一片责难声中，蒋虽刻意袒护，但日记中对陈也有微词：“辞修由东北回京，精神萎靡，病态益著，更增忧戚。”在蒋1948年下半年的日记中，很长时间没有出现过陈诚的名字，换言之，陈一度淡出蒋的视线。11月8日，在台湾养病的陈诚托人给蒋带信，称“迩来身体日有进步”，而担忧时局危急，“深愧未能为钧座分劳”。言下之意想出

山为蒋分忧。蒋并不领情，仅简单回复称："此时弟仍应适心修养，不必以时局为虑。"之后的一个月里，陈诚连续5次给蒋去函电，或长篇建议，或通报情况，其中不乏效仿蒋赴永丰舰助孙中山于危难的想法，并有"誓共患难，共支危局"之表示，蒋均未回复。

到12月，蒋介石明显感到美国与桂系的双重压力，着手下野前的部署。12月23日，蒋才想到要启用陈诚，他在日记的"预定"事项中记道："三、辞修任衢州绥靖主任"。25日，蒋又记道：

> 1. 辞修任衢州绥靖主任；2. 霓（翁文灏）调台湾主席；3. 经国（蒋经国）台湾省党部主委。（1948年12月25日，"本星期预定工作课目"）

可见，在蒋最初的考虑中，台湾省主席由翁文灏担任，陈诚仍任军职。1947年平息了"二二八事件"之后，为安抚民心，蒋介石特意选择文官魏道明接替军职的陈仪出任台湾省政府主席。蒋初定替代魏的翁文灏也是文官。他为何在4天之后突然改变主意，命陈诚任省主席，不得而知。以常理推论，蒋可能考虑到稳定台湾需要强力的军界将领，陈已在台湾，情况较熟悉，并可就近迅即就任。

1948年12月29日，蒋介石发布命令，由陈诚任台湾省政府主席，取代魏道明。此一决定事先无人知晓，两位当事人也蒙在鼓中。魏道明奉蒋之命将电令交给陈诚时说："如此重大人事调动，总统事先未征询你我二人的意见，是因时局已有重大变化。"

一些黄埔嫡系将领对陈诚此前连吃败仗尚耿耿于怀，他们当面反对蒋介石再度重用陈诚。这令蒋意外而气愤，他在日记中写道：

> 正午，约宗南聚餐。黄埔第一期关麟征、胡宗南等皆反对辞修任台湾主席，空军方面亦如之。此意外之事。当此危局，彼等犹以个人

恩怨惟念，决无悔悟团结之心。黄埔不幸至此，诚死无葬身之地，不胜其悲伤之感。(1948 年 12 月 30 日)

陈诚在接到新任命前毫无所知，他在回忆录中表达了受命时的惊诧：

中枢发表我为台湾主席，不独事先没有征得我的同意，且也没有正式命令，只于 12 月 29 日那天晚上 9 点多钟，由魏道明先生转奉总统一个手启电报，电文很简单，仅“决任弟为台省主席，望速准备”寥寥十数字而已。①

陈诚不明就里，猜测蒋是要借重其军事才能来稳定台湾，故当晚向蒋介石建议，仍由魏道明任省主席，他自己“在军事上负责部分责任……以树复兴之基础”。蒋介石根本不理会，急不可耐地于 1949 年元旦当天去电，催促陈立即就职：“命令业已发表，应照伯聪兄（魏道明）之意从速交接。省府厅处改组人选，亦盼速保，暂时或多用原班旧人，以便先行交接。总以勿再游移为第一要义。”次日，蒋再去电催促，用词更加急切：“为何不速就职，若再延滞，则必夜长梦多，全盘计划完全破败也。何日就职？立复。”

台北“国史馆”所藏“陈诚档案”的文件显示，陈诚接令后不敢再迟疑，向蒋报告将于 1 月 5 日就职，并表示将竭力不负所望：“此次钧座命职主台，环境情形，自在意料之中。奉读电示，更当尽瘁图效，勉副厚望。”陈上任后，认为大局恶化，台湾百废待举，向蒋报告亟待解决的三个问题：一是收拾民心，“台湾光复三年，一切基础，尚未树立，地方对中央，每多疑惧。人民视政府，无非剥削”；二是军政机关迁移，应有整个计划，除最重要者迁台外，“余宜先以闽粤赣各地为立足点”，不宜蜂拥而至台湾；三是“扭转

① 《陈诚回忆录：建设台湾》，第 5 页。

颓势，在争取民心。而治安要义，则在不与民争利。”蒋介石同意陈的看法，并亲拟6条“治台方针”，交陈遵办：

一、多方利用台籍学识较优、资望素孚之人士，参加政府工作。

二、特别培植台湾有为之青年与组训。

三、收览（揽）人心，安定地方。

四、处事稳重，对下和蔼，切不可躁急，亦不可操切。毋求速功速效，亦不必多订计划，总以脚踏实地、实心实力实地做事，而不发议论。

五、每日特别注意各种制度之建立，注意治事方法与检点用人标准，不可专凭热情与个人主观。

六、勤求己过，用人自辅，此为补救吾人过去躁急骄矜，以致今日失败之大过。望共勉之。①

这6条方针可谓语重心长，细致入微。若仔细分辨，前3条是治理台湾的方法，后3条是针对陈诚个性与处事方面的弱点提出的具体改进意见。

1949年1月21日，蒋介石宣布下野。当天，蒋离开南京飞往杭州。陈诚本拟从台北飞南京向蒋请示，途中得到电报蒋已离京，便改飞杭州，在第一时间与蒋见面。在随后蒋介石与李宗仁的纷争中，陈坚定地站在蒋一边，凡事向蒋请示汇报，对李则虚应敷衍。5月中旬，陈诚觉得蒋受李宗仁侮辱，电请蒋直接飞台北指挥：“读李（宗仁）之谈话，深感领袖受辱，干部之耻也。彼辈只知利害与力量，决不能以理喻与情动。乞钧座迳（径）飞台北，一切不必顾虑。”

① 《手谕治台方针》（1949年1月11日），《陈诚先生书信集：与蒋中正先生往来函电》（下），第726页。

陈诚上任后，在蒋的指示与支持下，为稳定台湾局势做了大量工作，如1949年2月颁布“入境管制办法”，3月通过“三七五减租”办法、粮食增产计划和政府统筹教育经费计划，6月颁布“台湾省币制改革办法”等。这些措施在一定程度上确保了台湾政治、经济与社会秩序的基本稳定，为国民党政权迁台与蒋介石复职奠定了基础。

1949年12月7日，国民党政权正式迁台，事先蒋介石特意指示陈诚，台湾方面要有表示，以营造欢迎的气氛：“政府决迁台湾，须特别欢迎。望台民意机关多有精神拥护之表示。”陈诚积极配合布置，回复道：

> 顷将政府迁台消息，向三十九年（1950）度行政会议大会报告。当即由黄议长朝琴同志，表示台湾民众，一向拥护中央，自当一致欢迎中央政府来台。全体会员四百余人，（各县市参议会正副议长及农工商各界代表均参加）热烈鼓掌，表示拥护欢迎。除各民意机关团体另电公开表示外，谨闻。①

蒋介石仓促任命陈诚时确有期待，但应该没有陈诚一定能帮他守住这个其后半生赖以立足的岛屿的把握。

2. 陈诚谈话风波与蒋的不满

蒋介石匆匆任命陈诚为台湾省主席，事先未征求其同意，亦不交待其具体责任与任务，只一再催促陈立即交接履任。陈诚于1949年1月5日匆匆就职后，依惯例于1月11日对记者发表谈话，阐述“主政台湾”的理念。

蒋在六条“治台方针”中，嘱陈诚“实心实力实地做事，而不发议论”，

---

① 台北“国史馆”藏，“蒋中正总统文物”，案卷号：002/020400/00032/147。

但蒋见到陈在记者会的言论十分震怒，认为其张扬高调，“不自知不反省，诚无望矣。”并立即手拟电令，“痛斥其对记者之狂语”。蒋斥责陈诚的长篇电文现收藏在台北“国史馆”，全文如下：

> 台湾陈主席：昨电谅达。刻阅报并承重要同志来谈，对弟在记者席上谈话皆多责难，实令中无言以对，且闻弟对何浩若许多主张，属其转达在京同志，此种作风仍是过去一套，毫未有自反改过之意，殊为弟危也。若经过已往重大教训而竟对如此之大失败犹不反省，对于本身之处境亦并不顾及，此不仅不能成为政治家，而且令人徒增悲叹与绝望也。须知此时何时，台湾何地，尚能任吾人如往日放肆无忌，大言不惭乎？台湾法律地位与主权在对日和会未成以前，不过为我国一托管地之性质，何能明言作剿共最后之堡垒与民族复兴之根据也。岂不令中外稍有常识者之轻笑其为狂呓乎？今后切勿自作主张，多出风头，最多当以中央主张为主张，如对记者所言，则与中元旦文告完全背反，使中外人士对弟有莫名其妙之感，务望埋头苦干，思过自责，再不受人嫉忌，力避为人指摘，则可为幸甚。中正手启。①

蒋在电文中用了“毫未有自反改过之意”、“放肆无忌，大言不惭”、“多出风头”等词句，均非常严厉，而要求陈诚“埋头苦干，思过自责”，则显示出极度的不满。可以说，陈一上任即遭蒋严厉的批评。

蒋介石对陈诚的不满一直持续。1949 年 7 月 7 日，是全面抗战爆发 12 周年纪念，蒋介石面对大陆败局，抚今追昔，痛责陈诚等高级将领面对惨败仍“骄横自大，惟争权夺利各不相下”，感到“愤怒忿激”。当时，福州等

① 台北“国史馆”藏，“蒋中正总统文物”，案卷号：002/070200/00024/058。

处战事甚急，蒋决定组织“东南长官公署”应付战局，委陈诚负责。陈却拖延不就，“各种刁难，不顾大体”，以至蒋“不得不加以斥责”。事后，蒋又有些后悔，他断定陈诚“褊狭”，不能望其成事，“因之悲愤痛斥，其实太过矣”。然而，陈诚之后又借故拒绝蒋从台湾拨借军粮给福建的要求，且派人到广州向蒋介石面呈辞职信。蒋虽对陈不满，但又找不到合适的人选替代，故既气且恼，只能以不拆陈的辞职信、不回复的办法来应付，“因拆视更生苦恼，恐误要务耳”。蒋无奈地感叹道：

革命到此悲境，甚叹往日罪孽深重，不孝不德致遭今日之严惩，自觉犯为未足也。祈天佑之。(1949年7月19日)

蒋得到的情报是，陈诚之所以坚不就东南长官职，是怕蒋“干涉其职权”。8月中旬，蒋介石关于约陈诚谈话的日记，显示其对陈既怜惜又痛恨：

正午，与辞修谈话，见其体弱面瘠，不胜忧虑。而心理病态多疑不决，以致诸事延误，尤其福州军事紧张，而东南长官部拖延不就更为着急，故训斥之。未知其果能觉悟否？（1949年8月12日）

这次谈话后，蒋认为陈诚仍未“悔改”，便在次日让顾祝同向陈诚转达狠话，他不会接受陈的“凌辱与抗拒”：

余受内外侮辱欺凌，忍痛茹苦，已勿能胜，如欲再受一般干部之凌辱与抗拒，为人所讥刺，则余年越六旬，决不能忍受。如欲余在台而不预闻军政，亦决不可能。余今正欲发奋图强，矢志雪耻之时，如其真不愿就东南长官职，应即实告，俾可另选，切勿延宕时间。(1949年8月13日)

福州战事期间，蒋日记中涉及陈诚的记载，均是“痛心”二字：“今日甚感辞修之病态可痛，与将领之罔信自私，负上欺下为更可痛也。”(1949

年 8 月 17 日)“福州失陷，台湾如此危急，而辞修事事消极，表示不负责任，更为痛心。”(1949 年 8 月 18 日)

直到后来，陈诚在蒋主持的马公会议上承认过错，表示“悔悟之诚意”，蒋介石才“闻之大慰”。但他对陈诚的猜忌并未彻底释怀。

九、神秘的“白团”

提到1949年国民党军队到台湾后的“蜕变”，大多数人能想到的是美国的军事援助与美军顾问团。其实，最早对国民党军队进行改造的，不是美国军事顾问团，而是来自一个由旧日本军官组成的顾问团，这个被称为“白团”的神秘组织的面纱，一直到最近才被揭开。

1. 蒋介石走投无路聘日本旧军官

国民党军队在大陆全面溃败，证明其各级军官的无能与军事素养低劣，需要严加培训，可培养他们的师资又在哪里？困境之中的蒋介石四处无援，居然想到请日本教官对国民党的中高级军官进行培训，早年在日本学习军事的蒋对日本的军事教育印象极佳，即使在抗日战争期间，他也时常称赞日本官兵的军事素养。而到台后的蒋能与日本旧军官联络上，得益于他在抗日战争结束后对部分侵华军官，尤其是冈村宁次等人的“以德报怨”政策。日本投降后，蒋介石出于日后对抗共产党的需要，对在中国罪恶累累的日军在华最高长官“支那派遣军总司令”冈村宁次等人予以宽大处理，让他留在中国暗助其“剿共”。由于蒋介石等人包庇，在1949年的军法审判中，冈村宁次等一批侵华日军军官竟被判决“无罪”，由汤恩伯护送回日本。消息一出举国哗然，甚至连“代总统”李宗仁也要求将其引渡回中国，重新审判。

国民党军在大陆节节败退之时，美国表明其“弃蒋”政策。蒋介石向冈村宁次提出希望在军事上协助的要求，而冈村等一批得到过“庇护”的旧日本军官也“知恩图报”，密商组织力量帮助蒋介石。

1949 年 7 月，冈村宁次等在日本秘密招募旧军官，最后选定由曾任日本第二十三军参谋长、华南派遣军参谋长的富田直亮（化名“白鸿亮”，以下即称其为“白鸿亮”）少将为总领队，前海军少将山本亲雄（化名“帅本源”）与前炮兵大佐李乡健（化名“范健”）为副领队，率队前往台湾。他们中的大多数人参加过侵华战争，少量人参加了太平洋战争，有丰富的作战经验。“白鸿亮”（富田直亮）通谋略，曾在华南战场上指挥日军攻城略地，无恶不作，施放毒气杀害中国军民，战后被关押，但未经任何审讯便跟冈村宁次同船被遣送回日本。他对蒋介石很感激，在住所内悬挂蒋介石的照片。为掩饰其身份，所有日本军官也均以中国化名。日本参谋团所以取名“白团”，一方面是因为领队化名“白鸿亮”，另一方面是要帮助蒋介石以“白”来对抗“赤色”共产党。“白团”组成后，所有成员在东京的一家旅馆签下“血盟书”，保证效忠于蒋。

蒋介石聘请旧日本军官的方式，与其在 20 世纪 20—30 年代聘请德国顾问有相似之处：都是由其私人邀请而非“政府间”合作，顾问均是退役而非现役军官，顾问的责任都是协助对共产党作战与训练军队。聘请“白团”旧日本军官的事情是在极端秘密的情况下进行的，蒋介石命令彭孟缉负责此事。此时，日本军人在侵华战争中烧杀抢奸，犯下的滔天罪行尚未清算，请其来当“座上宾”，这是任何有良知的中国人感情上所不能接受的。而且在军事上讲，日军是向中国军队战败投降的，是“不能言勇”的手下败将，有何能耐训练指导中国军队?！即使有与共产党作战的压力，蒋介石这种不顾民族大义“认贼为友”的行径，也要受国民党人的指责。

对“白团”这么重要的事情，蒋介石日记中不能不记，又不敢明确地记，故相关的记载十分隐蔽，多数情况下以“日本教官”来称之，需要配合其他资料才能理出脉络。蒋介石在1949年10月23日记：“下午约经儿（蒋经国——引者注）与彭孟缉冒雨视察圆山训练班址及北投招待所。”这可能是其日记中关于“白团”的最早记载，因为日本旧军官担任的是圆山训练班的教官，北投招待所是“白团”的住处，而彭孟缉则是蒋与“白团”的联络人。

11月1日，富田直亮飞抵台北。两天后，蒋介石接见了他们：“九时，见根本博与(汤）恩伯。十时，见富田直亮等，指示其工作与慰勉之。”(1949年11月3日）10天后，蒋又记“约日员白鸿亮等茶点毕”。大约在此时，日本旧军官均启用了中国名字。白鸿亮随后跟蒋介石飞赴重庆，协助国民党军作战，蒋介石两次提到在重庆与白鸿亮单方作战计划事。

至1950年年初，先后到达台湾的旧日本军官达19人，这是“白团”的最初班底。“白团”在台的最初任务是设计台湾防卫计划，帮助蒋介石重整军队，尤其是施予精神教育。台湾军方将“白团”成员安排在台北以西的军事基地内。那里建有日本式房屋，树林茂密且戒备森严，保证外人无法接触。

1950年1月初，蒋介石记：“召见彭孟缉，商议日本教官参观凤山训练情形。……约岳军、雪艇、立人聚餐，谈英美外交关系及李白态度。”(1950年1月7日）由这段日记可以推测，到此时，聘请旧日本军官的事情连张群、王世杰、孙立人这些蒋十分倚重的人尚不知晓。如何向自己的部下说明，蒋也没有把握，他把“任用日员之理由说明”列为需要考虑的重要问题。

1月12日，蒋介石第一次向其高级将领说明任用旧日本军官之事，遇到抵制，他在日记中记道：“正午，研讨用日本教官事，征求高级将领意见，多数仍以八年血战之心理难忘，此固难怪其然，故对日人之用法，应另为检讨也。”（1950年1月12日）以蒋介石的权威，而多数人仍敢反对，是因为理由太充分了，八年抗日血战相去不远，如何能接受敌人的“训练”。蒋介石也不得不接受反对意见，表示要“另为检讨”。然而，在当时四处无援的情况下，蒋利用旧日本军官训练部队的主张是坚定的。他后来想到的办法，就是在其“革命实践研究院”之下，分设“圆山军官训练团”，从部队中选拔年轻、有一定文化、体格健壮、“反共意识强”的上士以上官兵数千人，由“白团”教官，实行半封闭式军事训练，以期两年后全军推广。“圆山军官训练团”团长由蒋介石亲自兼任，彭孟缉任教育长具体负责。

1950年5月21日，军官训练团开学，蒋介石亲自主持开学式，并对参训军官“点名训话”，他在训话中不但向军官们说明“聘请日本教官之重要，与中日将来必须合作团结之关系”，而且在聚餐后又“讲解‘大亚洲主义’之要义。”（1950年5月21日）蒋介石在此时既用现实需要为自己的行径辩解，更搬出了孙中山“大亚洲主义”做挡箭牌。1924年孙中山在日本演讲“大亚洲主义”，强调“亚洲”与“欧美”的对立，有争取日本支持的现实背景，曾被别有用心的日本人篡改来搞“东亚共荣圈”，侵略中国。汪精卫也曾以此为其卖国行为张目，此时蒋介石也搬出孙中山与“大亚洲主义”的招牌来为自己的行为遮羞。次日，蒋介石“召见日本教官训勉”。（1950年5月22日）这可能是蒋第一次与“白团”成员见面。蒋介石也担心团员的反日情绪会影响训练质量，“甚恐学员对过去敌意难忘与自大自弃，不能虚心受教获益”，故他时常去视察训话，与团员谈话，了解情况，自称是“不遗余力”。训练团第一期共5个星期，他前后去对团员训话11次，对训练成果与日本教官的表现相当满意。他在日记中写道：

> 本周发现军官训练团之无限的希望，其团员多半优秀，超过其军、师长高级将领远甚。此为今后革命唯一之基业，故对于考核与组织亦不遗余力。而日本教官之教育得法与努力，卒使全体学员消弭敌我界限，以建立今后中日合作之基础，更足自慰。(1950年6月11日)

6月27日，蒋介石出席军官训练团第一期毕业典礼，他表示“此期训练之成效，实超过所预期者”。蒋对日本教官的态度更进了一步，如果说他以前还较含蓄有保留的话，现在变成了大肆赞扬，更将白鸿亮比喻为朱舜水，这天的日记中也第一次出现了“白鸿亮”的名字，他对学员强调要“尊师重道”，“令学员对（日本）教员须特别优礼与尊重。”(1950年6月27日) 朱舜水（1600—1682年）原名朱之瑜，明末清初著名学者，曾参与郑成功的反清斗争，失败后流落日本，传授儒学，在日本颇受尊重。蒋事后自己反省如此赞美旧日本军官，强迫中国团员对其特别优礼，也有“似或太过乎”的感觉。

训练团第一期的成功，使得蒋介石要继续利用日本教官办下去。蒋在10月的观察是，“训练课目与方法亦更进步，学员得益收获亦比以前数期更大”。更重要的是，“白鸿亮教官讲述武士道，对于学员感觉尤深。”国民党军队溃败后，军心涣散，毫无信仰，此时日本旧军人传授的“武士道”竟成了蒋介石收拾军心的救命稻田。(1950年10月7日) 蒋亲自制定了依靠“白团”扩大训练军官的计划，增建了新的学舍。到1951年夏天，“白团”规模达到顶峰时，日本教官竟达到83人，全是旧日本军队中从少佐到少将级的核心精英，有人折算，他们的参战与谋划能力相当于战前日军三个师团的参谋力量。

2.“白团”的归宿

蒋介石将“白团”在台湾当成最大的机密，知之者甚少，但终归纸包不住火。1951 年春天，还是有香港的报纸披露了神秘的“白鸿亮团”在台湾训练国民党军队的消息，并指责这是非常可耻的行径，足以证明蒋介石没有起码的民族尊严感。大陆方面也注意到此事，但当时并不太在意。大陆的基本判断是，前日本军官与国民党军队的结合，并不能构成多大的战斗力而威胁到大陆的安全。

对蒋介石更大的批评与压力来自美国。

美国军事顾问团到达台湾后，希望用美国的军制与装备改造国民党的军队，对蒋介石任用旧日本军官的行径提出批评，美军顾问团团长蔡斯在给蒋介石的报告中，要求解除对日本军官的聘任。这使蒋颇为头痛：“近日思虑最痛迫切之事，莫过于美国顾问团蔡斯报告其建议书，而对于日本教官今后运用之计划更为费心，在静坐与默祷时几乎不能遗忘。”(1951 年 6 月 3 日)“考虑美顾问对日籍教官之排除问题的解决办法颇久。”（1951 年 6 月 28 日）就在蒋犹豫不决之际，抗日战争期间担任过蒋介石私人顾问的拉铁摩尔又在华盛顿公开发表演讲，并撰文抨击蒋介石秘密招募以“白鸿亮”为首的一批日本旧军人去台湾训练军队的行为，批评其做法是“轻率的、非理性的。”这使得以“民族英雄”自居的蒋在国际上非常难堪。他不能不有所顾忌，指示有关部门进一步加强新闻封锁，否认“白团”的存在（多数台湾的民众也是近年才知道“白团”真相的）。同时，派人秘密地将山本亲雄等 57 名前日本军官送返日本。

美国的压力，使蒋介石利用“白团”的规模与方式有了很大变化，但却没有阻止蒋利用旧日本军官为其服务的决心。为了避开美军耳目，“白团”从1952年起转移到石牌，并改以“实践学社”之名继续活动。仍留在台湾白鸿亮等人深居简出，不再公开出面训练军官，转而着重于军事战略战术研究，为蒋介石及国民党高级将领提供咨询，他们编写各军种、兵种技术训练教材、讲义，化名出版。

白鸿亮等人仍隐蔽地不定期去台湾的陆军学校、装甲兵学校等军校授课。“白团”协助蒋介石培训军官的形式较多，有专门训练师团长、兵团参谋长以上高级军官的“长期高级班”，也有训练兵团参谋、连队长级军官的“短期中级班”。各类训练班用不同的名称来遮人耳目，如“党政军联合作战研究班”、“战史研究班”、“高级兵学班”、“战术教育研究班”、“动员干部训练班”等。

据不完全统计，经由日本军事教官在台训练的国民党各级军官约六千多名。蒋介石对经过“白团”的训练军官格外青睐，台湾军中一度有非经过“实践学社”培训不得晋升师长级以上军职的传言。蒋介石本人也是“白团”的听众。1951年蒋介石让白鸿亮专门为他讲“战争科学与哲学”达6小时。1953年，他又请日籍教官系统地讲解古今战史，包括“甲、太平洋日军失败之战史；乙、亚历山大；丙、菲特主大王；丁、拿破仑各战史。”并将此事记入当年的“总反省”中，称听完讲解后“皆有心得，于我今后作战之助益必多。”（1953年“本年度总反省”）

由于美国的反对，1953年后“白团”在台湾的规模与影响日益缩小，作为集体军事顾问与教官的作用消失。因而，美国方面也不再强烈抗议，蒋对此深有感受，在日记中写下：美国“对我在实践学社日籍教官之特别训练工作，而竟亦停止其抗议”。（1953 年 5 月 9 日）然而，蒋介石与旧日本军官的密切关系持续了很久。1956 年蒋日记中仍可见 3 条与“白团”有关的记载：

付白鸿亮款（注：白团资料在彭孟缉手）。（1956 年 4 月 21 日）

晡，见白鸿亮教官，约谈一小时，对于日本近情及中日情报合作与约其三军主官来台参观事，应加研究。（1956 年 6 月 11 日）

正午，宴日军事考察团，对日使痛戒日俄复交之后患。（1956 年 7 月 23 日）

结合这 3 条日记看，白鸿亮等人对于蒋介石的作用并不限于训练军官，他们甚至与日本军方有联系，曾协助安排台湾与日本的军事交流。

冈村宁次纠集一批前日本高级军官在东京成立军事研究所，对外号称“富士俱乐部”，定期开会，配合“白团”在台湾的需要搜集战史、战略与战术资料，分不同专题将数据资料寄送到台湾。至 1963 年，寄到台湾军事图书约 7 千余册，各类资料 5 千余件。1954 年，“白团”曾制定了“反攻大陆初期作战大纲之方案”，交给蒋介石参考。1958 年“八二三”大陆炮击金门。两天后，白鸿亮赴金门、马祖巡视防务，对守备区指挥部的作战有所建议，直接参与了金门防卫。

1963 年，“实践学社”关门结束。但白鸿亮仍被聘为台湾“陆军总司令总顾问”，他与江秀坪（岩坪博秀）、乔本（大桥策郎）、贺公吉（系贺公一）、楚立三（立山一男）组成“实践小组”，在陆军指挥参谋大学内工作，由蒋纬国当联络人。

旧日本军官组成的“白团”在 1968 年始全部撤出台湾，次年 2 月在东京正式解散，其时尚有 23 名成员。由于对蒋介石的忠诚等原因，白鸿亮本人则一直留在台湾，到1979年去世前才回日本。神秘的“白团”前后持续了18年，对台湾的军事影响较大。

一个显而易见的问题是，蒋介石为什么对有着官方协议来全面帮助他的美国军事顾问团处处防范，而要甘冒各种批评对偷偷摸摸地到来的日本旧军官有那么大的兴趣？除去他早年受日本军事教育、印象深刻外，从蒋介石个人的经验中或许能找到答案。历史上蒋介石打过交道的官方军事顾问团包括苏联与美国，这些顾问都背靠本国的政治军事资源，在支持蒋的同时，也维护其国家在中国的利益，对蒋并不“尊重”，最后多以不愉快告终。而日本旧军官完全受聘于蒋本人，听命与效忠于蒋，只相当于工具而不会干涉蒋的决策，这与20世纪30年代蒋介石与德国军事顾问团的关系相似，这是处于逆境而心理倔强的蒋介石喜欢的模式。在美国军事顾问团压迫蒋介石解聘“白团”时，蒋极端愤怒，在日记中写道：美国人在援助的同时，时刻不忘对他进行“侮辱与卖弄”，使他对美援有“受之有愧，而却之不恭之叹”，一度发狠地说：“我宁不接受其援助，而不愿再受其长此侮辱污蔑，以丧失我国格与士气也。”（1951年6月3日）

十、蒋介石在台湾复任“总统”风波

1950年年初蒋介石在台湾复任“总统”事件，不仅是蒋介石政治生涯中起死回生的一步，对当代台湾史与两岸关系也影响甚巨。透过对此事件可以了解20世纪50年代初期台湾政治的基本状况，也可以看出蒋介石在国民党内进行政治斗争时的基本立场、心路历程与政治手段。

1. 大陆时期蒋介石李宗仁围绕“复职”的较量

1949年1月蒋介石宣布下野后，国民党政权在军事上大规模溃败的局面没有改观，反而有加剧之势，“代总统”李宗仁无力控制局势。4月底，解放军渡过长江，占领南京，国民党政权南逃广州。10月1日，中华人民共和国在北京成立。蒋介石在亲信的怂恿下，开始考虑取李宗仁而代之的计划。

1949年10月8日，参谋总长顾祝同致电在台湾的蒋介石：“粤省西北与湘、黔军事已趋劣势；请毅然复任总统，长驻西南”。吴忠信、张群、朱家骅等人也纷纷向李宗仁施加压力，希望李声明“引退”。10月18日，蒋介石召集国民党中央设计委员会议，研讨其“复职”问题，得到了大多数与会委员的支持。当蒋就此向丁惟汾、吴敬恒等国民党元老征询意见时，却遭到了质疑。元老们认为，蒋介石宣布“引退”是依据“宪法”而行的，除非李宗仁诚心求退，否则，“蒋不宜径自宣布复职”。蒋此时不想负起国民党失败的领导责任，决定暂缓“复职”，继续以国民党总裁的身份于幕后操纵全局。

1949 年 10 月，李宗仁及国民党政府从广州逃至重庆，其所依仗的桂系势力逐步瓦解。蒋介石走上前台，加快“复职”步伐。李宗仁虽无力控制局面，但他将所有失败均归结为蒋的掣肘，将其玩弄于股掌之间：“蒋欺人太甚。起初，我并不想上台，是蒋强迫我做代总统的；在我到职后，他把库存金银外汇和武器弹药全部运往台湾，并且先后破坏守江计划和保卫广东的军事。等到局面搞垮了，他又要出来了。好像我的进退完全以他的意志为转移似的”。当蒋介石的亲信吴忠信当面劝李宗仁退位时，李斩钉截铁地回绝。

李宗仁得以与蒋对抗的关键武器是 1947 年的“宪法”。依据“宪法”第 49 条的规定，“总统”缺位由“副总统”继任，如再缺位，则由“行政院长”继任。这就意味着，他如不主动退职，蒋就不可能顺利复职。

1949 年 11 月初，蒋介石准备赴重庆，并约李宗仁面商。李避而不见，赶在蒋抵重庆前，以“出巡”为名离开重庆飞往昆明。11 日，又自昆明飞往桂林，后转飞海口、南宁。最后于 20 日飞赴香港，准备经香港去美就医。李就是不与蒋介石见面，使其在重庆有“扑空”之感。不仅如此，李宗仁还在赴港前发表了书面谈话，宣布他赴美国治疗期间的军政事宜，交行政院长阎锡山负责，“照常进行”，堵塞蒋借机“复职”的可能性。

11 月 20 日，李宗仁赴港当晚，蒋介石在重庆连夜召集国民党中常会，决定派人挽留李宗仁。22 日，居正、朱家骅、洪兰友、郑彦棻四人携蒋写有“将以‘充分权力’交给李宗仁掌握”的亲笔信到香港，劝李宗仁回重庆。

李拒绝。27日，蒋再在重庆召集国民党中央常委会，对李拒绝回渝表示了他的考虑：

> 对外关系，尤其我国政府在联合国中之代表地位问题，极关重要。如果李宗仁长期滞港，不在政府主持，而余又不“复行视事”，则各国政府乃至友邦，可借此以为我国已无元首，成为无政府状态；则不得不考虑对于北平匪伪政权之承认。此外，对内尚有维系人心之作用。[①]

蒋介石不说自己要“复职”，但强调“无政府”的危害，这使得与会者“一致拥蒋复职”。次日，蒋介石再派洪兰友、朱家骅携国民党中常会决议飞赴香港，促李返驾。此为蒋第一次就“复职”问题公开向李摊牌。李宗仁不仅拒绝返渝，避开蒋的挑战，而且于12月5日以“代总统”的身份偕夫人离开香港，飞赴美国治病。临行前，李致电行政院长阎锡山，“在仁出国之短暂时期，请兄对中枢军政仍照常进行，至于重大决策，尽可随时与仁电商。”此电表明李宗仁维护其“代总统”地位的决心，并试图联合阎锡山一起为蒋介石“复职”设置障碍。

李宗仁避居美国后，住进医院手术，拒不回国。国民党政权于1949年12月彻底逃到台湾。蒋介石与李宗仁的权力之争亦进入新的阶段。

2. 蒋介石“复职”

国民党政权在一片混乱中退据台湾，面对中共摧枯拉朽般的军事进攻，仍有朝不保夕之虞。李宗仁滞美不归，蒋介石虽以国民党总裁的身份控制全局，行政方面却有实无名，“政府无首”更加剧了混乱局面。

① 蒋经国：《风雨中的宁静》，第272页。

蒋介石认为“复职”已不容再缓。他于1950年1月中旬在日记中写道，值此“危急纷乱无政府之状态，以及美援绝望之际”，应“统一事权，集中力量以挽救危局于万一”。面对李宗仁之不退让，蒋介石曾考虑避开与李在“总统”问题上纠缠，而以某种“军政府”的方式取得实权，由他来“主持军委会与出任反共救国军统帅，下置各部会替代政府，彻底改革军需与军政制度”。军政府的灵感似乎来自当年孙中山领导国民党在南方建立政权反对北京政府的实践。但蒋同时又担心，如果真建立军政府，“此必为美国反蒋派借口”。（1950年1月14日）权衡利弊，蒋放弃了这一设想，确定最直接有效的方式还是逼李交出职位而自己“复职”。于是，蒋介石继续力促李返台“视事”。

蒋介石通过各种途径促李宗仁来台有双重目的：一是如李宗仁果真来台，也只能束手就范，此时台湾的党、政、军、财大权已基本掌控在蒋手中，桂系主力已在大陆被解放军歼灭，逃到台湾的白崇禧等人难成气候。二是如李不肯自投罗网返回台湾，则更可暴露李宗仁危难之际远避外国，不履行职责之“不义”，激起“公愤”，使其丧失民心，为蒋“复职”作“民意”的铺垫。

1950年1月，“监察院”致电在纽约的李宗仁，以委婉的口气指责他擅离职守，玩忽“代总统”的职责，并促请其立刻回台北“视事”。李宗仁回电拒绝赴台。台湾舆论主调从“促李赴台”变成了“促李下台”。2月3日，“国大联谊会”致电李宗仁，要求其明白表示，要么放弃“代总统”职位，要么立即回来。对此，李宗仁仍置之不理。

与李宗仁的斗争一度呈胶着相持之态，使蒋大为恼火，他在2月4日记道：

近日心神不宁，时现燥焦灼之象，对于各事观察往往过于险恶与紧张，若从容考虑，事实并不□（此处一字不能辨识——引者注）如此之躁急忧虑，自取烦恼耳。此乃修养不足之故，以后对于宁静淡泊，主敬主极之道，当特加意，切勿操之过急也。（1950 年 2 月 4 日）

次日，蒋介石下定“复职”的决心：“决心作复位之准备，以非此不能救国也”。决心既定，笃信宗教的蒋氏夫妇还在当天早上的祷告中，将此决定“对上帝之恳求语出肺腑”，他们“深信上帝必能监察而终不我弃也。”（1950 年 2 月 5 日）

是什么促使蒋介石做出最后的决定？循蒋的日记可以找到答案。他蒋的基本判断是，以台湾风雨飘摇无人担当的局面，再不出面负责，“则仅存之台湾最多不出三月，其必为若辈自取灭亡矣”。（1950 年 2 月 15 日）而经过几个月的努力，一般的“民意”也基本站在他这一边。蒋介石自认为拥有国民党内“民意”支持，大局抵定，便开始终日考虑“复职”及之后政策，他在 2 月 13 日的日记中写道：

此次复出主政，对于军政、经济、政策、人事、组织以及本党改造方案，皆未确定。恐难□（此处一字不能辨识——引者注）过去功亏一篑之覆辙，或不如过去之尚有所成也。故于此十日之内必须积极准备，对于下列各项必须切实研究，有所决定也：一、政府组织方式，总体战军政府之精神出之；二、干部会议纲领与人选；三、总体战实施程序与经济政策之决定；四、研究设计、监察制度与组织之实施；五、党的改造方针之决定；六、台湾党政方针与人选之决定。（1950 年 2 月 13 日）

蒋介石决心已定，就不再顾忌李宗仁的立场，而全力准备“复职”的各项工作。

2月14日，国民党中央非常委员会居正、于右任、张群、何应钦、阎锡山等联名致电李宗仁，“监察院”也向李宗仁发出最后通牒式的函电，如再不回来，他们将请蒋介石“复职”。“监察院”的电文短劲严厉：

> 本院为团结救国，乃有胥电，同心之苦，人所共计谅。不期先生（指李宗仁——引者注）于复电中反饰词自辩，稽诸宪法，总统职权决不能寄居国外，遥为处理，故尊电自总统府发表后，民情愤激，舆论哗然，事实俱在，当荷明察。先生如仍不体念当前局势之阽危，及前电之忠告，而不迅为明确之表示，则拖延贻误，无异自绝于国人。同仁实不能不肩负人民之付托，以克尽职责，惟不忍于此时再与先生作文电之往还也。谨此电达。①

2月23日下午，国民党中常会举行第266次会议，居正、于右任等52人出席，会议专门讨论蒋介石“复职”问题，最后决定“请蒋总裁尊重各级民意机关暨全体军民与海外侨胞之公意，继续行使总统职权，早日复行视事，以挽危局”。次日，“立法院”又在“院长”刘健群的带头下，联合签名致电蒋介石，“敦请”其“复职视事”。

“司法院长”王宠惠特地从香港赶到台北，为蒋介石“复职”提供法律依据。王宠惠以其特殊的身份解释“宪法”第49条与蒋“复职”的关系：“总统复行视事，有宪法根据，蒋总统不能视事原因消失，李副总统行权当然解除。”王的谈话为蒋介石提供了“法律保障”。

至此，国民党与国民党政权的高层人士几乎都站在蒋介石一边，公开吁请其“复职”，形成了“斯人不出，如苍生何”的局面。

---

① 《中央日报》1950年2月14日。

2月下旬，蒋介石在台北宾馆召集国民党中常委及军政要员四十余人开会，讨论“复职”问题。会上，蒋介石宣布定于3月1日上午正式“复职”，并通知“总统府”秘书长邱昌渭做好准备工作。他在2月25日的日记中写道：“无论其今后变化如何，决于下月一日复位”。

1950年3月1日，是蒋介石政治生涯中非常重要的一天。他在下野一年多之后再次“复职”。他当天的日记记事甚详：

> 三时起床，修补致桂李电文，请其代表中正访问美国朝野，从速回国诸句再三考虑，以为无损于内容也。静默祷告至五时方毕，再睡也。七时复起，继续朝课，与妻跪祷自今日复位起，愿誓以一切奉献于上帝，此身非为自我所有矣，惟上帝垂察之。记事后，与少谷同到台北总统府宣布复行视事，举行仪式毕，乃回办公室摄影，在阳台上对府前群众答礼后，视察秘书长、参军长各室后乃离府，顺访稚老先生致敬。回寓批阅公文。自今日起，公文由周秘书口述而后指示要旨代批之，如此乃可省目力，而只用耳力，较易也。正午，约宴干部商谈就职后应办要事。下午午课如常。约见民、青两党代表后，修正明日对民意机关代表讲稿。入浴后晚课。（1950年3月1日）

日记中透露的信息是，蒋介石“复职”当天的心情十分紧张，对如何处置在美国的李宗仁没有把握，凌晨3时即起床，修改致李的电稿。他罕见地一天四次祷告（包括早上与宋美龄的跪祷），求上帝保佑。

当日上午10时，蒋介石到达“总统府”参加“复职”典礼，阎锡山、陈诚等文武百官参加。蒋介石在仪式上发表了“复行视事”文告。随后，至“总统府”办公室，召见“行政院长”阎锡山，询问有关事宜，批阅了“总统府秘书长”邱昌渭呈递的几份文件，以示正式开始行使“总统”职权。台北方面为蒋的“复职”组织了盛大的庆祝活动。

蒋介石是如何看待自己“复职”效果的呢？他在 3 月底总结道：

> 复职已经一月，……余之信誉不仅无所损，而且中外观感大转，全国民心之归向至月抄益显。共匪虽凶，广西子虽诈毒，亦不能减损我毫发，而国家转危为安之机，则甚明也。……总统府、行政院各部改组已经完毕，今后军政财政皆有重要主持之人，当然政府加强显见重大改革与进步。一年余来无政府无责任之状态至此可告一结束矣。(1950 年 3 月 31 日，“上月反省录”)

显然蒋是非常满意。

3.“美国牌”在蒋、李争斗的运用

美国对国民党内部的争斗影响至深，蒋介石第三次下野，美国即为重要因素之一。国民党失去大陆前后，美国从其战略利益出发，对华政策基本上从“介入”改为“袖手”，等待尘埃落定，但它在国民党内争中的影响仍然无处不在。

李宗仁抵达香港时，即嘱“外交部长”叶公超通知美国政府，告以赴美就医之意。美国方面并未立即同意，最后，李向美方“郑重表示”，“在美治疗完毕后即回国”。有了这样的保证，美国才允许其治病。蒋介石与杜鲁门政府结怨甚深，他认为美国同意李宗仁去就是纵容支持李。他在日记中多次痛骂杜鲁门与艾奇逊的政策是：“以李宗仁为逼制我内政，使其分化瘫痪。……只要能达成毁蒋消灭国民政府之惟一目的，则无不可为之事。”(三十九（1950）年，“工作反省录”)。受蒋派遣在美国争取援助的宋美龄因屡屡受挫而于 1950 年 1 月返抵台湾。

1950 年 1 月 4 日，杜鲁门总统发表声明，不再军援台湾。其后，艾奇逊更讥讽蒋介石是“一离弃大陆逃避海岛之难民而已。”美国此时的立场是不过度卷入国民党内争，但在客观上有利于李宗仁借美国以自重，钳制蒋介石的“复职”进程。其实，李宗仁并未获得美国政府任何的承诺，甚至想接触美国高级官员都很难。知悉蒋介石紧锣密鼓地筹备“复职”，李宗仁为借美国之力，竟谎称即将“回国”，行前求见杜鲁门总统。杜鲁门出于礼节，答应设便餐招待。李宗仁借此大事声张，以证明美国支持其“代总统”地位，对蒋形成威慑。远在台北的蒋介石不明原由，果真十分紧张，对美国是既恨且惧，他不禁大发感慨：“此乃其国务院又一倒蒋之阴谋也，以其恐其一日复位之消息实现，而又望余展期则其以拥李之手段达成毁蒋之目的。”（1950 年 2 月 28 日）蒋的决心并未动摇，他一面紧张地关切美国动向，一面继续“复职”的各项准备。

李宗仁并未得到幻想中的美国支持，甚至在美国的国民党外交官与侨界对李宗仁也多保持距离，他在与杜鲁门见面后离开华盛顿时，仅“驻美大使”顾维钧一人到车站送行，华侨界、其他政府机构均无人到场，场面凄惨。

蒋介石真正介怀的是美国对其“复职”的态度。“复职”仪式一结束，蒋即令“外交部长”叶公超和“驻美大使”顾维钧通知美国，他已经恢复“总统”职务，是“中华民国的国家元首”，希望美国政府能予以承认。同时，要叶公超尽快探听李宗仁与杜鲁门会晤的内容，特别是急于了解杜鲁门是否仍称李为“代总统”。美国方面传来的消息让蒋满意。美国国务院 3 月 2 日下午宣布，“美国承认蒋介石是中国政府的首脑”。国务院还特意说明，杜鲁门与李宗仁的会晤纯属社交性质，来宾名单也只称其为“李将军”。

美国政府的“袖手政策”，使其影响在此次政争中只局限在心理上，并未实际上起作用。蒋介石、李宗仁之争的胜负主要取决于其在国民党内的力量。

4. 蒋介石何以顺利“复职”

蒋介石“复职”的过程充满着曲折，最终能顺利“复职”，原因是多方面的。他与李宗仁在政争中采取的不同策略，直接影响了最终结果。以下着重就双方所用的策略进行分析。

（1）蒋介石的决心与策略

蒋介石的政治生涯中，有多次以退为进，“下野”再“复职”的经验。1949年蒋介石“下野”之后，仍以国民党总裁的身份保持对国民党的领导和责任，从其当时的日记看，他几乎每天都在考虑“党国大计”。在战局不断受挫的情况下，蒋很快就从后台又走上前台，如他到上海及西南直接部署军队作战，设计撤退台湾的准备等。到台湾后，他着手组建“总裁办公室”，“下设八组及一个设计委员会”，俨然新的权力中心。建立“革命实践研究院”，培养各类干部，已经基本控制了大局。他在1950年年初的“复职”，可以说是其对权力追求与对国民党政权的“使命感”共同促成的，个人利益长期与国民党政权的共存共荣关系，使他在国民党政权即将覆灭之际，不能不挺身而出。

在具体策略方面。首先，蒋介石步步为营，以“民意”逼李。1949年11月底李宗仁赴香港后的国民党中常会上“一致拥蒋复职”，开启了蒋“复职”之门，蒋在与李宗仁的争斗中逐渐占得主动。开始蒋并未强弓硬拉，立即上位，而是相机行事，运用策略，逼李就范。蒋的策略之一是抓住李不肯回来的弱点，始终利用各种场合、各种机关（国民党中常会、非常会议，“监察院”、“立法院”、“国民大会”等）“敦促”李回国履行职责，强化了李在危难时刻擅离职守、逃避责任的形象。而蒋本人在国民党中常会支持“复职”的情况下仍不断“示弱”，表示只要李肯回国主持，自己全力支持。如此，使“民意”彻底倒向己方。军事溃败与撤退台湾后的混乱局面，也使国民党上下希望蒋介石“出山”主政呼声日益高涨。蒋介石利用公众心理，打“民意牌”的策略，获得成功。

其次，分化对手。政治斗争毕竟是实力的较量，蒋介石十分注意瓦解对方。桂系是李宗仁赖以立足的基础，白崇禧是桂系二号人物，曾与李宗仁患难与共数十年，被合称为“李白”。蒋介石利用此际李、白对时局处置的分歧，加紧拉拢白崇禧，使白逐渐转向。12 月 30 日，白崇禧到达蒋介石控制下的台湾，逐渐沦为蒋的工具。为配合蒋介石“复职”的步伐，白崇禧于 1950 年 1 月率桂系的李品仙、刘士毅、邱昌渭等人致电李宗仁，劝其“为留将来旋回余地，现在不妨暂退一步”。建议李以在美继续养病为由，“自动解除代总统职务，致电中央”，同时针对李坚持依“宪法”行事的观点，提出“国家存亡，间不容发，为大局计，法理事实似应兼顾。”此电报表明，白崇禧在“复职”问题上完全站在了蒋一边。

再次，争取中间力量。对阎锡山辞职的处理也显示出蒋的手段。“行政院长”阎锡山没有主动卷入蒋、李之争，夹在两人中间，权力受到很大限制，而蒋对其也颇不满。1950 年 2 月初，阎锡山表达辞职之意，蒋认为此举可突显李宗仁造成政治混沌局面，“不能逃避其责任也”。不料，阎锡山后来却表示，他要循正常程序向“代总统”李宗仁辞职。这使蒋大为恼火。因为如阎向李提辞职，则等于给李宗仁一个行使“总统”职权的机会，李大有文章可做，“使问题更为拖延复杂而不能解决”。蒋在日记中骂阎“旧性仍未改变”，却多次当面劝阎锡山不得向李辞职。最后，阎锡山向国民党中常会提出辞呈，不给李任何借用，再由中常会转而借此事向李宗仁施压，要李限期回台。如此，蒋介石不但化解了不利因素，反而借力打人，一箭双雕，既达到以阎辞职加重李逃避责任的社会观感，又借此事制造逼李返台的舆论。

（2）李宗仁应对失据

作为对手，李宗仁在国民党内的实力本就不如蒋介石，出任“代总统”后又没能挽救国民党在军事上的失败，当其职位受到蒋的挑战时，他只有占着“代总统”位置这一点优势。而他在应对策略上明显不如蒋介石，导致最终落败。

首先，李宗仁不能面对蒋的挑战，选择了逃避。李宗仁意识到蒋介石将逼其交出“代总统”宝座时，选择避而不见的策略，最后去美国治病。这确实让蒋介石计划落空。但他在国民党政权最危难的时刻，身为最高领导却远走他乡，等于将“逃避责任”、“擅离职守”等罪责揽于己身，不待对方攻击而自暴其短。更重要的是，李宗仁的离开也意味着他脱离了与蒋介石争斗的主战场，完全陷于被动，任蒋操纵安排而自己无计可施。

其次，李宗仁阻止蒋最重要的武器是“宪法”。“宪法”第49条规定“总统出缺”时，继任者产生的顺序是：“总统缺位时，由副总统继任，至总统任期届满为止；总统、副总统均缺位时，由行政院长代行其职权，并依本宪法第三十条之规定，召集国民大会临时会，补选总统、副总统，其任期以补选原任总统未满之任期为止”。李据此指出，蒋介石早在1949年1月即已辞去“总统”，若强行“复职”便是“违宪”。李的坚持确实给蒋造成一定的困扰。但李宗仁忽视了一个事实，在近代中国，包括宪法在内的法律是强权者手中的面团，可以随意塑造。蒋介石“复职”前，通过“司法院长”王宠惠出面“释法”，得出蒋介石可自行发表文告，重行视事。而李代行“总统”职权亦自因此当然解除。蒋介石下野之时已为“复职”预留伏笔，这是李宗仁所望尘莫及的。

再次，李宗仁之所以选择去美国治病，是希望能在美国获得支持，加重自己的砝码。可惜，杜鲁门政府虽一度对蒋介石不满，此时却不愿太深地卷入中国事务，故李宗仁在美的活动几无成效，其所谓“仁留美期间，曾与美朝野直接间接密切联系”的模糊说法，只是他滞美不归的托词。

李宗仁囿于个人利益，始终不肯放弃权力，导致进退失据，不仅被对手攻击，桂系旧友也多有怨言。白崇禧等人在蒋、李政争中的表现，固然与蒋的拉拢有关，但也未尝不是他们对李的作为不满所致。邱昌渭的转变最具代表性。邱是李宗仁任命的“总统府秘书长”，李对其十分倚重，离开重庆时将“总统府”日常事务委托邱处理。邱昌渭在1949年11月底给其夫人的信中，对李宗仁与蒋介石的表现进行了一番比较：

> 重庆算是丢了，蒋先生于今晨六时离白市驿，据说离敌人只有二十余华里。他这次顶到最后，这种精神博得军民上下之拥护与爱戴，因此把李先生相形愈下了。李先生出巡即一去不返，对军民上下没有交待，住在香港养病，既无章法又无风度，过去对李抱同情与拥护者，今皆反其道而对蒋有好感矣。我不赞成李先生于此时住在香港讲价钱。……李先生所用之人不是贪污便是无能，将来怎能再来领导政治。①

这是李宗仁最亲信的人在1949年年底对蒋、李之争的基本看法，连邱昌渭都盼蒋介石“早日复职”，李宗仁可谓人心尽失，无人相助，如何与蒋介石对抗？

① 《近代史资料》总117号，第249页。

十一、“日台和约”签订前后蒋介石之所思所想

1949 年国民党政权败退台湾后，仍号称是“全中国唯一合法的政府”，却无法掩饰其政令不出台、澎、金、马的落魄现实。蒋介石的当务之急是要拓展“对外关系”，保持国际地位，维护代表中国的“合法地位”。1951 年，盟国确定在美国旧金山与战败的日本签订和平条约，确定日本的战争责任与战后地位。中国作为对日作战时间最长、受损失最大的国家，理所当然应该是和会的代表。但当时中国分裂的状况与美国苏联两大集团对峙的国际格局却使中国被排除在外。蒋介石闻讯旧金山和会将开，积极响应。美国虽力主台湾代表中国参加旧金山对日媾和会议，却遭到苏联与英国的坚决反对，最终，美国与苏联达成妥协，将中国大陆与台湾同时排除在旧金山和会之外，并由日本自主选择与大陆还是台湾媾和。就这样，原本是战败国的日本居然被赋予了挑拣缔约对象的选择权，实为中华民族的耻辱。蒋介石最终选择依靠美国逼迫日本与台湾谈判签约的下策，虽暂时取得了“代表中国”的资格，但其内心充满着矛盾、无奈与挣扎。

读蒋介石日记，可以了解他同意签订“日台和约”时有着怎样的考量，“和约”签订后又有怎样的评价和总结。

1. 日台谈判“和约”的由来

蒋介石于1951年6月15日（距旧金山和会召开前约三个月）接获美国关于中国大陆与台湾同时被排除在会议之外，由日本自主选择媾和对象的妥协方案。他闻讯“至为愤怒”，称此“违反了国际信仰”，随即发表措辞强硬的《对日和约声明》：“中华民国参加对日和约之权，绝不容疑。中华民国政府仅能以平等地位参加对日和约，任何含有歧视性之签约条件，均不接受。”说话虽硬，但实力是外交的后盾，此时尚需第七舰队维持其“安全”的台湾有何资本与美国讨价还价，最后只能在一连串不甘心却无济于事的努力中接受现实。

蒋介石曾强烈谴责美英赋予日本以对中国缔约的对象选择权，但后来却积极谋求与日本缔约，深恐日本选择了大陆。如此一来，台湾在与日本的谈判尚未开始时已经先输一着。

日本最期望的局面是与两岸同时交往，获取最大利益，首相吉田茂在多种场合发出“考虑在新中国建立海外事务所”之类的“越轨”言论。这既令台湾当局惊惧，也为美国所不容。在台湾当局的强烈抗议、吁请下，美国务院以《旧金山和约》在美国参议院通过将遭遇困难相要挟，胁迫吉田茂接收美国准备好的一封信，并以吉田致杜勒斯公开信的形式发表，保证日本以《旧金山和约》为基础与台湾订立和约，史称“吉田书简”。蒋介石此时长舒一口气，在日记中记曰：

> 日本政府发表吉田致杜勒斯函（即“吉田书简”——引者注），保证日本对中华民国订立双边和约，并根据旧金山和约之原则为基础，此乃半年来之奋斗所致。惟须待签订与生效后方能确定，此时尚不能

即抱乐观也。(1952 年 1 月 16 日)

蒋称"吉田书简"的发表,"乃半年来之奋斗所致",可见他对"吉田书简"的发表是很满意的。因为这保住了蒋孜孜以求的代表中国政府的"合法地位"。但蒋对当时国际格局下日本如何行动并不清楚,才有欣喜之余,"此时尚不能即抱乐观"的感叹。为了保证谈判达成自己的预定目标,蒋介石积极筹备,确定方针。他在"吉田书简"发表次日的日记中作了如下部署:

吉田声明函发表后,我应取之步骤:甲、应即派定和谈代表有力人士,使日可早派犬养健来台,以防其只派商务专员代表也;乙、要求美国参加谈判为中介,勿使美对此事卸责;丙、双边和约必须于多边和约生效前正式签订。(1952 年 1 月 17 日)

他认为首要的工作是促使日本"派定和谈代表有力人士"。他担心日本只派遣低层次的谈判代表,那么和谈的政治意义将大打折扣。他甚至具体提出理想的日方人选是时任吉田内阁的法务大臣的犬养健。犬养健不仅位重,他的家族与国民党渊源也深。蒋之所以坚持"要求美国参加谈判为中介",是他很清楚日本一直对与台和谈态度消极,之所以同意与台缔约完全是在美国的高压下促成的,因此,他认为"勿使美对此事卸责"对即将开始的日台和谈十分关键。此项考虑虽为形势所迫,却将台湾当局的弱势和开展"外交"活动时的尴尬暴露无遗。蒋介石也急于完成谈判与签约,要使"双边和约必须于多边和约(即《旧金山和约》——引者注)生效前正式签订"。虽然台湾当局已被旧金山和会拒之门外,但若能争取在《旧金山和约》生效前签署对日双边和约,仍可勉强保住"中华民国政府"代表中国参加对日媾和这张面皮。

1952 年 2 月 20 日,日台缔约谈判在台北举行。蒋介石极为重视,除派出“外交部长”叶公超为首席代表外，还成立由陈诚、王世杰、张群等12人组成的“对日和约最高决策小组”，随时会商对策，向蒋汇报请示。日本的和谈全权代表为前大藏大臣河田烈（而不是蒋所属意的犬养健）。谈判过程中，河田烈深知台湾唯恐谈判破裂，及急于赶在《旧金山和约》生效前完成签约的“软肋”，全无“战败国”的谦卑，而是“据理力争”，态度颇强硬。谈判双方围绕着条约的适用范围、台湾的地位和赔偿三个问题展开了激烈交锋，争执的核心实际上是“中华民国政府”是否代表全中国的问题，对蒋介石来说这一“名分”万不可失，且要通过对日和约来强化，但日本却不愿轻易承认这一“名分”，它还要为日后与大陆的交往留条后路。

2. 曲折的谈判

3月25日，双方初步达成了妥协案。蒋介石召集台“对日和约最高决策小组”开会，认可妥协案。蒋指令“外交部”尽快完成和约草签工作，日台和谈似乎已近尾声。不料，日本政府于28日提出了一份的建议案，推翻以前的成果。后虽经美国的干预日本外务省再提折衷修正案，但还是让前期成果成了水中月镜中花。蒋介石在日记中对日本的出尔反尔大为恼火：

> 中日和约吉田又为不肯移交伪满在日财产之故，不恤翻案爽约，此等日人之背义失信，甚于其战前军阀之横狡，其果能独立自由乎？（1952年4月15日后之“上星期反省录”）

“战前军阀”对中国可谓罪行累累，其发动的侵华战争令中国生灵涂炭，但此时在蒋看来，吉田等日人与之相比其“横狡”程度是有过之无不及，足见蒋对日本反悔的愤怒程度。

尽管蒋介石觉得与日本日人打交道痛苦异常，可谈判还得进行下去。4

月17日双方再次达成意向，蒋主持国民党中央改造委员会议通过了台日和约谈判最后议定稿。签约似唾手可得。不想，日方又生枝节。吉田茂对日前双方议定稿有若干点——如伪“满洲国”财产之归还、通商协定及条约实施范围的用语等——不予同意。日本之所以一再反复与《旧金山和约》的生效进程是息息相关的，4月15日，美国总统杜鲁门签署文件，《旧金山和约》即将生效。日本抓住台湾急于在生效前完成双边和约的心理。

对日本的计谋，蒋介石心知肚明，他在日记中陈述：“中日和约日内阁仍用拷诈延宕办法，总想多得便宜，至周末形势已至决裂关头。”虽然为使日台和约最后签订，台湾当局不断做出让步，但蒋决心在伪政权财产移交这一问题上坚持立场，并“属岳军（张群——引者注）以严重警告河田代表，对于伪满等在日财产必须归还中国。”他在日记中称之所以在此问题上不愿退让，“非为小数财产，而乃为法律与公理所在”。因此，“决不能再容退让”。（1952年4月26日后之“上星期反省录”）他甚至在日记中显露出“宁为玉碎，不为瓦全”之意。

4月初谈判面临夭折的危险，在美国的介入调解下，台日双方才各做让步，最终于4月28日下午3时在台北宾馆举行了和约签字仪式。此时，距《旧金山和约》生效仅7小时30分。

蒋介石是如何看待这场以他不断让步而完成的拉锯式谈判的呢？缔约后，蒋在日记中总结道：

> 中日和约本月时陷停顿与决裂之势，而以月初为甚，最后至廿八日卒告完成，然已横遭侮辱，实已为人所不堪忍受之苦痛矣。然此约果能订立完成，亦为我革命历史奋斗中大事也。（1952年5月之“上月反省录”）

蒋的总结是两方面的：一方面认为“此约果能订立完成，亦为我革命历史奋斗中大事也。”因为此时在已经失去大陆的蒋心中，最重要的是通过台湾与日本签约权及日本对国民党政权为代表“中国之合法政府”的有保留的承认来保持其“国际地位”，以示其政权的“合法性”。但另一方面，谈判签约的过程极其痛苦，“横遭侮辱，实已为人所不堪忍受之苦痛”。“战败国”日本利用蒋的弱点和两岸的分裂状况，谋求利益最大化。而身为“战胜国领袖”的蒋介石明知日本人的狡诈，却不得不在许多重大问题上（包括他在日记中声称“决不让步”的伪政权财产移交问题）不得不做出一定程度的让步。抗争—妥协—再抗争—再妥协，强人蒋介石面对现实也不得不一再低头。多年后，也在困厄中奋斗的蒋经国曾感叹道：形势比人强。

“日台和约”签订后，标志着台日关系“正常化”。但经此与日缔约谈判中的凌辱后，蒋介石对与日合作的态度也趋于谨慎和保留。他在与张群商讨“驻日大使”人选及对日政策时，张群力主“主大刀阔斧，与日合作，不加保留”。蒋则并不认可，觉得张的建议“似乎太近理想。”（1952年7月13日）1952年“日台和约”的签订，奠定了此后日台关系的基础。但台日关系暗礁仍存，矛盾不断，蒋介石在缔约过程中的忍辱负重只是暂时掩盖了双方深层次的分歧，终究不能止住日本离异的步伐。

十二、蒋介石处置“弹劾俞鸿钧案”

1.“弹劾案”突起

1954年蒋介石再任“总统”，次年处置了“孙立人兵变”后，台湾政局相对稳定，蒋介石对党政的控制能力加强。1957年10月，蒋介石在中国国民党八全大会上再度当选为总裁，他在会议闭幕式上发表题为《复兴本党与完成革命中心方向问题》的报告，一面继续鼓动“反攻大陆”，一面强调“建设台湾”，满心期待能创出一番新局面。不料，新局面尚未开张，却迎来了一场政潮，让蒋大费周章。

20世纪50年代，台湾社会物价较高，一般军公教人员的待遇菲薄，生活艰困，而“美援运用委员会”等少数机构人员工资优厚。有人不满此苦乐不均之现象，投书监察院，要求提高普通军公教人员待遇。“监察院”经过调查，于1957年3月向“行政院”提出了《杜绝浪费调整待遇纠正案》，明确表示了对行政部门浪费的不满。《纠正案》列举出大量的浪费项目，涉及“行政院”下辖的“内政部”、“国防部”、“财政部”等重要单位，并称“浪费亟应杜绝，不合理者亟应改革，军公教人员待遇亟应提高。此端在行政当局之决心与毅力。”

此时担任“行政院长”的俞鸿钧，在大陆时期曾历任上海市长、财政部长与中央银行总裁，迁台后曾任台湾省政府主席，1954 年接替陈诚出任“行政院长”，同时是国民党中央常委，还兼着“中央银行总裁”，权重一时。“监察院”在一般人眼中是“赋闲机关”，“院长”一职长期由国民党元老于右任担任。

根据相关权责规定，“行政院”在收到“监察院”文件后，必须立即办理，“如逾两个月仍未将改善与处置之事实答复监察院时，监察院得质问之。”“行政院”对《纠正案》处理颇为拖沓，回复迟缓，且回复文中多是敷衍搪塞之词。“监察委员”觉得受到蔑视，决定“依法”对行政院处理《纠正案》的过程进行核查，并邀“行政院长”俞鸿钧到会，以备质询。然而，11 月 30 日开会之际，“行政院”只有秘书长陈庆瑜等人代表出席，这激怒了众“监察委员”，他们决定将会议延期，并再邀俞鸿钧出席。

为了俞鸿钧是否应到“监察院”“备询”，“行政院”与“监察院”的矛盾表面化了，两院各依其“法”在报纸上公开进行论争。其间，俞鸿钧曾在国民党中常会上报告过“行政院”的立场，获得了中常委们的支持。

12 月 10 日，“监察院”会议在众人注目之下准时召开，“监察院长”于右任亲自主持，而俞鸿钧依然拒绝赴会“备询”。“监察委员”群情激愤，对俞鸿钧“痛予指摘”，认为俞“显已违法失职”，主张对俞鸿钧提出弹劾案。会议决定，由萧一山（兼召集人）、余俊贤、陶百川等 11 人组成专案小组，调查俞“违法失职”问题，并准备弹劾案初稿。两院矛盾立时激化扩大。

几天后，“监察院”11 人小组派员到俞兼任总裁的“中央银行”查账，俞鸿钧严词拒绝，并称他是奉蒋介石之命不让查账的，且“行政院”的账“也奉命暂不给予调查”。俞的强硬态度使监察委员们更为恼火，23日，11人小组以“行政院院长俞鸿钧违法失职，贻误国家要政，妨碍监察职权”为由，提出“弹劾案”，经于右任签署后递送“司法院公务员惩戒委员会”查办。这份长达5000多字的“弹劾案”列举了俞鸿钧的六大违法失职行为：美援机构职员待遇过分优厚；拒绝出席“监察院”会议，蔑视监察职权；兼任“中央银行总裁”并有奢侈浪费行为等，并指责俞担任“行政院长”三年期间，“因循敷衍，不求振作，号称财经内阁，而财经问题日形严重。……政治则泄沓成风，社会则乖戾充盈，不肖官吏宠赂弥彰，军公人员仰屋兴叹”。

“弹劾案”一出，引起议论纷纷，台湾政局大动荡，美国报纸也加以转载报道，宣称“这是国民党内部分裂的开始”。确实，同为国民党控制着的两院间发生如此激烈的争执，在退到台湾后“尚属首次”。这同台湾政局混沌、人心失望大有关系。原来一件较为单纯的事情，最后竟演成一场政治大风暴，其中的奥妙耐人寻味。

2. 蒋介石的“中立立场”：聚餐训话

这次国民党政权退台后权力机关间的一大场政潮，“已把国民党党政关系的不合理，党内意志的不协调，无情地显现出来”，引起蒋介石的忧虑。在两院的争执中，蒋介石固然是偏向“行政院”的，因为大政方针都是他决定的，行政当局不过是具体执行者，且俞鸿钧是蒋十分信赖的人。蒋最初并未太在意，只认为是“监察院”有意寻事，很容易平定：

> 监察院对俞院长之挑衅行动，应警告监察院，不得自丧体统。总统已令行政院，对于行政与监察二院争执与解决以前，不允监察员调查，一切手续总统愿负其责。（1957年12月18日）

12月24日，“监察院”提出弹劾案的次日，蒋介石主持会议，听取“监察院”对俞鸿钧弹劾案之经过及发表情形，蒋想保持“中立”，不直接介入。12月26日参加“行宪十周年纪念会”时，蒋在宣读已拟好的讲稿前特地加了一段发言，以“当今国家处境之艰难与恶劣”为由，要大家同舟共济。他说：“五院虽是彼此独立，但政府则是整个的，希望大家风雨同舟，共患难，同生死，要团结力量，不要分散力量。”蒋氏词锋所指，显然是要弥合两院间的裂痕。

1958年元旦过后，政争并无停息迹象，蒋介石以“总统”身份处置持平解决的努力显然没有效果，他开始重新思考对弹劾案处置的新方法。1月6日他写道：

> 监察院对中央银行问题严重，应作决定：甲、对于（右任）院长，应先明告情形；乙、监察委员陶百川等故意与党及政府为难，决不容许其敌对阴谋得侵……丁、不要为一、二害群之马来毁灭我反攻复国前途。
>
> ……散步时对宏涛谈监察院事，愤怒斥责，又失态矣。（1958年1月6日）

次日，他又记：

> 经国来谈监察院情形。……召开一般会议，指示对中央银行及军队非总统命令不得由监察院任意调查之方针，以及对监察院委员无理取闹之决心。寸心烦闷苦痛。重要干部皆不知轻重是非，更不明利害得失，而以个人之权利是视，中央无风格无骨气无精神，可叹。（1958年1月7日）

蒋介石对监察院“置之不理”的强硬处置方针，在高层并未得到完全赞同，令他感到“烦闷苦痛”。他不得不改弦更张，另谋方法。1月11日，他约陈诚、俞鸿钧、张群等党政要人商议，再三检讨利害，决定做出让步，由俞鸿钧“依法申辩”来对“监察院”的弹劾书进行回应。但蒋同时表示，不能放任“监察委员”肆意妄为，要下决心对“监察院”的党纪进行整顿。

为平息事件，蒋介石特意离开台北数日，专事思考如何处置，他逐渐从盛怒中冷静下来，将原拟开除某些“监察委员”的党籍改为“平心地加以理喻”：

> 来山三日，考虑对监察院不法之徒的荒唐狂妄言行，如非加以彻底惩治，不能建立纪律，维持威信。乃自反省与检察以后，甚觉不如变换方式与态度，和他们平心静气地加以理喻，或更于大局有益。又读《胜利生活》至“战胜愚顽粗劣之世界”（五月五日）章，更使我对党员开除党籍以示惩治的方法并非对党与革命唯一有益之事。并读《荒漠甘泉》数篇，皆使我获益无穷。（1958年1月14日）

蒋介石亲自审核了俞鸿钧准备对“监察院”的申辩书，指示俞要“如期提出”。蒋还接受国民党中央秘书长张厉生等人的建议，对两院的争执从国民党的系统上解决问题，因两院的主要负责人同时也是党内高级干部，89名“监察委员”中，90%是国民党党员。为准备对国民党籍监察委员的训话，蒋颇费心思，初定了腹案：

> 对监察委员训戒（诫）要旨：（一）监院在大陆上情形，虽受共匪宣传挑拨，然不至如今日之甚，而今日监院言行已超过共匪所要求之程度；（二）监委是御使有风骨，有正气，无私无我，而以其国利民福与忠于国家为主；（三）不损毁他人以自标榜；（四）明是非，识大体，知本末，不轻使职权以自重处爱。（1958年1月11日，“本星期预定工

作课目”)

1958年1月16日，蒋介石以国民党总裁的身份邀集国民党高级干部近200人在中山堂聚餐，两院院长于右任和俞鸿钧同时出席，国民党籍的“监察委员”均获邀参加。蒋利用聚餐的形式，试图以“党魁”的权威与资格说服党员服从，平息政争。事先蒋用了3小时来精心修改讲话稿，关于修改的要点，他记道：

二、谈话稿应着重于其弹劾案提出未经过党部和中央审核手续，亦未报告总裁征求意见，此为最大之根本错误，并不对其弹劾案之法律依据有所指责；三、南京下野情形与关系一段，应可增补；四、对监院于委员所举四点的答复亦应补充，并对监院在南京之言行态度之颂赞应强调。(1958年1月16日，“本星期预定工作课目”)

蒋介石讲话中对“监察委员”们既称赞其历史上的作用，又批评其身为党员却“党性”不强，提出弹劾案前未向党部及总裁报告，可谓又拉又打，讲究策略。聚餐会上，蒋介石演讲了一个多小时，他将“监察院”对俞鸿钧的“弹劾案”引发的政争提高到影响“反攻复国大计”的高度，“反攻行动迟未开始……是我们内部尚有问题，致使军事行动不能不有所延迟”。蒋介石对“行政院”逾期答复的行为有所批评。然后话锋一转，为俞鸿钧评功摆好：

俞院长对国家著有功绩，当年若非他将中央银行库存黄金运来台湾，使我们可以养兵整训，又何来今日的基础？所以，俞院长对于国家是大有功绩的。

弹劾案中所列各点，我都很了解。但是，许多事不能责备俞院长个人。至于列席备询的问题，你们监察委员执行调查询问的职权，对于被调查的人往往视同犯罪。俞院长是国家行政首长，如何可受这种情形的调查？①

蒋接着责备国民党籍“监察委员”不向他报告就擅自弹劾俞鸿钧，使中外舆论大哗，处理上实系不对。聚餐会后，蒋又单独将“监察委员”留下谈话，与其沟通。

3. 蒋介石由强硬到妥协

蒋介石运用软硬兼施的手法，既要保俞鸿钧过关，又给“监察委员”下台的机会，尤其是不惜首次将俞当年把大陆黄金美钞抢运到台湾的秘密公开。那段时间，他对纷争得不到解决、个人意志无法获得国民党上层的全力支持而颇多怨言，忧心忡忡，也有对过去政策（尤其是人事安排方面）的反省：

> 一、本周全部心神几乎为监察院不法越轨言行所困惑，其影响所及，不仅对外交与共匪所利用，以损害政府威信与力量，而且引起台湾本省人对内地迁台人员之轻侮，必将动摇反本（攻）复国之基地，尤其迁台人员将无死所。此中关系，陶百川等反动之罪恶，其肉将不足食矣。于右任之老滑不丝毫责任，更为党德忧也。
>
> 二、人心浮荡，社会浇薄，在在可导致卅七年“二二八之事变”。（注：“二二八事变”发生于民国卅六年（1947），蒋此处系误记。）一般政客官僚，惟以争权夺利是尚，不顾其死日将至，尤其中央与行政院内部愚顽自私之太多。卅八年南京之复（覆）辙，如稍不慎，即将重蹈

① 王绍斋等：《俞鸿钧传》，第234页。

矣。应如何积极防止，不使八年忍辱忍劳之心血化于一旦也。（1958年1月18日，“上星期反省录”）

然而，两院的矛盾并未因蒋的努力而消弭，俞鸿钧针对“弹劾案”提出了1.3万言的“申辩书”，虽经蒋介石亲自过目批准，却遭到“监察院”的批驳。蒋认为监察院是“胡闹”，大为震怒。他转而担心，国民党当局的这场内讧持续过长，会引起台湾民众的心理变化：“必致影响民众对政府之轻侮与对内地人之卑视，以启其背叛之心理，此将为国家最大之致命伤也。”

盛怒之下的蒋介石想到要将“不听话”的党员逐出国民党，“希望不愿受我领导者自动脱党，另组政党，不可借名党员而在党内破坏本党，此比任何敌人对革命危害更大，应劝其光明行动，脱党反为他人所敬爱也。”（1958年1月20日）然而，不仅国民党中常会全不赞成，连蒋经国“亦以为不宜提”。

蒋的办法之所以无法推行，是因为“监察院”所提弹劾案完全是“依法行事”，不仅在程序上无可挑剔，还得部分国民党官员与社会舆论的支持。蒋十分苦恼，“心神不佳已极”，一度悲观地认为，此事是“今年这一年之最后成败关头，不知如何忍耐渡（度）过矣”。（1958年1月24日）

1月25日，“监察院”再向“公务员惩戒委员会”提出了补充材料，强化俞鸿钧的“罪名”。蒋介石在日记中写道：“朝课后见报，知监察院对弹劾俞案又提出补充资料于惩戒委员会，增加困难，彼等对中央秘长本允打消补提，而期乃有信。补提可知党员之无党纪，不德已极，党事不可复为矣。”（1958年1月25日）月底，蒋又记道：“监察院十一人小组在我对其劝导后，而仍提其补充弹劾之追究书，可痛。实予我以最大之刺激，可说最近心神之焦急者，皆出于此也。”（1958年1月，“上（一）月反省录续”）

蒋虽然根本不认同弹劾案，但面对无法平息的局面，他几无计可施，只能选择息事宁人，以求早日平复政局。他在1月28日召见“司法院副院长”谢冠生，“商讨监察院对俞弹劾案补充意见书”，认为并未增加新的证据，“除行政上有小问题不能不依法申戒外，余皆无重大关系”，决定对俞鸿钧“依法申戒”。并确定了尽早结束此案，以安定政局与社会“为最后方针也”。

1958年1月31日，“公务员惩戒委员会”对“弹劾案”所列俞鸿钧的六条“失职行为”作了结论，认为其中五条不应由俞直接负责，但俞对美援运用委员会人员待遇过高一事处置不力，“于职权能事，究有未尽”，违反了“公务员服务法”，建议予以“申诫”处分，并呈请“总统”批准执行。

2月14日，蒋介石批准了对俞的“申诫”处分，算是对“监察院”的交代。俞鸿钧闻过求去，立即提交辞去本兼各职的呈文，“行政院”其他成员也作了“总辞职”的姿态。对此，蒋已经有所准备，他的腹案是：

俞院长辞职之处理：甲、俞准辞中央银行总裁兼职，准由俞飞鹏兼任；乙、辞行政院长事，应毋庸议不准。（1958年2月15日）

故蒋介石对俞的辞呈批示予以“慰留”。2月20日，俞鸿钧面见蒋介石，再提辞职，蒋则“恳切慰留”，要俞“勉国其难，继续肩起国家重任”。俞遂打消辞意。这场政潮便以俞鸿钧被“申诫”、蒋介石慰留其继续任职暂告结束。

4. 蒋介石的后续行动

这样的结果并非蒋介石所愿，他在1月底的日记中如有下小结：

本月本身实为精神上最苦痛且遭受重大之打击：甲、由监察院弹劾俞鸿钧案所引起之后果，发展至此，殊所不料，此为最大之原因。乙、辞修言行好弄小术，不识大体，令人失望。丙、行政院内黄少谷态度鬼祟无聊，至为外界所乘，最为伤心。丁、中央党部常会形成为官僚政客的一群，毫无革命生气，尤以厉生为油滑败事，以致党中威信无。致激怒悲伤无已。此为八年来最大一次之悲痛与失望也。(1958年1月，“上（一）月反省录”)

2月17日是旧历年的除夕，蒋介石原本预定参加国民党中常会，但因对党政干部现状极度不满，“甚觉不会得有效果而徒伤身心，反引起若辈自悲与灰心，”临时取消出席。

但是，蒋介石并非完全昧于大势，他已经看到弹劾案所引发的政潮表象之下，有着对当时政治不满和要求变革的暗潮，他决心做出变革因应。2月25日，留任的俞鸿钧公开回应社会的期望：“政风不良，应予整饬，此一问题，不止社会人士极关切，行政院亦深为殷忧”，今后当局将努力“改良政治风气”。一个月后，在蒋介石授意下，“行政院”局部改组，“内政”等个重要“部长”职位换人。

又过三个月，6月底，蒋介石接受俞鸿钧的辞职，提名“副总统”陈诚出任新的“行政院长”，其内阁成员“大换血”，尤其是无党派的王云五出任“行政院副院长”，“清华大学”校长梅贻琦出任“教育部长”，蒋经国首次“入阁”担任“政务委员”，令人耳目一新。

巧合的是，新“内阁”组建不久就遇到了“八二三炮战”。蒋介石硬将这有点歪打正着的事联系在一起，佐证其先见之明：

七月间行政院长更调与该院之改组，正为适时。八月以后共匪对金门炮击，封锁开战。俄墨助匪对美大事威胁，皆无效果。而我军政与社会且因此益加坚定与安定，卒能打破此一重大危局难关，实与行政院及时改组有其影响也。(1958 年,"本年总反省录之补充各点")

蒋介石处理"弹劾案"的过程中,突显出其性格中强烈的悲观主义成分,一事当前,最先想到的总是最坏的结果。事件中,他想到的不仅是政争会被"共匪利用",在外交上不利,"损害政府威信与力量",甚至联想到"引起台湾本省人对内地迁台人员之轻侮,必将动摇反本(攻)复国之基地,尤其迁台人员将无死所。""在在可导致卅七年二二八之事变,……卅八年南京之复(覆)辙如稍不慎,即将重蹈矣。"以当时的形势来看,弹劾案虽激起政潮,但尚无激起大规模社会动荡的征兆。

蒋介石的这种性格特征,导致其处置多犹豫,反应过度,论人常苛刻、狐疑,这会对其处理政务产生相当的影响。

十三、蒋介石如何应对联合国的“外蒙入会案”

1949 年之后，大陆与台湾为争夺联合国内的中国代表权进行了长期的斗争。对失去大陆的国民党政权与蒋介石来说，联合国代表权并非仅是维持国际活动空间的外交问题，更重要的是，它还能借此表明其政权“代表全中国”的合法性，维持对岛内的统治。蒋介石对联合国席位“保卫战”极为重视，是最重要的政策制定者。

在联合国中国代表权的交涉与演变的进程中，1961 年是一个关键的时间点，美国和台湾当局应对联合国中国代表权问题的策略被迫由“缓议案”走向“重要问题案”。在此过程中，蒋介石决策的背后受哪些因素的影响与牵制，蒋介石如何处置理念与现实的冲突，其进行外交决策有怎样的特点?

1. 蒋对美方“缓议案”强烈不满

1960 年联合国大会第 15 届常会上，美国所提暂不讨论中国代表权问题的“缓议案”仅以 42 票赞成对 34 票反对的微弱多数获通过，为 9 年来“缓议案”所获支持率最低的一次，曾允诺赞成“缓议案”的非洲新会员国的集体弃权，这引起美国和台湾当局的极大震动。蒋介石在日记中记道：“联合国大会通过中国代表权问题，以四十二票对卅四票搁置共匪参加案，为历年来对匪票数最多者也。”（1960年10月9日）其后，台湾代表在争取联合国经社理事席次的选举中，又以未达到三分之二票数落选，蒋介石认识到问题的严重性：

> 此乃联合国我国席位动摇之预兆，所谓覆霜坚冰至，不得不作前一之准备。美国新旧政府之交替对我国之政策是否改变，姑难逆料，即使其不改变，而其将来对我联合国席会之协力，决不能如今日国务院之积极，故今后最应注重者乃为整个联合国问题。（1960年12月10日）

在1960年的美国大选中，主张要求台湾放弃金门马祖外岛的肯尼迪（John F · Kennedy）当选。美国不断发出在台湾当局看来不利的信号，美国常驻联合国代表史蒂文生（Adlai E · Stevenson）在参议院外交委员会作证时表示，“中共的进入联合国可能无法防止”。美国认为，为保住台湾在联合国的席位，必须放弃将中国代表权搁置的“缓议案”，而改采允许中国代表权问题在联合国讨论，以确保台湾在联合国的席位而使大陆主动拒绝入会的策略。

1960年年底，蒋介石就在考虑下年联合国席位与台湾“进退之方针政策”，提出要在心理上培养减少对“联合国重要性”的依赖。他在1961年年初规划的工作中，联合国席位排在最前面：“联合国组织已接近其由俄共破坏而入于瘫痪与崩溃阶段，此非仅我国问题而已，似不能深虑，但应准备退出后各种情势之研究。”（1961年，“民国五十年大事年表”）已经在做最坏的打算。

在美国政策显示出重大变化的关头，蒋介石3月27日接见应召返台的

“驻美大使”叶公超、“外交部长”沈昌焕等人，研判形势，商讨对策。蒋介石认为，把美国的政策改变是强迫其“接受两个中国之卑污不可告人之政策”，要“力加反击”以显示“宁为玉碎，不与叛逆奸匪两立之决心”。他指示如下：

一、对我代表权问题，美国在心理上已生失败主义，乃设计造成“两个中国”之布局，至于不能获得支持票，乃一种说法而已。

二、将来无论用缓议案或其他方法，均须美国有决心。否则，我自行拉票，必极困难。

三、接受或默认两个中国之安排，不但政府何以自处，我们应告美方，我们必要时决心退出联合国。倘联合国大会通过决议请匪入会，则我决心退出。当然我们要奋斗到底，以保持我代表全中国之地位，使共匪不能入会。技术上各种方式，你们多研究好了。

四、沈部长分析我失掉联合国席次后，所将发生之种种不利后果，自然要考虑。这是你们的责任，你们外交家自应从国际角度多加研究报告政府。万一我不得已退出联合国，以后如何应付，乃是我总统的责任了。①

4月1日，蒋介石致函美国总统肯尼迪，强调台湾方面“基于联合国成败及国家利害，断不能容忍所谓两个中国或任何变更中国代表权性质之安排。此乃中国传统革命精神，忠奸不容并存。”12日，肯尼迪在记者招待会中声明，美国将继续履行对台湾当局的承诺，反对在目前情形下允许大陆政府进入联合国。17日，肯尼迪复蒋函，表示将忠实遵守在“共同防御条约”

---

① 台北“外交部档案”，档号：805/0014。

下所作各项承诺，维持台湾在联合国的席位。肯尼迪指出，双方的分歧，只是“为达成此项目标所需策略之选择”不同。

2. 蒋对“外蒙古入会案”的坚决抵制

就在美台间就是否续用“缓议案”为处理中国代表权问题的第一道防线争持不下时，非洲国家毛里塔尼亚与外蒙古同时要求加入联合国。台湾以外蒙古是中国领土的一部分、外蒙古的独立是苏联“侵略”的结果为由，在联合国安理会对其入会要求行使否决权。苏联便策略地将毛、蒙两国的入会案联在一起，声称如果台湾否决外蒙古入会，苏联就否决毛里塔尼亚入会，以此激起非洲法语国家的不满，在有关中国代表权案的投票时不利于台湾。在这错综复杂的形势下，美国认为要掌握过半数的基本票数，必须先说服台湾不能否决外蒙古入会。

6 月 2 日，美国宣布开始与外蒙古就建交问题正式接触。蒋介石认为，美国如与外蒙古建交，就是对共产集团的妥协，为承认大陆政府的先声，也增加台湾反对外蒙古加入联合国的难度。他命令外交当局“正式加以斥责”。6 月 20 日，蒋介石召见美国驻台“大使”庄莱德（E · F · Drumright），批评美国政府一面向其一再提出保证，承诺支持，但另一面，当处理与台湾重大权益相关的问题时，又一意孤行，不经事先磋商，强使其事后承认。“此不但违反信义，且系对我政府与人民之重大侮辱”。①

不久，美国国务院发言人称，关于中国代表权问题，美国政府研讨过许多可能性，其中之一是给予大陆政府与台湾当局相同地位，且这是“最优

① 台北“外交部档案”，档号：805/0009

先考虑”之政策。这给蒋介石当头一击，美国并未因台湾的所提“严重之抗议”而做任何改变。蒋有点绝望地写道：

> 从此，只有专心注意于实施反攻登陆计划，而对美国外交乃可告一结束，不再存有何幻想矣。（重点线为日记中原有——引者注）（1961年6月26日）

7月14日，肯尼迪致函蒋介石，请蒋派遣可完全信任之代表赴美，就16届联大应采取之战略战术进行磋商。蒋在日月潭约同陈诚、沈昌焕等讨论，蒋认为，肯尼迪来信中对台湾提各种抗议皆有诚恳与具体之答案，必须善意回应。蒋明知肯尼迪所言赴美协商之“最亲信人员”系指蒋经国，他却决定派“副总统兼行政院长”陈诚出马，因陈有代表“政府”与蒋个人双重身份，“可公私兼全也”。

7月29日，陈诚携蒋介石致肯尼迪亲笔函启程访美。在美期间，陈诚与美方高层共进行了四次会商，其中两次与肯尼迪会谈。8月2日双方发表联合公报，强调“自由世界”的团结，美国表示将继续对台湾在联合国的代表权予以坚强支持，反对大陆进入联合国。美国同意暂不与外蒙建交，但在外蒙进入联合国问题上美台双方未能达成共识。蒋介石认为，美国承诺不与外蒙建交，“此乃对美第一步之胜利也”，然而，美国又要求台湾对外蒙加入联合国不用否决权，“其威胁程度如故，可笑可耻之至。”（1961年8月5日，“上星期反省录”）

8月15日，肯尼迪致蒋介石一封长函，强调非洲法语国家将视台美对外蒙案投票情形，决定其对中国代表权问题之投票立场，要求“为达到阻止中共进入联合国之更重要目标起见，吾人势必须就较为次要之外蒙入会问题运用战术弹性。”长函中对蒋介石软硬兼施，称“本人以一个从事实际政治者之身份，对于阁下所面临的此项问题，自甚了解。但本人素知阁下多年政治家之历史，以及中国人民对于阁下领导之深切信心，深信阁下必能向贵国人民解释”。①

蒋介石对如何回复肯尼迪十分慎重，复信经蒋多次亲自修改才定稿，且最后英文稿由宋美龄操刀。蒋自述其过程：“覆甘函最后定稿，彼等（指沈昌焕——引者注）中英文皆不合理想为念，下午再作最后修正、定稿，其英文稿仍由夫人彻底修，方得安心。”（1961年8月25日）蒋在信中强调，“外蒙之脱离中国及共匪之窃据大陆，实为雅尔达（塔）协定及中苏友好条约均可避免之后果。此一惨痛教训，全国上下记忆犹新。”美国政府“此次倘竟屈服于苏俄之勒索敲诈，默认外蒙进入联合国而自毁其立场，不仅无以对全国爱国军民，且恐因此削弱人民对政府反共之信心，更使大陆六亿同胞向往自由亟待拯救之希望，为之幻灭”。②总之，蒋不肯让步，坚持不惜一切阻止外蒙入会之立场。

美国对蒋介石信中表达的固执非常不满，国务院代表对叶公超称，美国每次就策略问题与台湾方面协商，均得不到善意回应，今后美国难以再每事协商了，“必要时美或将采取单独策略上之行动”。叶闻言惊惶，认为美台决裂危机来临，连忙向蒋介石报告。蒋介石极为“痛愤”，痛恨美国态度之无理，甚至迁怒于叶公超，怀疑其“媚外成性”，在与美国交涉时态度不坚定，要立即召其回国。（1961年9月2日）

9月6日，肯尼迪再致函蒋介石，明确表示对其8月26日信“甚感失望”，并警告称，如双方不能获致协议，美国必须保留自由，采行自己认为最适于

---

① 台北“外交部档案”，档号：805/0010。

② 台北“外交部档案”，档号：805/0010。

达成双方共同目标之途径。语气严厉，几近最后通牒。蒋介石虽然愤怒，认为这是美国对其最后的施压，但也在日记中提醒自己“应慎重研究，依理依法以复之，不可作意气用事也。”（1961年9月7日）蒋与下属为如何回复肯尼迪费尽脑筋，10日，蒋发出致肯尼迪函中，只坚持说“中国代表权问题及吾人反对外蒙入会一事，不仅关系敝国在联合国席次之保持，且实为我国家尊严与民族自尊心之所系”，请美方对台湾立场予以同情之谅解。

3. 蒋在外蒙古入会与保留“本国”代表权之间艰难抉择

9月6日，非洲法语12国元首在马达加斯加首府举行会谈，决定对毛里塔尼亚、蒙古入会案及中国代表权问题的立场。会前，蒋介石分别致函电给加蓬、毛里塔尼亚、塞内加尔、刚果（布市）、喀麦隆、马达加斯加等国元首，请其对台湾在毛、蒙入会案中的立场给予同情谅解。鉴于非洲法语国家多系法国原殖民地，台湾方面对法国的反应极其重视。9月7日，蒋介石接见法国驻台“代办”，属其向戴高乐总统转达台湾外蒙入会案必须否决之原则，希望非洲法语国家能理解，毛里塔尼亚若不能入会，“乃咎在俄共”。12日，蒋介石直接致函戴高乐，解释台湾坚持阻蒙入会立场的理由：“倘敝国对外蒙入会，不加阻止，则不啻承认侵略成果，丧失国家基本立场，违背联合国宪章之宗旨与原则，因而无法维系民心士气，其后果之严重，不可胜言”，请法国谅解并支持台湾立场。① 戴高乐20天后才复一短函，表示理解台湾的立场，却婉拒了对法非国家施加影响的要求。

9月19日，蒋介石接到来自马达加斯加的坏消息，非洲12国成立“马

① 台北“外交部档案”，档号：805/0010。

非"集团，并已形成决议，如果台湾否决外蒙古入联合国而导致毛里塔尼亚入会申请被苏联否决，则该12国不仅反对台在联合国的代表权，而且将与台湾"绝交"。蒋自述接此讯后"并不为骇异，乃以泰然处之"，认为"惟有贯彻既定之政策，否决外蒙并作最后撤退联合国之准备。"（1961年9月20日）

9月底，美国发出警告，台湾如对外蒙案使用否决权，美将无法阻止非洲国家及其他方面的排台运动。此前，蒋介石还得到美国传来的信息，如他一意孤行，美国将停止对台经济援助。

蒋介石仍不为所动，他手书电文指示在纽约的沈昌焕和蒋廷黻："否决外蒙入联合国之决策，应遵照中央决议贯彻实施，不计成败得失，切勿畏任何危难或压力有所摇撼。应知我国至此再无道路可循，请再将中央决议文切实体认为妥。"

蒋严令在纽约的一线"外交官"不得对否决外蒙入会立场存犹疑动摇之念。

不利的消息再次传来，原允诺在外蒙入会案上支持台湾的土耳其等二国，也受美国影响而改变立场。蒋介石面对现实也无法再强撑下去，他在10月1日日记中首次表达对美国妥协的意愿：

> 要求美国声明其对共匪加入联合国请求时实施否决，与我对外蒙入会案放弃否决之约交换，可乎？（1961年10月1日）

10月2日，蒋做了三件事，为改变策略进行铺垫：一是让蒋经国与美国中央情报局驻台办事处主任克莱恩（Ray S · Cline）接洽，由克莱恩直接向肯尼迪传达台湾方面的意愿，建立一条新的渠道；二是约见张群、王云五等，"谈否决外蒙案重新考虑之建议"；三是以"私人资格"约见"美国大使"

庄莱德。蒋婉转地说，如果“美国能诚意合作，双方澄清两国政策以后，则对此案并非不可重新协商也。”蒋请庄莱德代他询问肯尼迪 6 个问题：

（一）美国政府是否确将于我国否决外蒙入会时，投票赞成外蒙入会？

（二）美国政府届时是否准备发表类似白皮书之声明，谴责中华民国？

（三）美国政府是否即继而正式承认外蒙？

（四）美国政府是否准备变更中美两国间之基本关系？甚至考虑与我断交？

（五）美国政府是否将于中共入会后，承认台湾为中共领土之一部分？

（六）美国政府是否将使安理会先处理外蒙案，迫我国政府不得不使用否决权？①

蒋表示，如果美国政府对此 6 个问题能作满意之澄清，台湾方面“对于是否必须对蒙案否决，自非不可商量”。蒋所关心的下一步，是要以此让步来交换美方坚定支持台湾在联合国的中国代表权之承诺。

因蒋介石的让步，台美双方开始新一轮磋商。当时常规外交渠道有两条：在台北是“外交部次长”许绍昌与庄莱德，在华盛顿是叶公超与肯尼迪特别助理彭迪（McGeorge Bundy，台湾通常译为“彭岱”）。10 月 6 日，蒋介石接见庄莱德，感谢肯尼迪所表现出的诚意，重申其基本条件：美政府宣布使用一切权力反对大陆加入联合国之具体政策，然后台湾方能商讨如何对

① 台北“外交部档案”，档号：805/0010。

外蒙不使用否决权之办法。蒋向美方叹苦经：台湾在外蒙入会问题上不使用否决权，即等于其立场作一百八十度之转变，其困难程度实无可比拟。只有肯尼迪总统提出具体保证，以一切方法在联合国维持台湾席位，包括必要时在安理会中投票反对大陆入会，“本人始可向我全国军民解释，并加说服，使谅解我政府在外蒙会一案，不使用否决权之理由。”①8日，庄莱德告许绍昌，肯尼迪准备于11日记者招待会上，阐明美国仍将在联合国一切机构内继续坚强支持台湾之代表权，反对中共进入，却婉拒公开承诺将使用否决权。

在得到美国明确表态前，蒋介石仍对其“外交官”督战。10月4日，身在纽约的沈昌焕体察出蒋介石或有变更外蒙案立场的意图，致电蒋介石称，如台北因重大原因必须考虑改变对外蒙案之立场，要“于适当时机酌示机宜，俾资遵照部署因应”。蒋介石复电称，他2日与庄莱德的谈话，是尽外交礼节，并非既定政策有所改变，指示沈等“一切工作应照预定方针准备为要”。

围绕肯尼迪能否满足台湾要求，公开保证以一切方法阻止大陆进入联合国，包括在安理会使用否决权一点，美台双方的交涉陷入僵局。转机来自蒋经国与克莱恩的那条线，彭迪10月11日致电克莱恩称，肯尼迪可以在台湾保守绝对机密的前提下，以“秘密保证”的方式向蒋介石做出承诺。蒋介石遂手拟对美商讨解决外蒙案之方针，作为蒋经国与克莱恩商谈之要领：

> 甲、必须对我联合国地位有一确实保证，美能于必要时使用否决权之政策，对我作书面保证，则我对外蒙案不用否决权为最低条件。

① 台北“外交部档案”，档号：805/0010。

乙、如其总统不能作公开声明，则由其国务卿代表政府作此声明亦可。若其有难作公开声明之苦衷，则至少要予我以书面（不公开）之保证。惟其甘总统仍须认我政府为中国唯一合法之政府作公开之声明也。(1961年10月13日)

14日，克莱恩与蒋经国商讨双方皆能同意的秘密谅解协议，台湾提出由庄莱德以肯尼迪外交口信的形式口头传达该项承诺。17日，庄莱德见蒋介石，口头传达肯尼迪的训令，向蒋保证“阻止共匪加入联合国有效使用否决权作秘密保证，以及另作公开声明‘始终认我中华民国政府为中国之唯一合法政府’云。”蒋也保证台湾对外蒙古不使用否决权，却同时表态台湾的意愿，希望美国在安理会对外蒙不投赞成票。(1961年10月17日)

接见完毕，又生一意味深长之小插曲：庄莱德认为既然是肯尼迪的“口头保证”，当面转达过后，交涉即告完成。但蒋介石认为，美方必须有“书面记录其训词，正式递送”方为有效。18日，庄莱德补递。蒋介石在日记中庆幸地写道：“此一经过可知，外交不能有丝毫客气与放松，如一不留意，即可造成口说无凭，等于空言，毫无根据之交涉矣，危矣。”(1961年10月18日)

18日，台湾当局对外蒙古案立场之改变已成定局，蒋介石电沈昌焕阐述其转变蒙案立场的理由：

此次外蒙否决政策之变更，乃与我原有目的并不相背，以当时冀于美国“两个中国”政策无法消除，且对我代表权亦无保障，并不表示合作，故不能不作我宁为玉碎与破釜沉舟之决心，今美既有彻底改变政策之决心与行动，故我为达成国家基本目的与保持中美国交关系，乃亦不能不有此一改变，其对国家言，否决外蒙事小，只可作为手段，而打破“两个中国”阴影，确保联合国席位，加强我政府为代表中国之惟一合法政府的地位，乃为我之最大目的，尤其此时特别需要兄等了解，并积极努力奋斗为要。①

台湾在内外政策上有如此重大的转向，内部需要做大量的工作。蒋介石掌控着台湾军政大权，仍不能疏忽。早在政策改变初期，蒋介石就开始考虑如何处理对内的各项工作。10月16日，蒋令张群“如约准备一切对内，尤其立法院复议案之手续也。”10月23日，蒋介石亲自主持国民党中央政策委员会第5次会议，说明改变对蒙案立场的缘由。10月24日，“立法院”秘密会议，讨论蒙案问题，结果15位“立法委员”中有11位赞成当局变更立场。虽然在蒋决意改变立场时，台湾在外蒙古入会问题上的立场更动就几成定局，但官样文章仍需做足。

10月24日，正是蒋介石75岁（农历）生日，他日记中写道：

昨（廿四）日晚，……妻约其女友廿余人宴会，并由杜月笙之妻等清唱平剧助寿，但此心不觉为乐也。惟立法院同意对外蒙政策后，无异如释重负，心神顿觉轻松。三周来对外对内此一激烈转变，终能达成此预期之目标，而且毫无缺损，不仅为平生奋斗在政治上一件大事，而且国家民族安危存亡攸关之大事获得如此解决，自觉欣幸为慰。特别是在七十五岁（旧历）生辰正日之一天，更可告慰我先慈在天之灵矣。(1961年10月25日)

10月25日，联合国安理会以9票赞成，0票反对，1票弃权（美国）的结果通过了外蒙入会案。台湾代表受命未参加投票，以示不承认蒙古为一

① 台北“国史馆”:“蒋中正总统文物”，典藏号:00208020000354036。

个独立国家，保留不放弃主权意。外蒙古顺利加入联合国。蒋写道：

> 此乃俄共十五年来并吞外蒙政策之实现，我国惟有在此国耻重重国土未复之际，以此勉励全国同胞，益加发愤图强，在冷酷严肃之中同仇敌忾，誓复失土，湔雪耻辱也。（1961 年 10 月 25 日）

12 月 15 日，联合国大会对澳大利亚、美国等提出任何涉及中国代表权变更的议案都是“重要问题案”的议案进行表决，以 61 票赞成，34 票反对，7 票弃权，12 个非洲法语国家对此投赞成票，台湾在外蒙古入会问题上的让步，得到了回报。

该方案被通过为联大第 1668 号决议案，保证了此后 10 年台湾在联合国内的席位。

人物网络篇

一、蒋介石缘何与鲍罗廷决裂

孙中山过世后，国民党的政治生态发生重大变化，各种力量重新组合，其标志之一便是蒋介石的崛起，其对权力的追求不断挑战原有的党内格局，他与苏联顾问鲍罗廷的关系渐趋恶化并最终决裂。以往的史料中，多显示导致蒋与鲍罗廷决裂的因素与蒋如何“决断”，而《蒋介石日记》则若隐若现地展示出他与鲍罗廷决裂的另外一面，即蒋对鲍个人的观感的变化、蒋在最初的犹豫甚至略带恐惧的情绪及其为驱鲍所采取的策略。

1. 蒋介石得益于苏联顾问

鲍罗廷作为共产国际驻中国代表、苏联驻广州革命政府代表，在孙中山确定实施“联俄”政策的 1923 年秋天来到中国。鲍罗廷得到孙的极大信任，被聘为国民党的组织教练员。他协助孙中山完成了国民党的改组，推动第一次国共合作的形成。出任军校校长的蒋介石在两个方面得到了鲍罗廷的帮助：一是鲍罗廷关心军校建设，多次请求苏联政府派出军事顾问团，增拨军费与军械支持军校；二是鲍罗廷本人也常去军校介绍苏联红军的组织与生活，帮助军校师生了解苏联的状况。蒋介石得益甚多，对鲍很尊重。

孙中山过世后，鲍罗廷被继续聘为国民政府高等顾问，对国民党的影响力有增无减，在处置商团叛乱、东征统一广东及处理“廖仲恺遇刺案”过程中起到了至关重要的任用。鲍的强势引起部分国民党人的反弹，“西山会议派”强烈要求解除鲍罗廷的职务，虽然未得逞，但鲍罗廷不得不在1926年2月离开广州，到北方“休假”。蒋介石并不反对鲍罗廷，但他乘鲍离开之时扩张个人权力，发动“中山舰事件”，一度包围苏联顾问团，气焰颇嚣张。4月，鲍再回到广州时，对蒋介石的行为未予制裁，反而一味迁就退让。蒋介石等人抓住鲍罗廷与苏联方面害怕破裂的弱点，继续进逼，提出《整理党务案》，限制共产党人，鲍罗廷的影响力也受到制约。1926年7月，北伐开始，蒋介石出任国民革命军总司令，其实力随着军事胜利而扩张，对鲍罗廷的态度也不再如从前般恭敬。鲍开始为退让而付出代价。

1926年10月，北伐军完全占领武昌，11月初，攻占南昌。此时，国民

北伐途中的蒋介石

政府仍偏处珠江流域的广州，对未来战事的指挥有鞭长莫及之嫌。蒋介石开始考虑国民政府北上问题，建议“政府常务委员，先来武汉，主持一切，应付大局。”（1926 年 9 月 9 日）。十天之后，他又电催国民党中央速将政府迁至武昌，电曰：

中央如不速迁武昌，非特政治党务不能发展，既新得革命根据地，亦必难巩固！（1926 年 11 月 19 日）

国民政府从广州迁至武汉的确有利于北伐战事的指挥。但蒋介石提议迁都武汉，却兼有希望能更直接地将党政权力控制于自己之下的目的。鲍罗廷也支持迁都，除了有利于北伐之外，他的如意算盘是，希望能够用党政权威来制约蒋介石势力的扩大。同一件事，两人的目的却南辕北辙，各有打算。之后的纷争都源于此。

11 月，国民党中央政治委员会作出迁都武汉的决定。11 月 16 日，鲍罗廷与宋庆龄等第一批党政要员从广州北上，到达韶关后因铁路尚未修通，便绕道赣州由水路北上。12 月 2 日，鲍罗廷在南昌与蒋介石见面，对迁都武汉有共识。几天后，他们溯江北上到达武汉。鉴于党政机构的迁移尚未完成，行事不便，鲍罗廷提议在武汉成立中央执行委员会、国民政府委员临时联席会议，执行最高职权。此一提议得到蒋介石同意。

正当迁都工作紧锣密鼓进行之际，蒋介石却出尔反尔，将随后北上的部分国民党中央委员和国民政府委员截留在南昌，阻止他们前往武汉。1927 年 1 月 3 日，蒋介石主持召开政治会议，通过“中央党部与政府暂驻南昌”的决议。蒋从提议迁都武汉转而要求暂驻南昌，主要是基于自身利益的考量。因为此时蒋介石的势力在江西基本站稳脚跟。如能将国民政府和中央党部迁至南昌，有利于其全面掌握军政大权。然而，蒋也意识到他擅自改变党的重要决定必然遭致强烈反对，将面对压力。故在当天的日记用“精神痛苦”、“心神烦闷”来形容此时的心情，甚至“几难成眠”。

果然，鲍罗廷与武汉方面坚决反对蒋介石擅自强令“中央党部及国民政府暂驻南昌”的决定，由此引发了著名的“迁都之争”。

2. 蒋介石“蒙羞”欲自杀

双方僵持不下之时，蒋介石决定亲赴武汉观察形势，并试图说服武汉方面。蒋介石于 1 月 12 日下午到达武汉，受到了极高规格的接待，稍休息后即赴欢迎会，到者约数万人，蒋在会上讲演。当晚，武汉方面为蒋专门举行欢迎宴会。这本该是其乐融融的场面，却因蒋挑起的“迁都之争”而变得更像是场“鸿门宴”。宴会之后，蒋介石记道：

> 晚，宴会。席间受辱被讥，生平之耻，无过于此。为被压迫而欲革命，不自由，何不死？伸中华民族之正气以救党国，俾外人知华人非尽是贱辱而不可侮蔑也。(1927 年 1 月 12 日)

次日，蒋的不良情绪继续发酵，彻夜未眠，灰心丧气，以致动了自杀的念头：

> 昨晚忧患终夜，不能安眠。今晨八时起床，几欲自杀，为何革命而欲受辱至此？（1927 年 1 月 13 日）

到底宴会上发生了什么，让蒋情绪一落千丈，有如此激烈的反应，甚至要自杀呢？蒋介石并未记下“受辱”的细节。陈公博的回忆再现了当时的情景。鲍罗廷与蒋介石谈话时，对蒋的一意孤行感到愤怒，要求蒋尊重武汉方面的意见。鲍讲了个西方故事，一个古代的专制君王不听别人意见，不许大臣们讲话，大臣反驳说“只有狗是不会说话的。”蒋介石对此不敢当面驳斥，但觉得被喻为专制君王是受到莫大的污辱，非常委屈，并将此上升到外国人对中国人侮蔑的高度，遂生与鲍罗廷不共戴天之心。这次“受辱”使蒋终生难忘，以致他在三十年后的 1958 年的日记中，仍咬牙切齿地提起鲍罗廷对他的羞辱。

17 日，蒋介石在国民党中央执行委员会临时会议上说明中央暂驻南昌之必要性，遭到多数人的反对。蒋意识到鲍罗廷是武汉方面的后台，他与武汉方面的矛盾不易调和，便采取隐忍不言的策略，不再公开宣传自己主张。

18 日，蒋介石离开武汉。次日，船到九江，他不再隐忍，见到程潜就直言：

> 余与鲍尔廷不能相容，既不能为国雪耻，何忍复为余辱国？革命至此，总受帝国主义与外人压迫，何如及时辞我以谢国民，与已死同志之灵。否则，殆有自杀而已。（1927 年 1 月 19 日）

20 日，蒋介石写下了一大段类似“遗书”的文字：

> 余既不能为国雪耻，何忍为余辱国。今日情况，余惟有一死以殉国难，为中华民族争人格，为三民主义留精神，使全国同胞起而自救其危亡。苏俄解放被压迫民族之主义，深信其不误，然而来华如鲍尔廷等最近之行动，徒使国人丧失人格，倍增压迫，与其主义完全相反，国人有知，应驱而逐之。苏俄同志如诚为解放弱小民族，不使第三国际信用破产，应急改正其方法，不使恢复至帝国资本主义之道路，则世界革命必有成功之一日。否则，余虽一死，不足救国，且无以见已死同志于地下，吾甚愿全国同胞速起以图独立自主，不负总理卅年革命之苦心。余精力已尽，策略已竭，惟有一死以谢同胞。自知误信鲍尔廷之非，何敢再误国民以为万世罪人也。中华民族独立自由万岁！

（1927年1月20日）

蒋介石痛恨鲍罗廷，但他深知鲍对国民党与政府有着重要的影响，且鲍的背后的苏联援助也是蒋所需要的，以蒋当时的实力，驱逐鲍罗廷并无把握，说不定是自寻死路。所以蒋既要有勇气，也需要策略。他开始是有些惧怕，敢怒不敢言，“消极异甚”，无奈之下，也数次夸张地想到以死来“唤醒”国民党人的觉悟。

然而，蒋并非等闲之辈，在经过一段犹豫彷徨后，他决定以攻为守，驱逐鲍罗廷以除后患。

在策略上，蒋介石首先想到的是争取在江西的国民党官员支持。1月27日，蒋介石不顾痢疾重病，在南昌连续与谭延闿、戴季陶等商谈驱逐鲍罗廷事。蒋提出，“必欲去鲍尔廷顾问，使政府与党部能运用自由也。”然而，蒋的提议并未得到众人的响应。何香凝、顾孟余等认为驱鲍事关重大，“恐牵动大局，不敢决断。”对此，蒋甚为失望，叹曰：“书生办事，诚非败坏不可也。”（1927年1月27日）两天后，蒋再与戴季陶、张静江、谭延闿谈驱逐鲍罗廷事，结果仍是意见纷呈：戴季陶怯弱、张静江强硬，而谭延闿则默不作声。蒋极不满，认为戴等“皆有病也。”（1927年1月29日）

戴季陶、谭延闿等人不赞成驱逐鲍罗廷，主要是怕因此与苏联搞僵。戴等人劝蒋忍耐，不可贸然驱鲍。蒋介石不听人劝，却又难以说服同僚，无人支持。他万分苦恼，在日记中写道：

> 近日消极灰心怠惰骄矜，患得患失，愁闷苦痛，不知所止。病在环境之怯弱，干事之无人也。惟能立于革命地位，则外闻之揣测怀疑，可以不顾也。鲍尔（罗）廷之横暴，如不速去，则不能革命。惟欲联俄革命，所以欲去鲍尔（罗）廷，以免破裂，否则，不必去鲍也。外人不

知原理，一味畏缩，可叹。(1927 年 1 月 30 日)

这里“惟欲联俄革命，所以欲去鲍尔（罗）廷，以免破裂，否则，不必去鲍也”一段，实际上是蒋介石自己对“联俄”与“驱鲍”关系的认识，即驱鲍不会破坏联俄事业，而是为了更好地联俄革命。他叹惜其他人无法理解他的“想法”。

蒋介石与鲍罗廷关系的恶化，被英国报纸所察觉，大肆报道，以期分化。蒋介石见此报道，有所警觉，反而决定暂停驱鲍举动：“见英报挑拨余与苏俄感情甚烈，余本决心去鲍，见此报，则适中帝国主义者之计，故虽欲急去，亦惟有忍耐不去，以待将来可也。”这反映了蒋介石对当时局势的判断，即与鲍罗廷的矛盾是革命阵营内部的事情，而帝国主义则是主要的敌人。为了反帝，他考虑将与鲍罗廷的矛盾暂时搁置。2 月 1 日，蒋介石与张静江、戴季陶等人商议“党务及鲍事”。蒋主动提出，“吾不忍为帝国主义者之诽笑，宁屈己卑思，以求革命之发展，故放弃（驱鲍）主张”，并愿意将政府迁移至武昌，以平息“迁都之争”。(1927 年 2 月 1 日)。

3. 蒋介石决意分裂

然而，由于时局发展快与沟通不利，蒋介石决定退让之时，武汉方面没有回应，反而步步紧逼。一系列针对蒋介石的“反独裁”宣传，让他甚是不解、委屈与愤怒。2 月 17 日，蒋介石记道：“汉口联席会议定‘反革命罪条例’，以及各种宣传，对余与静江兄攻击几无完肤。名余为独裁制，名静为昏庸。……本党党员之谄奉卑污、趋炎附势，执迷不悟之徒，其恶罪比敌尤甚也。呜呼，党团其亡乎？”(1927 年 2 月 17 日) 2 月 21 日，武汉方面自行召开扩大联席会议，决定即日起结束武汉临时联席会议，由中央党部和国民政府分别在汉正式办公。蒋认为，这是武汉方面目中无人，“不胜愤激。”他针锋相对地于23日下午在南昌召开临时政治会议，“声明政府仍在南昌，照常办公，武汉不得另行办公。”（1927年2月23日）

蒋介石认为武汉的行为由鲍罗廷操纵，将所有的愤怒归罪于鲍罗廷一身：“鲍氏之罪，不容于天地之间”，“奸党之计毒极矣，鲍氏之肉，不足食也。”（1927年3月10日）此时，蒋介石一度搁置的驱逐鲍罗廷的念头再度抬头。

2月23日，蒋介石与共产国际代表维经斯基会谈，他公开摆出与鲍罗廷势不两立的架式，径直地向维经斯基发问：共产国际是要国民党团结呢，还是要国民党分裂？是主张国民政府驻武汉，还是驻南昌？蒋介石告状说，国民党现在所有纠纷，“皆由鲍一人所起也，其言行横暴卑污，思之愤恨。”蒋并扬言，“政府迁期乃待第三国际撤鲍之电与已回去方定。”这等于是要挟共产国际撤回鲍罗廷。几天后，蒋介石又操纵南昌方面向共产国际执行委员会致电，要求撤回鲍罗廷。然而，莫斯科支持武汉，拒绝了蒋介石的要求。

蒋介石本想凭借北伐战绩来逼迫莫斯科让步，不料这一招受挫，他倍感压力，被迫同意在江西的党政要员去武汉。失望之余，蒋再次想以退为进，以辞职来争利益，他记道：“处境困难已至极点，似有非辞职不可之势，革命至此，痛心盍极。”（1927年3月8日）

3月10日至17日，国民党在武汉召开二届三中全会，蒋介石没有参加。会议在“提高党权”、防止个人独裁的精神下，通过了许多鲍罗廷赞成的主张，对蒋介石的权力进行限制，蒋所担任的国民党中央常务委员会主席职被免，只保留了国民革命军总司令的实职。这也把蒋介石逼上绝路，他决定利用掌握的军队最后一搏。蒋记道：

> 武汉形势险恶，谋害益烈，海军恐亦为其利诱，败类奸党全部动员，合国际共产之力量以倒余。处置虽困，而精神不倦，希望益大也。（1927 年 3 月 24 日）

自此，蒋决心走上了与中共与苏联决裂的不归路。不到一个月，他就在上海等地“清党”，大批屠杀共产党人。4 月 18 日，蒋介石等人在南京成立国民政府，发布的第一号命令就是通缉共产党首要，而名列榜首的就是蒋恨之入骨的鲍罗廷。

二、蒋介石如何记载他与邓演达的决裂

蒋介石与邓演达自1922年开始交往以后，经历了由陌生到紧密合作，继而分道扬镳的过程，并以1931年蒋介石下令杀害邓演达而告终。在这十年的交往中，1927年年初成为二者关系转变的重要分水岭。从现有史料来看，1927年以前蒋介石与邓演达之间尽管因中山舰事件影响而出现分歧，但总体上仍可称融洽，二人保持着较密切的合作关系。然而，1927年1月至4月间，双方关系急转直下。短短几个月间，是什么因素促成了蒋邓二人从亲密合作到尖锐对立？蒋介石眼中的邓演达是“如何可恨”的人？1927年1月至4月间的《蒋介石日记》中较详细地记载了蒋对邓的观感，有助于梳理蒋邓关系破裂的历史过程，了解隐藏在背后的真实原因。

1. 蒋、邓二人渐行渐远

随着北伐军事进程的节节推进，蒋介石在1926年9月就提议迁都武汉。国民党中央政治委员会于11月26日作出迁都武汉的决定，并委托邓演达赴武汉负责迁都的各项准备工作。12月13日，邓演达出席武昌国民党中央执行委员会及国民政府委员会议。会议决定，为使权力不至中断，迁都完成以

前在武汉先行成立国民党中央执行委员暨国民政府委员临时联席会议，在“中央执行委员会政治会议未在湖北开会之前，执行最高职权”。几日后，邓演达又被选为临时联席会议宣传委员会主席。

尽管蒋介石最早提议迁都武汉，但唐生智势力在武汉和两湖地区的扩展，以及共产党和国民党左派领导下两湖地区工农运动的迅速高涨，引起了蒋的高度警惕。蒋认为，倘若任由中央党部和国民政府驻守武汉，其势力必定大受制约。因而蒋介石决计改迁都自己控制下的南昌，因其到总司令部设在南昌，且亲信部队控制着江西和福建一带。

1927 年 1 月 3 日，蒋介石在南昌召开国民党中央政治会议第六次临时会议，邓演达和宋子文由武汉赴南昌参加会议，代表武汉方面的意见。会上，蒋介石力主中央党部与政府暂驻南昌。邓演达据理力争，陈述迁都武汉的理由，并指责蒋介石截留途经南昌的国民党中央委员和国民政府委员。尽管反对之声不绝，蒋介石仍旧强硬作出决定：“关于国民政府之国都问题，应待汪主席返国后在新近召集之三月一日中央全体执委会议中决定，……国民政府、中央党部在中央全体执行委员未开会前暂驻南昌。”由此，蒋挑起了迁都之争。

武汉方面的抵制，使蒋介石感到“精神痛苦”，他在日记中写道：“心神烦闷，几难成眠”。蒋仍于 1 月 5 日向各省党部发出通电：“现因政治与军事发展便利起见，中央党部及国民政府暂驻南昌”。1 月 7 日，武汉召开临时中央党政联席会议，敦促蒋介石赴汉。

为了打破迁都问题的僵局，蒋介石于 1 月 12 日由九江抵达武汉。邓演达作为湖北省的主要负责人和总司令的下属，全程陪同蒋介石。当天的晚宴中，苏联顾问鲍罗廷盛气凌人，因迁都之事出言讥讽蒋介石，令蒋感到“生平之耻，无踰（逾）于此”。1 月 15 日，蒋介石在普海春设宴招待各界代表，席间又因迁都之事遭众代表质问。在武汉之行中，邓演达对蒋的态度也较强硬，周佛海曾回忆说，邓的“言论也日甚激烈，比中共有过之无不及，给蒋的刺激极大”。

1 月 17 日，蒋介石在中央党政联席会议上，再度提出迁都南昌的要求，遭到反对。当晚，他与顾孟余、何香凝、黄郛等谈话，感到“不胜悲伤”、“亦惟沉痛”。

由于武汉之行并未达成预期目的，蒋介石在回南昌后继续向武汉方面施压，并派戴季陶赴武汉，敦促在汉中央委员赴赣。1 月 26 日，武汉临时联席会议派邓演达、何香凝、顾孟余等随戴季陶去南昌，力图说服在赣中央委员启程赴汉。由于蒋介石当时在庐山牯岭，邓演达一行也上了牯岭。蒋介石视鲍罗廷为改都南昌的一大绊脚石，所以决计去鲍，“使政府与党部能运用自由也”，但邓演达等“恐牵动大局，不敢决断”，以致蒋感叹“书生办事，诚非败坏不可也”。（1927 年 1 月 27 日）1 月 27 日，蒋介石与谭延闿、戴季陶深谈至午夜，谭、戴同意在去鲍之后将中央迁至武汉。但邓演达坚决反对改都南昌和驱鲍罗廷，蒋介石认为邓“跋扈殊甚”，对邓耿耿于怀。

不久以后发生的一件事情，更加深了蒋介石与邓演达之间的误会与裂痕。《邓演达年谱会集》和郭沫若的回忆文章均记载，邓演达在 2 月 1 日与郭沫若同赴南昌途中，遭遇朱培德所部第三军一部发生兵变。2 月 3 日，邓演达秘密逃离南昌，回到武汉。郭沫若就此指责蒋介石，认为这是蒋为除掉邓演达而导演的一次阴谋。但证诸蒋介石日记，发现其实是邓、郭多虑多疑。2 月 2 日蒋记道：

又接岳军（张群——引者注）及益之（朱培德——引者注）电称，

第七师昨夜在三军部闹饷兵变，财会损失云，不慎苦痛。宋子文有意为难，靳饷不发，各军扣饷不清。革命至此，无聊极矣，徒加罪戾，何益于国与民耶？（1927 年 2 月 2 日）

次日，蒋仍记此事，且发感慨：

第三军兵变，其长官反辞职要胁（挟）……（此处多字不清——引者注）。干部办事错误，常启误会，且致偾事。近日之被压迫侮辱要胁（挟）轻视，不一而足，如此何必愧为总领，务虚名而受实祸，可不戒者？（1927 年 2 月 3 日）

北伐战争过程中，蒋介石时感军中财政吃紧，且对无法控制非黄埔系的军队而头痛。结合以上记载，大致可以推断，第三军第七师在旧历年关兵变系为索军饷，并非蒋介石为除掉邓演达蓄意制造。蒋事先并不知情，事后亦非常恼怒。况且此时双方关系尚未破裂，蒋介石仍在努力拉拢邓，不至于突施毒手。其后，邓演达于 2 月间曾再度赴南昌，并小住数日，未遇险境。因此，郭沫若回忆中指责第三军的兵变是蒋蓄意除掉邓的阴谋一说，恐怕只是 20 多年以后的推测而已。

然而，此一事件确实使邓演达对蒋心生疑窦，郭沫若回忆邓当日即有言："我和蒋共事多年，如今不能不分手了，但他总有一天会觉察到谁是在为他革命的生命着想，谁是阿谀着他断送他的革命的生命的"。

2. 蒋对邓仇恨日深

蒋介石与邓演达彼此在疏离的路上渐行渐远，还同国民党党权与军权之争紧密关联在一起。1927 年 1 月 3 日，武汉临时联席会议提出了"提高党权案"，明眼者都知道，此案目的在于限制掌握军权的蒋介石。邓演达是提案倡议者之一，势必把自己摆在了蒋介石的对立面。2 月初，武汉发起了试图制约蒋介石的“恢复党权运动”，邓演达和徐谦、吴玉章、孙科、顾孟余等五人组织临时行动委员会，作为运动的领导机关。蒋在当天日记中大发感慨，称“择生（邓演达——引者注）反对烈然，引起一般同志怀疑”，指责邓与共产党站在一边，感叹“天下事之败坏，莫甚于不知历史与事理之徒，彼犹自以为智者，而后悔即在目前矣”。

2 月 17 日至 26 日，邓演达在汉口《民国日报》上连续发表《现在大家应该注意的是什么》等文章，指责有的人“骨子里自己的利益同革命的利益反背，一面又想赶快在政治的局面里取得政治的权柄”，强调军事指挥者应该明白，“自己个人的力量是很有限的，自己只有无条件的听从党的决定，接受党的制裁，才能够增进党的权威，才能够拿这个权威去指挥统一全体的军队，无论是旧有的或新收的。不然的时候，哪一刻离开了党，哪一刻违背党大多数同志们的意志，违背党的规定，那一定立刻失掉军事的权威，立刻自己丧失政治的生命。”文章所指责的对象，无疑就是蒋介石。2 月 21 日，蒋介石在日记中提及“见择生论文”，其内容“纯诋毁我”，“不胜骇异”，悲叹“人情如此”。然而，蒋仍期望能争取邓演达，他曾给邓演达写信，“犹冀其悔悟也”。

然而，邓演达坚持自己的主张，2 月 23 日，他在中央军事政治学校武汉分校开学典礼上强调：“中央党部是民主的集中的，是高于一切的，‘一切权力都要属于党’，军事的指挥更是要统一在中央党部之下，国民政府之下，才能满足民众的要求。”次日，邓又在武汉国民党员大会上进一步表示：“现在我们的中央完全为老腐昏庸的反动分子所把持，他们根本就不了解民众的痛苦，所以，首先就要打倒个人独裁及一切封建思想的势力；其次，军事就要绝对服从党的指挥。”

蒋介石不容他人染指他的军队，尤其军校学生，故对邓演达在军校的演讲十分愤怒，他写道，邓“公开诬蔑，播弄学生，使其倒戈”。抱怨“汉口邓演达等愈趋极端，煽惑挑拨，无所不为，逼迫横逆，令人难堪”。2 月 27 日，蒋介石在与陈铭枢的谈话中获悉，“武汉反动甚烈，而演达犹甚”，不禁“独忧党国之已亡，人心之卑弱，不可救药矣”。（1927 年 2 月 7 日）

此后，邓演达又陆续在湖北省农民协会第一次代表大会、国民党湖北省党部纪念周等场合一再宣扬提高党权，反对独裁，并把党权与军权之争提升到“是封建与民主之争，是革命与妥协之争，是成功与失败之争”的地位。蒋介石获悉邓演达在武汉的种种言行，难掩悲愤，指责邓是与唐生智“狼狈为奸”，与共产党高度一致的“赤足而踞”。

3 月 10 日至 17 日，邓演达在汉口与宋庆龄、何香凝等主持召开了国民党二届三中全会。作为会议的核心人物，邓演达对各项决议的通过发挥了重要作用。《北京晨报》当时即指出：“徐谦、邓演达为武昌派（即共产派）之领袖，在党中权力甚大，此次中央执行委员会全体大会所议决各重要议案，半皆出自二人计划。”会议通过了一系列加强集体领导限制蒋介石权力的决定，如中央政治委员会和军事委员会均由该委员会主席团集体决策，撤销了由蒋介石任部长的军人部（此系邓演达提议），原属总司令部的总政治部改隶军事委员会，等等。蒋介石虽仍列名中常委，但其余 8 人多为国民党左派和共产党人，对蒋的权力造成极大的制约。邓演达则在会上当选为中央执行委员会委员、中央政治委员会常务委员、中央军事委员会委员兼主席团成员、中央农民部长、总政治部主任，在武汉的重要性大大加强。

以上决议，让蒋介石感到“令人难堪，压迫侮辱至矣”。加之在此期间，武汉工人运动倒蒋亦甚为激烈，中央军事政治学校部分学生护蒋心切，在总工会与工人有所摩擦，其中 20 多名学生遭到邓演达为首的校方“禁闭”处分，有些学生逃离武汉到九江投奔蒋介石。蒋在日记中专记此事，称学生“被邓等压迫逃来”，“其心可爱”。同时，蒋认为身为中央军事政治学校武汉分校代理校长的邓演达所作所为“诚亡人也”。

即使到此时，蒋介石仍未放弃拉拢邓演达。3 月 17 日，蒋在离赣东下之际，派黄埔同学会秘书曾扩情等带其致邓演达的亲笔信去武汉，蒋在信中表示：“十年来患难相从，一本革命精神进行到底，值兹北伐之际，中道纠纷，形成分裂，言之痛心。苟望吾弟力挽狂澜，共谋团结。”信中并欢迎邓演达出任总司令部参谋长。邓演达断然拒绝，表示：“对校长别无他意，惟照他那样的领导革命，永久不会成功，只有照我的主张贯彻三大政策的执行，与一切老朽昏庸和官僚政客划清界限，严整革命阵容，才能取得革命的胜利。如校长能做到这点，我仍当受他的领导，当与不当参谋长，无关轻重得失。”至此，蒋邓之间裂痕已成鸿沟。

3. 邓被捕遇害

真正导致蒋、邓二人走向尖锐对立的，是 1927 年 4 月蒋介石发起的“清党”。随着武汉共产党和国民党左派领导下的工农运动的蓬勃发展，国民革命内部的矛盾也日益扩大。蒋介石一直深信，由于共产党的阴谋挑拨，才造成了国民党内部的分裂，“共产党合国际全力以倒余”，蒋已“甚恨 CP（中国共产党的英文缩写——引者注）之挑拨本党内部也。”他只是考虑到自己尚需共产国际的援助，故一直强压隐忍而不发。

在成功克复上海以后，蒋介石对武汉国民党左派和共产党的态度愈发强硬。4 月 1 日，蒋接到汉口免其总司令职的消息，“终夜不能成眠”。次日便在上海召开反共“清党”会议，申明“为本党计，非与之（中共——引者注）分裂不可也”。会上将邓演达列为“丙类分子”，即共党分子及附和共党分子，属于“应先看管者之列”。晚间，蒋等又开中央监察委员会，弹劾武汉党部与政府。4 月 10 日，蒋介石宣布解散邓演达领导的总政治部，并派兵封闭了总政治部上海办公处，成立了吴稚晖为首的新政治部。4 月 18 日，南京国民政府在成立当日便发布“秘字第一号令”，通缉共产党和国民党左派 192 人，邓演达名列其中。

上海四一二“清党”事件发生以后，邓演达立即反对，指斥蒋介石是“替帝国主义效劳，为中华民族千古罪人”。4 月 15 日，邓演达在武汉国民党中央常委扩大会议上，主张东征讨伐蒋介石。当日，他领导中央军事政治学校举行反对蒋介石与帝国主义勾结背叛革命运动周，派出宣传队向市民进行宣传活动。4 月 17 日，根据邓演达和董必武的建议，武汉国民党中央及国民政府发布命令，开除蒋介石党籍并撤销其本兼各职，严惩逮捕之。4 月 22 日，邓演达与在武汉的中央执行委员、监察委员、国民政府委员及军事委员会委员等 40 人联名发表《讨蒋通电》，谴责蒋介石由反抗中央到自立中央的行为，号召全体军民“去此总理之叛徒，中央之败类，民众之蟊贼”。次日，邓演达主持武汉 30 多万人的群众大会，声讨蒋介石“清党”、反共和屠杀工农的罪行。5 月 7 日，黄埔各期学生和武汉中央军事政治学校学生，在邓演达支持下召开讨蒋大会，并成立讨蒋委员会。

时代洪流惊涛骇浪，冲击着原有革命阵营。短短四个月间，国民党的政治生态发生巨变，蒋介石与邓演达延续近十年的合作关系无以挽回地步向破裂。在 1927 年年初的迁都之争、党权与军权之争，以及最终的“清党”

事件中，虽然蒋对邓的政治声望和工作能力极为欣赏，邓亦一度努力争取蒋同武汉方面的合作，但二人彼此立场与利益终至不可调和，由此分道扬镳。

其后邓演达坚持其立场，坚定反蒋，他组建了“中国国民党临时行动委员会”（又称“第三党”，今“中国农工民主党”前身）。1930 年 8 月，邓在上海召集各地代表举行了第一次全国干部会议，通过了《中国国民党临时行动委员会政治主张》，选出了中央干事会，邓演达被推选为总干事。组党后，他一面策划军事倒蒋，一面进行反蒋宣传，主编《革命行动》半月刊。蒋介石对其十分痛恨，暗中缉拿。

1931 年 8 月 17 日，邓演达在上海英租界被逮捕，旋即解往南京。蒋介石闻讯，在日记中表达了快意：

> 邓演达昨在上海被捕，天网恢恢，终难幸免也。（1931 年 8 月 18 日）

邓演达曾对国民党高级将领陈诚有知遇之恩。邓演达被捕后，陈诚致电蒋介石，请其“为国惜才，从宽拟处”。蒋介石亦有劝降邓演达之意，故暂允陈诚之请。九月初，得知将对邓组织军事会审严加审判，陈已感到不妙。

蒋介石曾一度对邓演达软硬兼施，要他改弦易辙，放弃主张，解散组织，但均被邓严词拒绝。1931 年 11 月 29 日，邓演达在南京被秘密杀害。

陈诚闻邓演达死讯，即电蒋介石表示不满：“八月间择生被逮，曾奉梗亥电请为国惜才，贷其一死，当即蒙复迥参电，准从宽大办理各在案。顷据确讯，择生兄经军法司判处死刑。人亡国瘁，痛彻肺腑，猥以微贱，久承嘘植；而今公不能报国，私未能拯友，泪眼山河，茕茕在疚，……职决即日离职赴京待罪。”陈诚的努力无法改变蒋介石对邓演达的仇恨，但至少说明，即使对蒋介石十分忠诚的人，对蒋的处事方式也不能理解与谅解。

三、蒋介石与拘押胡汉民的"约法之争"

1. 蒋、胡合作建立南京国民政府

胡汉民与蒋介石同为孙中山的助手，胡在国民党内的地位一直高于蒋介石。1924年年底孙中山北上之时，胡汉民代理广东政府的最高职务——大元帅，而蒋介石则还只是陆军军官学校（黄埔军校）的校长，影响限于军事方面。孙中山过世后，国民党内群龙无首，各方围绕最高领导权展开了争斗。

1925年7月，汪精卫得到苏联顾问鲍罗廷的支持，出任广州国民政府的主席，胡汉民受到排挤，任外交部长。两个月后，胡汉民涉嫌廖仲恺遇刺案在国民党内失势，受派去苏联。他行前曾作《楚囚》诗，自比为被逐之屈原。有证据说明，汪精卫与蒋介石等人联手排挤了胡汉民。

1926年3月中山舰事件发生，汪精卫与蒋介石的矛盾浮出水面。胡汉民回到广州，但仍受到蒋介石的冷落，胡参加会议发言时，台下颇有嘘声。胡遂识相地经香港至上海闲居，沦为政治边缘人物，自称"日惟闭户读书，冀补年来学殖荒落之憾。"国民革命军北伐攻克武汉后，胡曾致电蒋介石祝贺，但蒋并未回应。1927 年 3 月底，蒋介石等人进入上海，开始计划分共清党，胡最初并未参与，也不知晓。4 月 5 日，吴稚晖等人来见，出示“查办共产党案”，胡汉民欣然同意。

特殊的政治格局突然间将胡汉民置于重要的位置。蒋介石等人要对抗武汉，在南京建立中央党部与国民政府，但当时南京方面除了军事力量略占优势外，中央委员、国民政府委员的数量远不及武汉，不仅在“法理”上站不住脚，即使按程序开会都无法做到。胡汉民是南京方面唯一在国民党内的历史与影响力足以抗衡武汉汪精卫的人，且在理论阐扬方面有特长。胡汉民在 4 月 16 日的谈话会上提出，“常务会议不能开会，而政务党务急待进行，中央政治委员会委员在宁者已有八人，应即日开中央政治委员会，主持一切。”胡以召开中央政治会议行使中央党部权力的办法，为众人接受，这解决了南京建立国民政府所需“合法性”的困难。

4 月 18 日，南京国民政府正式成立，由蔡元培代表中央党部授印，胡汉民代表国民政府接印。胡汉民为南京政府制定清党反共的政策与法规，进行理论阐述，对抗武汉政权。有学者在评价胡汉民在南京国民政府建立过程中的作用时指出：“胡氏不仅成为反共理论指导的中心，揭发共党的阴谋策略，而提出清党的原则，以求国民党之新生；同时在清党的实力上，也作了必要的贡献。”胡汉民是南京政府的中坚，许多人（包括蒋介石）均无法代胡为南京国民政府的主席。

南京国民政府建立后的生存环境是十分险恶的，在北方有北洋军阀的势力图谋反击，在长江上流，武汉国民政府也要“东征讨伐”。南京政府要生存与发展，必须强化实力，联络各方，这甚至比争取政治上的“合法性”更重要。胡汉民在联络各方中起关键作用。他利用与北伐军参谋长兼后方留守总司令、广东实权人物李济深往日的师生之谊，拉拢李济深，使广东在宁汉对峙中站在己方，对于南京国民政府的稳定有重要作用。

当时，冯玉祥接受武汉国民政府的任命，就任国民革命军第二集团军总司令，冯部驻防于宁汉中间，是双方均意图拉拢的劲旅，冯刻意保持中立，以调和宁汉的立场谋取更大的利益。蒋介石、胡汉民特意到徐州与冯玉祥见面，答应以军饷等资助冯玉祥军。胡汉民等人的争取收到一定的效果，冯玉祥在宁汉之争中坚守了中立，他左右逢源，收益颇多。如果考虑到冯原是接受武汉方面的任命，则如此的结果说明南京方面是赢家。胡汉民不是征战沙场的军人，但他幕后联络，运筹帷幄，争取到实力派将领的支持或中立，功莫大焉。

然而，南京政府内部不久即发生分裂，8月16日，蒋介石被迫下野，他的下野辞职通电是发给胡汉民的，全文如下：

> 限即到。南京总司令部秘书处转胡主席转国民政府钧鉴：中正自愧谫陋。无补时艰。一年以来，北伐不力，主义未行，徒使党务纠纷，部属牺牲。而民生凋敝，国计困穷尤甚于昔。清夜扪心，益滋惶惑。伏恳准辞国民革命军总司令职权，并请重治中正以失职之罪。是为至祷。[①]

胡汉民等人试图劝阻蒋介石，无果，干脆就一起辞职，重新寓居上海，静观形势。

1928年年初，胡汉民在国民党激烈的派系斗争之际，决定先赴欧洲考察。当年6月，胡汉民获悉北伐军到达北京，立即从巴黎致电国民政府主席

① 台北“国史馆”，《蒋中正总统文物·事略稿本》。

谭延闿，向国民党二届五中全会提出《训政大纲案》。他以国民党内所独有的孙中山理论解释者的地位，在军事领袖们尚忙于厮杀之际已准备了一套较完整的建国方案，在党内首先倡导实行“以党治国”和“训政”的建国方针，在政治上争得了主动。

6月18日，胡汉民又从柏林寄回了《训政大纲提案说明书》对《训政大纲案》内规定的原则和制度作进一步说明。其主要内容为：国民党为民众夺得了政权，应以政权保姆自任，训练国民管理政事的能力，并以政权付诸民众为归宿；训政期间，国民政府应由行政、立法、司法、监察、考试五院组成；国民党中央政治会议是全国训政的发动和指导机关。胡汉民的这套理论，强调了国民党在国家政治生活中的绝对领导地位，既适合国民党的统治需要，又附缘于孙中山的建国思想，故在国民党内受到较普遍的欢迎。8月的国民党二届五中全会接受了胡汉民的提案，决定在训政期间逐次设置五院。胡汉民本人也踌躇满志地从法国登上“亚多士号”邮轮，启程回国。

8月下旬，胡汉民抵香港，准备经广州北上。这时，国民党内的反蒋派已在集结，酝酿反蒋斗争。他归国后倒向何方，引人注目。在香港时，广东军政大员陈铭枢、陈济棠等劝胡汉民留住广州，主持广东政治分会，与南京“分治合作”，胡汉民拒绝了。他还公开宣称：国民党内部要团结，各地的政治分会应予撤销。9月初，胡汉民到上海，许崇智、居正等又劝他不要去南京帮助蒋介石。他反过来对他们说：“我到南京，并不是帮助个人，我是帮助中华民国，完成中国国民党的革命使命。”蒋介石特地赶到上海去迎接，对胡汉民的各项主张极表赞同。《训政大纲提案说明书》也在这时得了公开发表。

胡汉民到达南京，立即被加推为国民党中央常务委员，地位迅速上升。

他负责制定《训政纲领》，筹划国民政府的组织结构，把自己的政治思想和热情倾注其中，俨然国民党政策的制定者。他熟悉孙中山思想并具有民国初年的执政经验这无疑有利于他在国民党从地方性政党向全国执政大党的转折时期发挥作用。有人评价说，国民政府“中央组织之粗具规模，训政纲领之明确厘定，以及各种文物规章之树立，先生（胡汉民）擘画之功，亦甚显著”。这一评价并不为过，无论是《训政纲领》，还是五院制度，在国民党统治中国时期都起了重要作用。

1928年10月公布的国民政府人选中，人望颇高的胡汉民既没出任国民政府主席，也没当负实际责任的行政院长，只得到了并无实权的立法院长（副院长为林森）。这固然同国民党内的人事安排有关，从历史上看，胡更适合做些出谋划策，拟定规章制度的幕后工作。但更重要的是胡汉民非常看重立法院的职权，他要通过立法院制定一整套的资产阶级法令，行之于中国。他想把立法院办成民主国家的议会，而非装饰门面的“橡皮图章”。依国民政府组织法，行政院的各项行政措施，皆需经立法院批准，胡汉民可通过立法院表达自己的意见，他说：“我入南京，我不负实际的行政责任，……在我留居南京的几年中，我一方面是尽忠职守，努力立法，同时对于党务政治，也尽力所能及，设法改进”。

胡汉民是把立法当成一件很重要的事来做的，他在立法院工作十分勤勉认真，为国民党的最初的立法工作提出了一套较为完整的理论。

为尽早建立一套完整的法律，使国民党能“依法治国”，胡汉民督导立法委员会努力工作。立法院成立两周年时，他总结说，两年内共开过121次院会，“不但每星期没有流会过，而且还时时增开临地会议”，以致发生过个别立法委员因劳累过度，昏倒在办公室的事。胡本人也干劲十足，乐此不疲，有时为讨论法案，“弄得头昏脑张（涨），竟日没有休息的时间”。每次院会都出席主持，这意味着要长时间地听别人发表意见，对于惯于指教人的胡汉民来说，这无疑是件苦差事。实在无聊，他便在别人发言时找些纸来练习书法，消磨时光。1931 年 2 月 28 日晚，他就是在主持了一天的立法院例会后直接去蒋介石的司令部而遭软禁的。

胡汉民在立法院长位上两年多一点时间，共主持制定了民法、刑法、土地法、公司法、票据法、海商法、保险法、民事诉讼法、刑事诉讼法、地方自治法、工会法、农会法、渔会法、工厂法、矿业法和劳动法 16 种法典，奠定了国民党法律的基础。国民党内对此至今赞不绝口，称由于上述法律的制定，“使我国法制灿然大备，走上民主法制的坦途，其功至不可没”。

胡汉民希望通过实现法制，在中国确立资产阶级民主共和制度，防止个人独裁专制。然而，在近代中国历史上，“法律”更多的是统治者的装饰物，幻想用它来约束统治者，必败无疑。胡汉民的所有努力，只是在近代中国一系列“立宪救国”的失败记录上又加了一笔。他在 1931 年年初就意识到这一点：“现在立法院所立的法已不为少了，然而措之事实，能见成效的，究竟有几多呢?”到与蒋介石决裂后，他更半是悔悟、半是怨恨地写道：“我在南京的时期，职司立法，原期借党治的掩护，完成法制，再由法制过渡到民治。……可是我的企图完全失败了。我所立的法，能实行的是哪几种？我不能说。能稍稍压抑枪杆子的威权，使有枪者有所慑伏的，可断言其绝无。”只是，胡汉民并没有认识到，立法失败的根本原因还是国民党执政的自身弱点所造成的。

在那一时期，所有的军阀混战中，胡汉民总是无条件地站在蒋介石一边。他要利用蒋介石的强大武力，实现国家的真正统一安定，争取一个能让他施展政治抱负的良好环境。每次战事一起，胡汉民都毫无例外地通电斥责声讨对方，与蒋介石的军事进攻互为应合。战争过程中，蒋介石在前线指挥作战，胡汉民则在南京主持党务政务，维护后方，配合颇为默契。那时，国民党内的腐化风气日渐弥漫，政客或对时局失望，或贪图安逸，有的去上海寻欢，有的在南京作乐，连一般会议也懒得出席。只有胡汉民东跑西颠，是各种会议的常客，曾自嘲为“开会机器”。他禀性认真，痛恨敷衍苟且。从1928年9月入南京到被软禁，他两年多竟没出过南京城，坚守职责，这在国民党内是个罕见的例外。吴稚晖曾拟对联称赞胡汉民：“在于征桂，则功超言论之外；对待阎冯，则功居后防之先。”

2. 约法之争

胡汉民作为首任的立法院长，行事颇为强势，该院的效率颇高，这固然与制度设计有关，更重要的是，胡汉民在立法院长之外，其在国民党内还担任着重要职务，有其特殊地位与影响力。

胡与蒋介石曾有一段短暂的合作“蜜月时期”，形成蒋负责对外军事，胡在后方主持党务的格局。但随着他们在召开国民会议与制定约法问题上发生分歧而至激烈的冲突，最终演成导致二人决裂的“约法之争”。

“约法之争”的起因可追溯到1930年10月3日。其时，蒋介石在中原大战取得决定性胜利，他从河南前线发给南京的“江电”提出：“中正以为目前第一要务，为提前召开第四次全国代表大会，确定召集国民会议之议案，……及制定在宪法颁布前训政时期适用之约法。”蒋介石是想通过制定约法，将军事上的胜利转化成政治上的胜利，以回应社会各界及国民党内反对派对其执政“无法可依”的指责。

胡汉民不同意蒋的意见，他认为可以召开国民会议，但不能制定“约法”。胡汉民在各种场合宣传自己的主张，且搬出孙中山相关讲话，宣称制定“约法”违反了孙中山的“遗教”。

蒋介石在争执中最初的姿态颇为“低调”，力图避免与胡汉民正面冲突。为了与胡汉民对抗，蒋介石暗中让人提供“训政时期需要约法”理论。1931年2月2日，蒋仔细披阅各方提供的“条呈”，研究“约法问题”，他认为，“约法两字，征诸我国历史，有汉高祖之约法三章，而欧洲之约法，则以英国之大宪章为最早，厥后法兰西大革命之人权宣言，美国又有独立宣言，皆可谓之约法。”中国此时也需要一部“约法”，理由有两条：一是保障国内和平；二是增进国际信仰。这套“制定约法”的理论，既有中外成功的经验为铺垫，又能眼前中国必需的现实理由，蒋介石研究到夜半方毕，很是满意。“虽觉疲乏，而心则甚快慰也。”他自信这套理论能堵住胡汉民的嘴。

不料，蒋的那套理论在胡汉民那儿碰了壁。蒋介石对胡逐渐失去耐心。蒋对胡的不满，最早出现在2月6日的日记中：“身受者无非束缚，目睹者无非妒忌，来见者无非讨钱，耳闻者无非苦痛，余身至此，是诚一莫赎之身矣。孙连仲部受韩之煽惑，竟中途生变，不能开赣。而胡（汉民）则内讧，孙则跋扈，内外挟击，此何时耶？忍耐勉强，尽我心力而已。”9日，胡汉民在纪念周上讲话，谈国民会议与约法问题，再提在会上通过约法是违背“遗教”。蒋气愤地召来陈立夫，表示对胡汉民逼人太甚，他“容忍已久”受够了。蒋说：

> 胡专事欲人为其傀儡而自出主张，私心自用，颠倒是非，欺妄民众，图谋不轨，危害党国，投机取巧，妄知廉耻，诚小人之尤也。惟

余如暴躁发愤，我忘其身矣。(1931 年 2 月 10 日)

蒋介石日记中骂人，“无耻”、“小人”均是很重的词。此后几日，蒋在日记中对胡的不满与日俱增，13 日，蒋记道：

> 彼（指胡汉民——引者注）借委员制之名而把杖一切，逼人强从，此对中央全会与国民会议诸决议案之能，显而可见者。至其挑拨内部，诋毁政治，曲解遗教，欺惑民众，一面阻碍政治之进行，凡重要之案皆搁置不理，使之不能推行，一面则诽谤政府之无能，政治之迟滞，不知其恶劣卑陋至此。是诚小人之尤者。贪天之功，侵人之权，总理对胡、汪之所心痛恨者，此也。阻碍革命，谋倾党国，其罪不可恕也。(1931 年 2 月 13 日)

这里又扯上了胡汉民的历史问题，说到孙中山对胡痛恨，这是没有根据的。蒋也绝不肯放弃自己的主张，他在 2 月 15 日写道：

> 破坏党国，阻碍革命，阴险小人终不自觉，为之奈何？彼以“司大令”(斯大林——引者注）自居，而视人为“扎尔司基”(托洛斯基——引者注)，故对中外人士皆称余为军人而不知政治，并诋毁政治之无能，而其一面妨碍政治，使多种要案不能通过执行，其用心之险，殊堪寒心。余以国民会议之议案必须自由提案，自由决议，不加限制而议定训政时期之约法也。各省党部选举绝对自由，不再圈定，而一切议案亦绝对公开，此方足以平乱。不贯彻江电之主张，绝不能杜绝乱源也。(1931 年 2 月 15 日)

至 2 月 24 日，蒋介石决定对胡汉民下手。他最后一次约胡汉民见面，谈约法问题，胡仍坚持己见，双方不欢而散。25 日蒋介石写道：“胡汉民坚不欲有约法，恃以立法院之势，任意毁法变法，以便其私图，而置党国安危，人民利害于不顾”。之后几天，他深思熟虑对付胡的办法，并在2月25日至2月28日那几天的日记中采取了特殊记法。蒋介石1931年的日记写在印制好的日记本上，一天一页，每页有十行，另有“提要”与“社会记事”两栏。蒋日记内容通常较杂，包括励志文字，每日所见所感及具体记事，基本都限定在当页，有时内容太多，会写在当页的边款空白处，绝少转页占到后一页。然而，2月25日至28日就出现了连续记且转页的情况。这段起于2月25日的日记，篇幅之长，在笔者所阅蒋介石日记中独一无二。现录于下：

(2月25日）下午，会客后为胡事又发愤。在汤山休息。

彼坚不欲有约法，思以立法院任意毁法变法，以便其私图而置党国安危于不顾。又言国民会议是为求中国之统一与建设，而不言约法。试问无约法何能求统一，何能言建设？总理革命，不欲民国元年参议院之约法，而主张重订训政时期之约法。重订革命之约法而非不欲约法也。三年。（注：以下转入26日页，此处数字模糊不可辨识）……皆为统一与建议者，所以全军将士不畏艰险，流血牺牲而不惜者，欲求其有保障统一与和平，使得一劳永逸，以求一约法，以使人民生命财产之自由、统一、和平之永久，三民主义之实行。故中正痛定思痛，乃有江电，欲要求速订约法，速开全国代表大会，速开国民会议，以免除国内战争，不使再有军阀后起，以刮削人民，祸乱党国。此乃牺牲二十万将士之生命与无数国民之损失所得，而来者如政客官僚（注：以下转入27日页）凭一己之私欲，借党国之名传，仍欲为个人之权利，而置人民与将士之牺牲于不顾，毁坏党国，摧残革命所得之成绩，而且欲行起有约法与无约法之纠纷，或竟贻党国无穷尽之祸患所必乎?!

且彼既以随侍总理数十年自命，此固世人所皆知，为我总理之左右手也。但民国元本党所既得之革命政权，而彼等必欲总理让于袁贼，终总理之世，使本党革命卒无一成者，无非为若辈所把持劫夺，使总理孤立无援，有志士皆欲随（注：以下转入28日页）总理而不可得。其阻碍革命，破坏革命之罪恶不自知悔悟，以总理伟大勇决之精神，卒为彼等褊狭刻薄者所断送。迨我北伐成功，革命稍有希望而彼以深悔前非，辅助革命以求约本党。不料其一入本党，前病复发，野心渐萌，两年以来，（注：此处原有“外欲反原定之和平政策，播弄党国”一句，后划掉）全国将士与国民之苦痛滴滴血泪之痛，其一顾。呜呼，摧残革命之罪，莫过于是矣，可不痛哉。

本晚，宴客，留胡汉民在家，勿使其外出捣乱也。（1931年2月25日至2月28日）

以上所引占了25日至28日4天篇幅的日记，内容前后连贯，一气呵成，应是一天写成。这与蒋平时每日一记的习惯不合，只能推断是蒋介石在“约法之争”决定拘禁胡的那几天，是难以决断的“非常时期”，未写日记，而在28日拘胡之后，才一气写了长篇。单从日记内容来看，除去第一段与最后一段写具体事情外，中间的一大段，均是陈述胡汉民的“罪恶”，语气像是与胡当面辩论，又像是向他人说明拘胡的理由。

作为争论的另一方，书生气十足且自负的胡汉民则完全低估了蒋介石的决心与手段，每天正常工作，完全不知道大难临头。

2月28日，蒋介石邀胡到总司令部晚餐，胡从立法院下班后直接赶到总司令，等待他的不是晚餐，而是囚禁。拘禁胡的首都警察局长吴思豫出示了蒋介石的长信，蒋在信中列举胡汉民历史与现实的种种罪行，要求胡“深悔前非，改过自新”。

个性犟强、不肯让人的胡汉民突遭大辱，哪里会甘。他坚持要见蒋介石。

直到深夜，蒋介石才出现。胡汉民与蒋当面争辩，逐一驳斥蒋，并说不要认为没有人可以教训他。蒋介石说不过胡，但拘胡决心不变。胡汉民知道已无可挽回，赌气地说，自己年纪大了，女儿也长成人了，什么都可以不要，赌气提出辞去立法院长职务，这正中蒋的下怀。随后，胡汉民被押往汤山软禁。

3 月 1 日，胡汉民被迫写了辞职声明：“因身体衰弱，所有党部政府职务，概行辞去。”国民党中央常务委员会临时会议决定，准胡汉民辞去立法院长等职务，任命林森、邵元冲为立法院正、副院长。胡汉民的立法院时代结束。

胡汉民在一夕之间从权力巅峰跌落，当时火急攻心，加上没有吃晚饭，彻夜难眠，血压骤然升高，之后即落下高血压的病根，并在 5 年后因此病发作而逝。

约法之争中，立法院长胡汉民被囚禁的命运，大概是国民党训政体制下立法院权力机关的一个缩影，它并没有真正的制度保证，强权者的个人意志可以凌驾于制度之上，任意确定立法程序，而从事立法的人，自身也得不到法律的保护。

28 日拘禁胡汉民后，蒋介石记了善后处置的内容。如他最初设想了许多限制胡行动与控制局势的 14 条措施：“一、请胡到家；二、监视护兵；三、令警察监视其家；四、请哲（注：孙科）往会，问其自愿：1. 公开审判；2. 自行辞职；3. 保荐正副院长；4. 函慰立法委员，使其安心贡职；5. 迁往陵园；五、明告中委；六、开临时政治会议；七、开常务会议推任院长；八、监察委员会提出弹劾，国府紧急处分，严重监视；九、监察院提起政治弹劾；十、通告各地党部与军队；十一、令党部禁止京沪电话与电报；十二、令各报不准登载中央未发表之消息；十三、请立法委员组长明日吃饭；十四、通知各院星（期）一在国府开扩大纪念周。”（1931年3月2日）其中，除公开审判或弹劾的设想，因胡“自行辞职”而未实行外，其余各项均落实。

然而，拘禁胡汉民引起的政坛风暴大大超出了蒋介石的预料，蒋的善后工作捉襟见肘，先是古应芬、萧佛成等四监委公开通电弹劾他，接着国民党内的反蒋势力齐集广州，召开非常会议，另组国民政府，抗衡南京，形成长达数年的“宁粤对立”。

宁粤对立局面形成后，蒋介石有过一段检讨：

> 此次粤变之来，其祸因当不能避免，但胡事发生后，如果即亲往江西剿共，使陈济棠、古应芬无所借口，则其变或可暂缓。否则，坐守京都不回乡扫墓，则逆谋或亦可防止。又，孙哲生夫妻拜行时，如能察言观色，留其在京，则其祸或亦可止。是皆大意疏忽之咎，不能不自责。然事已至此，既往不追，惟有努力奋斗而已。（1931年6月10日）

检讨中对拘胡之后的举措充满悔意，但谁又能说他内心深处对拘胡之举没有“早知今日，何必当初”的感慨呢？

3. 谁建议蒋介石拘禁胡汉民的

在研究“约法之争”过程中，笔者有两个疑惑，即蒋介石为何决定以拘禁胡汉民的方式来结束这场政争，又是何时确定的？对此，《蒋介石日记》未能提供准确的答案，却亦提供了有益的线索。

蒋介石是如何决定拘禁胡汉民的？仔细研讨蒋介石日记，发现有四条或明或暗地显示，是宋子文向蒋建议拘禁胡汉民的：

(1)(1933年4月3日)中央委员非老朽即贪污，不知地机急迫，烦琐延缓，争权夺利，令人起亡国之惧。宋明之末，其士大夫亦不过如是耳。民国十八年，明知应与俄复交，而老朽阻碍；倭欲东一省之商租权，余欲以此而暂缓其侵略野心，老朽目短无识如番人，强持反对；及至苏俄进攻吉林，张氏（张学良——引者注）屈服，则倭寇野心益炽，致成今日内外交迫之局。及至胡朽（胡汉民——引者注）事出，(宋)子文弄权，则国益纷乱，是皆余自无主宰之所致也。何怨何尤，惟自承当耳。

(2)(1943年10月17日)此一举动与政策之大转变，实为国家与抗战成败得失最大之关键，或有甚于二十年（1931——引者注）对胡汉民案之危机也，不能再为子文造成二十年之大祸也。

(3)(1943年10月18日)余自十三年起受其（宋子文——引者注）财权之控制与妨碍，甚至其愿受鲍尔廷之驱策，共同打击于余，不知凡几。二十年（1931——引者注）复以其财政问题，各种要胁，以致不能不拘胡，而致党国遭受空前之祸患。

(4)(1960年7月21日)自省平生未为敌人所欺诈，而为干部所欺诈，亦从未受敌人之胁（挟）制，而乃为干部所胁（挟）制。因此而为敌人所利用，……以致国事大败。……此乃民国二十年宋子文强制管束胡展堂与二十五年张学良西安事变之故，而受诈于匪共为最显著之事例。今日辞修（陈诚——引者注）之主张与手段，亦无异于此。

(5)(1968年4月12日，上星期反省录)本党十全大会圆满闭幕，胡木兰当选为中央执行委员有安于心，乃可对胡展堂同志一生最大之遗憾聊以自慰，以此为余对党中同志与党务惟一欠缺，三十六年来时萦于怀，而自责不安之愧疚耳，无论此事为（宋）子文之强制如何，然余应负其全责也。

此四条日记各有其背景：1.1933年年初汪精卫与张学良因华北局势演成政争，宋子文袒护张学良，蒋介石因而发出“胡朽事出，子文弄权，则国益纷乱”之慨。联系上下文仔细分析，蒋似是埋怨宋子文在两年前处置胡汉民问题上“弄权”，而自己听信其主张，“自无主宰”。当然，如果没有下面两条日记支撑，笔者不会有此联想。2.1943年10月间，蒋介石认为宋子文在史迪威的去留问题上私心自用，几乎造成1931年扣押胡汉民同样的恶果。“二十年复以其财政问题，各种要胁（挟），以致不能不拘胡。”所指应为宋对拘押胡汉民负有责任。3.1960年蒋介石拒绝交权，在台湾当选第三任“总统”，反而责怪“副总统”陈诚“欺诈”，并联想到大陆时期宋子文与张学良有类似作为，其中“民国二十年宋子文强制管束胡展堂”，显然是指1931年的拘禁胡汉民事件。4.1968年，胡汉民的独养女胡木兰放弃反蒋主张从香港回到台湾，年迈的蒋介石对37年（蒋自记“36年”，有误）前强拘胡汉民深为愧疚，他接见了胡木兰，并使其当选为国民党中央委员。蒋在自责当年拘胡不当的同时，仍不忘写“无论此事为子文之强制如何，然余应负其全责。”

以上蒋的四处日记，时间上相差35年，写时背景与心境大不相同，却均将拘禁胡汉民事件与宋子文联在一起，“宋子文强制管束胡展堂”，且蒋并未完全推卸责任，仍自承“应负全责”。考虑到蒋介石日记中常有揽功归己、诿过于人的倾向。至少可以推断，宋子文曾向蒋建议过拘禁胡汉民，正合蒋意而促其下定决心。此举酿成严重后果，蒋又拿出宋来自我解脱。

蒋介石1931年2月“约法之争”拘禁胡汉民前的日记中，多只记胡汉民的“罪恶”，却绝少写拟对胡采取的策略与措施，宋子文提议拘禁胡之事更未提及。若不是蒋晚年偶然袒露心迹，此一蒋刻意隐讳的秘密真难发现。1931年前后蒋介石与宋子文的关系，远比一般人认为的宋子文在财政方面帮助蒋及蒋宋姻亲关系深得多，他们是政治上的密友，在1926年中山舰事件后，结为“换帖”的兄弟。

蒋介石何时决定拘禁胡汉民结束“约法之争”的问题。“约法之争”持续数月，蒋介石一度希望以妥协方式平息，无奈胡汉民不肯丝毫让步，离召开国民会议的时间越来越近，蒋介石坚持要在国民会议制定“约法”，必须先扫除胡汉民这个障碍。蒋介石日记中并未写具体何时决定下手拘禁胡汉民的，但有张附在日记中的纸片露出一些端倪。如前所述，蒋介石记日记是写在制式本子上，偶然，他会将认为重要的事情写在其他纸上，夹在日记本中。在1931年的日记本中，夹在2月23日后面的纸片上写着：

> 27日。上午，会客。与（李）石曾先生洽商展案，（吴）稚晖先生之见甚当也，稚老实有政治见解也。批阅，会客完来汤山入浴休息。下午，会客，与大姐谈话，精神渐佳。

李石曾、吴稚晖是当时蒋介石倚重的国民党元老。依照事件发展的脉络，结合上面这条日记，可以做如下推断：蒋介石得到宋子文拘禁胡汉民建议后，27日上午，约李石曾、吴稚晖二人洽商请益，二人支持拘胡，吴稚晖甚至提出了完善的方案，更让蒋赞许“甚当也”，当即确定实行。下午，蒋介石见宋霭龄时一扫多日愁云，“精神渐佳”。

根据蒋介石日记的线索，得出以下两个推断：“约法之争”中宋子文曾向蒋介石提过拘禁胡汉民的建议；具体确定拘胡方案是在2月27日，即实际拘禁胡汉民的前一天。这样的推断能否成立，还需要更多史料的佐证。

四、秀才遇到兵：蒋介石与胡适

“秀才遇到兵，有理讲不清。”他们一个是中国最大的“秀才”——哥伦比亚大学的洋博士，北京大学教授、校长，后来还做过“中央研究院”的院长；一个是中国最大的“兵”——国民革命军总司令、军事委员会委员长、三军总司令，甚至在第二次世界大战期间担任过盟军中国战区的统帅。这样的两个人在一起，会有怎样的故事，能否讲得清道理呢？

1. 相似的家世　相异的人生

中国近代历史风云诡谲、波涛汹涌、气象万千。

胡适与蒋介石的故事，就是在这样的背景下发生与演绎的。

谁都知道，胡适与蒋介石不是同一类型的人。然而，细究其家世与童年，却发现他们却有着相似的背景。

蒋介石 1887 年出生于浙江奉化，胡适 1891 年出生于安徽绩溪，蒋长胡 4 岁。浙江安徽两省相连，绩溪更位于安徽最靠近浙江的地区，与奉化的直线距离不到 400 公里，对于幅员辽阔的中国，说两地是邻居也不算太过。两地都是山区，也都算相对富庶，绩溪更是隶属以“徽商”闻名天下的徽州。

两地的文化细节上有许多不同，但在大的文化区块上，安徽浙江都可划入东南文化区域。

蒋介石与胡适均是其父的续弦所生，且是第三次婚姻的结晶：蒋介石父蒋肇聪先娶徐氏，续娶孙氏，1886年续娶蒋介石之母王采玉；胡适父胡传初娶冯氏，继娶曹氏，1889年再续娶胡适之母冯顺弟。

蒋介石与胡适都曾遭遇“早年丧父”、家境中落的痛苦，且二人是在同一年丧父：胡适之父胡传病故于1885年7月3日，时胡适尚不满4岁；蒋介石之父蒋肇聪病逝于1885年7月初五，时蒋介石9岁。“早年丧父”是人生最大的痛苦之一，两人都体会到家境中落后的世态炎凉。

两人都有位坚韧不拔、望子成才的伟大母亲：蒋、胡二位的母亲均在丧夫之后忍着巨大悲痛，长期守寡支撑家庭，含辛茹苦。而两位母亲的坚持源自相同的动力——望子成龙，她们对儿子的教育倾注心血，不遗余力。或许是那个时代母亲对儿子最深的爱，就是为其早日娶妻，所以蒋介石与胡适的母亲也都为他们包办了终身大事，王采玉让蒋早早迎娶了毛福梅，冯顺弟为胡选定江冬秀。不同的是，蒋介石虽至孝，却敢抱怨母亲包办婚姻是“爱儿即害爱儿”，最后与毛福梅离异而追求个人幸福。洋博士的胡适依母亲之命与识字不多的江冬秀相伴始终。相同的婚姻开头，却有着不同的结尾、各自的故事，或许为蒋、胡的诸多异同提供了一个细小的注脚。

蒋介石与胡适都是在私塾启蒙而后进入新式学堂的。

如果一定要从童年中寻觅后来他们差异的原因，那就是在个性上，童年的蒋介石好动、倔强、尚武、“喜舞玩刀棒”，而胡适文静、喜爱读书。蒋介石丧父之后，家庭境遇更糟些，对现存社会秩序极为不满，通过变革社会改变家庭状况的愿望更为强烈。

在受教育的关键时刻，他们遇到了不同的老师：蒋介石在宁波的箭金学校时受到老师顾清廉的影响至深。顾推荐蒋读《曾文正公家书》，使他知道了孙中山等革命党的存在与奋斗目标，并鼓励蒋“如欲大成求新，应出洋留学”，使蒋渐渐萌发了去日本学习军事的念头。胡适则生活较平顺，从绩溪到上海读书后，在澄衷学堂遇到杨千里先生，杨教学生读《天演论》，使胡适了解到“物竞天择，适者生存”的真义。胡受进化论思想影响甚大，他读了《新民丛报》与梁启超的《新民说》、《中国学术思想变迁之大势》等论著，为其改良主义的政论所折服。故在学生时代，蒋介石接受了革命、孙中山、尚武的观念，而胡适感兴趣的是进化论、梁启超与学术。

为彰显志趣，砥砺人生，蒋介石与胡适均是他们在青年时期改过的名字，并以新名而行世。蒋瑞元、蒋志清改成了蒋介石，“介石”取意“其介如石”，表示刚直不阿，不屈不挠；洪骍改成了胡适（胡适之），“适之”则由“适者生存”而来。两者的差别一望可知。

19 世纪末 20 世纪初，中国积贫积弱，被列强分割宰制，有为青年出国留学成为一股新的潮流。蒋介石与胡适都是时代的弄潮儿。1905 年，蒋介石首次东渡日本。1907 年，21 岁的蒋介石再以清朝陆军部派出的留日学生身份赴日本，入振武学校，为进入士官学校学习军事打基础。3 年后的 1910 年，20 岁的胡适考取庚款留美官费生，从上海漂洋过海到美国，进入康奈尔（Cornell）大学选读农科。

如果说在国内读书期间，只表明蒋介石与胡适有不同兴趣与志向的话，那么，当他们相续挥手别故土，踏上海外求学之路时，就注定了他们要走不同的人生道路。

蒋介石到了日本，学习军事之余，认识了孙中山、陈其美等革命志士，加入中国同盟会，成为革命党的一员。因为辛亥革命的爆发，蒋介石尚未正式进入日本士官学校，完成其学习军事、振兴国家的理想，就匆匆中断学业，返国参加革命。而其在日本留学 3 年的程度，大抵上只相当于高中生。

胡适到美国后，先在康奈尔大学学农科，后转入文学院，1915 年转入哥伦比亚（Columbia）大学，攻读哲学博士。读书期间，胡适广交朋友，是各种社团活动的积极分子，兴趣至为广泛，对于美国的政治制度有深入的观察，心向往之。1917 年应聘为北京大学教授返国。胡适在美国 7 年，受到完备的教育，学有所成，在文化界已崭露头角，完全可用名利双收来形容。胡适比蒋年少 4 岁，但其成名却远比蒋介石早。

成年后的蒋介石与胡适，一个留学日本学习军事，学业未成即回国参加革命，之后长期在与中央政府对立的南方政权军队中担任中下级军官；一个是留美的哲学博士，26 岁即成全国最高学府的教授，在学术界名噪一时。他们一南一北、一文一武，在所处地域与从事的领域上均是南辕北辙，没有多少共同点。如果他们之中有一个庸常之辈，或许终其一生也难有什么交集。

历史不能假设，也没有如果。他们后来相遇了，还演绎出许多的故事。因为他是蒋介石，他是胡适。

2. 胡适论政的雏形

胡适回国时，只想在教育与文化方面有所建树，立下了“二十年不谈政治，二十年不入政界”的豪言。

可是，在那个风起云涌的时代，在北京大学这个当时众人瞩目的文化中心，春风得意的留美教授胡适没有耐得住寂寞，他在《新青年》上鼓吹白话文的文章，他与陈独秀、李大钊等人的交往，就让自己处在了风口浪尖上，想不谈政治、远离政治，难。

有趣的是，在北大期间胡适与蒋介石没有任何联系，却先与后来成为共产党领袖的毛泽东有了交往。1918 年 9 月，毛泽东从湖南长沙来到北京，在北京大学图书馆短暂地做过助理员，他专门去拜访过只比自己年长两岁却已名满天下的胡适，希望胡能支持湖南的学生运动。之后，毛泽东回到长沙，成立了湖南学生联合会，办了《湘江评论》。《湘江评论》深受胡适等人的《每周评论》影响，宣传新思想，抨击黑暗势力，在表现形式上则完全模仿《每周评论》。胡适注意到这份出版于长沙的杂志，称许其为“好兄弟”，他还特别赞扬毛泽东发表在《湘江评论》上的《民众的大联合》一文，是“一篇大文章”，“眼光很远大，议论也很痛快，确是现今的重要文字。”

毛泽东曾经很佩服胡适，20 世纪 30 年代他在延安对美国记者埃德加·斯诺（Edgar Snow）回忆说：

> 《新青年》是有名的新文化运动的杂志，由陈独秀主编。我在师范学校读书的时候，就开始读这个杂志了。我非常钦佩胡适和陈独秀的文章。他们代替了已经被我抛弃的梁启超和康有为，一时成了我的楷模。①

不幸，他们惺惺相惜的时间极短。之后便分道扬镳，渐行渐远。1949 年，毛泽东将从未当过一天兵的胡适列为第 55 号“战犯”，20 世纪 50 年代，在全国范围内组织了对胡适资产阶级学术思想的批判运动。当然，胡适与毛泽东，是另外的一个故事。暂且不表。

---

① 埃德加·斯诺：《西行漫记》，三联书店 1979 年版，第 125 页。

作为一个关心时事与国家前途的知识分子，胡适以北京大学与学术界为阵地，逐渐向政界渗透，对各种热门的政治议题不断地发表评论，表现出很高的参与热情。20 世纪 20 年代初期的三件事情，足以说明胡适早期论政的某些特征：

第一件，提出“好政府主义”。1922 年 5 月，胡适筹办的《努力》周报开张，他与《新青年》编辑部正式分手。胡适将自己对时局的主张写成《我们的政治主张》一文，他请蔡元培领衔，并邀集李大钊、陶行知、王宠惠、罗文干、汤尔和等各界名流 16 人署名，在《努力》第二期上发表，同时用电讯发给各报发表。

《我们的政治主张》是一篇政治宣言，它明确提出，要把建设“好政府”作为一个目标，“作为现在改造中国政治的最低限度要求。我们应该同心协力的拿这个目标来向国内的恶势力作战”。《我们的政治主张》具体列出了“好政府”的三条标准：“宪政的政府”、“公开的政府”、“有计划的政府”。“好政府”在消极方面，是要“有正当的机关可以监督防止一切营私舞弊的不法官吏”；在积极方面，是要“充分运用政治的机关为社会全体谋充分的福利”、“充分容纳个人的自由，爱护个性的发展。”“好政府”是胡适那时的一个政治理想，曾在许多场合鼓吹过。“好政府主义”有一定的进步性，充满着妥协精神，然其实质是在不推翻军阀统治的前提下，由“好人”来组阁，进行政治改良，颇有“与虎谋皮”的意味。

“好政府主义”居然获得过短暂的实践机会。就在胡适等人提出后 4 个月的 1922 年 9 月，北京政局变化，吴佩孚力主由王宠惠署理国务总理，出面组阁。同在《我们的政治主张》上签名的罗文干出任财政总长，汤尔和出任教育总长。这届内阁被人称为“好人政府”。但是，“好人政府”好景不长，王宠惠等人只能在军阀争斗的夹缝中生存，并不能贯彻自己的主张，罗文干甚至一度被逮捕。在艰难地维持了73天后，王宠惠宣布下台，“好人政府”谢幕。

第二件，去紫禁城见清废帝溥仪。1922年5月，胡适应约到故宫里去见了清废帝溥仪，并以“皇上”相称。以宣传“民主”、“自由”新思想而闻名的胡适进宫见几年前还闹过“复辟”丑剧的清朝皇帝，这成为一条闹得满城风雨的大新闻。胡适在日记中对两人的见面记载甚详：

> （溥仪派太监接胡适到故宫，进养心殿）清帝在殿的东厢，外面装大玻璃，门口挂厚帘子；太监们掀起帘子，我进去。清帝起立，我对他行鞠躬礼，他先在前面放了一张蓝缎的大方凳子，请我坐，我就坐了。我称他“皇上”，他称我“先生”。他样子很清秀，但单薄得很；他虽十七岁，但眼睛的近视比我还厉害；穿蓝袍子，玄色背心。室中略有古玩陈设，靠窗摆着许多书，炕儿上摆着今天的报十余种，有部分都是不好的报，中有《晨报》、《英文快报》。几上又摆着白清的《草儿》，东亚的《西游记》。他问起白情、平伯；还问及《诗》杂志，近来也试作新诗。他说他赞成白话。他谈及他出洋留学的事，他说：“我们做错了许多事，到了这个地位，还要糜费民国许多钱，我心里很不安。我本想谋独立生活，故曾要办皇室财产清理处。但许多老辈的人反对我，因为我一独立，他们就没有依靠了。……他说有许多新书找不着。我请他以后如有找不着的书，可以告诉我。我谈了二十分钟，就出来了。（《胡适日记》1922年5月30日）

这次20分钟的谈话，使胡适受到众人诟病，有人指其有名利思想，是想做“帝者师”。胡适不得不专门写《宣统与胡适》一文辩解。1924年，冯玉祥的国民军宣布修改《清室优待条件》，将溥仪的小朝廷逐出紫禁城。胡适竟然写信给政府，提出抗议。胡适并专程赴溥仪住处慰问。

第三件，参加善后会议。1924 年冯玉祥发动北京政变，电请孙中山北上商讨国事。孙遂离开广州北上，并发表《北上宣言》，提出召开国民会议，以解决中国的统一与建设问题。然而控制北方政局的段祺瑞却提出要召集“善后会议”，与孙中山对抗。善后会议是个军阀政客分赃的会议，遭到孙中山与各界人士的反对。胡适接到段祺瑞的邀请后，虽对善后会议也抱有许多怀疑，但仍认为“会议式的研究时局解决法，总比武装对打好一点，”故决定“试他一试”。1925 年 2 月 1 日，胡适在北京出席善后会议。然而，反对的舆论甚大，胡适的学生都看不下去，劝他立即退出，“不要再试了！”胡适遂辞去“善后委员”一职。

以上三件事，发生在胡适介入政治的初期，细细品味琢磨，发现其中透露出他参与政治的一些端倪，有些东西慢慢发酵，构成了他之后论政的基本特征，影响到他后来的生涯。

一、胡适时刻关心着国家大事，对政治议题极端敏感，并且始终保持着对政治议题表达意见的传统，通常在第一时间发出声音。

二、胡适刻意与现实政治间保持着一定距离，他多以教授与学者的身份“论政”，而不轻易下水直接“参政”。即使参政，也保持一种进退较自如的“独立”姿态，而不深陷其中。

三、胡适是从《新青年》起家的，深知媒体的重要性，他表达政治意见的最常见方式是在报刊发表政论。他喜欢与特定的报刊保持密切的联系，甚至自己出马组建报刊。或许是受“君子不党”观念的影响，胡适对于组建现代政党实现政治理想并没有兴趣。1922 年 5 月，在“好人政府主义”成气候的时候，有人劝胡适等组织一个政党，胡的回答是："办党不是我们的事，更不是我的事。人各有自知之明，自取偾事。"胡适专门写过《政论家与政党》一文，指出多数的政论家，都与政党有关，有其局限性。他认为，中国最大的需要，"决不在政党的政论家，而在独立的政论家"。"独立的政论家只认是非，不论党派；只认好人与坏人，只认好政策与坏政策，而不问这是哪一党的人与哪一派的政策。他们立身在政党之外，而影响自在政党之中。他们不倚靠现成的势力，而现成的势力自不能不承认他们的督促。"这是他仔细观察得出的结论，从中或许可以找到他为何不组织政党，而要充当"独立评论家"的根源。十多年后，他与朋友创立的杂志，就取名《独立评论》。

四、胡适追求国家的进步，对现实不满，但他更多地主张用改良主义而非革命的方式来变革现实，主张运用体制内的力量（好政府）达成目标，而非推翻体制。为此，他主张与当局合作、妥协，虽对军阀政府不满，却鼓励朋友参与其中，去组建"好政府"；虽怀疑段祺瑞，却参加"善后会议"。不能不说的是，胡适与当局者有限度合作的姿态，给他带来了更大的社会声誉，也有利于他将理念直接传播给当局者。

五、胡适喜欢新奇，也喜欢与各种人物打交道。他赞成共和反对帝制，却不惮舆论批评去见清废帝，而且公开为其说话。"我的朋友胡适之"，这句笑谈的另一面，也是在说胡适交友面甚广。

六、胡适有乐观的个性与较开放的胸怀，对人对事较宽容。对朋友如此，对政敌也时常如此。他曾在给杨杏佛的一封信中提到为什么不怨恨骂他的人："我受了十余年的骂，从来不怨恨骂我的人。有时他们骂的不中肯，我反替他们着急。有时他们骂的太过火，反损骂者自己的人格，我更替他们不安。如果骂我而使骂者有益，便是我间接于他们有恩了，我自然很情愿挨骂。如果有人说，吃胡适一块肉可以延寿一年半年，我也一定情愿自己割下来送给他，并且祝福他。”

胡适早期的这些论政特点，在后来与国民党政权、蒋介石打交道时，均有所体现。

3. 胡适与国民党政权交恶

当国民党还是在野党，与北洋军阀抗争期间，胡适与国民党人已经有些交往。

交往的开始，可以说是国民党人看中了胡适在理论界与文化界的影响，主动向他伸出橄榄枝的。

1918 年，孙中山的革命事业再度受挫，被迫从广州到了上海，潜心著书立说，以待时机。次年，孙中山所著《孙文学说》出版，他命廖仲恺寄给胡适五本，希望胡适能写书评推介，在《新青年》或其他刊物上发表。胡适读过之后，认真地写了书评，发表在《每周评论》上。胡适写道，《孙文学说》是“有正当作用的书，不可把他看作仅仅有政党作用的书。”他还大力地称赞孙中山本人为“实行家”：

> 中山先生是一个实行家。……中山先生一生所受的最大冤枉就是人都说他是“理想家”，不是实行家。其实没有理想计划的人决不能做真正实行家。我所以称中山先生做实行家，正因为他有胆子敢定一种理想的《建国方略》。①

孙中山有着崇高的理想，在革命生涯中屡败屡战，即使在受挫时也斗

① 《每周评论》第三十一号（1919 年 7 月 20 日出版）。

志昂扬。故时人称其为“理想家”是恭维的，不客气的人直呼他为“孙大炮”，讥其爱唱高调。胡适称孙中山是“实行家”，正是孙最需要的评价，他很是感激，让廖仲恺在给胡适的信中转达致意：“中山先生在《每周评论》上读尊著对他学说的批评，以为在北京地方得这种精神上的响应，将来这书在中国若有影响，就是先生的力量。”

不久，孙中山创办《建设》杂志，宣传自己的政治主张，胡适立即著文加以赞扬。

然而，几年之后，胡适对孙中山的看法大变。1922 年 6 月，孙中山与其培养支持多年的陈炯明产生矛盾，陈炯明的部下居然用大炮轰击总统府。孙中山处境险恶，被迫逃到永丰舰上避难，并号召讨伐陈炯明。在国民党的历史叙述中，此事件被称为“陈炯明叛变”，陈炯明成了十恶不赦的“陈逆”。

远在北京的胡适对发生在南方政府内的这场斗争表现出很大的兴趣，他在《努力》周报上发表短评，先对孙中山与陈炯明之争进行了貌似“客观公允”的评价：“孙文与陈炯明的冲突是一种主张上的冲突”，两人的主张都是“可以成立的”，但接下来，胡适笔锋一转，抨击孙中山“迷了他的眼光”，“不惜倒行逆施以求达他的目的，……远处失了全国的人心，近处失了广东人民的心。孙氏还要依靠海军，用炮击广州城的话来威吓广州的人民，遂不能免这一次的失败。”胡适在批评之余，也不忘“客观立场”：“我们平心而论，孙氏的失败不应该使我们埋没他的成功。”

胡适的议论遭到国民党人的严厉批驳，《国民日报》连续发文指责胡适袒陈抑孙的行径。然而，胡适并未改变立场。

从 1919 年推崇孙中山，介绍其著作，到 1922 年批评孙中山“倒行逆施”，并非胡适对孙中山个人的好恶有何改变，而是他坚持“独立评论”立场的结果。

之后，胡适与国民党各不相扰，再无太多的纷争。

直到1927年，国民革命军北伐，从珠江流域打到了长江流域，大有席卷北方、统一全国之势。蒋介石的事业也风生水起，从南方军队中的中下级军官而擢升为国民革命军总司令，权力并向党政方面渗透。这一年，蒋介石的画像上了美国《时代》（Time）杂志的封面，成为家喻户晓的人物。胡适面临着不得不与国民党政权打交道的问题。

胡适自1926年7月借参加中英庚款委员会开会之际去欧洲访问，先后去过苏联、英国、法国，然后又去美国访问三个月，1927年4月中旬，胡适从西雅图登船归国。离国大半年的胡适，对国内天翻地覆的局势已有所耳闻，不敢贸然决定行止，就先在日本暂留，并向国内的朋友征询意见。朋友中有的劝他在日本多停留些日子，有的劝他专做学术，不要如过去那样随便发表意见。胡适的学生顾颉刚对国民党的政治特性已有所了解，在给胡的信中特意提及胡适过去的“反党”言行，让他有所警惕：

> 先生归国以后，名望过高，遂使一班过时的新人物及怀抱旧见解的新官僚极意拉拢，为盛名之累。现在国民党谈及先生，皆致惋惜，并以好政府主义之失败，丁在君先生（丁文江，胡适好友——引者注）之为孙传芳僚属，时加讥评。民众不能宽：先生首唱文学革命，提倡革命思想，他们未必记得；但先生为段政府善后会议议员，反对没收清宫，他们却常说在口头。如果北伐军节节胜利，而先生归国之后继续发表政治主张，恐必有以“反革命”一名加罪于先生者。[①]

① 《胡适来往书信选》（上册），中华书局1979年版。

顾颉刚信中说胡适“为盛名之累”是受一班人拉拢之故，其实，这个结果又何尝不是胡适有意与各方结交所乐见的呢？顾在信中言辞恳切地“和泪相劝”：“我以十年来追随的资格，挚劝先生一句话：万勿回北京去。”顾在“万勿回北京去”六个字下加了重点号。

朋友们的劝告起了作用，胡适在日本停留一个月后，回国的地点选在了国民革命军已占领下的上海，而非他已经工作近十年、仍在北洋军阀控制下的北京。多年之后，胡适说出了促使其做出最后决定的理由：蒋介石的“反共”、“清党”等举动，得到了吴稚晖、蔡元培等一班元老的支持，而他佩服吴、蔡等人的人格与见识，相信蒋介石的新政府“能得到这一班元老的支持，是站得住的”，“是可以得着我的同情的。”

有朋友曾规劝胡适，到上海后“事业完全在学术方面发展，政治方面就此截断。”胡适并不听劝，到上海仅一个多月，国民党人还未找上他时，他已经抛出了绣球。6 月下旬，胡适给胡汉民写信，表达赴南京见面的愿望：

> 回国以来，每想来南京，一见先生，畅谈一切。但因布置租屋，搬取眷属，尚未就绪，不得脱身，私事稍定后，当来新都（南京），看看各位朋友。①

胡汉民时为南京国民政府的要角，自称为国民政府的主席。胡适与他的交往，限于 1919 年两人在《建设》杂志上讨论过中国古代有无“井田制”的问题，并无太多的私交。胡适的信中透露出主动与南京政府要员联络的意愿，尤其是以“新都”来称呼南京，明确表示了对国民党新政权的认可与某种期许。在转向新政权的过程中，胡适没有太多犹豫。

---

① 《胡适来往书信选》（上册），中华书局 1979 年版。

这时，南京国民政府很不稳定，外有武汉政府的讨伐，内部也未统一，胡汉民等人应付内外，焦头烂额，尚无余力与胡适“畅谈一切”。胡汉民的回复并不热情，只希望胡适能为国民党宣传部主办的《中央半月刊》写文章，“帮帮做些治本的文字，更其讨论到怎样治本的方法。”而为一特定的政党宣传，这是胡适最不愿做的事情。

之后，胡适在上海做学术研究，办《新月》，出任中国公学校长。他对蒋介石与南京的政局保持着冷眼观察。他在 1928 年 12 月的日记中写道：

在南京观察政局，似一时没有大变动。其理由有三：(1) 现政府虽不高明，但此外没有一个有力的反对派，故可幸存。若有一年苟安，中下的人才也许可以做出点事业。(2) 冯玉祥似是以保守为目的，不像有什么举动。(3) 蒋介石虽不能安静，然此时大家似不敢为戎首。近来外交稍有进步，故更不敢发难而冒破坏统一之名。

此次政府之新组织，在文字上看来，本是重皮叠板，屋上架屋。但两个月的试验，事实上已变成行政院为政府之局面。所谓“国民政府”，不过是虚名而已，其实仍以行政院为主体。

此现象是一种自然的演化，为政治学上的必然现象。将来立法、监察、考试三权似皆会起一种自然变化，渐趋于独立的地位。不如此，不成其为民治的政府也。①

与此同时，国民党取得了第二期北伐的胜利，忙于全国统一政权的初建工作。1928 年 10 月国民党中常会通过《训政纲领》，宣布统一告成，国家结束“军政时期”，进入“训政时期”。“训政”阶段的最大特征是“以党

① 《胡适日记全集》第 5 册，(台北) 联经出版事业公司 2004 年版，第 458 页。

治国”，由国民党来“训练国民行使政权”，由国民党中央政治会议“指导监督国民政府重大国务之施行。”国民党成为国家的主角，民众需服从国民党的领导，遵守三民主义等“党义”，否则就是“反革命”。这比北洋政府的政治统治还要严苛，胡适不能容忍。

1929年3月，胡适在报上读到有人向国民党中央提议，只要国民党省或特别市党部的书面证明，即可定性为反革命分子，法院应以“反革命罪”处分之，觉得十分可笑，他给国民政府司法院长王宠惠写信，指出“法院可以不须审问，只凭党部的一纸证明，便须定罪处刑。……真有闻所未闻之感。”

4月20日，国民政府颁布“保障人权”的命令，胡适认为此命令有严重的缺陷，遂作《人权与约法》一文进行批评，指出国民党政权并未真正“保障人权”，“今日我们最感痛苦的是种种政府机关或假借政府与党部的机关侵害人民的身体自由与财产”，“我们就不知道今日有何种法律可以保障人民的权利。”胡适举了几个事例说明国民党统治下只有“党治”，没有“法治”，其中一个涉及蒋介石。安徽大学校长刘文典被蒋介石召见时，只称蒋为“先生”而不称“主席”，结果被以“治学不严”而当场羁押。他的家人只得四处求情，却不能到任何法院去控告蒋介石，胡适评论说，面对冤狱“只能求情而不能控诉，这是人治，不是法治。”在《人权与约法》中，胡适要求：“在今日如果真要保障人权，如果真要确立法治的基础，第一件应该制定中华民国宪法。至少，也应该制定所谓训政时期的约法。”胡适并将此文寄给了对政府有影响力的蔡元培。

胡适对刚执政的国民党、蒋介石提出如此尖锐的批评，在国内外引起了巨大反响，由此引发了一场关于人权问题的大讨论。胡适此后又连续发表了

《知难，行亦不易——孙中山先生的“知难行易说”述评》、《我们什么时候才能有宪法——对于〈建国大纲〉之疑问》、《新文化运动与国民党》等一系列的文章，针对国民党训政的理论，提出了全面的质疑与批评。如要求以法治来制约“党治”：“不但政府的权限要受约法的制裁，党的权限也要受约法的制裁。”再如，“训政”时期，不能只训人民，自称“先知先觉”的国民党官员“必须先用宪法来训练自己，制裁自己，然后可以希望训练国民走上共和的大路。”

国民党推行训政的依据是孙中山的建国理论，训政时期的指导思想是孙中山的三民主义。1929 年 3 月，国民党第三次全国代表大会通过《根据总理教义编制过去一切党之法令规章以成一贯系统，确定总理主要遗教为训政时期中华民国最高根本法案》，确定“总理遗教为国家之最高根本法”，“凡我同志及全国国民，均宜恪守勿渝者也。”

胡适则将批评的矛头直指孙中山，他说孙中山的《建国大纲》等只讲训政，而不讲约法，是“中山先生的根本大错误。”对于孙中山重要的“知难行易”说，胡适认为其固然有可以肯定的地方，但其更多的地方是错误的，更可怕的是，国民党人借“行易”之说，把治理国家这件绝大繁难的事情当成极易处理小事，“纨绔子弟可以办交通，顽固书生可以办考试，当火头出身的可以办一省的财政，旧式的官僚可以管一国的卫生。”胡适指出，宣传“知难行易”说，是它“可以作一班不学无术的军人政客的护身符。”孙中山被国民党尊称为“国父”，“总理遗教”被奉为圣旨，绝对不容他人批评亵渎。胡适直接批评孙中山的理论，指出国民党以神化孙中山的方式来统治国家，“造成了一个绝对专制的局面，思想言论完全失了自由。上帝可以否定，而孙中山不许批评。礼拜可以不做，而总理遗嘱不可不读，纪念周不可不做。”他并宣称：

我们所要建立的是批评国民党与孙中山的自由。上帝我们尚且可以批评，何况国民党与孙中山？

或许，胡适在写批评孙中山的文章时，脑海里会闪过十年前孙中山曾主动请他写书评推荐的故事，觉得批评孙不是什么了不得的事。然而，时过境迁，国民党已经是执政党，孙中山已被神化，胡适批判孙中山，批判国民党的“一党专政”，批判人治，提倡议论自由，提倡法治，提倡人权，其触角已经指向国民党政权，大大超出其所允许的范围，遭致当权者的批判与围攻是理所当然的。一些国民党的地方党部向中央提出呈请，要求对胡适“撤职惩处”。最后，国民政府教育部在1929年10月4日发出训令，对胡适予以警告。这个训令经国民党中央常会、国民党中央训练部、国民政府、行政院逐级下达，其中国民党中央训练部对国民政府的训令如下：

查胡适年来议论确有不合，如最近《新月》杂志发表之《人权与约法》、《我们什么时候才可有宪法》及《知难行亦不易》等篇，不谙国内社会实际情况，误解本党党义及总理学说，并溢出讨论范围，放言空论。按本党党义博大精深，自不厌党内外人士反复研究探讨，以期有所引申发明。惟胡适身居大学校长，不但误解党义，且逾越学术研究范围，任意攻击，其影响所及，既失大学校长尊严，并易使社会缺乏定见之人民对党政生不良印象，自不能不加以纠正，以昭警戒。为此，拟请贵府转饬教育部对于中国公学校长胡适言论不合之处，加以警告，并通饬全国各大学校长切实督率教职员详细精研本党党义，以免再有与此类似谬误见解发生。事关党义，至希查核办理为荷。①

① 《胡适来往书信选》（上册），中华书局1979年版。

胡适接到此训令，觉得“该令殊属不合”、“含糊笼统”，特意将其中有错别字的三处标出，退还给教育部。他对来自国民党的“警戒”并不畏惧，反而颇为轻蔑，并将有关人权讨论的文章编辑成册，命名为《人权论集》出版。他在序言中强调，就是要建立思想言论的自由，批评的自由。“我们明知小小的翅膀上滴下的水未必能救火，我们不过尽我们的一点微薄的力量，减少良心上的一点谴责而已。”

这场由胡适主导的人权问题讨论，终敌不过国民党政权的力量。《新月》杂志受到空前的压力，刚出版的《人权论集》被国民党密令查禁，有的报纸也刊出要求惩办胡适的消息。胡适唯恐他个人与国民党当局的矛盾影响到中国公学的处境，数次提出辞去校长职。1930 年 5 月 5 日，校董事会接受了胡适的辞请。

4. 未曾谋面先“间接过招”

胡适对国民党、对南京政府的不满，有时也会迁怒到蒋介石身上。

一个具体的实例是，胡适反对国民党政府对中央研究院的干涉与控制，而相应政策的制定又与蒋介石有关。胡适主张中央研究院这样的学术团体应该独立，然而，中央研究院组织法的第一条即规定：“国立中央研究院直隶于国民政府”，同时院长是政府的特任官，经费来源又每月由财政部颁给。这三条就已经将中央研究院置于政府管辖之下，难保其不受政治干涉。1929 年 2 月间，胡适的日记中记有中央研究院理化工程研究所建筑工程即将开始之际，国民党中央政治会议忽令停止工程，迁往南京，后经疏通，有缓和之势。但蒋介石态度强硬，主持政治会议“力主令研究院将所有研究院一律于四月以前迁到，建筑工程立即停止，进行中的一切设备均于四月前迁往南京。”胡适为此专门去见蔡元培，“劝他不要轻易放弃，须力争学术团体的独立。”

1930年，国民党内阎锡山、冯玉祥、李宗仁等军事集团联合起兵反对蒋介石，形成了国民党内规模最大的军事混战——中原大战。中原大战期间，胡适是同情反蒋军事同盟的。8月初，在一次聚会的饭桌上，有人大骂反蒋势力，替蒋介石辩解，胡适则认为，战争责任在蒋介石。两人互不相让，“几至冲突起来”。胡适说：

> 我是不赞成战事的，也不赞成阎、冯，但我主张此次战事是蒋介石造成的。若去年南京不打桂系，哪有这回战事？十七年“统一”以后，已无人敢为戎首。而蒋介石必称十八年春的战事，遂重开内战之局，遂并拿表面的统一都破坏了。要知政府之为物，本是一种纸老虎，经不起戳穿，全靠政治家之能运用耳。纸老虎不戳穿，故雍正帝一纸诏书可使年羹尧来京受戮。纸老虎一戳穿了，故蔡锷、陈宧一举兵而袁世凯震恐而死。十七年至十八年的统一局面是个纸老虎，留得住才可以弄假成真，留不住则兵戈四起了。①

胡适希望南京方面能主动提议“停战议和”，在9月6日的日记中，有他与宋子文的一段对话：

> 宋子文约我吃饭谈话。他说，他是主张和平的，但时机未到。他的意思似乎是要等到陇海线上打了打胜仗再议和。
>
> 他问我：“假如你在我的地位，应该怎么办？”我说：“我若做了你，一定劝老蒋讲和。他若不听，只好请他自己干下去，我不陪了。”他回

① 《胡适日记全编》第6册，第234—235页。

我说："时机未到。"

我对他说："我对你有点失望。你是筹款能手，却全不懂得政治。你应该自己有点主张，为什么只能跟着别人跑？你的地位可以领导，你却只能服从。"他不能答这些话。①

胡适自认为其立场是"中立的"，但其言行分明是站在反蒋势力一边。他与宋子文的谈话意在让宋逼蒋停战，但其方法却似乎在"启发"宋，挑拨他与蒋介石的关系。

事实上，胡适在行动上是与反蒋派有联系的。中原大战后期，汪精卫与阎锡山等人结合在北平组织扩大会议，另组国民政府。扩大会议对抗蒋介石的一个策略，就是要制定"约法"。9月17日，北平国民政府立法院立法委员兼约法起草委员会秘书长郭泰祺电邀胡适任约法起草委员。胡适尚未回复，张学良通电出兵附蒋，政局大变。但制定"约法"是胡适的一贯主张，他与郭泰祺、罗文干等就起草约法草案一事进行过数次的讨论，并将意见转达给汪精卫。胡适自承，汪精卫等人后来在报上公布的主张，"已与我们昨夜所谈相近了"。

值得一提的是，胡适一方面在北平跟反蒋派人物亲密接触，却仍不忘与南京政府保持联系。10月12日，他写一封长信托董显光带交宋子文，其中所说内容并无新意，但写信这件事别有蕴含。有人就此评论说："可见，在国民党的主流派与非主流派之间，胡适是脚踏两只船。"其实，不把棋走死，是胡适一贯的处事风格，并非此时刻意而为。

对于胡适在中原大战中与反蒋派的暧昧关系，蒋介石忌恨在心。1930

① 《胡适日记全编》第6册，第271页。

年年底，清华大学校长出缺，师生提出的候选人中，有吴南轩、周贻春、胡适三人，当局迟迟未决。次年春，清华学生代表赴南京见蒋介石，表达意愿。蒋对学生代表说，他已决定用吴南轩："政府非不欲容纳学生意见，但先征周贻春未得同意，胡适系反党，不能派。吴系留美教育博士，人颇真挚。"胡适见此新闻，在日记中写下："今天报载蒋介石给了我一个头衔。"这个头衔当然是"反党"。

胡适与蒋介石未见面前，为罗隆基案有过一次间接交手，过程颇耐人寻味。

毕业于清华大学的罗隆基，1928 年获哥伦比亚大学哲学博士学位后归国，在上海光华大学和中国公学任教授，担任《新月》杂志主编，与胡适一起主张"人权"，撰写了《告压迫言论自由者》、《论人权》文章，被国民党当局扣上了"言论反动"、"共党嫌疑"等罪名。1929 年 11 月更被便衣强行带走审讯。罗隆基获释后，写了一篇《我的被捕的经过与反感》，指出这是"无故侵犯人民身体自由"的罪行，要求当局保障人权，实行法治。文章还引老子的名言表示抗争到底的决心："民不畏死，奈何以死惧之!"。该文刊登于 1930 年 5 月出版的《新月》杂志上，影响巨大。

1931 年 1 月，国民政府教育部以"罗隆基言论谬妄，迭次公然诋本党"为由，命令光华大学免去罗的教授之职。当时教育部长一职由蒋介石兼任，次长为蒋介石的"文胆"陈布雷。胡适与罗隆基观念相同，且同在《新月》上刊文，他对当局的做法不以为然，便托经济学家、光华大学商学院院长金井羊赴南京找陈布雷为罗求情，希望当局撤回命令，"息事宁人"，并表示如果必要，他愿亲赴南京。金井羊见到陈布雷后，写信将经过告诉胡适：陈布雷称罗隆基的文字"已大动党内公愤"，"撤回命令殊属难能"，并"极望沪中诸友加以谅解”。金井羊观察陈布雷愿意与胡适见面，建议胡能赴南京。胡适读信后评论道：“布雷也可谓太糊涂。”他在1月15日给陈布雷写一封长信，表达立场。胡适在信中强调以个人名义发表“负责任”言论的重要性，称罗隆基的文字均是规劝，并无“恶意的”诋毁，而教育部电令光华大学辞退罗，“实开政府直接罢免教授之端，此端一开，不但不足以整饬学风，将引起无穷学潮。”并举哈佛大学、北京大学等并不因教授言论而开除其教职的例子，希望教育部能效仿。

两天后，陈布雷即回信：

适之先生：

大函奉悉，甚感谢。关于光华事件，先生之见解，弟殊未能苟同，歉怅之至！日前曾将弟之所见详告井羊先生，井羊先生当已转达，但转述总不及面谈来得详尽。弟认为此事部中既决定，当不能变更。（弟便中自当将大函转呈介公。）但大函因此而论及一般的问题，如能谈论出一个初步的共同认识来，亦为甚所希望的事。颇思回沪得便能与先生见面，但事务所羁，几日内又不能来沪。倘先生过京或稍有勾留，能一聆教言，至所望也。匆匆作复，书不尽意。

弟　陈布雷上　一月十七日[①]

此信虽对胡适见解“未能苟同”，但对胡适表达了相当的尊重之意，愿与胡适见面，就一些普遍性的问题“谈论出一个初步的共同认识来”。更重要的是，陈布雷表示会将胡适的信转给蒋介石看。胡适在得此信后，又有一批注：“人言布雷固执，果然。”次日就回复陈布雷，借“共同认识”为题，

① 《胡适日记全编》第6册，第447页。

大加发挥，为罗隆基与《新月》辩解：

> 鄙意“一个初步的共同认识”，必须建筑在“互相认识”之上，故托井羊先生带上《新月》二卷全部及三卷已出之三期各二份，一份赠与先生，一份乞先生转赠介石先生。《新月》谈政治起于二卷四期，甚盼先生们能腾出一部分时间，稍稍浏览这几期的言论。该“没收焚毁”（中宣部密令中语），或该坐监枪毙，我们都愿意负责任。但不读我们的文字而但凭无知党员的报告，便滥用政府的威力来压迫我们，终不能叫我心服的。①

胡适记载，此信写完后他专程去访金井羊，“把《新月》全份托他带给陈布雷，并送一份给蒋主席，附一信，说我不能赴布雷之约去南京。信的措词颇强硬，井羊不愿交去，但把《新月》留下。”由此推论，这封信并未交到陈布雷手上。为了平息事端，保护罗隆基，胡适特意找光华大学校长张寿镛商讨解决之道。张寿镛给蒋介石写了份“密呈”征求胡适的意见，胡适认真地改了两处，并得到罗隆基的同意。呈文称，教育部要光华大学免除罗隆基教职的电令公布后，“教员群起恐慌，以为学术自由从此打破，议论稍有不合，必将陷此覆辙。人人自危，此非国家福也”。“夫因政治而著于行动者尚可以赦免，今罗隆基仅以文字发表意见，略迹心意，意在匡救阙失。言者无罪，闻者足戒。……拟请（对罗）免予撤职处分，以示包容。”胡适等人约定，“如此呈经蒋（介石）批准后，即发表；发表后，罗即辞职。”胡适等一面高兴，一面又担心蒋不会接受，“不知毕竟结果如何？”几天后，张寿镛向胡适报告了他与蒋介石见面的细节：他见蒋后交上呈文，蒋介石同意了，

① 《胡适来往书信选》，中册，第40页。

并问："这人究竟怎么样?"他说："一个书生，想作文章出点风头，而其心无他。"蒋问："可以引为同调吗?"他说"可以，可以!"胡适对张寿镛说："这不是同调的问题，是政府能否容忍'异己'的问题。"

胡适的这次抗争，主要是透过其代表与陈布雷交手的，但所有的意见最后都能转达蒋介石那里。最后，胡适取得了一定的成功，蒋介石有所妥协。此事以罗隆基声明坚持自己的立场，但因不欲校方为难而自动辞职收场。

蒋介石问张寿镛罗隆基是否"可以引为同调"？是个很有意思的话题，说明他有笼络罗隆基之意。此时的胡适认为，他们和蒋介石是"异己"而非"同调"。对于南京当局邀他去讨论"共同认识"，胡适请人向当局转达他的两个前提："1.负责的言论绝对自由；2.友意的批评，政府须完全承认。无此二项，没有'共同认识'的可能。"①胡适是讲原则的。

5.蒋介石在1932年的蜕变

1924年至1930年，蒋介石是国民党内冉冉升起最耀眼的明星。

蒋介石从办黄埔军校起家，统率军校学生完成东征，巩固广东根据地，率兵北伐，成为国民党统一全国的最大功臣。1925年孙中山去世时，蒋介石还未进入国民党的领导层，连中央执行委员都不是。1926年国民党第二次全国代表大会时，蒋介石向大会作军事报告，当选为九位中央常委之一。1929年国民党第三次全国代表大会时，蒋介石已经是国民党的领袖，大会一致通过了《奖慰蒋中正同志案》，历数蒋的功绩，称蒋"勋在邦国，克竟

① 《胡适日记全编》第6册，第450页。

总理之志，完成统一，兹代表本党特加奖慰！”以全国代表大会的决议案对一个人进行奖慰，在国民党历史上前所未有，而“克竟总理之志，完成统一”一句，更等于说蒋是孙中山事业的继承者。然而，蒋蹿升为国民党领袖后，面临内外挑战，其地位并不稳定，甚至1927年与1931年曾两次被迫短暂下野。蒋介石的主要精力，还在用军事力量镇压各种反对派，稳定局面，对于如何建设国家，吸纳人才考虑得很少。

胡适倡导人权，要求制定约法时，曾以蒋介石随意羁押安徽大学校长作为恶例，来反证法治的重要性。蒋介石对于胡适要求约法的呼声似有所触动，1930年10月，他在中原大战取得胜利之际发表“江电”，提议召开国民党中央会议，确定制定训政时期约法及颁布宪法之时期，以应因社会各界的要求（此前，反蒋的汪精卫等人在北平召开“扩大会议”，抛出了一个“约法草案”）。蒋介石的提议，遭到立法院长胡汉民的坚决反对，演成激烈的“约法之争”，最后蒋介石强行扣押了胡汉民，于1931年5月召开国民大会，制定了《中华民国临时约法》。

1932年，是蒋介石政治生涯中的一个重大转折。这年年初，他在第二次下野后再次复出，重新执掌军政大权。经过挫败的他并未减少锐气，反而增加了进取心与使命感，似乎有意开始从专长军事的领袖，向通晓政治、经济与外交的国家领导人转型，他的企图心在日记中有意无意地透露了出来。蒋介石有个习惯，在每年日记的最前面写些重要的计划或感想，作为一年的指导。在1932年日记本最前面的这段话很值得注意：

今日基本政策

一、对外美德亲善，俄法妥协，英意联络。

二、对内以政治建设为目的，不主张内战亦不参加。树立中心势力，巩固七省基础。

三、对西北掌握，对西南联络，对南部妥协，对北部亲善放任。

四、民团以国术为重，经济以农业为重，教育以修身为重，商业注重国外贸易制度。国民教育以童子军与学生军为重。国防以交通为中心。对外贸易以政府与商会合作，先行登记而后以商人合作方式，集中贸易力量。(1932 年 1 月 1 日之前)

蒋介石确定的政策中，既有内政，又有外交，内政考虑到对各地的不同对策，也有对经济、教育、商业、国防与外贸等多个方面的通盘设想。他计划要“派各省优秀党员，赴欧考察教育与经济，以备将来之用。”这与此前他侧重军事或政治有很大的不同。

从日记中看，蒋介石在 1932 年上半年专心读《俾斯麦传》，要从普鲁士的铁血宰相那里学习治国之道。他检讨以往的教训，一面由黄埔学生秘密组成效忠他个人的力行社（复兴社），一面对外注重人才的吸纳与网罗，尤其是外交与教育的人才。他写道：

上次失败为外交与教育之大意，而对于该两方人才，亦毫不接近、搜罗，而对于国内之策划与国外之交际，亦无专人贡献，此为招怨之大者也。此后，对于外交、教育与财政人才应十分收揽，而对于策划之士，亦应注重，以后当于每星期研究一次或二次，一面可以交换智识，一面可以选拔人才，而且得以联络感情也。(1932 年 3 月 20 日)

对上海教育界应注重联络，前时拒人太甚，所以引起反抗也。(1932 年 4 月 5 日)

蒋介石已经充分注意到延揽各式人才及和他们“联络感情”的重要性，他特意提到对上海教育界的问题，检讨“前时拒人太甚，所以引起反抗”，证诸史实，胡适应该包括在内。

蒋介石此前的生涯中，与文教界人士打交道的经验不多。他开始做两方面的工作：一是召见。有时，他在与教育界人士接谈后，还会记下简单的评语："与中大（中央大学——引者注）教授四人谈话，皆为书生，叶元龙略有见地也。""会客，金陵大学校长陈裕光、中大刘光华，皆有见解非书生可比。今日所接见廿余人皆平平也。""会客，俞季虞、顾谷宜为留俄生，似无甚才能也。""与骝仙（朱家骅——引者注）、志希（罗家伦——引者注）谈话约二小时，甚以北方教育界与环境为忧也。""翁咏霓（翁文灏——引者注）、钱昌照来见，相谈甚洽"。

二是请专家为其授课，虚心学习。据蒋1932年5、6月间的日记，他听过的课与听课感想如下：

（5月11日）听各国统计制度。以日本统计局与资源局，及此二委员会之制度最为周密甚矣，立国之周也。吾人若不急进，何能立国？无论何国未有不视其人口生命与粮食之计，统为立国之本，而吾民智识程度不足语，此更何能立国？

（5月14日）上周以听完统计学，与土地学，及画规参部第三厅组织表，最为有力也。以后培植人才：一、以土地丈量；二、户口调查；三、警卫；四、修路为最要，而农工与青年运动尤为常川不休为要。

（5月17日）听马寅初先生讲国际经济之大势。

对蒋介石触动最大的，是6月16日至19日他抱病连续四天听翁文灏讲经济地理：

翁（翁文灏——引者注）、钱（钱昌照——引者注）来谈。翁讲中国煤铁矿业之质量，东三省几占百分六十以上，而全国铁矿为倭寇所有权约占百分之八十二以上。警骇莫名。东北煤铁如此丰富，倭寇安得不强占。中正梦梦，今日始醒。甚恨研究之晚，而对内对外之政策错误也。（1932年6月17日）

晚，翁讲中国各省矿质之分量，所缺者为银与铜，而最富有者为煤为铅为钨为锰为铝，占世界之第一二三位，明矾能改制销铳酸质，亦一幸事。（1932年6月18日）

今日感冒未痊，病中会客。下午，翁讲东北与西北农产地之分量，据其以气候雨量而论，则西北只可移数百万之民为屯垦防边之用，绝非如世人所理想者，容八九千万之移民也。翁实有学有识之人才，不可多得也。（1932年6月19日）

听这些专家讲课，使蒋介石眼界大为开阔，如他自己所感慨："自恨昔日识浅见少，坐井观天之错误也"；"甚恨研究之晚"，未能充分注意到日本的侵略东北野心。

与翁文灏、马寅初、钱昌照等人的接触，蒋介石不仅了解到新的知识，也建立了与文化、科技与教育界知识分子联系的管道。他对有真才实学者，还是相当尊重的，并开始考虑将他们吸纳到体制内来，以刷新国民党旧有的官僚体系：

近思组织干部，人才几无一得，而本党原有之干部，更难多得，……是为最大之不幸。……兹假定党务戴季陶、陈果夫、罗志希（罗家伦——引者注）、张岳军（张群——引者注），军事何敬之（何应钦——引者注）、陈公侠（陈仪——引者注），政务朱骝先（朱家骅——引者注），以马寅初任经济，王世杰任法律，蒋梦麟任教育，张岳军任内政，蒋雨岩（蒋作宾——引者注）、周鲠生任外交，俞樵峰（俞飞鹏——引者注）

任交通。未知其果能无误否？

这个蒋介石设想中的“组阁名单”，与以往官僚、政客、军人唱主角有很大的不同，罗家伦、马寅初、王世杰、蒋梦麟、周鲠生均是新式知识分子。蒋介石对于新式知识分子的使用，是功能性的“致用”：要借重知识分子的专长与影响力为政权服务，而非认同他们所宣传“自由”、“民主”等价值观。

正是因为他有了这样的认识与转变，又有对付日本侵略的现实需要，1932 年 11 月，蒋介石接受知识界的建议，在参谋本部之下建立“国防设计委员会”，该委员会由知识分子、金融、实业界人士为核心组成，主要工作是“拟制全国国防之具体方案”、“计画（划）以国防为中心之建设事业”、“筹拟关于国防之临时处置。”国防设计委员会分成七个组，调查全国的资源和工业情况，并研究设计与国防有关的工业建设方案，提出战时经济的建议。这是国民政府进行抗战准备的重要举措。为增加国防设计委员会的权威性，蒋介石亲任委员长，并委托丁文江推荐人选，最后确定由翁文灏任秘书长、钱昌照任副秘书长，实际主持工作。在翁文灏“科学家与政府在中国面临挑战时携起手来，为政府能履行其责任提供帮助”的呼吁感召下，一大批科学家（主要是自然科学家）参加了调查工作。这也开启了知识分子大规模参与南京政府工作之门。

蒋介石与胡适的关系也因此有了重大转机。

6. 胡适给蒋介石发电报

到 1932 年，中国政局发生巨大变化。前一年，日本发动了侵占东北的“九一八事变”，这年年初，日本再在上海发动“一二八事变”，将战火延至中国核心地区。如何拯救民族危机，成为所有中国党派与政治人物必须回答的问题。面对复杂的国内形势，胡适当然不会缺席，他要表达自己的意见。5 月，胡适约集丁文江、傅斯年、翁文灏、蒋廷黻等在北方的学人创办了《独立评论》，这是个讨论国家政治为主的“同人杂志”，胡适自任主编，他认为国人缺乏的是“独立精神”，故他们要来补正：

> 我们叫这个刊物做《独立评论》，因为我们都希望永远保持一点独立的精神，不依傍任何党派，不迷信任何成见，用负责任的言论来发表我们各人思考的结果：这是独立的精神。①

关于胡适与《独立评论》的关系，尤其是那场著名的“民主与独裁”的论点，已有许多论著谈及。《独立评论》的影响甚大，其核心作者群后来被称为“自由主义知识分子群体”，引起当局者的瞩目。后来，一些人离开学术教育界，加入到南京政府工作，不再“独立”，但始终与胡适保持着密切联系，甚至成为胡适与当局间的重要桥梁。

现藏在台湾“国史馆”内的“蒋中正总统文物”，是保存最完整的蒋介石官方档案资料。其中蒋介石与胡适间最早直接联络文件，是 1932 年 10 月 22 日胡适与丁文江、傅斯年等 6 人署名、由翁文灏用密电代发给在汉口的蒋介石的一份电报：

> 陈独秀君在革命史上颇有相当功绩，虽晚节多谬，然尚不肆暴力破坏，同科且久为彼辈所深恨。此次被捕，务恳大力主持法律审判，公平处置，不胜盼祷。②

1932 年 10 月 15 日，曾任中共中央总书记的陈独秀在上海公共租界寓

① 《独立评论》第 1 期（1932 年 5 月 22 日出版）。

② 台北“国史馆”藏“蒋中正总统文物”，档号：002080200060087。

所被工部局巡捕逮捕，之后即被引渡给上海市警察局。蒋介石命令将陈独秀等人解押南京，交军政部部长何应钦准备用军法审理。消息传出，各地报纸纷纷发表消息，国内外著名学者如蔡元培、杨杏佛、罗素、杜威等人都打电报给蒋介石，要求释放陈独秀。胡适等人的营救电报在陈独秀被捕一周内即发出，是相当迅速的。胡适等人的电报中尊称已被囚禁的陈独秀为“君”，强调他们虽与陈主张不同，但肯定陈在革命史上的“相当功绩”，该电报的重点在针对陈独秀将被军法审判的传言，要求蒋要“公平处置”，用法律审判。因军事法院审理不公开，不得请辩护人，受审人权利更难保障。

胡适等对蒋介石并不认同，他给蒋发电报，主要是救陈独秀心切，但至少说明他在心底里对蒋还是有些希冀的。

蒋介石在胡适等人的来电上批字：“覆已电京交法院审判矣。”次日，蒋介石即通过翁文灏回复胡适：“陈独秀案已电京移交法院公开审判矣。”这个回复极其迅速。之后，陈独秀案果然由军法司移交地方法院审理，陈独秀及辩护律师章士钊在法庭上与法官展开一场精彩的辩论。高等法院以“危害民国罪”判陈独秀有期徒刑15年。章律师促陈氏上诉最高法院。陈氏提起上诉后，最高法院改判为有期徒刑8年。

陈独秀曾经是胡适的“贵人”与伯乐。胡适最早在陈独秀主编的《新青年》上发表文章，获得大名，又是时任北京大学文科学长的陈独秀将其推荐为北京大学的教授。五四新文化运动期间两人并肩作战，共编《新青年》与《每周评论》，结下深厚的友谊。之后，虽然两人因选择不同而在政治道路上渐行渐远，甚至敌对，但彼此仍互相敬重。陈独秀被捕后，胡适在给蒋介石去电报要求以法院审判的同时，他也给罗文干、段锡朋等人写信，提出同样要求，并主动为陈推荐辩护律师。胡适还托蒋梦麟当面转达问候。陈独秀十分感动，在狱中给胡适写长信致谢，“此次累及许多老朋奔走焦虑，甚为歉然。”信中报告自己未来在狱中生活的设想，开列书单让胡适能送些书籍给他读。陈独秀在信末写道：

> 先生著述之才远优于从政，“王杨卢骆当时体，不废江河万古流”，近闻有一种传言，故为先生诵之，以报故人垂念之谊。①

结合史实看，陈独秀此处所说的“一种传言”，应该是指胡适将被当局吸纳从政，而陈独秀以“先生著述之才远优于从政”等语来委婉规劝，可谓知人之语。1933 年 6 月，胡适曾去狱中探视过陈独秀。1937 年七七事变爆发后，中国进入全面抗战时期，胡适乘机给行政院长汪精卫写信，要求释放陈独秀。

胡适在陈独秀被捕后，不避利害，上书当局要求“公平处置”。而陈独秀身陷囹圄，却关心着胡适的未来。撇开政见分歧，他们在私谊与学问上绝对是“知己”。晚年的陈独秀生活落魄，胡适曾在经济上伸出过援手。

陈独秀被捕事件，意外地使胡适与蒋介石建立了联系（透过翁文灏）。蒋介石接纳了胡适等人对陈独秀要用“司法审判”的请求后，在 11 月 14 日致电翁文灏，对胡适表达关切，并探询请胡南下见面的可能性：“胡适之先生近日身体如何？可否请其南来一叙？请转达，盼复。”此电报，成为二人见面的一个契机。

7. 蒋、胡武汉聚首

关于胡适与蒋介石二人于何时何地首次聚首，是有些争议的。

---

① 《胡适来往书信选》中册，第 144 页。

1931 年 10 月 12 日，上海的《申报》以《丁文江、胡适来京谒蒋》为题，刊登如下消息："丁文江、胡适来京谒蒋。此来系奉蒋召，对大局有所垂询。国府以丁、胡卓识硕学，拟聘为立法委员，俾展其所长，效力党国，将提 14 日中政会简任云云。"

此消息言之凿凿，细节清楚，加上《申报》是一家有信誉的大报，故许多人信以为真，以为到上海参加太平洋国际学会的胡适真的"奉召"去南京与蒋介石见面。当时，鲁迅就根据此消息写了一篇名为《知难行难》的杂文，暗批胡适等人一面与国民党当局争"人权"，一面又接受独裁者"召见"，要去政府做官。《胡适年谱》的编者引此条为胡适与蒋介石 1931 年 10 月在南京见面的史料依据。易竹贤的《胡适传》在引此消息时未细辨清时间，又将见面时间提前了一年，误为 1930 年 10 月。然而，《申报》的那条消息应该是假新闻。因为胡适与蒋介石的日记中均没有他们在 1931 年（或 1930 年）见面的记载，而胡适 1932 年年底在武汉与蒋见面时，在日记中确切地记下："此是我第一次和他相见"。蒋介石也记下："其人（胡适——引者注）似易交也"的评论，"似易交"三字，分明是说初次见面的观感。而且，前引蒋、胡之间为陈独秀审判事的往来电报均是通过翁文灏转达的，两人并无直接联系。如果已见过面，当不致如此生分。

《申报》那条新闻在逻辑上也站不住脚，1931 年 10 月，日本入侵东北加上国民党内部的宁粤之争，蒋介石内外焦头烂额，哪里有时间召见胡适？再提前一年的 1930 年 10 月更不可能，当时中原大战正酣，胡适还在北平帮着反蒋派制定"约法草案"呢。

时间是历史研究中最重要的因素，时空倒错，结论会完全不一样。如果胡适是在 1931 年 10 月就"奉召"与蒋介石见面，那鲁迅的批评即能成立，胡适等人的人格要大打折扣（如果是早在1930年10月见面，那胡适的人格就更不堪）。而1932年年底两人见面，除去前述蒋介石在1932年复职后的转变，在行动上对知识界表示出相当的尊重外，还有中国已经面临如何团结力量，抵御日本入侵的大背景，各界在民族危亡之际都有调整政策与策略的需要。

胡适日记的记载，他第一次见到蒋介石是1932年11月28日，地点是武汉。

表面上看，这次见面是偶然的邂逅，胡适是应武汉大学校长王世杰之邀，前往访问并讲学，而蒋介石此时也恰巧在武汉。但如果联系到半个月前蒋介石请翁文灏转邀胡适的那份电报，就会发现见面应该是精心设计的。在胡适方面，一年前《申报》的那则他见蒋介石的假新闻，已经惹出满城风雨，他对于鲁迅的笔伐虽未回应，心存顾忌。见面地点选在武汉，不仅可以避人耳目（果然没有报纸发消息），而且蒋、胡均是人在旅途，没有主、客之分，也就不存在“召见”、“奉召”之类。

胡适在武汉与蒋介石共见过三次，且都是蒋请吃晚餐。1932年11月28日胡适记道：

> 下午七时，过江，在蒋介石先生寓内晚餐，此是我第一次和他相见。饭时蒋夫人也出来相见，今晚客有陈布雷、裴复恒。①

从描述中看出，胡适与蒋介石的第一次见面是礼节性，宋美龄的出现，显示见面的规格颇高而又透出一些温情。

次日，蒋再邀胡适前去晚餐。胡适记道：

---

① 《胡适日记全编》第6册，第632页。

> 六点半，黎琬（公琰）来，小谈，同去蒋宅晚饭。同席者有孟余（顾孟余——引者注）、布雷、立夫。今晚无谈话机会，我送了一册《淮南王书》给蒋先生。[①]

此次胡适是有所准备的，但苦无谈话机会，只能将预备好的《淮南王书》送给蒋介石。选择送这本书是有用意的，胡适认为，道家的中心思想是自然无为而无不为的“道”，《淮南王书》集道家思想之大成，他是希望蒋介石不要太自以为是，“太有为能干”，而是要有所为有所不为。这是后来他与蒋介石交往中时常提醒蒋注意的。分手时分，蒋介石约胡适在12月2日再谈一次。

胡适两次见面都未能详谈，故对第三次见面格外慎重，在2日下午特意托王世杰带信给蒋，说自己将会如约前来，蒋介石也回信重申前日之约。见面的结果让胡适相当的失望，他记道：

> 六点下山，过江。蒋先生的秘书黎琬君来迎，到蒋宅吃饭。
>
> 我本来以为这是最后一个谈话机会，故预备与他谈一点根本问题。但入门即见昨见的雷孟疆先生，后来吃饭时杨永泰先生又来了。二客皆不走，主人亦无法辞客。所以我也不预备深谈了，只随便谈了一会；十点即辞出。
>
> 我至今不明白他为什么要我来。今日之事，我确有点生气，因为我下午还托雪艇告知他前日之约我一定能来。他下午也还有信来重申前日之约。
>
> 席上他请我注意研究两个问题：

① 《胡适日记全编》第6册，第633页。

（1）中国教育制度应该如何改革？

（2）学风应该如何整顿？

我很不客气地对他说：教育制度并不难，千万不要轻易改动了。教育之坏，与制度无关。十一年的学制，十八年的学制，都是专家定的，都是很好的制度，可惜都不会好好的试行。经费不足，政治波动，人才缺乏，办学者不安定，无计划之可能，……此皆教育崩坏之真因，与制度无关。

学风也是如此。学风之坏由于校长不得人，教员不能安心治学，政府不悦学，政治不清明，用人不由考试，不重学绩，……学生大都是好的；学风之坏决不能归罪学生。

今之诋毁学制者，正如不曾试行议会政治就说议会政治决不可用。①

胡适用了“确有点生气”、“很不客气地对他说”来表示自己的不满。主要是胡适希望能与蒋介石单独深谈，“谈一点根本问题”，但旁边始终有人无法深谈下去。

胡适感慨“我至今不明白他为什么要我来”，并为此生气，颇有上当的感觉。通常的解读，都认为胡适是抱怨蒋12月2日当天“为什么要我来”。实际上，仔细体味通篇日记，胡适抱怨的是蒋介石为什么要约他到武汉来。因为胡适是有备而来，对见面有相当的期待，所以才在前两次见面只是吃饭之后的第三次相见面格外重视，不料，也未能达到目的，故他生气了。

蒋介石的日记中对他们的见面也有记载，他对11月28日、29日的见

① 《胡适日记全编》第6册，第636页。

面只字未提，12 月 2 日记道：

> 上午，批阅，办公，会客，见刘廷芳。下午会客，听李维果讲德国复兴史，与胡适之谈教育方针与制度，彼主张持久，以“利不十，不变法”之意言之，余甚以为然。其人似易交也。李与刘皆可用之才也。（1932 年 12 月 2 日）

比照两人的日记，蒋介石对见面的观感显然比胡适要好得多，蒋对胡适的话都听进去了，“甚以为然”，他将胡对教育的意见归纳为“主张持久”，“利不十，不变法”等，也挺准确。蒋介石对胡适的评价颇高，“其人似易交也”，根本没有觉察到胡“很生气”。12 月 2 日下午，他还听李维果讲“德国复兴史”，但对内容未记一字。胡适觉得未能深谈，蒋介石似乎已经达到目的。造成二人感觉错位的原因是：在蒋介石，请胡适谈教育，是他听一系列专家讲课的一部分，他此次只将胡适当成是“教育专家”，听讲是穿插在繁忙的公务之中进行；在胡适，则是精心准备要与蒋单独谈些“根本问题”，且在日程上也留出专门时间。所谓“期望大，失望也大”是也。其实，胡下午六点下山去蒋宅，十点离开，他们在一起的时间至少有三个小时以上。蒋介石见客通常都较短，能与人谈三小时的话并不多见。胡适所记蒋介石请他注意研究的两个问题，并非蒋临时起意想到的，而是蒋计划向他请教的。

分别时，蒋介石曾约胡适以后再谈哲学问题，并把自己刚出版的《力行丛书》送给胡适，留做未来讨论的蓝本。有人认为蒋、胡在武汉时就谈过哲学问题，这是误读了日记。关于此点，胡适在 12 月 5 日离开武汉，转到长沙后才记到的：

> 附记：蒋介石先生要同我谈谈哲学，他先把他著的五小册《力行丛书》送给我看。其中第四册为“自述研究革命哲学经过的阶段”比较最

扼要。他想把王阳明"知行合一""致良知"的道理来阐明我们总理"知难行易"的学说。

他解释中山先生的"知难行易"是要人服从领袖（服从我孙文），此说似是采用我的解释。①

当天，胡适在长沙的中山堂参加湖南全省纪念周，作题为《中国政治的出路》的演讲，倡议要"建立一种建设的政治哲学"，指出孙中山的"知难行易"是革命的哲学，不适于建设，"建设的政治哲学要人人知道'知难，行亦不易'"。胡适在日记中用"附记"，来回溯这个话题是在仔细看过蒋的《力行丛书》后，针对孙中山与蒋介石关于"知难行易"的理论有感而发："日来颇思此理，故今日在中山堂演说，于最末段略述此意"。胡适在日记中对《力行丛书》有如下评论：蒋介石似乎也明白王阳明与孙中山的"知"、"行"思想有根本不同，但"蒋君明知二说不同，偏要用阳明来说中山，大概是他不曾明白懂得二说的真正区别在哪儿"。胡适提出了自己的见解："简单说来，二说之区别如下：阳明之说是知易行易。中山之说是知难行易。"他在日记中对此有大段的解释。这些自言自语的话，更像是他预备将来与蒋介石谈哲学时的腹稿。

12月6日，胡适离开长沙，准备结束南行北返。他在日记中记道：

三点半到车站，送行者甚多。招待所中职员仍把旅费送来，我托经农（朱经农——引者注）及刘廷芳代办；后来所中职员说，今天上午特别去兑换天津、上海纸币；我也因为在车站推来推去不像样子，所以终于收下了。

① 《胡适日记全编》第6册，第640页。

此行翁咏霓君垫了一百元，我自己带了九十元出门；三次在汉口旅馆，两次是总司令部代付钱的；往长沙的车票是总司令部买的；今天回去的车票是我自己买的；后天北去的车票是我托武汉大学代买的，大概他们不让我出钱。总计还可以余两百多元。①

胡适是要核算一下此行的经济收入：出门时带 90 元，南下 10 天回去时还可余 200 多元，净赚 100 多元。这笔细账透露了重要信息：钱的来源中翁文灏垫付一部分，在武汉的旅馆费、去长沙的交通费，大部分是总司令部付的。联系胡此次南行见蒋的牵线人就是翁，这也为胡、蒋在武汉的见面是精心安排提供了旁证。否则，胡适如果只是去武汉大学访问时“巧遇”蒋介石，则蒋断不会在不熟悉的情况下三次邀其晚餐，总司令部也不应该负担其旅费。

8. 胡适拒绝“入阁”

1933 年元旦，日本侵略军扩大战事，关外日军大举进攻山海关，继而进攻热河，热河中国守军不支，华北危机。胡适忧心国事，对时局深为不满，3 月 3 日，他在极度愤慨之下，拟一份致蒋介石的电报，约丁文江、翁文灏聚谈商议改定后，用密码发出：

热河危急，决非汉卿（张学良——引者注）所能支持。不单再失一省，对内对外，中央必难逃责。非公即日飞来指挥挽救，政府将无以自解于天下。②

蒋介石在两天后回复翁文灏，他会在数日内北上处理战局，并约胡适、

① 《胡适日记全编》第 6 册，第 646 页。

② 《胡适日记全编》第 6 册，第 652 页。

丁文江等“北上后面谈”。胡适同时写信给主持华北军事的军事委员会北平分会代理委员长张学良，劝其赶快辞职，交出军权，“若再恋栈以自陷于更不可拔之地位，则将来必有最不荣誉的下场，百年事业，两世英名，恐将尽付流水了。”3 月 12 日，张学良辞职，其职务由何应钦取代。

13 日，胡适与翁文灏、丁文江等乘车到保定去见蒋介石。蒋介石与胡适等人谈了 2 小时，蒋首先承认没有料到日本能如此神速地攻热河，因为他判断日本攻热河须用 6 个师团，国内与台湾均须动员。“我每日有情报，知道日本没有动员，故料日本所传攻热河不过是虚张声势而已，不料日本知道汤玉麟、张学良的军队比我们知道清楚的多多!”胡适听罢，深不以为然，认为“这真是可怜的供状！误国如此，真不可恕。”关于未来的发展，胡适记下了他与蒋介石的如下对话：

我们问他能抵抗否，他说，须有三个月的预备。

我又问：三个月之后能打吗？

他说：近代式的战争是不可能的。只能在几处地方用精兵死守，不许一个人生存而退却。这样子也许可以叫世界人知道我们不是怕死的。

其实这就是说，我们不能抵抗。

我们又说：那末能交涉吗？能表示在取消“满洲国”的条件之下与日本开始交涉吗？

他说，我会对日本人这样说过，但那是无效的。日本决不肯放弃“满洲国”。

他声明他决不是为了保持政权而不敢交涉。①

① 《胡适日记全编》第 6 册，第 659 页。

当时国民政府宣称的对日政策是“一面抵抗，一面交涉”，可蒋介石这番坦白的交待，让胡适觉得蒋介石是“既不能抵抗，又不敢交涉”，万分失望。

5月下旬，中日双方在塘沽就停战协定开始谈判。胡适闻讯，在5月30日致电蒋介石汪精卫，要求在谈判中一定要保全华北，内称：“吾人若能保全华北，不但为国家减低损失，而避免局势扩大，当亦为国际国联所渴望。此时千钧一发，稍纵即逝，华北谈判在一定在范围中，应有全权应付危局。”胡适发电报的次日，5月31日，中日代表正式签订了停战协定，即《塘沽协定》，协议实际上默认了日本对东三省和热河的占领。

6月1日，蒋介石回复胡适，说明中方在停战谈判的底线：

> 北平。胡适之先生：卅电悉。密。卓见甚佩，华北停战谈判，已由中央国防会议决定两大原则电平，应付只属军事，而不得涉及政治范围，尤不得有承认伪国割让失地，或疑似影射之规定。除此而外，均可洽商。日人果有诚意，当不难就范。敬之（何应钦——引者注）、膺白（黄郛——引者注）在平，唯先生有以匡助之。中正卯。①

蒋介石回电之时，《塘沽协定》已正式签署，他并未告诉胡适实情，而只是说谈判的原则。

北方战事正酣，南方的政坛也有变动。1933年3月张学良辞职后，汪精卫返回南京复任行政院长，他在组阁前给胡适写信，邀胡出任教育部长一职。信中有“明知此是不情之请，但你如果体念国难的严重，教育前途的关系重大，度亦不能不恻然有动于中。”“你如果慨然允诺，我愿竭我的能力，

① 台北“国史馆”藏“蒋中正总统文物”，档号：002090200010328。

与你共事，替国家及教育，做出一点事来。”态度相当的诚恳。当时南京政府是蒋汪合作的格局，三个月前蒋介石在武汉专门请胡适发表对教育的意见，“深以为然”，不知汪精卫选择胡适为教育部长候选人，事先是否曾征求蒋介石的同意。

这是胡适平生第一次面对“入阁”的邀请，他并没有动心，在给汪精卫的复信中，以三个理由加以婉拒，其中后两个是，要将主要精力放在学术之上，还积欠之“旧债”，要出国访问，无法担任行政。胡适最重要的理由，是如下的这一段：

> 我细细想过，我终自信我在政府外边能为国家效力之处，似比参加政府为更多。我所以想保存这一点独立的地位，决不是图一点虚名，也决不是爱惜羽毛，实在是想要养成一个无偏无党之身，有时当紧要的关头上，或可为国家说几句有力的公道话。一个国家不应该没有这种人；这种人越多，社会的基础越健全，政府也直接间接蒙其利益。我深信此理，故虽不能至，心实向往之。以此之故，我很盼望先生允许我留在政府之外，为国家做一个诤臣，为政府做一个诤友。①

这是胡适最常被人被引用的话，是他对自己政治角色定位的深思熟虑，也是基本原则，他在与国民党政权及蒋介石个人交往时，基本上能循此办理。“诤臣”、“诤友”二词也长期被研究者所引用。

汪精卫仍不灰心，在 4 月底再给胡适一长信，拟请他出任驻德国公使。胡适也未首肯。胡适未接受汪精卫入阁的邀请，但他与汪不但时常有书信往来，也数次见面，《胡适来往书信选》中这段时间二人的信件较多，胡适日

① 《胡适来往书信选》中册，第 208 页。

记中也有二人交往的记载，交情颇好，投机契合。胡适在推辞的同时，向汪精卫推荐王世杰为教育部长人选，为汪接受。

9. 胡适做“诤友”规劝蒋介石等人

保定一别，蒋介石与胡适直接见面的机会并不多，但胡适的一些朋友到南京做官，他与南京政府关系的日益密切，广交朋友，也接触到不少内幕，对国民政府的政策与蒋介石日渐取“同情之理解”，不满意之处也是规劝增多，而直接批评减少。

1933 年 6 月，胡适到南京，见到汪精卫，他 13 日的日记写道：

回到教育部，与雪艇（王世杰——引者注）同到铁道部去见汪精卫先生。精卫已是五十一岁的人了，距我们初见时（1923）恰恰十年。他此时颇憔悴，不似从前的丰满了。

我们谈华北停战事，我说：此事有三种可注意：

（1）表示中国政治家还有一点政治的勇气；

（2）此事与上海协定都足以证明“汪蒋合作”的政策是不错的。若没有一个文人的政府当正面的应付，蒋介石先生的困难更大。

……①

日记中涉及汪精卫的文字，含有疼惜之意。3 月在保定与蒋介石谈话后的日记中，胡适对蒋处置日军对华北侵略的方针很不满意，5 月底签的华北停战协议（《塘沽协定》）是蒋一贯政策的延续，因等于变相承认了日本占领东北与热河，遭到国人的反对，但胡适却对此持赞许的态度，称蒋介石等人

---

① 《胡适日记全编》第 6 册，第 669 页。

有“政治的勇气”，蒋汪合作的政策“是不错的”。

有段时间，胡适在与国民政府要人打交道时，不断鼓吹“制度”的重要性，希望以制度来约束“人治”。他两次与立法院长孙科讨论制定宪法的问题，要从根本上来约束权力。1933年6月，他在说到未来宪法中“总统”权限时，举了一个例子：

> 蒋介石作国民政府主席时，主席权太大。今日林森主席，又成了一个太无权的虚名了。（去年汪内阁（?）成立了一个多月，始有人想起应该去见见主席，于是约定了某日全体阁员去参谒主席。到了那天，他们去了，遍寻不见林主席！后来才知道，林主席谦逊不敢当，出门回避了!!）宪法中的总统，应如何折衷此两种极端？[①]

蒋介石大权独揽，并不尊重制度，南京政府的实际权力跟着他走。胡适以此实例来说明制度要切实，要能约束权力，也蕴含对蒋介石权力过大的不满。

1934年2月，胡适再到南京，有人向他抱怨政府中武人力量太大。胡适根据自己的观察与思考，得出的结论是：“南京政治的大病在于文人无气节、无肩膀。……武人之横行，皆是文人无气节所致。”他与汪精卫谈话时也说了这一点。众所周知，南京的“武人”是指以蒋介石为首军事将领，“文人”则以汪精卫为首。胡适将责任归到“文人无气节”，确实点到了汪精卫的软肋，他并非袒护蒋介石，而是刺激汪精卫等人要有所担当。对于蒋介石，胡适另有规劝。

2月5日，胡适与孙科谈话。孙科大叹苦经，说国民党内矛盾重重，领

① 《胡适日记全编》第6册，第672页。

袖们不合作，他的意见无法贯彻，提案屡屡受挫。胡适认为，孙科所谈始终在人事上打转转，没有触及本质，南京政府的根本问题是在制度上。他提出一系列的问题请孙思考：

几个老一辈的领袖不能合作，难道几个后起的少年领袖就无法出头撇开他们，另打开一个新局面吗？你谈的都是汪蒋合作、胡蒋合作……等等，何不进一步撇开他们人的问题，另想想制度的问题呢？

现在有许多缺陷都是制度不完备之过。稍加补缀，便可增进效能。如中央政治会议，名义上为最高机关，实则全仰一个人的鼻息。究竟中政会能制裁军事委员会否？能制裁行政院否？

中政会开会时，有何制度可以使会议中人人能表现其意志？此皆无有规定，又无有确实可行的手续，故一人的专制可以操纵一切机关；虽人人皆认为不当，而无法可以使抗议发生效力。

今日军事委员会的设施简直是绝对无限的，万一此中有一重大过失，中政会如何制止挽救他？

行政院万一有一件大过失，国府主席有拒绝签字之规定否？中政会有否决权否？

例如宋子文被迫辞职事，蒋介石赶来开中政会，他主席，精卫报告，全会无一人敢发言讨论，亦无一人敢反对。你们一班文治派何以这样不中用？何不造作一种制度使人人得自由表示良心上的主张？何不规定“无记名投票”？无记名投票即是保障弱者使他不受强者威吓利诱之最有效办法。①

① 《胡适日记全编》第7册，第51页。

对以上问题，胡适是有结论的，就是："今日政治制度皆是不懂政治的人所规定，止有空文，而无实施手续，所以彼此之间全无联络，又无有相互制裁的办法。"应该说，胡适置身于国民党之外，对其内部权力斗争冷眼旁观，更能看出问题的症结。蒋介石权力过大，部分原因是制度本身造成的。还有部分原因是一些人出于追逐个人名利的动机，拼命抬蒋，结果最后是搬起石头砸自己的脚。

胡适到南京之时，蒋介石正在江西前线指挥"剿共"，他给教育部次长钱昌照去电报，邀胡到南昌会面：

> 南京教育部。钱次长：闻胡适之先生到京，未及晤面，甚歉。请代约在君（丁文江——引者注）与适之二先生，如有暇时请其二月在南昌一会。如何？中正。①

钱昌照回复愿代约胡适，但请蒋介石先告知预备谈话的次数及题目，"俾适之先生可从事准备。"蒋介石回电称，希望胡适、丁文江与蒋廷黻在4月初赴赣，谈话内容约两项至三项，"每次约一小时"，"谈话题目请其先斟酌，再商。"之后，蒋介石与钱昌照之间数次往来电报讨论胡适等人赴南昌事，可见蒋是期待胡适一行的。4月3日，钱昌照电告蒋介石："廷黻兄七日午可抵南昌晋谒，适之先生因北大有事，一时不克南来。"胡适与丁文江均未成行，只蒋廷黻一人去南昌见蒋。

胡适未去南昌，但他并未放弃与蒋介石沟通的机会，他在4月4日给蒋写了一封信，托蒋廷黻面交。胡在信中规劝蒋介石："明定自己的职权，不得越权侵官，用全力专做自己权限以内的事，则成功较易，而责任分明。成

① 台北"国史馆"藏"蒋中正总统文物"，档号：002010200103028。

功易则信用日增，责任明则不必代人受过。”胡适在信中举例告诉蒋，他目前事无巨细，大权独揽的处境，与其目标“适得其反”，“名为总揽万几，实则自‘居于下流，天下之恶皆归之。’”

胡适举的一个例子，是国民党中央宣传委员会通令全国，称奉蒋委员长自南昌下令，“各种书刊封面，报纸题字标语等，概不准用立体阴阳花色字体及外国文，而于文中中国问题，更不得用西历年号，以重民族意识。”《独立评论》也收到北平市公安局据此发来之函，要求遵守。胡适觉得以蒋介石的身份发此禁用西历纪年之令，实在是不得体。

蒋介石读到胡适的信后立即回应。4 月 9 日，蒋在南昌行营的纪念周上发表讲话，特别解释关于他手令出版物封面不得用外国文字与年号的事。称此只是他对行营政训处工作人员的要求，而政训处竟送中央宣委会通令全国，“实属荒谬”。他说：

> 我蒋介石非中央党部，非政府，我手令如何能给中央宣委会且通令全国，岂非笑话。望各职员以后办事，务须认清系统，明白手续，方能为上者分劳，不致将事办错云。①

胡适认为，蒋介石能改过并解释，显然是接受了他信中的建议，十分赞赏，称蒋“不是一个不能改过的人”：

> 今天各报记他昨天在南昌讲演，对此事有特别声明，各报所载文字相同，可见是他有意发表的。此事可见他不是不能改过的人，只可惜他没有诤友肯时时指摘他的过举。②

胡适再提“诤友”一词，这是他对自己与蒋介石关系一个理想定位。其

① 《胡适日记全编》第 7 册，第 98 页。

② 《胡适日记全编》第 7 册，第 97 页。

实，他是要做国民党人的“诤友”，并不限于蒋介石。如前所述，他当着汪精卫的面批评南京政府最大的问题是“文人无气节”；当孙科向他抱怨时，他要孙科考虑制度上的问题（孙是立法院长，对制度负有责任）；而在给蒋介石的信中，他又希望蒋能“明定自己的职权，不得越权侵官”。这样做是需要勇气的。胡适心境坦荡，没有私心，所以不会当面谗言媚语，背后挑拨离间。蒋介石等人似也能从善如流，并不责怪胡适。

10. 胡适对蒋介石看法的改变

1935 年 3 月，蒋介石到华中指挥“追剿”战事，他曾邀胡适、罗家伦等在湖南见面，但临时要去四川，故蒋介石给胡适电报，取消前约。蒋在电报中“弟”自称，这是以前所没有的：

北平。北京大学胡适之先生：弟因急须入川，今日起程。昨约罗先生在湘会晤之电，请改期另约为荷。中正。①

1935 年，日军连续在华北寻衅，制造了一系列侵略事件，企图把华北从中国分离出去，其中包括“河北事件”及《何梅协定》、“张北事件”及《秦土协定》、“华北五省自治运动”及“冀察政务委员会”。面对日本咄咄逼人的攻势，蒋介石与南京政府仍采取妥协的政策。身处北平的胡适亲身感受到日本的侵略，对蒋介石有所进言。

胡适在 6 月给教育部长王世杰连续写了三封长信，表达自己的看法，希望王世杰能就近向当局“恳切进言”，甚至直接要求王将他的意思转达给蒋介石：“千万请吾兄设法使蒋先生知道此意。”胡适在信中，表达了三点意见：

① 台北“国史馆”藏“蒋中正总统文物”，档号：002080200212071。

首先，是对当局对日妥协、“不战不和”的政策深表不满。胡适认为，如果再在华北无代价地退让，“岂不要把察哈尔、河北、平津全然无代价的断送了?”“察、冀、平、津必不可再失。失了之后，鲁、晋、豫当然随之而去。如此则中国矿源最大中心与文化中心都归敌手。如此形势之下，中央又岂能安然练军整顿内政？如此，则所谓‘蒋介石下野’‘用日人替代欧美军事顾问’等等问题，皆又将用短径的重炮逼上眉尖。”即便是对蒋介石个人而言，一味退让也绝无益处可言。因为日本是步步进逼，且以逼蒋下野为重要目标，“今日敌人指名要逐去一个大省分内的各级党部，我们毫不抵抗地依从了。明日敌人又要求逐去蒋介石，我们难道又毫不抵抗地依从他？不依从他，应取何策？万一蒋先生还不到能抵抗之时候，被逼而去，则一切军事顾问的问题又岂不是如敝人所欲而解决了?”胡适提出，如果不能战，就应该有条件地与日本谈判，保全华北。“与其这样糊涂送礼，不如公开地交涉一切悬案，尚可以讨价还价，利用人之弱点，争回一点已失或将在糊涂失去的国土与权利。此时尚有可争的机会，若再待华北全去，则伪国承认的问题将不成问题，而变为华北伪国的承认问题了。”他曾明确提出对日谈判，承认伪“满洲国”的三项先决条件：“一为热河回归，长城归我防守；二为华北停战协定完全取消；三为日本自动的放弃辛丑和约及附带换文中种种条件，如平、津、沽、榆一带的驻兵，及铁路线上我国驻兵的限制等等。”胡适说，他主张公开与日本交涉，并非是要投降，而是策略，目的在于谋得一个喘气的时间。“委曲求全，意在求全，忍辱求和，意在求和。倘辱而不能得全，不能得十年的和平，则不免终一战。”当时的内外情势，使当局无法接受胡适的这个建议。胡适说，他的方案绝对不是妥协论，而是“有代价的公开交涉，与妥协论者根本上大异也。”

其次，胡适以其深思熟虑分析未来远东局势的变化及对中国的影响，提出了他的两点判断："1.在最近时期，日本独霸东亚，为所欲为，中国无能抵抗，世界无能制裁。这是毫无疑问的眼前局势。2.在一个不很远的将来，太平洋上必有一度最可惨的国际大战，可以作我们翻身的机会，可以使我们的敌人的霸权消减。这也是不很可疑的。"胡适坚信他的分析是正确的，并要以此来"作我们一切国策的方针"。这是胡适对中日战争眼前与长远结局的基本判断，他后来提出"苦撑待变"也是基于此一判断。日后的局势发展证明胡适确实是有远见的。

再次，胡适敦促蒋介石尽快做好抱必死之决心，艰苦抗战的准备。他对王世杰写道：

> 以我观之，蒋先生只有"等我预备好了再打"的准备，似乎还没有"不顾一切破釜沉舟"的决心。我在二十二年（1933——引者注）热河失守后在保定见他，他就说："我们现在不能打。"三年过去了，我看他似乎全没有对日本作苦战的计划，他的全副精神用在剿匪上，这是我们知道的，又是能原谅的。但日本不久必有进一步而不许他从容整军经武的要求。因为敌人不是傻子，他们必不许我们"准备好了打他们"。老实说，无论从海陆空的任何方面着想，我们决无能准备到可以打胜仗的日子。我们若要作战，我们必须决心打三年的败仗，必须不惜牺牲最精最好的军队去打头阵，必须不惜牺牲一切工商业中心作战场，一切文化中心作鲁文大学。但必须步步战；必须虽步步败而仍步步战；必须虽处处败而处处战，此外别无作战之法。[①]

① 《胡适日记全编》第7册，第246页。

胡适认为，对付日本侵略的策略，“和”也可，“战”也可，最怕的就是当局“不战不和”的暧昧态度。“今日当前大问题只有两个：(一)我们如可以得着十年的喘气时间，我们应该不顾一切谋得这十年的喘气时间；(二)我们如认定，无论如何屈辱，总得不到这十年的喘气时间，则必须不顾一切苦痛与毁灭，准备作三四年的乱战，从那长期苦痛里谋得一个民族翻身的机会。”而最妥当的办法则是“双管齐下”：一面谋些喘气的时间，解决国内问题；一面进行有计划的布置，“准备作那不可避免的长期苦斗。”

胡适一气连续写三封长信，苦口婆心。王世杰只回复赞其观察“冷静而深刻”，说南京内部争斗激烈，政局有望变化，“前途动向自仍视蒋先生决心如何”。但他并未按胡适所嘱将意见转达给蒋介石。

胡适也不死心，不久又等来机会。7 月底，罗隆基在应约去见蒋介石之前，征询胡适对内政外交的意见。胡适将此前王世杰未转达的信再抄一遍，请罗“带给蒋先生一看”，并对自己的观点进行了详尽的解释。胡适并着重谈了对蒋介石的认识：

> 依我的观察，蒋先生是一个天才，气度也很广阔，但微嫌近于细碎，终不能“小事糊涂”。我与蔡孑民先生共事多年，觉得蔡先生有一种长处，可以补蒋先生之不足。蔡先生能充分信用他手下的人，每委人一事，他即付以全权，不再过问；遇有困难时，他却挺身而负其全责；若有成功，他每啧啧归功于主任的人，然而外人每归功于他老人家。……
>
> 我前在汉口初次见蒋先生，不得谈话的机会，临行时赠他一册《淮南王书》，意在请他稍稍留意《淮南》书中的无为主义的精神，如“重为善若重为暴”，如“处尊位者如尸，守官者如祝宰”之类。

> 去年我第一次写信给蒋先生，也略陈此意，但他似乎不甚以为然。他误解我的意思，以为我主张“君逸臣劳”之说。大概当时我的信是匆匆写的，说的不明白。我的意思是希望他明白为政之大体，明定权限，知人善任，而不“侵官”，不越权。如此而已。①

胡适称赞蒋介石是“天才”，“气度也很广阔”，这是前所未有的。他同时希望蒋能读《淮南王书》，了解“有所为有所不为”，“明白为政大体、明定权限”，不越权，守分际。这是他想让罗隆基带给蒋介石的话。

不久，胡适在《独立评论》上发表的《改革政制的大路》，其中有一大段文字涉及蒋介石：

> 他（蒋介石——引者注）长进了；气度也变阔大了，态度变平和了。他的见解也许有错误，他的措施也许有很不能满人意的，但大家渐渐承认他不是自私的，也不是为一党一派利益的。在这过去几年之中，全国人民心目中渐渐感觉到他一个人总在那里埋头苦干，挺起肩膀来挑担子，不辞劳苦，不避怨谤，并且“能相当的容纳异己者的要求，尊重异己者的看法。”②

在文章中，胡适指出蒋介石的“最大缺点”就是什么都要亲自抓，规劝蒋介石，“应该认清他的‘官守’，明定他的权限，不可用军事最高长官的命令来干预他的‘官守’以外的政事”。胡适认为，实行宪政是国家政制改革与提高蒋个人威望的“大路”：

> 倘使蒋先生能明白这段历史的教训，他应该用他的声望与地位，毅然进一步作宪政的主张，毅然出来拥护宪法草案，促进宪政的实行，

---

① 《胡适日记全编》第 7 册，第 269 页。

② 《独立评论》第 163 号（1935 年 8 月 5 日出版）。

> 倘命他能如此做，那才是真正做了不独裁的全国最高领袖。只有一个守法护宪的领袖是真正不独裁而可以得全国拥戴的最高领袖。那是政制改革的大路。①

胡适在文章中虽对蒋介石有规劝与期望，但对蒋的评价极高。当时，蒋介石不仅遭到共产党人的抨击，就是国民党内也有强大的反蒋派，胡适的称赞似乎有失“独立”立场，更像是在“挺蒋”。

出现这种状况，一方面随着直接间接了解的增多，胡适对蒋介石有了近距离观察的可能与真情实感，也多了些“理解之同情”。尤其是蒋介石此时有了“开放政权”的姿态，不但当面听取自由主义知识分子（其中包括激进的罗隆基等人）的建议，还吸收翁文灏、蒋廷黻等人“入阁”。另一方面是面对日本步步进逼，中国需要团结，需要在一个“强人”的领导之下抵抗侵略，这是当时社会一般的心理。胡适在文中用了“全国人民心目中”一词，有些夸大，但却也代表相当多人的看法。

蒋介石投桃报李，对胡适的好感也日益增强。1935年10月间翁文灏给胡适的信中，用“彼对兄意极好”六字，表达了旁观者眼中蒋介石对胡的态度：

> 日前所谈为太平洋国际学会筹款事，昨日面见介公（蒋介石——引者注），已为代陈，彼曰“可以”，但似尚欠切实，尚须再说一次，当能望成，数目亦或尚有斟酌。然彼对兄意极好，如大驾来京，能面见一谈，则更可靠矣。②

或许是受翁文灏信的催促，十几天之后的1935年11月12日，胡适与

① 《独立评论》第163号（1935年8月5日出版）。

② 《胡适来往书信选》中册，第275页。

蒋介石见面。见面时胡适是否向蒋要求补贴太平洋国际学会不得而知，但事后国民政府确实为学会提供了款项。此时华北局势更加危机，蒋介石向胡适谈了他对时局的主张，胡适大概没有机会当面充分说明意见，在分手后又给蒋写信。信的起首句为“今日蒙先生在百忙中赐予接见，得略悉先生最近的主张，不胜感幸”。中间的“蒙……赐予接见”、“不胜幸感”，可以理解为胡适的客套用语，但细细体味出，还是有下对上的恭维。胡适在信中就三个问题详细发表了自己的意见：

一是建议蒋介石组织“国防设计委员会”。胡适认为，旧有的国防设计委员会，人数太多太杂，不能因应目前的危局。故这是有别于原来国防设计委员会的全新组织。依胡适的设想，新的国防设计委员会是一个类似美国“智囊团”的“设计最高机关”，由蒋介石“邀集五七个各有专门知识又各有国家意识与世界眼光之人”组成，其任务是完成蒋交办的事项，“凡先生一人的心思才力所不能徧（遍）及之大计划，凡政府领袖所想到而不能详细设计之事，皆由这样一个设计小团体服从于讨论研究，去拟具详细方案。”胡适甚至以举例子的方式，为蒋介石推荐了委员会的人选：丁文江（专作地理上的国防设计）、翁文灏（地理、资源）、俞大维（兵工）、蒋廷黻（外交）、宋子文（财政）。事实上，在胡适建议之前，1935年4月，国防设计委员会已经与兵工署资源司合并，改称为“资源委员会”，隶属军事委员会。

二是关于宪政。胡适力主宪政，对蒋介石尽早开始实施宪政的表示，“自然十分欣喜”。但他认为实施宪政“必须慎重计划，不可草率从事。”胡适建议，应该有个“渐进的五年或十年计划”，分三步走：第一期，是国民大会召集之前，先建立临时参议院，职权如中政会，应“充分吸纳党外分子”。第二期，召开国民大会后的四年之内，为“试行宪政时期”，应该慎选国民大会代表，修订宪法与选举法。第三期，民选国会定期开会。

三是关于华北问题。胡适坚持一贯主张，要促使华北，他提出，“无论敌人在华北作何侵略与蚕食的举动，政府必须抗议，……遇有重大事件，中央应明令守土官吏用武力守土。遇必要时，中央应令中央军队进驻华北。”只有如此，“将来我们才有话可说，才有仗可打。”“若华北在人不知不觉之中断送了，将来我们还等什么好题目才作战呢？”①

胡适的三项建议，蒋介石基本上没有接受，国防设计委员会没有建立，宪政之事他相当长的一段时间内基本不再提，但他对胡适的一些具体意见听进去了，一个月后，翁文灏出任行政院秘书长，清华大学教授蒋廷黻就被蒋介石召到南京，担任行政院政务处长，之后担任驻苏联大使。

11. 胡适维护蒋介石

蒋介石重视胡适在北方的影响力，他在 1935 年 12 月 4 日给军事委员会北平军分会委员长何应钦的电报中嘱咐：“到平后以安定人心，与为政府收拾人心为最要工作。请面慰蒋梦龄（麟）与胡适之二先生，或派天翼（熊式辉——引者注）兄往访致慰。”

12 月 9 日，北平学生 3000 余人走上街头示威游行，反对成立冀察政务委员会、反对华北任何傀儡组织、要求“停止内战，一致对外”、收复东北失地、抗议国民政府的不抵抗政策。次日，北平各校学生又宣布实行总罢课。胡适认可学生的爱国热情，但又认为学生应以学业为重，以备未来报效国家，所以他是规劝学生“勿虚掷光阴”。12 月 16 日，北平各校学生再举

① 以上所引内容，均出自胡适函蒋中正（1935 年 11 月 12 日），台北“国史馆”藏“蒋中正总统文物”，档号：002020200023020。

行大游行，与军警冲突致近百人受伤。胡适对华北局势有自己的看法，他公开发表谈话、通电，并写文章反对“冀察自治”，反对任何脱离中央，破坏国家统一的行径。他也当面向蒋介石表达对当局政策的不满。学生运动兴起后，胡适要求当局“全力注意华北，明定方针，……并派大员北来，以免隔阂，贻误大局”。但胡适也不赞成学生的做法，尤其是酿成冲突后有学生受伤、被捕。胡适写了《告北平各大学同学书》，指出：“诸位同学都在求学时期，有了两次的抗议，尽够唤起民众，昭告天下了。实际报国之事，决非赤手空拳喊口号发传单所能收效。”他希望“诸位同学即日复课，勿再虚掷光阴。报国之事，任重而道远，青年人切不可为一时冲动所误而忽略了将来的准备。”[①] 胡适的分析，理智而冷静，且不失为一个教师对学生的爱护。但在民族危机空前严重，如一二九学生运动中喊出的“华北之大，已经放不下一张安静的书桌。”在这种形势下，要求学生复课读书，无异缘木求鱼。他对学生的要求与做法，既符合其教师、长者的身份，客观上也帮了当局的忙，维护了当局的利益。

胡适不仅在民众与政府的对立中维护蒋介石，在国民党内部的争斗中，也维护蒋介石。1936 年 6 月，西南实力派以“抗日”为旗号，发动矛头直指蒋介石的“两广事变”。从 1931 年起，广东陈济棠、广西李宗仁白崇禧等实力派与胡汉民结合，长期以“抗日”“倒蒋”为主张，处于与南京对抗的“半独立”状态。胡适 1935 年年初曾去过两广，他在广东与陈济棠话不投机，遭到学术界的“围剿”，但在广西却受到白崇禧等人的热烈欢迎，他在《南游杂记》中对桂系统治下的广西与李宗仁白崇禧等人大加赞赏，肯定广

---

① 《胡适来往书信选》中册，第 293 页。

西的建设成绩，说广西人不迷信，民风淳朴，治安良好，具有“武化精神”。1936年5月，胡汉民过世时，胡适以文字悼念称：“他（胡汉民）的爱国心，他对于革命的努力，对于职守的尽忠竭力，个人在政治上的清廉，都是我们最钦佩的。”然而，当几天后两广起兵反蒋时，胡适则坚定地站在了蒋介石一边。

6月9日，胡适给西南的李宗仁、罗文干（胡适好友）去电，称西南举兵之事“使人惊诧难信”，“今日无论甚么金字招牌，都不能减轻掀动内战、危害国家之大责任。”要求李宗仁、白崇禧、陈济棠等“悬崖勒马，共挽危局。”胡适把所有责任全部推到西南一边，这与1930年中原大战时他要蒋介石负主要责任大相径庭。罗文干复信，批驳胡适的责难，要求胡劝蒋介石领导抗日，“以救国难而顺民情。”

胡适同时给行政院秘书长翁文灏去信，认为“内战恐不能幸免”，因为据他的了解，西南的背后有日本因素。胡适建议蒋介石要出面化解危机：

> 今日之事，已到不能再拖延的时候，万一两方面的飞机炸弹对轰，国家成什么样子!! 此时最好是蒋先生自己飞往南宁或广州，与陈、李、白诸人开诚面谈，消除一切误会，接受一切有理由的请求，此策之上也。①

6月14日，胡适在《大公报》上发表《亲者所痛，仇者所快》的论文，提出，局部的抗敌，不能损失对方的一丝一毫，西南的行动，是“自毁我国家一致对外能力”、“是民族自杀的死路。”文中并说，“我们反对内战，也反对用统一的招牌来挑起内战，但我们不反对一个中央政府用全力戡定叛乱。”

---

① 《胡适来往书信选》中册，第320页。

等于公开支持蒋介石对西南的镇压。

胡适的表现深得南京方面的好评。翁文灏称读《亲者所痛，仇者所快》，“至论极佩”。朱家骅在向蒋介石报告北方学界对纷争的看法时说：“（胡）适之讨伐之论，竟是此间友人中多数人之意见，盖大家皆愿和平，然如两广（特别是广西）非打不可，又如之何？此间友人对此一事之答案，几皆以为‘便打广西’”。北京大学学生有人动议以罢课来支持西南，但校方“处置严峻”，学生罢课不成，“结果只弄成一个罢考。”朱家骅在“处置严峻”之后，特意用括号说明“适之力也”，点明了胡适在其中的特殊作用。

1936 年 12 月，胡适刚从美国参加完太平洋国际学会回到北平，就得到张学良杨虎城发动“西安事变”，扣押蒋介石的事件。胡适在 12 月 13 日的日记中有详细记载：

> 今早我还未下楼，小三大叫：“爸爸，张学良造反了！”我看报，才知道张学良在西安叛变，把蒋介石扣留了，政府昨日有紧急处分，免张学良职，行政院由孔祥熙代，军委会加常委几人。
>
> 这祸真闯得不小！汉卿为人有小聪明，而根基太坏，到如今还不曾成熟，就为小人所误。他的勾通共产党，政府久已知之。七日之夜，咏霓（翁文灏——引者注）问我此事，我还不信。到今日我才知道他在九月二十九日已有围搜党部之举，其原因是党部搜得他勾结共产党之证物。此次他住洛阳，把蒋接到西安，竟下此毒手！
>
> 今天我在家中客不断，都为此事甚焦急。蒋之重要，今日大家更明白了。
>
> 发一电咏霓，问蒋的安全。
>
> 我的判断如下：

(1) 政府的处置甚当，此是采于谦之故智。

(2) 中央军队宜即进攻叛军，大约不难平。

(3) 日本一时不致有动作。

(4) 蒋若安全出险，必可以得一教训；蒋若糟（遭）害，国家民族应得一教训：独裁之不可恃。

(5) 外人消息，蒋似尚未糟（遭）害。①

从胡适的日记中可以看出两点：一是他将西安事变定为“叛变”，主张立即进攻，以军事镇压。二是他非常关心蒋介石的安危，“蒋之重要，今天大家更明白了”，其实也是在说他自己内心的感受。

12月14日，翁文灏就回复胡适，通报端纳赴西安探寻究竟的消息，并要胡适“联合教育界同人电张汉卿等从速释放介公”。胡适随即给张学良发去电报对张的行径大加责难，并要求立即释放蒋介石：

陕中之变，举国震惊。介公（蒋介石——引者注）负国家之重，若遭危害，国家事业至少要倒退二十年。足下应念国难家仇，悬崖勒马，护送介公出险，束身待罪，或尚可自赎于国人。若执迷不悟，名为抗敌，实则自坏长城，正为敌人所深快，足下将为国家民族之罪人矣。②

之后，胡适又写了《张学良的叛国》发表在《大公报》上，该文称张发动西安事变，是“背叛国家，是破坏统一，是毁坏国家民族的力量，是妨害国家民族的进步。”南京方面十分欣赏胡适的立场，将《张学良的叛国》一文印成传单，派飞机到西安上空散发。该文后来译成英文，发表在《人民论坛》上。

---

① 《胡适日记全编》第7册，第358页。

② 曹言伯、季维龙：《胡适年谱》，第513页。

事变过程中，翁文灏与胡适保持着密切的联系。12月21日，翁文灏在信中告诉胡适："蒋鼎文携介公亲笔函来京，为大家增一希望。宋子文到西安后，闻曾单独与介公谈话，且闻宋可即返京。……似有得介公脱险返京之望。"翁在信中也抱怨局势矛盾复杂，南京缺少真正有能力的人做中心，"种种工作缺乏向前进的希望"，请胡适能"有暇指教"。12月26日，西安事变和平解决，张学良送蒋介石返回南京。翁文灏当即给胡适写信，详细报告经过："介公今午返京，精神甚好，但因受寒，致腰腿疼痛，行走略艰。下午召集各院、部长谈话，报告在陕经过，并发表最后对张（学良）、杨（虎城）训词。"

虽然胡适在听到西安事变发生时，曾有过南京以军事进攻西安解决的念头，但事变的和平解决，张学良"束身待罪"陪蒋介石平安回到南京，国家元气没有大伤，这样的结果还是符合胡适预期的。

蒋介石因在西安事变时腰部受伤，返回南京后有段时间在疗养。1937年1月初，张季鸾自上海到北平，与学界的朋友见面，转达了蒋介石约一些学者在半个月或一个月之后去南京谈谈的意向，而讨论的三大问题，"一是陕甘的收拾，二是政治，三是对日本"。4月29日，胡适与蒋介石见面，当天蒋介石刚拔过牙，"体气似颇瘦弱"，两人小谈后胡适即辞出。

胡适与蒋介石的互动良好。6月1日，王世杰电邀胡适在7月中旬赴庐山牯岭演讲，胡允之。6月6日，教育部常务次长周炳琳（曾任过北京大学经济系教授兼法学院院长）在见过蒋介石后致信胡适：

> 琳与蒋并有一次个别谈叙。他表示上次先生（指胡适——引者注）到南方，未得晤谈，深以为憾；并知道先生将出席世界教育会议，甚盼行前能到庐一畅谈，意甚恳切，并谓将亲函先生邀约。此与广大会谈

系两件事。唯会谈或将分三次。期间是七月十五日至八月十五日。[①]

6月15日，蒋介石致电北京大学蒋梦麟校长，表示与胡适见面“渴望良殷”，望胡能利用暑假到庐山“面叙一切”。而胡对蒋也很关注，他在日记中记有在火车上读日本人不丸所作的《蒋介石传》与读蒋介石的《西安半月记》。

从1932年末首次在武汉见面起，胡适与蒋介石的关系逐渐密切交往也多起来，他们之间大致已经形成了较稳定的关系：胡适基本上是在国民党、国民政府的体制之外，保持着“独立”与“诤友”的立场，他在对蒋介石越来越肯定的同时，也不断提出“建言”。蒋介石对胡适表示出一定的尊重，也接受了他的一些具体意见。

12. 胡适当“过河卒子”，出任驻美国大使

1937年元旦，胡适写了《新年的几个期望》，他的三个愿望是：期望国民政府“今年里必须做到宪政的实行”；期望蒋介石“努力做一个‘宪政的中国’的领袖”；期望国家“能做到整个华北的疆土的收复和主权的重建”。这些都是他对时局的一贯主张，如果没有重大的变故，他与国家政治、与蒋介石的关系仍会一如既往。

面对日本的步步进逼，1937年6月间，国民党中央决定以中央政治委员会主席汪精卫和国民政府行政院院长蒋介石的名义，邀请各党派、各民主团体、各界名人来庐山召开“谈话会”，进一步听取民众意见。谈话日期定在1937年7月15日至8月15日，分三期进行，获蒋、汪邀请者计200余

① 《胡适往来书信选》，中册，第362页。

人。胡适获邀参加第一期谈话会。7月，蒋、胡如期在庐山见面，然而，因为七七事变的发生，他们谈话的主题已经发生了根本的变化。

7月7日，日军全面侵华的卢沟桥事变爆发。事变发生的当晚，胡适与梅贻琦等人同赴北平市长秦德纯之邀宴，席间谈起交换应付紧张时局的看法，胡适得出的结论是，此事变只量“局部事件”，或不至于扩大。7月11日，胡适经南京到庐山参加“庐山谈话会”。当天下午，蒋介石即邀请吃茶。

7月16日，庐山谈话会开幕，胡适代表受邀者致辞。参加者无不赞成“精诚团结”，一致抗日。次日，蒋介石在会上发表了准备抗战的宣言，声明“如果临到最后关头，便只有拼全民族之生命，以求国家生存，那时节再不容许我们中途妥协。”蒋并严正地表达抗战到底的决心：“我们知道全国应战以后之局势，就只有牺牲到底，无丝毫侥幸求免之理。如果战端一开，那就是地无分南北、年无分老幼，无论何人，皆有守土抗战之责任，皆应抱定牺牲一切之决心。”

时局紧张，第一次庐山谈话会在19日即告结束，比原计划提前5天。蒋介石在20日下山前，又邀请教育界的代表茶话会，胡适发言时提出四点：“国防教育不是非常时期的教育，是常态的教育”；“国家高于一切”可以作共同行动的目标；恢复“有同等学力者”一条招考办法。“教育应该独立”。其中教育独立的内容又包括：现任官吏不得作公私立大学校长、董事长；政治势力（党的势力）不得侵入教育；中央应禁止无知疆吏用他的偏见干涉教育等。胡适的四点意见，是他平素对教育的基本主张，加上了“国防教育”与以“国家高于一切”等利于战时的内容。

胡适与蒋介石在对日策略上有明显的分歧。胡基于对中日实力对比的分析，希望通过外交交涉，策略性地拖延全面战争的爆发，谋得一个喘息的时间，更好地进行抗战准备。胡适认为，中国的对外力量太弱，对内的控制力量也弱，没有“避战”的资格，因此他提出“和比战难百倍”的观点。与他看法相同的人不少，包括周佛海、陶希圣、高宗武等，他们时常在一起交流，逐渐地被人称为“低调俱乐部”（相对于坚决抵抗的“高调”而言）。他们也试图用“低调”的看法来影响蒋介石。7 月 22 日，陈布雷致电蒋介石转达胡适等人的四点意见，要求由中央负起责任，“战则全战，和则全和”，但重点是能争取与日本“同时退兵”，以解决争端。

胡适在庐山期间，与陈诚、卫立煌、胡宗南等将领谈北方的抗战形势，直到 7 月 27 日第二期庐山谈话会开始后他才下山。31 日，蒋介石在南京约请胡适等人午餐，参加者还有梅贻琦、张伯苓、陶希圣、陈布雷与宋美龄。蒋在席间表达了对日作战的决定，说一旦开战，可以支持六个月。张伯苓当即表示支持。胡适在前一天刚与高宗武等人见过面“深谈国事”，认为对日的“外交路线不能断绝”。但在蒋介石已表态的气氛下，他感到“极难谈话”，无法将此意见说出来，只能在临告辞时对蒋说：“外交路线不可断，外交事应寻高宗武一谈，此人能负责任，并有见识。”蒋允诺说：“我知道他。我是要找他谈话。”蒋介石雷厉风行，下午，胡适再与高宗武见面时，蒋介石已经找高谈过话了。胡适对于军事上全面抗战取得胜利的前景并不乐观，他写道：“我们此时要做的事等于造一件 miracle（英文“奇迹”——引者注），其难无比，虽未必能成，略尽心力而已。”

8 月 6 日，胡适接到蒋介石约见的通知，唯恐见面时不能充分表达意见，他就先写一长函，“预备补充谈话之不足”。信开宗明义：“我所欲陈说者，只有一句话，就是应战之前，还应该做一次最大的和平努力”。胡适做此提议有三条理由：一是“近卫内阁可以与谈，机会不可失”；二是“日本财政有基本困难，有和平希望”；三是“我们今日所有的统一国家雏形，实在是建筑在国家新式军队的实力之上，若轻于一战，万一这个中心实力毁坏了，国家规模就很难支持，将来更无有较光荣的和平解决的希望了。”胡适认为通过对日外交实现和平的目标有两个：“(1) 彻底调整中日关系，为国家谋五十年的和平建设的机会。(2) 充分运用目前尚有实力可以一战的机会，用外交方法收复新失的疆土，保全未失的疆土”。

胡适最忧虑的是贸然全面抵抗，反而可能失去一切。他说，“今日为国家设计，必须用最大努力求得五十年励精图治的机会，使国家有资格可以为友，也有资格可以为敌，方才可以自立于世界”。因此，他认为可以“壮士断腕”之决心，放弃东三省，对日做些退让，“求得此外一切疆土的保全与行政的完整”。为了打消蒋介石已经发表“庐山谈话”，只能义无反顾的顾虑，胡适写道：“大政治家谋国，切不可将一人或一党之政治前途与国家的千年大计混作一事。大事当前，只赖领袖人物负责立断，不可迟徊瞻顾，坐失良机。成败存亡，系于先生谋国之忠，见事之明。”

胡适的建议蒋是理解的，但在全民抗日情绪高涨之下，蒋身为全国领袖，已无退路。其实，蒋没有放弃外交努力，在高调抗日的同时，他也曾通过德国大使陶德曼来“调停”，寻求与日本“和平”的可能性。8 月 13 日，上海战事爆发的同一天，胡适被聘为国防参政会 16 位参议员之一，参与外交组。

8 月 18 日，“低调俱乐部”的成员在周佛海家聚会，讨论应付时局的办法。大家推胡适、陶希圣再去向蒋介石进言一次。经陈布雷代约，19 日下午胡与陶去见蒋介石，谈了半小时。胡适对谈话的内容很不满意，“谈话不很有结果。我们太生疏，有许多话不便说。”胡所抱怨的大概是所主张的“和平”建议蒋未能正面回应，而他也没有机会充分表达。但胡对蒋的处境也能理解：“我们可以明白，他（蒋介石——引者注）是最明白战争的利害的，不过他是统兵的大元帅，在这个时候不能唱低调。此是今日政制的流弊，他也不能不负其咎。(他不应兼任军与政)”。

这次见面时，蒋介石提出要胡适到美国去做些工作，胡当即并不以为然地说：“我能做什么呢?”蒋的提议并非信口开河，是另有深意的。当时，中国的抗战急需国际援助，尤其是美国英国的援助，而胡适在美国有相当的知名度，是进行“国民外交”最合适的人选。

蒋介石这个最初有些不经意的提议，成为胡适一生的重要转折。

9月7日，胡适再次见到蒋介石。蒋又提出要胡与钱端升、张忠绂三人到英美去做非正式的外交使节，争取国际支持。蒋不容胡适推辞，说要电告驻美大使王正廷。胡已经有思想准备，二人谈得“很中肯，也得体”。此时，胡适对“和”“战”的观念也有了转变，他对汪精卫、高宗武等人说，对战局不要太性急，也不要太悲观。原来主张在大战前作最大的和平努力没错，“但我们要承认，这一个月的打仗，证明了我们当日未免过虑。这一个月的作战至少对外表示我们能打，对内表示我们肯打，这就是大收获。谋国不能不小心，但冒险也有其用处。”

胡适虽一度主张对日“忍痛求和”，认为“和比战难”，但是随着日本侵略气焰日益嚣张与抗战局势发展，他对日态度逐渐强硬。而其寻求外援、联络各国共同抗日的观点也与蒋介石积极寻求外援、抵抗日本的外交方针相同，走上了坚定抗战之路。而与他曾有“同路人”的汪精卫、高宗武等人对抗战前途丧失信心，最终当了汉奸。

9月中旬，胡适衔蒋介石之命，踏上了赴美国的行程。

1937年9月26日，胡适经檀香山到达旧金山，开始了他在美国的宣传。当天午餐后即对华侨进行演讲，告诫侨胞要做长期抗战的准备："算盘要打最不如意的算盘，努力要作最大的努力。"

30日，胡适接到旧金山哥伦比亚广播电台发表演说的邀请，他连夜撰写题为《中国处在目前危机中，对美国的期望》的讲稿，俟稿成，已是东方泛白。10月1日下午，电台方面传话来称，讲稿内容太厉害，要修改。胡适坚持说，宁可取消演讲，也不愿做修改。胡适的坚定态度反使电台方面让步。胡适在演讲中首先对美国人民普遍希望置身战争事外的愿望表示理解，但接着劝喻道："仅靠消极的绥靖主义而没有建设性的和平政策为后盾，绝对不足以保障列位所深深希望的和平。"胡适提出，中国期望美国"是一个国际和平与正义、实际与积极的领导者。一个阻止战争，遏制侵略，与世界上民主国家合作和策划，促成集体安全，使得这个世界至少可以使人类能安全居住的领导者。"①

胡适深知在"孤立主义"盛行的美国，要想让民众觉醒，冒着得罪日本、丧失商机的风险去支持中国的抗日战争何其难。故他美国的众多演讲，均是循上面演讲的理路进行，即在理解美国人意愿的基础上，揭露日本侵华行径对世界和平的破坏，表达中国人民不屈的意志，循循善诱，规劝美国能从维护长远的世界和平的立场出发，放弃幻想，帮助中国人民抵抗日本侵略。

胡适认为，只进行宣传收效太慢，故他在美国期间，竭力争取与美国政要见面，直接表达意愿。10月8日，他与中国驻美国大使王正廷同去拜会美国总统罗斯福，谈话中希望罗斯福能"果断放弃妥协思想。"10月19日，

① 曹言伯、季维龙：《胡适年谱》，第543页。

胡适拜会美国国务卿赫尔等，感觉美国“政府内外颇有人虑日顽强，故主张就仅撤退沪日军而不撤华北，”但经其力陈利害后，赫尔等人“似能助我。”

胡适在美国活动，均通过陈布雷向蒋介石报告。如他在1937年年底从波士顿致电陈布雷报告道：

> 因感仅只宣传收效太慢，端等近日同时在外奔走，求见朝野要人，希冀能得彼等赞助，代为促成具体援助，如接济军械、运输材料、信用借款等结果。与美总统接近之人多表示愿意援助，只要在行政权范围之内，不须通过国会者。惟一谈及具体办法，端等苦于无以应答，因不知种种详情。例如中国究需要何种具体接济？中国所拟之办法如何？能否运进香港等问题，端等在此又无从向使馆或李国钦探明，以致无法进行。极（亟）盼政府取详考实具体项目及办法，详示端等，并训令使馆进行。此时，如不速备，是坐失时机，反使此邦有意援我者因失望而趋消沉。务乞转呈介公为祷。①

胡适传达给蒋介石的信息多是乐观积极的。如他观察到，“美国人民贪和心理虽非笔舌所能转移，而一旦具体暴行发生，即几全摧破。”此后的发展证明了胡适的观察是正确的。胡适还与蒋介石等人互相激励说，他深知以中日力量对比，抵抗十分艰难，争取外援极迫切，然中国的国力与国际形势如此，“此时舍苦撑待变一途，实无捷径。如适本是反对作战最久之一人，到此时亦只能主张苦撑到底。”胡适在这里提出的“苦撑待变”的理念为蒋介石所接受，蒋在抗战最困难的时刻，不断以国际局势将大变、世界大战将爆发来激励其部属。

---

① 台北“国史馆”藏“蒋中正总统文物”，档号：002090103003143。

1938 年元旦，胡适给蒋介石电报称：“据可靠消息，美政府于一月内将大扩充空军，限制飞机出口，我国需购机应赶急订货，迟则无及。现闻许仕廉君定购飞机得此邦某高级当局极力帮助，故价特廉。鄙意亟盼政府利用此机会大量定购，授以全权以增进效率，许君第一次购机草约已定，政府宜早日批准，勿令友邦助我者失望。”[①] 这封电报说明了胡适政治上的不成熟，当时的美国不可能大量向中国出售飞机，他或是因盼美援心切而受了许仕廉蛊惑，许的真实目的是通过胡适向政府要“全权”。

蒋介石对胡适在美国的“国民外交”活动显然很满意。1938 年 7 月，胡适乘船赴欧洲进行“国民外交”。7 月 20 日，胡刚到法国就接到蒋介石的电报，要他出任驻美国大使，胡未立即应允。之后，胡又连续接到蒋介石与国民政府的电报，催请他应允就任驻美大使职。经过一周的慎重考虑，胡适回复蒋介石，愿意接受任命，他说：“现在国家是战时，战时政府对我的征调，我不敢推辞。”

胡适在给朋友写信时说，他接受驻美大使，是“逼上梁山”，万不得已，“我只得牺牲一两年的学术生涯，勉力为之，至战事一了，仍回到学校去。”他在给夫人江冬秀的信中，也表达相同的意思：自己过去曾发誓“二十年不入政界，二十年不谈政治”，过去二十年中，“‘不谈政治’一句话是早就抛弃的了，‘不入政界’一句话，总算不曾放弃。”现在接受大使职，等于是放弃前言。胡适对江冬秀说：“我只能郑重向你再发一愿：至迟到战争完结时，我一定回到我的学术生活去。”他在赠送陈光甫的照片后提上一首诗：“略有几茎白发，心情已近中年。做了过河卒子，只能拼命向前”。胡适的这些话，

① 台北“国史馆”藏“蒋中正总统文物”，档号：002090103002013。

并非全是矫情。此时出任公职，他并非完全心甘情愿，但为了战时的国家他愿牺牲自己的诺言，走出书斋。

维持良好的中美关系，争取美国的援助，是中国政府战时外交的重中之重。蒋介石认为，“制裁（日本）枢纽全在美国，务请对美外交尽我全力设法推动。”当时的驻美大使王正廷具有丰富的外交经验，任过外交部长，在国民党内也有一定的资历。蒋介石要任命既非国民党员又无外交经验的胡适来替代他，有些出人意料。此前，蒋介石曾在3月时想“延揽人才，成立一类似智囊团之组织，以备咨询决策”，被他列入名单的有11人：张君劢、胡适、王世杰、张家璈、张季鸾、张群、蒋廷黻、朱家骅、周鲠生、左舜生、傅斯年。从成员构成来看，这个蒋意念中的“智囊团”以非国民党的知识群体为主。然而不到半年，蒋却把胡推到了外交第一线。

国民政府内部对蒋介石的决定意见不尽相同，美国方面也有微词，但蒋一意推动。8月22日，蒋介石致电行政院长孔祥熙，要求尽快发表胡适的任命：“适之任大使事，务请即日发表，究有征美国同意否？”孔祥熙回复称：“适之使美事已告外交部速办。昨日因此事曾与卜凯谈及，据伊新自美返所得印象，似以适之使美不甚相宜。惟既已征得适之同意，自不能以此而改变也。”卜凯是美国财政部的代表，孔祥熙的语气中透露出认可胡适使美“不甚相宜”，只是蒋已征得胡本人同意有些无可奈何。9月17日，蒋电催外交部长王宠惠：“关于胡适之使美事，究有通知美政府否？美政府已否同意？并就近促美大使代催为荷。”也就在当天，国民政府发表了免去王正廷驻美大使、任命胡适为“中华民国驻美利坚国特命全权大使”的命令。此时，胡适正在瑞士。

蒋介石为达到特殊目的，任命没有外交经验的人员聘任驻重要国家的大使，胡适并非首例，如为完成与苏联洽商军事援助事项，他任命高级军事将领杨杰出任驻苏大使。9 月 27 日，王宠惠呈请国民政府，“新任驻美国大使胡适，在外宣传，卓著勋劳，拟援案恳请特令给予二等采玉勋章，以资奖励，而壮仪容。”国民政府允其所请，下令给予胡适、杨杰各授二级采玉勋章。适时的授勋对胡适的上任确实有“壮仪容”的效用。

10 月 5 日，胡适赴华盛顿就任大使职，次日到使馆视事。长期在国民党政权体制外徘徊的胡适终于进入了体制内。10 月 31 日，胡适赠给陈光甫一幅自题照片，亲笔写上“偶有几茎白发，心情已近中年。做了过河卒子，只能拼命向前”。借用中国象棋中“过河卒子”只能进不能退的规则，比喻自己的处境与决心。

蒋介石任用胡适当驻美大便，与胡适接受此职，是在中华民族危机的特殊时刻全国人民同仇敌忾，有钱出钱，有力出力的大背景下实现的。

13. 蒋介石 1948 年建议胡适竞选“总统”

胡适在驻美大使任上，兢兢业业地去改善中美关系，争取美国政府对中国抗日战争的支持，签订了 5000 万元桐油借款与 2000 万元滇锡借款。他还利用其在美国的良好声誉与影响力，四处发表演讲，控诉日本侵略不仅是对中国人民的伤害，也是对世界文明与和平的伤害，争取到美国舆论与一般民众的支持。

然而，胡适并非职业外交家，随着战局与中美关系的发展，蒋介石对胡适的能力产生疑问，便加派宋子文为其个人代表赴美国，处理借款与军购等事。1941 年，日本与美国进行秘密谈判，如达成协议则对中国抗战极为不利，蒋介石要求胡适积极活动，劝阻美国。在此过程中，宋子文作为蒋介石的个人代表在华盛顿的作用越来越大，某种程度上架空了胡适。胡适与宋子文的合作始终并不愉快。宋子文在给蒋介石的密电中，直言对胡适循规蹈矩外交的不满，提议撤换胡适。宋子文早在1941年7月6日就致电蒋介石，推荐施肇基取代胡适出任驻美大使："惟冀有精明干练之驻美使节，彻底合作，以便各事之顺利进行。目今施值之在美，人地最为相宜。当此国际风云，瞬息万变，中美外交所关益巨。如文仅负责办理借贷事宜，外交上之关系尚浅，如兼顾国际特别工作，则非有外交使节同心协力，不足以求事功。"① 宋子文尤其反感胡适以"民间外交"为由四处演讲、获取学位的学者习惯，斥责其是无效的"高谈阔论"、"空文宣传"。1941年7月，蒋介石下达了关于限制驻外使馆发表言论文字的手令，据此外交部制定了《限定驻外使馆人员对外发表言论文字办法草案》，其中规定"各使领人员对外发表言论文字，应遵照指示范围，不得任意发表"。即使此规定并非针对胡适一人，但是对胡适以演讲为主要形式的"民间外交"打击不小。

虽然最后日美谈判破裂，但蒋介石对学者胡适作为驻美大使在这一谈判事件中的"软弱"表现甚为不满，他在1941年11月底的日记中写道：

> 倭派专使来栖赴美交涉，彼仍抄袭甲午战争时迁就列强，而独对中国之故智，以售狡计。果尔，美国务院主张妥协，几乎为其所算，且其势已成百分之九十九，只差妥协条件尚未提交来栖而已。幸赖上帝眷佑，得运用全神，卒能在最后五分钟当千钧一发之际，转败为胜，内助之力，实非鲜也。妻云：无论商家与偏室，若非家主与老板娘时

① 吴景平、郭岱君：《宋子文驻美时期电报选（1940—1943）》，第95页。

刻贯注业务，则必不成。其言以鉴于历次外交部与驻美大使胡适对于彼使命与任务之成败，几乎毫不在意而发也。此等官僚与政客，无胆、无能而不愿为国家略费心神，凡事只听其成败，是诚可痛、可悲之至也。（1941 年 11 月 30 日）

不久，太平洋战争爆发，中国与美国成为反对日本侵略的同盟国，美国开始全面援华。蒋介石成为盟军中国战区的统帅，与罗斯福总统建立直接联系，他对胡适的工作效率更为不满。与此同时，胡适与宋子文的矛盾也走向不可调和，他虽为外交制度内的最高驻美外交官，但是在真正的对美外交中，却常被宋子文晾在一边，只留一个虚名。1942 年 5 月 17 日，胡适在给友人的信中明确道出了与宋子文在美共事艰难，有了挂冠求去的想法："某公（指宋子文——引者注）在此，似无诤臣气度，只能奉承意旨，不敢驳回一字。我则半年来绝不参与机要，从不看出一个电报，从不听见一句大计，故无可进言。……我忍耐至今，我很想寻一个相当机会，决心求去。我在此毫无用处，若不走，真成'恋栈'了。"

1942 年 9 月，蒋介石任命的魏道明接替胡适出任驻美国大使。胡适离任不久，蒋介石对胡适的驻美大使生涯竟然给了"对于国家与战事毫无贡献"的总评价：

胡适乃今日文士名流之典型，而其患得患失之结果，不惜借外国之势力，以自固其地位，损害国家威信而亦在所不惜。彼使美四年，除为其个人谋得名誉博士十余位以外，对于国家与战事毫无贡献，甚至不肯说话，恐其获罪于美国，而外间犹谓美国之不敢与倭妥协，终至决裂者，是其之功，则此次废除不平等条约以前，如其尚未撤换，则其功更大，而政府令撤更为难矣！文人名流之为国如此而已。（1943

年 10 月 13 日）

蒋氏“毫无贡献”的评价，绝对是一时“鸟尽弓藏”的情绪化语言。胡适的贡献自有公认，但他书生式诚实与公开的外交难以应付尔虞我诈的国际外交环境及战时的强权外交也是事实，他只能是蒋介石在特殊时间使用的“卒子”，而不能得其完全信任。

胡适离任大使职后，留在美国从事学术研究。1945 年被蒋介石任命为中国代表，出席了旧金山联合国制宪会议。1947 年回国，任北京大学校长。蒋介石一度要他出任国民政府委员、考试院长等职，胡适以“不入政府，则更能为政府助力”为由婉拒。蒋介石对其也颇为重视。1947 年，胡适参加了“制宪国民大会”，是“宪法草案决议案”整理小组成员。

1948 年南京召开“行宪国大”时，蒋介石是否曾建议胡适出来竞选“总统”，其诚意如何，胡适又是如何反应？学者们提供了不同的解释，其背后的“史观”颇耐人寻味。近年来，胡适与蒋介石两人的日记先后公诸于世，使我们有了借助当事人的记载再次审视此事的可能。

对于蒋介石是否确曾建议胡适竞选“总统”？过去的解释是不可能。理由很简单：蒋介石嗜权如命，怎么可能会将要到手的“总统”宝座拱手相让，何况还是让给一个连国民党员都不是的胡适呢？因而断定此事是蒋介石的一个政治手腕与骗局。北京大学教授季羡林与胡适有过颇多交往，他在《为胡适说几句话》中有一段话，可以说是此种解释的代表。季羡林写道：

> 蒋介石是流氓出身，一生也没有脱掉流氓习气。他实际上是玩胡适于股掌之上。可惜胡适对于这一点似乎并不清醒。有一度传言，蒋介石要让胡适当总统。连我这个政治幼儿园的小学生也知道，这根本

是不可能的，这是一场地地道道的骗局。①

然而，事实是，无论是蒋介石还是胡适，在其日记中都有提议胡适竞选“总统”的记载，而且均记述颇详细，并非一笔带过。

据蒋介石的日记，最早提议胡适选“总统”的是蒋在国民党内的政敌李宗仁。他在1948年1月15日的日记中写道：

> 李宗仁自动竞选副总统，而要求胡适竞选大总统，其用心可知。而余反而自慰，引为无上之佳音，只要有人愿负责接替重任，余必全力协助其成功，务使我国人民与部下皆能安心服务，而勿为共匪乘机扩大叛乱，则幸矣。(1948年1月15日)

此时，任北平行辕主任的李宗仁对“副总统”一职孜孜以求，他还拉北京大学校长胡适选“总统”，要与蒋介石一争高下。不料，蒋反而有将计就计之心。2月初，蒋偕宋美龄去庐山过农历春节(当年2月11日为正月初一)，其间思考军政大计和他个人面对巨大内外压力之下的进退之策。蒋后来当面告诉胡适，推举他出而竞选“总统”的设想，就是在庐山时“考虑的结果”。蒋从庐山回到南京，国民大会召开在即，谁来当“总统”成为蒋那一段时间考虑的重点，他在日记中常将对此事的思考记录下来。

3月27日，蒋介石在“本星期预定工作课目”中，分别列了“不任总统之影响与国家利害之研究”与“胡适任总统之利弊”两条。29日，国民大会开幕。次日，他让王世杰向胡适转达如下意思：蒋将在国民党内提议胡适为“总统候选人”来竞选“总统”，而自己愿出任“行政院长”，“负责辅佐”。(1948年3月30日)。因此事关系甚大，蒋在31日的日记中记载，他在告

① 载《胡适，还是鲁迅》，中国工人出版社2003年版，第108页。

诉胡适后，仍在思考利弊得失，并将此决定告诉了宋美龄。4 月 1 日，王世杰带回胡适接受蒋建议的消息，蒋很高兴，他写道：

> 昨晚胡适博士接受推选总统之意，此心为之大慰。乃即召布雷（陈布雷——引者注）详述余之旨意与决心。此乃为党国最大事件，余之决定必多人反对，但自信其非贯彻此一主张，无法建国，而且剿匪亦难成功也。（1948 年 4 月 1 日）

4 月 4 日，国民党召开第六届中央执行委员会临时全体会议，专门讨论“总统”、“副总统”候选人问题。蒋在会上发表事先精心准备的讲话，明确表示自己不参加“总统”竞选，建议国民党最好推举一党外人士参选。蒋的建议无疑是重磅炸弹，在国民党内引起激烈争论，反对者居多。最后，蒋无奈地改变主意，同意自己选“总统”。4 月 5 日中午，他嘱王世杰再去见胡适，转告国民党内的情况，不能再提议胡适。蒋对此深感愧疚，当天日记中记道：

> 此心歉惶，不知所云，此为余对一生对人最抱歉之事，好在除雪艇（王世杰——引者注）之外，无其他一人知其已接受余之要求为总统候选人之经过也，故于其并无所损耳。（1948 年 4 月 5 日）。

几天后，蒋介石专邀胡适吃饭，当面致歉说：“不幸党内没有纪律，他的政策行不通。”胡适则不以为意，对蒋称：“党的最高干部敢反对总裁的主张，这是好现状，不是坏现状。”蒋转而要求胡适组织政党，胡适称“我不配组党”，建议蒋把国民党分化成两三个政党。①

以上蒋、胡二人的日记互证表明，蒋介石确实在 1948 年召开国民大会

① 《胡适日记全集》第 8 册，第 356 页。

选举“总统”时，有过支持让胡适出来竞选的想法，并一度为此努力，胡适对此过程十分清楚。至于蒋介石为什么要这样做，是“真心”还是“欺骗”？笔者认为，在当时的情况下，蒋介石本是真心让胡适出来选的，没有“玩弄”或“欺骗”的意思。当然，蒋的动机挺复杂，是需要另外讨论的问题。

其实，蒋介石希望胡适出来选“总统”的事，虽然知者不多，但在蒋、胡二人日记公布之前，还是有人陆续披露。对这类“揭秘性”史料，相当多的人是“宁信其无，不信其有”，根据他们的史观推理，蒋介石根本不会“放权”，即使蒋“放权”，胡适也不会接受。笔者的研究经历中就遇到这类人的指责与批判。

1997 年台湾出版了老报人陆铿的《陆铿回忆与忏悔录》，其中有一节的标题为《奉命通知胡适博士做总统候选人》，专谈时任《中央日报》副总编辑的他在 1948 年奉蒋介石“文胆”、国民党中央宣传部副部长兼《中央日报》总主笔陶希圣之命与胡适见面，通知他国民党将推其为“总统候选人”，而胡适欲迎还拒的故事。笔者以此事切入写了篇短文，刊在 1999 年第 3 期的《读书》上，发表时编辑将标题改为《智者千虑》，非常传神，意在说胡适长期爱惜羽毛，拒绝到国民党政府里做官，但最后面对“总统”的诱惑，还是动了心。不料，此短文发表后，竟引来讨伐，谢泳与程巢夫分别写了《不能这样理解胡适》《关于〈智者千虑〉所涉史实的辩证兼及文风》（二文均收入《胡适，还是鲁迅》一书），对笔者进行批评。谢文与程文的基本意思是有三点：1. 陆铿的回忆是“孤证”，胡适不可能是那个样子；2. 胡适保持着“自由主义知识分子”的独立性，长期以来拒绝进入政府做官，所以他绝对不会对“总统”动心的；3. 笔者不了解历史事实，且根本不能理解“自由主义知识分子”的情怀。程文中有如下的话：

试问陈红民君：一个满脑子装着这些计划的人，一个如此胸襟的学者和教育家，他会舍得去实现这些目标的校长位置，去就那个名义上尊荣而干不成多少实事的总统高位吗？所以我说你是“以陈君之心，度胡适之腹”，一点也没有冤枉你。[①]

陆铿涉及胡适对出来选“总统”一事的回忆不是孤证。在此之前大陆出版的《胡适年谱》与台湾出版《胡适之先生年谱长编初稿》、李宗仁政治秘书程思远的《政坛回忆》等，均已有相关内容。2004年，台湾联经出版事业公司出版了10册一套的《胡适日记全集》（曹伯言整理），在此就依胡适日记的记载，看他当时的态度：

1948年3月30日

下午三点，王雪艇传来蒋主席的话，使我感觉百分不安。

蒋公意欲宣布他自己不竞选总统，而提我为总统候选人，他自己愿意做行政院长。

我承认这是一个很聪明、很伟大的见解，可以一新国内外的耳目。我也承认蒋公是很诚恳的。

他说：“请适之先生拿出勇气来。”

但我实无此勇气。

1948年3月31日

八点，约周鲠生来谈，把昨天的话告诉他。请他替我想想。

午后与雪艇、鲠生谈了三点多钟。我不敢接受，因为我真没有

① 见《胡适，还是鲁迅》，中国工人出版社2003年版，第163页。

信心。

晚上八点一刻，雪艇来讨回信，我接受了。此是一个很伟大的意思，只可惜我没有多大自信力。故我说：第一，请他考虑更适当的人选。第二，如有困难，如有阻力，请他立即取消。“他对我完全没有诺言的责任。”

1948 年 4 月 1 日

我今晚去看雪艇，告以我仔细想过，最后还是决定不干。

“昨天是责任心逼我接受。今天还是责任心逼我取消昨天的接受。”

1948 年 4 月 4 日

今天国民党开临时中全会，蒋君用一篇预备好的演说辞，声明他不候选，并且提议国民党提一个无党派的人出来候选，此人须备五种条件：(1) 守法；(2) 有民主精神；(3) 对中国文化有了解；(4) 有民族思想，爱护国家，反对叛乱；(5) 对世界局势，国际关系，有明白的了解。

他始终没有说出姓名，但在场与不在场的人都猜是我。

这会下午开了六点多钟，绝大多数人不了解，也不赞成蒋君的话。

1948 年 4 月 5 日

我的事情到今天下午才算“得救了”。

两点前，雪艇来，代蒋公说明他的歉意。

1948年4月6日

发一电给郑天挺兄：

“连日外间有关于我的许多流言，北平想亦有闻。此种风波幸已平静，乞告舍间及同人。”

上述日记，引自《胡适日记全集》第八册，第354、第355页，它表明了胡适面对“总统”诱惑的心路历程：从拒绝，到动心，再到反悔，非常清楚地表明了他是一个怎样的人。前述那些一厢情愿地帮着胡适说话，认为他绝对不会动心的人，读到他的这些日记，不知会做何感想？

有段往事需要提起，胡适在20世纪30年代就将自传、日记公开出版，晚年的他更自知日记等文字必被人所关注，在下笔时可能会“有选择地”记载，这是读其日记需要特别留意的地方。我们可以从中了解他做了什么，而对其所说的背后动机则要保持适当的警惕。如前引胡适4月6日所记给郑天挺的电报中称：“连日外间有关于我的许多流言。”他是当事人，知道确有其事，不该用“流言”二字的。

所谓“事实胜于雄辩”。面对蒋、胡二人的日记及其他史料，我们无论对蒋介石、胡适有何种评价，却不能否认蒋介石曾有让胡适出来竞选“总统”，胡也一度答应的事实。

坚决否认胡适一度动心的人，有一种“自由主义知识分子”心结。他们认为，民国时期有一个以胡适为代表的自由主义知识分子群体，这个群体坚守自由主义原则，操守好，人品高尚。相比之下，当今的知识分子只能用“沦丧”来形容。因此，他们自觉不自觉地美化（如果不是“神化”的话）胡适等人，爱之甚深。笔者《智者千虑》中在说完“总统候选人”的风波后，曾有一段对胡适相当肯定的话：“胡适到底是胡适，他对天上掉下的大馅饼，大抵上还算得上不卑不亢，虽未达到心止如水、物我两忘的最高境界，仍能称得上‘其来不喜，其去不怒’，不失尊严与人格，也是一种风范。与那时代以‘学术’为官场资本，卖身求官的‘学者’相比，高下立现。”但即使这样，仍不免惹怒胡适的“粉丝”们。

其实，胡适之所以成为胡适，在于他的聪明，其思想与行为远比我们所能理解的复杂得多，他有七情六欲，并非一个不食人间烟火的“圣人”。笔者在研究胡适与蒋介石关系时，发现胡并非是被动的，如季羡林所说，是蒋在玩胡适于股掌之上。换个角度，说胡适在“利用”蒋介石也不为过。

14. 胡适得蒋介石馈赠，上“万言书”

1948 年年底，解放军包围北平。蒋介石派专机接北京大学校长胡适等人南下。胡适到达南京后，蒋介石曾设宴迎接。次年年初，国民党在大陆的败局已定，蒋介石曾想派胡适以私人代表身份赴美国寻求援助，重温抗日战争初期的故事，被胡适婉拒。

1949 年 1 月，蒋介石下野。4 月 6 日，胡适从上海乘“威尔逊总统轮”赴美国，有美国记者询问胡适对于大陆局势的态度，胡适表态，无论出现何种局面，他都在道义上站在蒋介石一边。在中国大陆政权易手，蒋介石与国民党政权逃至台湾的过程中，他一直住在美国，与蒋介石保持着联系。国民党政权流亡到广州期间，阎锡山“组阁”时，曾提议胡适出任“外交部长”，蒋介石支持。1950 年 3 月初，胡适联名曾琦致电蒋介石，贺其“复任总统”。

因为没有公职与固定工资收入，胡适在美国的生活较为贫寒，甚至到了入不敷出的地步。在此困难时刻，蒋介石伸出了援助之手。

胡适离开大陆之前，蒋介石曾于 1949 年 1 月聘任他做“总统府资政”，胡适以《大学组织法》规定国立大学校长“不得兼任为有俸给的职务”为由，致函总统府秘书长吴忠信，请其代辞“总统府资政”的名义与俸津，并不要对外发表，以免“报界无谓的猜测与流言”。蒋介石似乎了解胡的立场，但并未接受胡的辞意，反而在1950年3月“续行敦聘”胡适为“总统府资政”。此外，胡适还是“国民大会代表”，但他相当长一段时间内并未主动与国民党当局联系，在公开场合下也从未以上述的职务进行活动。

杨金荣在《角色与命运：胡适晚年的自由主义困境》一书中，对晚年胡适在美国的生活研究颇细致。胡适1950年7月至1952年6月受聘于普林斯顿大学葛思德东方图书馆，这是他晚年在美国“唯一比较正式而有固定收入的工作”。这份工作的年薪是美金5200元。此后，体弱多病的胡适没有工作，基本上靠有限的储蓄和养老金维持生计。胡适在1952年4月曾详细地算计过每月的生活费，细化到房租、夫人、工人、洗衣、电气煤气、电话、报纸文具、圆桌俱乐部、食料、零用各项，每月共需550美元。以此推算，每年约需6600美元。即使胡适有工作那两年，其收入也不足以维持他们夫妻的日常生活。更何况胡适常犯心脏病，没有医疗保险，医疗费用也是很大的负担。

那么，胡适是如何维持在美国的生活的呢？过去的研究多语焉不详。笔者查阅台北“国史馆”藏“蒋中正总统文物”（蒋介石档案）时，发现蒋介石与俞国华间的多封电报，披露出这个秘密。从1951年起，蒋介石通过在美国担任国际货币基金会副执行董事的俞国华多次向胡适馈赠美元：

> （1951年5月15日）俞国华同志：代送于斌、于竣吉、胡适之、陈立夫各位美金各五千元。中正。十五日。
>
> （1951年12月11日）俞国华同志：本月十七日为胡适之先生六十

诞辰，请予（与）宏涛同志代往祝贺，并送其美金五千元为盼。中正。

（1952年6月19日）俞国华同志：请发陈立夫、胡适之二先生美金各五千元，代送为盼。中正。

（1953年2月5日）俞国华同志：即送胡适之先生美金五千元。中正。

（1953年7月17日）俞国华同志：代发陈立夫、胡适之二先生美金各五千元。又托谭伯羽先代汇德友鹰屋君叁千元为盼。中正。

（1954年5月1日）俞国华同志：请发胡适与于斌二先生美金各五千元。中正。

（1954年9月3日）俞国华同志：请即送胡适之先生美金五千元。中正。①

（1954年12月6日）华盛顿。密。俞国华同志：本月中旬或须拨用美金叁拾万元，望先筹备，届时候电拨付即可也。又胡适之、陈立夫二位各五千元，顾大使一万元，吾弟三千元，待年终如数分送为盼。中。

（1954年12月14日）华盛顿。密。俞国华同志：除前数之外，须另备贰拾叁万元，一并凭函于本月下旬候领可也。胡适之先生款仍照送为宜。中。

（1955年5月11日）俞国华同志：本月底发胡适之、陈立夫二君美金各五千元可也。中正。

（1955年5月16日）台北。密。总统鉴：真电敬悉。胡、陈二先生

① 蒋中正电令俞国华，1954年9月3日，国史馆藏“蒋中正总统文物”，档号：002010400023026。

特别费，遵当于月底前照发。又，职拟于本月廿七日离美返国，行前钧座有无指示，乞电示。职俞国华叩。

这组电报表明，在1951年至1955年间，蒋介石共通过在美国的俞国华向胡适送过九笔钱，每次美金5000元，几成定制。同时受资助的还有陈立夫、于斌、德国人法尔根豪森（电报中的"德友鹰屋君"，曾任蒋介石军事顾问）等人。该项资助因俞国华自美国返台湾而中止。蒋介石在五年间对胡的资助，年均达到9000美元，远比胡适有固定工作时的年薪为高，这对体衰多病的胡适无疑是雪中送炭。

在2011年6月中央研究院近代史研究所主办的学术研讨会上，中研院近代史所所长黄克武研究员与笔者同时引用这组电报，来讨论蒋胡关系，引起与会学者的热烈讨论。学者们关注的有两点：一、胡适收了钱没有。有学者提出，这组电报最多反映出蒋介石有赠钱的意向或举动，胡适是否接受则未知，他的所有资料中均未有接受过蒋介石赠款的纪录。在美国与晚年胡适有密切交往的唐德刚先生之前就曾专门否认胡适收过蒋介石的钱，他说，胡虽然很穷，但他"清望所悉"，爱惜羽毛，怎么能收蒋的钱？二、胡适收蒋介石钱这件事，有何意义？关于这两个问题，笔者的思考是：

一、虽无直接证据，但基本上可以推断胡适应该是收到了蒋介石的赠款。理由有四：

1. 第一次赠钱之前，蒋介石日记在1951年4月25日有赠款意向的记载："发周锦朝、胡适之、陈立夫各款"。在此记事后20天，即令俞国华送出第一笔钱。蒋介石没有必要在长达五年的时间里造假。

2. 送钱的时间挺有规律，基本是年底（胡适生日）与年中各一次。以蒋的个性，如果胡适多次拒收后，他应该不会再连续赠款了。在蒋的电报中，有“胡适之先生款仍照送为宜”字样，在经办人俞国华回复的电报中，又有“遵当于月底前照发”字样。“照送”、“照发”，意即循前例执行。

3.蒋介石对这段时间对胡适的关心与帮助，不止于赠钱。如1957年胡适因病在美国住院，其住院的费用，蒋介石也曾过问，他在3月致电“驻美国大使”董显光：

董大使：胡适之先生出院后体力已复元否？甚念。请再代访详覆。其医院经费想已代付，其数几何？盼示。中正。

电文中用了“再代访”，可知蒋并非首次托人探访胡适的病况。“医院经费想已代付，其数几何？”则可想见蒋曾嘱董显光代付胡的住院费。

4.蒋介石是1951年5月15日首次令俞国华赠钱的，5月31日，胡适即给蒋一封长信，从写信的时间与内容上看，应该是与胡收到钱有一定联系的。

二、关于胡适收蒋介石赠钱这件事的意义，笔者认为基本是朋友之间的赠与与接济，不能过分夸大。不肯承认胡适接受钱事实的学者，就是把蒋胡关系定位在“独裁者”与“自由主义知识分子”的对立上，难以接受胡适收“独裁者”钱这个事实，而忽视了胡适与蒋介石之间多年的私人情谊，胡适在困窘之际接受朋友的援助无可厚非。何况，胡适此际还顶着“总统府资政”的头衔，接受来自“总统”的馈赠，并不为过。

蒋介石赠钱的这组电报，对于重新认识蒋介石很有价值。电报中提到要送钱的人除胡适外，尚有陈立夫、于斌、顾维钧与前德国军事顾问法尔根豪森等人，都是暂时远离政治第一线“闲人”。如陈立夫被蒋介石逼迫离开台湾，在新泽西养鸡为生的故事，众所周知。人所不知的是，蒋介石在暗中资助过他，陈立夫在其回忆录中也只字未提。蒋介石的生涯中，以金钱笼络他人的事例不少，且钱也非掏自他个人腰包。然而，他这种类似古人“蓄士”、“养士”的方法，救人于难，说明其治术并不简单。

1951 年 5 月 31 日，胡适给蒋介石写了一封长信。胡适在信在详细阐述了自己对时局的基本看法，就国民党政权如何接受大陆失败教训，在台湾立足向蒋介石提出了诚恳的建议。因为这封信很长、内容丰富，长期以来很少有人看到全信，故被神秘地称为是胡适上蒋介石的“万言书”。“万言书”原件收藏于台北“国史馆”，其全部文字用电脑统计，只有 3900 字左右，远不足万言，但这是目前所见胡适写给蒋最长的信，在两人关系史上占有重要地位。

信的开头，胡适写道：

> 自前年（卅八年）一月八夜辞别之后，两年零五个月，不曾得见我公，时时想念，时时想写信，总不能有详细陈述意见的勇气！实在是因为时势变化太快了，今天想说的话，到后天已不值得说了！最高兴的是时时从朋友口中，——显光兄、少川兄、廷黼兄等的口中，——得知我公身体康健，精神如旧，生活规律如旧，远道闻之，不胜欣慰！

胡适何以“时时想写信”，总不能有详细陈述意见的勇气，却在此时要写信，而且是如此的长信？联系到 5 月 15 日蒋介石令俞国华向胡适赠美元，则很容易理解为“万言书”长信是胡适在收到钱后有感而发，对老朋友投桃报李式的回应。“万言书”的主要内容可分为三部分：

一是胡适向蒋介石自荐其发表在美国《外交季刊》上的《史达林雄图下的中国》一文。胡适自述写此文的出发点是，“要我自己懂得最近十年的历史，要我自己了解中国何以弄到这地步，世界何以弄到这地步。”所以搜集了各种资料，包括苏联与中国共产党的出版品，进行研究，用 40 天时间完成此稿。胡适此文的用意，“在为世界人士，叙述这廿五年的国共斗争史”，要纠正西方人国民党在国共斗争中处处失败、时时失败的印象。胡适指出，过去25年中，最初20年是共产党失败、蒋介石胜利。但由于两个转折点使国民党转为败势：一是西安事变保全了红军；二是雅尔塔密约，使苏联军队有进军中国东北的权利，支持中共军队壮大，从而改变了中国与亚洲的命运。胡适文章的基本结论是，中共的胜利与国民党的失败，主要是苏联的因素，是斯大林全球战略下的阴谋，而非中国国内的力量对比。胡告诉蒋介石，他的文章在台湾有《中央日报》与《自由中国》两种译本，盼望蒋能阅读，并说他计划要将此文“修改扩大”成一本小书，故希望蒋“能切实指摘此文的错误，并能切实供给我一些向来不曾发表的史料”。

二是建议蒋介石多读些中共近来出版的书报，以求了解对手，“知己知彼，百战百胜”。胡适重点给蒋列了三本书，并分别列出每本书要旨：1. 毛泽东在红军“长征”完成之后于1936年写的《中国革命战争的战略问题》，此文对国民党军队的五次“围剿”，具有详细图说。详述了斯大林的“反攻”的战略与“退却”的战略，“最可以看出毛泽东以文人而主持中共红军的战略。”2.《斯大林论中国革命》，收录斯大林诸文多是1925年12月至1927年8月的作品。“最可以看出，在那次国民革命，斯大林是以幕后发纵指示的阴谋家”。在一年的时间里，“斯大林发纵指示的文字有二百页之多！国民党人不可不知道这些史料”。3.《列宁斯大林论中国》，这是1950年10月出版，是“前一书的扩大”，有许多材料是前书没有收的。由此出发，胡适还建议蒋介石要命令国民党要员多读中共的出版物，多搜集对方资料：“盼望我公指示辞修（陈诚——引者注）、雪艇（王世杰——引者注）诸兄设法搜集敌人的文献，并且指导政府与国民党的领导人物切实研究这种敌人文献。例如国防部长与参谋总长必须细读毛泽东的《中国革命战争的战略问题》，必须读他的《目前形势和我们的任务》（1947 年 12 月 25 日），又如张其昀兄必须细读毛泽东的《反对党八股》（1942）。”

胡适还特别推荐蒋介石读些克劳斯维茨的书，认为“此事在政治上、军事上都很重要”。胡适推荐的理由是：“克氏是拿破仑时代的一个战略家，他的名著《战争论》已成为军事家必读的一部分。列宁死后，他手批校的《战争论》曾由苏俄政府印行。列宁与斯大林都很崇拜这本书”。斯大林曾评论《战争论》在今日的价值有三点：一是克氏说的“战争只是政治的继续（用暴力的方法来继续）”；二是克氏说的“退却”在战略上的重要；三是克氏的“反攻”论。胡适说，以上三点都是斯大林惯用的，也都是毛泽东惯用的。“苏俄革命以来三十三年中，往往用‘退却的战略’取胜。”因而，为对付中共与苏俄，必须读克劳斯维茨的书。

三是对台湾的政治现实向蒋提出建议，“陈说几件切要问题”。胡适建议的核心，是在台湾“提倡实行多党的民主宪政”，而着手的方法“似可由国民党自由分化，分成三四个同源而独立的政党”。“此为最有效的改革国民党的方法”。胡适认为，“今日急需的改革”应包括“蒋公辞去国民党总裁的职务”、“由蒋公老实承认党内的各派系的存在，并劝告各派系各就历史与人事的倾向，或分或合，成立独立的政党”、“新成立的各政党应各自立政纲，各自选举领袖，各自筹党费”、“新成立的各政党，此后以政纲与人选争取人民的支持”等。胡适在分析了国民党内派系斗争长期存在的事实后写道：

蒋公若继续作国民党总裁，则各派系必皆不肯独立，必皆欲在此“党、政、军大权集于一身”的政权之下，继续其倾轧暗斗的生活。在此状态之下，国民党的改革，除了多作几篇“党八股”之外，别无路子可走，别无成绩可望。若各派系公开的独立，成为新政党，则各派系必将努力于收罗新人才，提倡新政纲，在一转移之间，即可以有生气、有朝气、有前途了。

有趣的是，胡适在信中不止一处将国民党的官样文章说成是“党八股”，完全接受了毛泽东对此类文章的批评。

目前，尚不知胡适的信是如何交到蒋介石手中的，信中有“兹托杭立武兄带呈一文”一句，或许信就是由杭立武面交蒋的。对于胡适语重心长的建言，蒋介石是如何回应的呢？

蒋介石对胡适的信十分重视，信中的内容对他影响至深。蒋在 9 月 23 日给胡适复信，称赞《史达林雄图下的中国》一文，“乃近年来揭发苏俄对华阴谋第一篇之文章，有助于全世界人士对我国之认识非尠，岂啻叙史翔实严谨而已。”胡适在文章中将国民党“大陆失败”的很大原因归结为苏联斯大林的介入，并他非首创。1949 年，胡适的朋友、时任中国驻联合国常任代表的蒋廷黻就在联合国发表“控苏声明”，之后每年都在联合国大会提出“控苏案”。胡适文章的基本观点与“控苏案”一致。蒋介石在失去大陆政权败退台湾后，面临的不仅是个人如何反思，还有在台湾统治的“合法性”问题。如果说，胡适等人关于斯大林对中国的阴谋与支持中共是大陆山河变色主要原因的解释，在客观上帮助国民党与蒋本人有所解脱，在蒋介石则完全接过这个解释，并逐渐将其发挥成“反共抗俄”一整套完整的理论，1952 年，蒋介石发表了《反共抗俄基本论》，1956 年又出版了《苏俄在中国》。

蒋介石系统地宣传“反共抗俄”理论，并将其作为统治台湾长期采用的一项策略。“反共抗俄”成为那个时代台湾人耳熟能详的政治口号，连台湾的青年、妇女团体也命名为“中国青年反共抗俄救国团”、“中华妇女反共抗俄联合会”。通过“反共抗俄”的动员，蒋介石达到了如下目的：1. 将大陆失败的主要原因归结为苏联的入侵，可减弱民众对国民党的政策失误的质疑，有利于维护蒋的个人形象；2. 苏联入侵与“共产党是苏俄傀儡”的说法，可以刺激民众的民族主义情绪，有利于进行政治动员；3. 处于美国与苏联极端对立的冷战时期，在国际上宣传“反共抗俄”，符合西方国家“遏制共产主义”的战略，能够获得美国等国更多的支持。蒋介石“反共抗俄”理论的形成与运用，深受胡适等人的启发。

对于胡适推荐的中共出版物，蒋介石均着意寻找并阅读（据蒋日记，自1950年3月起，不少文件与书籍均秘书念，而他听读，以省眼力）。胡适写信不久，蒋在日记中记有如下读书计划：“1.《斯大林论中国革命》；2.《列斯论中国（一九五〇年十日出版）》应即重阅；3.《中国革命战争的战略问题》之研究”。这三本书恰是胡适信中所提示的。

蒋介石年轻时曾一度醉心于德国的军事，有过留学德国的打算，20世纪30年代又雇佣过德国的军事顾问，但却从未读过德国克劳斯维茨的军事名著《战争论》，经胡适推荐后，他从7月1日即开始听《战争论》，有一见如故之感：“朝课后，听读克氏《战争论》战略一般原理之部，更觉剿匪期间战略错误之可耻，惶愧无已，拟将失败经过制成回忆录。”在1950年8月，蒋把读《战争论》当作重要事项，并深有感慨地写道：

> 克氏《战争原理》研读数遍，并将译文切实批改。甚恨不在十年前早读此书，及今得优幸未晚，颇觉自慰。以平生甚愿自著同样方式与理论手册，以备自览，不料克氏生得我心而已，为我代著矣。
>
> 对研读克氏《战争原理》工作总算是初步告一段落，前后翻覆研究已不四、五遍，但就不能将其全部大意融会贯通，更可知老年读书

之艰难，悔恨少不努力，已无反矣。惟自觉得此，于我学识与事业必有甚大补益也。

可见，蒋完全为克劳斯维茨的理论所折服，他对下属军官们发表了题为《对研读克劳塞维茨〈战争原理〉的提示》的演讲，要求军官们认真学习。以后，蒋又命令将《战争论》全文翻译，并在翻译过程中多次批示。1956年出版的《苏俄在中国》一书中，蒋介石多处引用《战争论》来说明苏联对中国的阴谋。其基本观点与胡适当年长信中所述一致。

蒋介石对胡适的建议是有选择地接受的。胡适要在台湾“提倡实行多党的民主宪政”，蒋介石辞去国民党总裁职务，把国民党自由分化成三四个同源而独立的政党等建议，蒋介石在复信中避而不谈，实际上是完全拒绝了。胡适10月中旬接到蒋回复时就清楚地明白这一点，他有点失望地写道：蒋所说的是很客气的话，他关于国民党的建议“似不是国民党人所能了解的”。事实是，当时蒋正在推行国民党的“改造运动”，清除党内异己分子，强化个人对国民党的控制，与胡的建议完全背道而驰。

1951年胡适上蒋介石的“万言书”是胡蒋关系中一份非常重要的文件，反映了他在大陆失败后对台湾对蒋的期望。蒋对胡的反苏反共态度极为肯定，完全接受了其如何对付中共与苏联策略方面的具体建议，但在实行“民主”制度、放弃权力等根本性问题上则拒而不受。反共抗俄，是蒋、胡的共识；实行民主制度，是蒋、胡的分歧。这就昭示了他们在台湾时期分合的基本脉络。

15. 蒋介石催胡适返台任职

1952年11月至1953年年初，胡适应台湾大学与台湾师范大学邀请，从美国赴台湾讲学。这是他在蒋介石政权在台湾立足后首次访问台湾。胡适一下飞机就受到热烈的欢迎，蒋经国代表蒋介石、“行政院长”陈诚率一批高官到机场迎接。胡适为新朋故友及记者们的热情所感染，笑称“我今天好像是做新娘子”。对于蒋介石给予很高规格的接待，胡适方面的记载为：

(1952年11月19日)上午八时三十分，先生(胡适——引者注)坐西北航空公司的飞机，从东京飞抵台北松山机场。在历久不绝的掌声中，先生含笑挥帽，缓步下机，精神极为旺健。先生穿的西服和大衣，都是藏青色，绿色花领带，黑皮鞋。蒋总统的代表蒋经国，以及教育学术各界的人士约千余人，上前欢迎。

下午，七时三十分，晋谒蒋总统，并与总统共进晚餐。①

(12月12日)上午，蒋总统邀先生陪同检阅军队，在新竹“参加检阅的军队六万多人，由于天气关系，没有见到空军配合参加。受检阅的部队装备都是新的，体格强健，精神很好，使我看了很高兴”。②

(1953年1月16日)蒋公约我吃饭，……谈了共两点钟，我说一点逆耳的话，他居然容受了。我说，台湾今日实无言论自由。第一，无一人敢批评彭孟缉。第二，无一语批评蒋经国。第三，无一语批评蒋总统。所谓无言论自由，是“尽在不言中”也。我说，宪法只许总统有减刑与特赦之权，绝无加刑之权。而总统屡次加刑，是违宪甚明。然整个政府无一人敢向总统如此说！总统必须有诤臣一百人，最好一千人。开放言论自由，即是自己树立诤臣千百人也。③

① 胡颂平：《胡适之先生年谱长编初稿》第6册，第2230页。
② 胡颂平：《胡适之先生年谱长编初稿》第6册，第2283页。
③ 曹伯言整理：《胡适日记全集》第9册，第3页。

(1月17日)蒋总统特派蒋经国代表送行(胡适返回美国——引者注)。先生和他握手时说:蒋总统对我太好了。昨天我们谈得很多,请你替我谢谢他。①

胡适在台期间,蒋介石与其数次接触、谈话,但他日记中只记载了1952年12月邀胡参加阅兵时谈话的情形与感触:

胡适来此游览,招待及听取其报告,约谈十五分时,乃寝。不料寝后竟未能安睡,直至今晨二时,服药后亦不奏效,苦痛极矣。此乃为胡之言行或为美国近情所致乎?(1952年12月12日)

十时,胡适之来谈,先谈台湾政治与议会感想,彼对民主自由高调,又言我国必须与民主国家制度一致,方能并肩作战,感情融洽,以国家生命全在于自由阵线之中。余特斥之。彼不想第二次大战民主阵线胜利,而我在民主阵线中牺牲最大,但最后仍要被卖亡国矣。此等书生之思想言行,安得不为共匪所侮辱残杀。彼之今日犹得在台高唱无意识之自由,不自知其最难得之幸运,而竟忘其所以然也。同进午膳后别去。(1952年12月13日)

对于两人首次在台湾聚首与所受到的高规格接待,胡适感觉甚好,而与蒋谈话时所说“逆耳的话”,蒋介石也“居然容受了”,故临行时发出“蒋总统对我太好了”的感叹。蒋介石的感受大不相同,在与胡谈话后竟然彻夜难眠,“苦痛极矣。”蒋对胡适大谈“自由”“民主”的高调甚不以为然,认为是“书生之思想言行”,故“特斥之”。事后,蒋又记道:“与胡适之谈话二小时,不知彼果有动于中否?”胡适这段时间向蒋建言的内容,两人所记

① 胡颂平:《胡适之先生年谱长编初稿》第6册,第2334页。

大致相同，胡认为蒋“容受了”，蒋却说对胡“特斥之”。两人都期许对方能回心转意。

1954 年，蒋介石的“总统”任期将届满，“第二届总统”该如何产生成为让蒋犯难的大问题。利用“第一届国民大会代表”选举“第二届总统”，似乎是胡适为蒋介石想出的招数。据胡适日记，1953 年 1 月胡在向蒋介石辞行时，两人间曾有一段问计与献计的对话：

> 最奇怪的，是他（蒋介石——引者注）问我，召开国民大会有什么事可做？我说：当然是选举总统与副总统。他说，这一届国大可以两次选总统吗？我说，当然可以。此届国大，召集是民三十七年三月二十九日。总统任期到明年（民四三年）五月二十日满任，二月二十日必须选出总统与副总统，故正在此第一届国大任期中。他说，请你早点回来，我是最怕开会的！这最后一段话颇使我惊异，难道他们真估计可以不要宪法了吗？①

蒋介石最后用的就是胡适建议的办法。执意要参选的他对外界的反应非常敏感，胡适竟然成为防范对象。他在 1954 年 1 月记道：“对蔡斯来函及左舜生等政客要提胡适为副总统无理取闹，皆有深切研究与合理之腹案，但暂置不答，以静观其变化如何也。”蔡斯（Williams C.Chase），美军少将，时任美国驻台湾军事技术援助团团长。左舜生，中国青年党党魁，1949 年后移驻香港，对台湾时政常有批评。胡适这时虽是被别人提出，蒋介石还是相当反感。

由于胡适的特殊地位与影响力，2 月 9 日《中央日报》记者在纽约采访

---

① 曹伯言整理：《胡适日记全集》第 9 册，第 3 页。

了他。胡适表示，身为“国大代表”，他决定到台湾参加会议与选举，坚定地支持蒋介石。胡适回到台北后发表谈话：“国家处境艰难，除蒋总统以外，没有人比蒋总统领导政府更为适当，更能有效完成反攻复国建国的历史使命。”当有人告诉胡适，传说蒋介石曾在国民党临全会中推荐胡适为总统候选人时，胡回答，他认为这是蒋介石的谦让，非常感谢。但他心脏病史已达15年，连人寿保险公司都不愿保他的寿险，怎能挑得起“总统”这副担子？有人问，假如有代表不得其同意而签署提名甚至当选，又将如何？胡适幽默地回答：“如有人提名，我一定否认；如果当选，我宣布无效。我是个自由主义者，我当然有不当总统的自由。”

胡适特意从美国飞回台湾，参加“国民大会”，选举蒋介石担任第二届“总统”。此次在台湾逗留一个半月，与蒋介石见面7次，其中有长谈，有宴会，有便饭，蒋再一次邀胡参加阅兵式。

蒋介石当选“总统”后，胡适对记者说：“今后六年，是国家民族最艰难困苦的阶段，只有蒋先生才能克服一切困难，蒋先生肯负此项重大的责任，表示万分的钦佩和感谢。”对于在台湾实施民主问题，胡适甚至为蒋“解围”。他在3月28日答复记者问题时说：“蒋总统于三月九日招待国民大会的宴会上，曾保证今后政府将实施更多的民主措施，人民将获享更多的自由……蒋总统曾说：‘这几年来，由于军事上的理由，使民主自由的措施，受到若干限制，很是遗憾。’”

胡适的诚恳态度，似乎并未解除蒋介石对其的疑心。1955年蒋介石考虑“孙立人事件”的善后时，将胡适与苏联、中共、吴国桢等敌对势力并列，他写道：“孙立人自写悔罪与求赦书，则对其第一步处置之办法，当可告一段落。今后惟对明令免职之方式与时机应加研究，总使俄、共与吴逆等在美反动宣传不致过于扩大为要，但对于胡适等自由分子之反感亦不可忽视耳。”（1955 年 8 月 6 日后之“上星期反省录”）

为了促使胡适返回台湾，蒋介石做了不少工作。1957 年 11 月 4 日，蒋介石发表命令，准许“中央研究院”代理院长朱家骅辞职，任命胡适为院长。任命发布后，蒋介石即电胡适，促其尽早回台就任，谓中研院为最高学术研究机构，“关系国家民族前途至深且巨，端赖硕彦领导，敦促早日回台就任”。

此前的“中央研究院”代院长是朱家骅，朱的经历相当复杂，身跨党政与教育学术两界，曾任北京大学德语系主任兼地质系、史学系教授，国立中山大学副校长兼教务长、校长，中央大学校长，中央研究院总干事、代理院长、院长等职；在党政方面，他担任过诸多要职，如教育部长、交通部长、浙江省政府主席、行政院副院长、国民党中央秘书长、中央调查统计局局长、三民主义青年团常务干事兼代书记长等。他在国民党内有着广泛的人脉关系，也深得蒋介石的信任。

朱家骅与中央研究院有密切关系，深得蔡元培器重，1936 年担任了中央研究院总干事。1940 年蔡元培过世，朱家骅主持院务工作达 17 年之久（1940—1957），1949 年“中央研究院”迁至台湾，全院只剩下 58 人。朱家骅苦心经营，使得“中央研究院”得以在艰难的条件下生存下来，在南港确立根基。到 1957 年朱家骅卸任时，研究单位增加至 7 个，研究人员与职员共 120 人。

1957 年蒋介石却执意要撤朱家骅，起因是一笔 20 万美元款项的使用。该年 8 月 4 日蒋介石偕宋美龄突然造访“中央研究院”，当时是星期天的下午五六点，朱家骅因病请假。蒋介石进研究院时，就见“最高学术研究机关”

大门前后竟杂草丛生，院内凌乱不堪，也无人出来接待。但见研究人员穿着汗衫、拖鞋在工作，行为懒散，大为不悦，在院内转了几分钟就登车离去。蒋在8月5日即手谕停止支付中央研究院的20万美元，要求行政院查办使用情况。朱家骅见势不妙，主动提出辞去“中央研究院”院长职。蒋介石迅即批准朱的辞呈，并仍要求追查其“任意移用公款”是否“违法”。

有人说蒋介石“逼退”朱家骅，是为让胡适出任中央研究院院长一职开路。这虽是推测之说，但从事情的前后逻辑看，似不无道理。

胡适起初并无意回台接任，他先是请人代向蒋介石婉辞，11月6日又直接致电蒋介石表达辞意：

> 前日曾托骝先（朱家骅——引者注）、思亮（钱思亮——引者注）两兄代恳总统许我辞谢中研院长之职，因适今年二月施外科手术以来，体力迄未恢复，八、九、十三个月中五次发高烧，检查不出病因，惟最后一次是肺炎，亦由抵抗力弱之故，尚须请专家检验。最近期中，恐不能回国。故不敢接受中研院长的重任。李济之兄始终主持安阳发掘研究工作，负国际学界重望，顷年继任历史语言所长，百废俱举，最可佩服。鄙意深盼总统遴选济之兄继任院长，实胜适百倍。迫切恳辞，千万请总统鉴察矜许。①

蒋介石再致电胡适，对其身体不适“深为系念”，但坚持“中央研究院仍赖出而领导”，希望胡能“早日康复回国就任”。在各方敦促劝请之下，胡适的立场动摇，12月6日，他复电蒋介石，请任命李济暂代院长，等于同意未来将回台任职。蒋介石允其所请。

① 胡颂平：《胡适之先生年谱长编初稿》第7册，第2613页。

1958年年初，“中央研究院”开始为胡适建造住宅。几年前蒋介石知道胡有回台久居之意，“曾表示愿将他的《苏俄在中国》一书的版税内拨款兴建房子一座，送给先生居住”，胡适允就中研院院长之后，“中央研究院与行政院研究商洽的结果，由中研究追加预算二十万，在院里建筑一栋平式小洋房，占地五十坪，里面有大客厅，连着小客厅各一间，书房一间，卧室两间，客房一间”。

1958年4月8日，胡适回到台湾，与前两次不同，他这次是回台定居并任职，所受欢迎的程度更是空前。“副总统”陈诚等到机场欢迎。胡适先住在朋友、台湾大学校长钱思亮家中。次日，“总统府秘书长”张群到其暂住处，陪同前往蒋介石的住处士林官邸。蒋以茶点款待，两人谈了约一小时。胡适事后对记者说：“总统气色很好，很健康。对我的病况很关心，使我很感谢。总统对于学术研究和发展自然科学很关切，也很感兴趣，所以，今天所谈的都是关于学术问题。”

16. 蒋介石日记中大骂胡适

胡适归来，蒋介石很高兴，9日初与胡适见面时，“对其研究学术与办理大学意见颇多可取”。4月10日，胡适返台的第三天，正式就任“中央研究院”院长，蒋介石亲自到会祝贺并演讲。当蒋发表精心准备的祝贺演讲词时，却被胡适当场“纠正”，蒋视此为奇耻大辱，竟至夜不成寐。他记道：

> 今天实为我平生所遭遇的第二次最大的横逆之来。第一次乃是民国十五年冬、十六年初在武汉受鲍尔廷宴会中之侮辱。而今天在中央研究院听胡适就职典礼中之答拜的侮辱，亦可说是求全之毁，我不知其人之狂妄荒谬至此，真是一狂人。今后又增我一次交友不易之经验。

而我轻交过誉，待人过厚，反为人所轻侮，应切戒之。惟仍恐其心理病态已深，不久于人世为虑也。

十时，到南港中央研究院参加院长就职典礼，致辞约半小时，闻胡答辞为憾，但对其仍礼遇不予计较。……因胡事终日抑郁，服药后方可安眠。(1958年4月10日)

当天的情形是：蒋介石在胡适就职典礼致辞中，借大陆当时批判胡适一事称赞胡的能力与品德，并提出“中央研究院不但为全国学术之最高研究机构，且应担负起复兴民族文化之艰巨任务”，要配合当局“早日完成反共抗俄使命”。胡适在答辞中并未领蒋的情，当场指正：“刚才总统对我个人的看法不免有点错误，至少，总统夸奖我的话是错误的。我被共产党清算，并不是清算个人的所谓道德。”对于中研院未来的工作重点，胡也不赞同蒋的提法，他说：“我们学术界和中央研究院挑起反共复国的任务，我们所做的工作还是在学术上，我们要提倡学术。”胡适还强调，“我的话并不是驳总统。”①有当事者回忆说，蒋介石听胡所言后脸色大变，几乎要离席。

蒋将所受胡适之辱形容为平生“最大的横逆”，甚至与1926年在武汉受到鲍罗廷的“侮辱”相类比，显然是言过其实，但亦可见被胡适刺激之深；到第二天仍需服用安眠药才能入睡，“知此一刺激太深，仍不能彻底消除，甚恐驱入意识之中”。12日晚，蒋介石在官邸招待“中央研究院”全体院士，或许已经对胡适反感在先，他怎么看胡都不顺眼了：

晚宴中央研究院院士及梅贻琦等，胡适首座，余起立敬酒，先欢迎胡、梅同回国服务之语一出，胡颜色目光突变，测其意或以为不能

① 胡颂平：《胡适之先生年谱长编初稿》第7册，第2662—2668页。

将梅与彼并提也，可知其人之狭小妒忌。（1958 年 4 月 12 日）

在周末写的“上星期反省录”中，蒋介石用较长的篇幅详细记录了胡适对其“不恭”的表现：

> 胡适就职典礼中，余在无意中提起其民国八、九年间，彼所参加领导之新文化运动，特别提及其“打倒孔家店”一点，又将民国卅八、九年以后共匪清算胡适之相比较，余实有尊重之意，而乃反触其怒，殊为可叹。甚至在典礼中，特提余为错误者二次，余并不介意。但事后回忆，甚觉奇怪。又是，在星六招宴席中，以胡与梅贻琦此次由美国返回，余乃提起卅八年初将下野之前，特以专派飞机往北平接学者，惟有胡、梅二人同机来京，脱离北平围困，今日他二人又同机来台，皆主持学术要务为欣幸之意。梅即答谢当时余救他脱险之感情，否则亦如其他学者陷在北平被共匪奴役，而无复有今日其人之辞，殊出至诚。胡则毫不在乎，并无表情。惟彼亦闻梅之所言耳，其心中是否醒悟一点，则不得而知矣。余总希望其能领悟，而能为国效忠，合力反共也。（1958 年 4 月 12 日后之“上星期反省录”）

蒋介石对胡适的不满无可掩饰，他不仅用梅贻琦的谦恭来反衬胡适的“狂妄”，而且还想到了逝去多年的前中央研究院院长蔡元培：“胡适的言行，更使我想起蔡孑民先生的道德学问，特别是他安详雅逸不与人争的品行之可敬可慕也。”蒋介石此处也道出了其“尊重”胡适的重要原因，是希望他能“为国效忠，合力反共”。

胡适 1958 年回台与蒋介石初次见面后曾表示：“希望有两三年的安静生活，当可将未完成的著作《中国思想史》写完，然后再写一部英文本《中国思想史》，接着就要写《中国白话文学史》下册”。实际上他并未专注于学术写作，兑现其完成几部大书写作的计划，反而乐此不疲地参加各种活动，自我感觉良好。伊朗国王巴列维与约旦国王侯赛因先后访问台北，蒋介石均邀胡适参加接待。胡出任“光复大陆设计委员会副主任委员”，四处讲话，公开支持蒋介石。他曾对胡颂平说：“我对总统是很恭维的。现在有些人想恢复‘五五宪法’，无论如何，这部宪法比‘五五宪法’高明得多。当初在胡汉民、孙科时代的立法院，立法委员只有四十九人，像王雪艇、傅秉常等都是。那时是个法制局的性质，并不是国会，现在要想回到‘五五宪法’时代是不可能的了。”

蒋介石欢迎胡适回台，一方意在为自己增色，一方也是将老虎收笼，免得其在美国乱发言，不便控制。不料胡返台后，却非常“不识相”，这使蒋如芒刺在背。4 月底蒋在“上月反省录”中将胡专列一条：“忍受胡适之侮辱，不予计较，此或修养之进步欤？”从 5 月起，蒋在日记中只要提到胡适，都是负面的：

> （1958 年 5 月 10 日）对于政客以学者身份向政府投机要胁（挟），而以官位与钱财为其目的。伍宪子等于骗钱，左舜生要求钱唱中立，不送钱就反腔，而胡适今日之所为，亦几乎等于此矣，殊所不料也。总之，政客既要做官，又要讨钱，而特别要以“独立学者”身份标榜其清廉不苟之态度。甚叹士风堕落，人心卑污……今日更感蔡先生之不可得矣。（注：伍宪子（1881—1959），时任中国民主社会党中央主席，常居香港著书讲学。）
>
> （1958 年 5 月 30 日）以今日一般政客如胡适等无道义，无人格，只卖其“自由”“民主”的假名，以提高其地位，期达其私欲，对国家前途与事实概置不顾，令人悲叹。……经儿（蒋经国——引者注）婉报

胡适与其谈话经过，乃知其不仅狂妄，而且是愚劣成性，竟劝我要“毁党救国”，此与共匪之目的如出一辙，不知其对我党之仇恨甚于共匪之对我也。可耻。

(1958年5月31日）朝课后，与经儿谈反动派抬胡适组党，及其勾结美国之情形，此时美未必为其供应什么也。惟胡有跃跃欲试之意，但为过去关系，余对胡适应有一次最后规诫之义务。

(1958年6月3日）午课后，手拟去年反省录，开始感想千万：胡适态度最近更为猖狂，无法理喻，只有不加理会，但亦不必予之作对，因为小人自有小人对头也。对于其所言反对修宪与连任总统之谣诼，乃是一般投机政客有意诬蔑之毁蒋运动，不仅余本人，即本党亦从未有此意向，希其审慎，勿受愚弄。至于“毁党救国”之说，闻之不胜骇异。中华民国本由国民党创造，今迁台湾，亦由国民党负责保全，如果毁了国民党，只有拯救共匪的中华人民共和伪国，如何还能拯救中华民国乎？何况国民党人以党为其第一生命，而且视党为国家民族以及祖宗历史所寄托者，如要我毁党，亦即要我毁我自己祖宗与民族国家无异。如他认其自己为人，而当我亦是一个人，那不应出此谬论，以降低其人格也。以上各言，应由辞修（陈诚——引者注）或岳军（张群——引者注）转告予其切诫。

(1958年6月6日）胡适狂妄言行，决不予理睬。与辞修谈胡适问题，认其“毁党救国”之说，是要其现在领袖自毁其党基，无异强其自毁祖基，此其惩治比之共匪在大陆要其知识分子自骂起三代为更惨乎。

随着胡适表示反对“修宪”、反对蒋“连任总统”与要求蒋把国民党一分为二以增加竞争活力，蒋介石对胡的不满逐步升级，所用词语从“狭小妒忌”“甚觉奇怪”到“猖狂”“狂妄”，最后是骂其“无赖”“可耻”“政客”，讨厌到不愿再见胡适的地步。这段时间，如何对付胡适也是蒋日记中的重要内容。1959年年初，蒋介石接见赵元任后，颇有感想，胡适再次被拉出来反衬：“见赵元任夫妇，甚和洽。余近对学者心理，以为如胡适一样，殊不然也。毕竟真正学者，其言行风度多可敬爱者也。”言下之意，蒋认定胡不是“真正学者”。

1959年3月底，胡适在台大医院接受割除背部粉瘤手术，蒋介石曾派蒋经国前往“慰问”。5月28日，胡适晋谒蒋介石，蒋对胡住院手术“表示关切”，胡则向蒋介石报告，7月1日将举行院士会议，可能有14位院士出席。这天上午举行开幕典礼，请蒋能在开幕典礼中训词。蒋允诺：“那时除非我不在台北，我一定来的。”

蒋介石耍了手腕，他先未如约参加7月1日的院士会议，冷落胡适，再于次日在官邸设宴款待胡与全体院士，由陈诚、张群、梅贻琦等作陪。蒋对此举不无得意地写道：

> 中央研究院院士会议未应邀参加，而仍约宴其院士，此乃对胡适作不接不离之态度又一表示也。对此无聊政客，惟有消极作不抵抗之方针，乃是最佳办法耳。(1959年7月4日后之“上星期反省录”)

因厌恶胡适，与胡关系亲疏的程度竟成为蒋介石用人的取舍标准，对陈雪屏的看法即为一例。陈雪屏（1901—1999），曾任教于北京大学等处，后转至政界，1948年任教育部次长，主持部务。到台湾后任台湾省教育厅长，时任“考选部长”“行政院秘书长”等职。与胡适关系密切。1959年3月，蒋介石记道：“召见谷风翔同志，提及陈雪屏为反动分子包围，并借胡适来胁（挟）制本党，此人积恶已深，其卑劣言行再不可恕谅，但余仍能抑制情感，出之以忍也。”蒋不久之后就为陈雪屏与胡适的亲密关系而惩罚了陈：“三中全会准备闭幕讲词。……正午，选举常委。陈雪屏、胡建中、王（黄）朝琴三人同票，本应抽签。余乃决定除去陈而取胡、王，以陈籍党外势力以自重，并招摇挑拨也。”（1959 年 5 月 19 日）

17.“雷震案”：二人渐行渐远

已有的论著对于胡适一度公开反对蒋介石“修宪”与参选“第三届总统”一事的研究已经相当细致。胡适日记中记载，他曾试图当面向蒋介石进言，未获机会，便通过张群、王云五、黄少谷等党政要人向蒋转达意见。1959 年 11 月 15 日，他再次托“总统府秘书长”张群向蒋系统地转达如下四点反对蒋参选的理由：

(1) 明年二三月里，国民大会期中，是中华民国宪法受考验的时期，不可轻易错过。

(2) 为国家的长久打算，我盼望蒋总统给国家树立一个“合法的、和平的转移政权”的风范。不违反宪法，一切依据宪法，是“合法的”。人人视为当然，鸡犬不惊，是“和平的”。

(3) 为蒋先生的千秋万世盛名打算，我盼望蒋先生能在这一两个月里，作一个公开的表示，明白宣布他不要作第三任总统，并且宣布他郑重考虑后盼望某人可以继他的后任；如果国民大会能选出他所期望的人作他的继任者，他本人一定用他的全力支持他，帮助他。如果他作此表示，我相信全国人与全世界人都会对他表示尊敬与佩服。

(4) 如果国民党另有别的主张，他们应该用正大光明的手段明白宣布出来，决不可用现在报纸上刊登的“劝进电报”方式。这种方式，对蒋先生是一种侮辱；对国民党是一种侮辱；对我们老百姓是一种侮辱。①

蒋介石对胡适避而不见，双方没有形成正面交锋，但蒋在日记中对胡充斥着敌视与谩骂，对胡适的建议也逐条“批驳”：

(1959年11月7日) 与辞修谈话。彼以胡适要我即作不连任声明。余谓，其以何资格言此？若无我党与政府在台行使职权，则不知彼将在何处流亡矣。

(1959年11月20日) 胡适反对总统连任事，各处运用其关系，间接施用其威胁技（伎）俩，余皆置若罔闻。昨其来与岳军相谈其意，要求与余个人关门密谈，并托岳军转达其告辞修等相同之意。乃余对岳军曰：余此时之脑筋，惟有如何消灭共匪，收复大陆，以解救同胞，之外再无其他问题留存于心。至于国代大会与选举总统等问题，皆在我心中，亦无暇与人讨论，否则我即不能计划反攻复国要务矣。如胡再来询问时，即以此意答之可也。此种无耻政客，自抬身份，莫名其妙，不知他人对之如何讨厌也，可怜实甚。

(1959年11月28日后之“上星期反省录”) 胡适无耻，要求与我二人密谈选举总统问题，殊为可笑。此人最不自知，故亦最不自量，必欲以其不知政治而又反对革命之学者身份，满心想来操纵革命政治，危险极矣。彼之所以欲我不再任总统之用意，完全在此，更非真有爱于辞修也。因之，余乃不能不下决心，而更不能辞也。以若辈用心不正，国事如果操纵在其手，则必断送国脉矣。

---

① 曹伯言整理：《胡适日记全集》第9册，第458页。

其后，胡适虽未改变基本立场，但也在他人劝说下“识相地”不再公开发表反对蒋“连任”的言论，并在1960年2月出席“国民大会”，任主席团主席，参与主持选举蒋任“第三届总统”。蒋介石并未因胡适的“让步”而感到宽慰，反而转成对胡的讥讽与蔑视：

近闻胡适受梦麟（蒋梦麟——引者注）之劝，其对国大代会选举与连任问题不再反对，并愿担任此次国代联谊会年会主席。此乃其观望美国政府之态度而转变者，可耻之至。余昔认其为比张君劢等人格界高，其实彼此皆为政客，其只有个人，而绝无国家与民族观念，其对革命自必始终主张敌对与破坏之地位，无足奇哉。(1959年12月19日)

1960年的“雷震案”，是蒋介石与胡适关系中的重要事件。关于胡适与雷震、《自由中国》杂志及组建反对党的关系，其在“雷震案”发生后的态度，已公开的资料与研究相当充分。此处只披露蒋介石在处置“雷震案”时对胡适言行的反应。

蒋介石对《自由中国》怀恨在心，对胡适与《自由中国》的关系也相当清楚：“所谓反对党之活动与进行，乃以美国与胡适为其招摇号召之标帜。”就是因为投鼠忌器，怕处置《自由中国》与雷震引起胡适、美国的反对，蒋才迟迟未下决心。1960年，雷震等人加快了组织反对党的步伐，而蒋在完成“修改宪法”及“连任总统”后，终于决定要对雷震下手了，台湾警方在胡适离台湾赴美国访问期间（胡适7月9日飞西雅图参加“中美学术合作会议”，行前，蒋介石曾设宴招待），于9月4日逮捕雷震。蒋介石在下最后决心之前，对“雷震逮捕之考虑，不厌其详”。蒋考虑的中心点是事后如何应对胡适与美国，他在8月31日确定了详细的应对计划：“一、雷逆逮捕后，胡适如出而干涉，或其在美公开反对政府时，应有所准备：甲、置之不理；

乙、间接警告其不宜返国。二、对美间接通知其逮雷原因，以免误会；三、谈话公告应先译英文；四、何时谈话为宜，以何种方式亦应考虑：甲、纪念周训词方式；乙、对中央社记者谈话方式。”（1960 年 8 月 30 日）

果不出蒋所预料，雷震被捕后胡适便在美国发表了声明。蒋深不以为然，他在日记中除对胡本人破口大骂外，也点明了所以容忍胡的关键，是胡的言行恰能用来粉饰台湾的“民主体制”。他记道：

胡适对雷案发表其应交司法机关审判，且称雷为反共人士，而决不叛乱之声。此种真正的“胡说”，本不足道。但有“胡说”对政府民主体制亦有其补益，否则，不能表明其政治为民主矣，故乃予以容忍。但此人徒有个人而无国家，徒恃外势而无国法，只有自私而无道义，其人格等于野犬之狂吠。余昔认为可友者，今后对察人择交更不知其将如何审慎矣。（1960 年 9 月 8 日）

在审判雷震那段时间，蒋十分注意国外的反映，而将一切不利反响与批评意见全归之于胡适：

胡适挟外力以凌政府为荣，其与匪共挟俄寇以颠覆国家的心理并无二致，故其形式虽有不同，而重外轻内，忘本逐末，徒使民族遭受如此空前洗劫与无穷耻辱。（1960 年 9 月 20 日）

本月工作以雷震案为重点，自四日逮捕至廿六日起诉作为第一阶段，除国内外少数反动言论外，一般反响并不如所预想之激烈，惟一纽约《时代》杂志乃受胡适之影响，亦作不良之评论，殊出意外。（1960 年 9 月 30 日后之“上星期反省录”）

10 月中旬，蒋闻胡适将从美国返回台湾，颇感紧张与头痛：

（1960 年 10 月 13 日）闻胡适定于十六日回来，是其想在雷案未覆判以前要求减刑或释放之用意甚明。此人实为一个最无品格之文化买办，无以名之，只可名曰“狐仙”，乃为害国家，为害民族文化之蟊贼，彼尚不知其已为他人所鄙弃，而仍以“民主”“自由”来号召，反对革命，破坏反共基地也。

（1960年10月18日）闻胡适已于昨由美起飞回国，其存心捣乱为难可知，而且若辈所谓自由主义之文化买办们从中纵容无疑，应加防范，但以忍耐为重。

（1960年10月24日）今日闻胡适回来后，对雷案各种“胡说”，不以为意，听之。我行我事可也。

（1960年10月29日）本日为胡适无赖卑鄙之言行考虑，痛苦不置。其实对此等小肖（宵小）不值较量，更不宜痛苦，惟有我行我事，置之一笑，则彼自无奈我何矣。

此时所有咒骂胡适的词包括“无品格之文化买办”“民族文化之蟊虫”“狐仙”“胡说”“宵小”“无赖卑鄙”等。胡适回到台北后，不断向“总统府秘书长”张群表达见蒋的要求。蒋认为，“胡适为雷震张目，回国后似并未变更，故其对国内外反动之鼓励不少也”，再次采用避而不见的策略。

在“冷落”胡近一个月后，蒋介石在11月18日才准胡见面。对这次见面经过与所谈内容，胡适日记有详细记载：

（当胡还在对蒋介石强调雷震案处置不当时，蒋突然转移话题）总统忽然讲一件旧事。他说，去年□□回来，我对他谈起，“胡先生同我向来是感情很好的。但是这一两年来，胡先生好像只相信雷儆寰，不相信我们政府。”□□对你说过没有？我说，□□从来没有对我说过这句话。现在总统说了，这话太重了，我当不起。我是常常劝告雷儆寰的。我对他说过：那年（民国三十八年四月）总统要我去美国。我坐的轮船四月二十一日到旧金山。四月二十一日在中国已是四月二十二日了。船还没进港口，美国新闻记者多人已坐小汽轮到大船上来了。他们手里拿著（着）早报，头条大字新闻是“中国和谈破裂了，红军过江了！”这些访员要我发表意见，我说了一些话，其中有一句话，“我愿意用我道义力量来支持蒋介石先生的政府。”我在十一年前说的这句话，我至今没有改变。当时我也说过，我的道义的支持也许不值得什么，但我说的话是诚心的。因为我们若不支持这个政府，还有什么政府可以支持？如果这个政府垮了，我们到那（哪）儿去！——这番话，我屡次对雷儆寰说过。今天总统说的话太重，我受不了，我要向总统重述我在民国三十八年四月二十一日很郑重的说过的那句话。①

蒋介石日记的记载大致相同：

召见胡适约谈三刻时，彼最后提到雷震案与美国对雷案舆论。余简答其雷系关匪谍案，凡破坏反共复国者，无论其人为谁，皆必须依本国法律处理，不能例外，此为国家关系，不能受任何内外舆论之影响。否则政府无法反共，即使存在亦无意义。余只知有国家，而不知其他，如为忌国际舆论则不能再言救国矣。此大陆沦陷之教训，不能不作前车之鉴也。

最后，略提过去个人与胡之情感关键，彼或有所感也。(1960年11月28日)

这段描述比较平实，可见蒋事先经过精心准备，特别是最后用“个人感

① 曹伯言整理：《胡适日记全集》第9册，第668页。

情”诘难胡，使其无语，顿时只能自辩，转而强调自己对蒋与“政府”的一贯支持。在对雷震等人进行宣判、押入监狱执行徒刑后，蒋介石感觉对胡适的斗争取得重大胜利，他总结道，此为退台后“十一年来对内对外的反动投机分子的最激烈之斗争，至此或可告一段落。”（1960年11月30日后之“上月反省录”）

蒋介石对胡有打有拉。在“雷震案”宣判结束后，他就张罗着给为胡适做七十大寿。他先是派人给胡宅送去亲笔所写的“寿匾”，后又在官邸设宴为胡祝寿。胡适很是感激，12月19日给蒋写信：

介公总统赐鉴：

十五日晨，黄伯度先生来南港，带来总统亲笔写的大“寿”字赐贺我的七十生日，伯度并说，这幅字装了框，总统看了不很满意，还指示重装新框。总统的厚意，真使我十分感谢！

回忆三十七年十二月十四日夜，北平已在围城中，十五日，蒙总统派飞机接内人和我和几家学人眷属南下，十六日下午，从南苑飞到京。次日就蒙总统邀内人和我到官邸晚餐，给我们作（做）生日。十二年过去了，总统的厚意，至今不能忘记。

今天本想到府致谢，因张岳军先生面告总统有会议，故写短信敬致最诚恳的谢意。并祝总统健康百福。

胡适敬上　四十九、十二、十九[①]

对于蒋介石12月21日在官邸为胡适设寿宴祝七十大寿的情形与众人的表现，胡适方面的资料记述相当详尽：

① 胡颂平：《胡适之先生年谱长编初稿》第9册，第3419页。

中午，蒋总统在官邸为先生祝寿，约了陈诚副总统、张群、谢冠生、王云五、黄伯度、陈雪屏、罗家伦、毛子水、沈刚伯、钱思亮、唐纵等十一人作陪。总统和夫人是主人，共四十人。中菜西吃，有寿桃、寿面，吃的是寿酒。吃饭时，总统和夫人站起来给先生祝寿，干了一杯。先生也站起来，干了一杯。这时大家都站起来了。先生说："祝总统、夫人健康。我也干了一杯。"先生又祝在座的老朋友健康，再干了一杯。接着就随便谈谈。最后，先生对总统说："我今年是满六十九岁，今天总统祝我七十岁，我就当作七十岁了，我声明明年不作七十了。"①

胡适的感激溢于言表，且真的在一年后以蒋已为其过生日为由，婉拒他人为其过七十大寿。

1962年2月6日，蒋经国到胡宅拜农历新年，并代表其父邀胡适夫妇到士林官邸吃饭。两天后，胡适夫妇如约与蒋介石夫妇共进午餐。饭后，宋美龄还送给江冬秀一些年糕、卤肉带回。

16天之后的1962年2月24日晚7时10分，胡适在演讲中因心脏病发突然跌倒，不治逝世。蒋介石在当天日记中写道：

晚，闻胡适心脏病暴卒。(1962年2月24日)

"暴卒"二字，适足表明蒋对胡适压抑已久的负面情绪，也与其对胡长期的"礼遇"形成鲜明对比。胡之死，蒋介石顿时感觉除却心头大患。

胡适过世次日，蒋与张群商谈胡适丧事，并确定挽胡适的联句："新文化中旧道德的楷模；旧伦理中新思想的师表"。此联句是他与宋美龄在后公

① 胡颂平：《胡适之先生年谱长编初稿》第9册，第3419页。

园浏览时，“途中得挽适之联语，自认公平无私也”。从这个表述，不能确定这个后来流传甚广的联句是蒋介石自己想出来的还是他人代拟的，但蒋甚为得意，“自认为对胡氏并未过奖，更无深贬之意也”。3 月 1 日，蒋介石携张群去殡仪馆，瞻胡适遗容。次日，蒋记道：

> 盖棺论定胡适实不失为自由评论者，其个人生活亦无缺点，有时亦有正义感与爱国心，惟其太褊狭自私，且崇拜西风，而自卑其固有文化，故仍不能脱出中国书生与政客之旧习也。(1962 年 3 月 2 日)

这段评论有褒有贬，算是台湾时代的蒋介石在日记中对胡适“最客观”的评论了。

1962 年 6 月 27 日蒋介石以“总统”名义颁布“褒扬令”，赞颂胡适一生的贡献，算是公开的“盖棺论定”：

> 中央研究院院长胡适，沉潜道义，沉沦新知。学识宏通，令闻卓著。首倡国语文学，对于普及教育，发扬民智，收效甚宏。嗣讲学于寇深患急之地，团结学人，危身明志，正气凛然。抗战军兴，特膺驻美大使之命，竭虑惮精，折冲坛坫，勋猷懋著，诚信孔昭。胜利还都以后，仍以治学育才为职志，并膺选国民大会代表，弼成宪政，献替良多。近年受命出掌中央研究院，鞠躬尽瘁，罔自顾惜。遽然溘逝，震悼殊深！综其平生，忠于谋国，孝以事亲，恕以待人，严以律己，诚以治学，恺悌劳谦，贞坚不拔，洵为新文化中旧道德之楷模，旧伦理中新思想之师表。应予明令褒扬，用示政府笃念耆硕之至意。此令。总统蒋中正。[①]

① 胡颂平：《胡适之先生年谱长编初稿》第 10 册，第 3903 页。

然而，私下里，但蒋介石对胡适的不满并未因其过世而消除，日后偶有提到胡适都是抱怨批评之语。1968年为蔡元培百年诞辰，蒋到台北南港“中央研究院”参加纪念活动后记道：“该院之环境污秽，设备零乱，毫无近代管理知识，殊为心痛。此乃自胡适以至今日院长王世杰，所谓新文化之成绩也。最高学府如此现状，何以立国与兴学耶？应该设法改革为要。回寓心绪沉闷。”此时胡适已经过世近六年，蒋介石仍不忘将眼前过错归咎于他。

以上罗列的史料，分别出自蒋介石的日记与胡适日记及《胡适之先生年谱长编初稿》等，蒋、胡二人的观感是基本可信的，而两个当事人对同一事情的叙述却差异如此之大，真所谓“一个事实，各自表述”。这就引发出一系列的疑问。

在公开场合，蒋对胡做十分诚恳的“尊崇状”，高规格地迎送、接见慰问、请教问计、祝寿邀宴，但在私下里(日记中）对胡适几乎是“深恶痛绝”，破口大骂。两者的反差实在太大，以致真难说蒋介石的哪一种态度更真实？胡适有个著名的命题“容忍比自由更重要”，蒋对胡适采取“容忍”态度，似乎是这个命题的践行者。如果说蒋介石在公开场合“尊崇”胡适是姿态，是要利用胡适，而在日记中大骂胡适，多是他的“心理活动”，是“私下泄愤”。那蒋对“公”与“私”、感情与理智的把握真是到位，能十多年掩饰个人感情不外露，在公开场合“压抑”与“伪装”，把戏演得如此逼真，让胡适长期产生错觉，“演技”到了炉火纯青的地步。真可用“成熟”“冷静”与“理智”来形容蒋介石，这与以往论著对他的描绘大不相同。

在胡适一边，他虽有些书生气，却也有着丰富的经历、阅历与成熟的处世之道。他对于蒋长时期的厌恶感，难道真的毫无察觉，还是感觉到后却装成浑然不知，而刻意维持与蒋的关系？连蒋介石都感叹胡：“不知他人对之如何讨厌也，可怜实甚。”笔者认为，胡适在20世纪30年代就将自传《四十自述》、日记《藏晖室札记》（即《胡适留学日记》）公开出版，晚年的他更自知日记等文字必被人所关注，故在下笔时可能会“有选择地”记载。

在民国历史上，蒋介石是台湾的威权统治者，是“强者”；胡适是自由主义知识分子的代表，是“智者”。他们两人的关系，常被当成具有代表性的两个群体的个案加以探讨。笔者认为，蒋介石何故内心里极度讨厌胡适而又要长期对其“礼遇”？胡适何以对蒋多所不满与批评，却又与蒋保持着密切关系，不断地“恭维”蒋？更深一层，威权主义者如何看待“自由”“民主”，自由主义者如何面对威权所给予的权利、实惠？“强者”与“智者”的分歧点在哪里，交集点又在哪里，在何种条件下可以“携手共进”？是“强者”单方面地利用“智者”维持其统治，抑或双方互相利用，“智者”也在利用“强者”谋取个人（团体）利益与空间？他们是如何处理理想与现实，主义与环境、感情与理智、“公”与“私”等诸多剪不断理还乱的矛盾与纠结的？这些都是值得深究的问题。征诸史实，蒋介石、胡适间这种“强者”与“智者”的微妙关系，在近代历史上似乎不是绝无仅有的特例。

五、蒋介石对“云南王”龙云、卢汉的处置

解放战争后期，蒋介石面对败局曾有西南与东南两个布局的肆应战略，即在以川滇黔为核心的西南地区，和以台湾为核心的东南地区建构强有力的战略防御堡垒，并借此苦撑待变。然而，蒋介石的苦心布局却以崩坍告终。国民党军在解放军的攻击之下，不仅没有形成有力的抵抗，而且西康之刘文辉、四川之潘文华、云南之卢汉等地方实力派接连通电起义，所谓西南布局瞬间灰飞烟灭。笔者拟借梳理1945—1949年蒋介石对云南龙云与卢汉处置的策略为切入点，分析造成国民党西南布局崩坍的某些原因。

1. 抗战胜利，撤换“云南王”龙云

龙云，字志舟，彝族。自1927年通过“二六政变”崛起后，他连续主政云南18年，被称“云南王”。1935年，蒋介石利用“追剿”红军之机，顺势将中央化的触角伸入川滇黔，着意经略西南。但至抗战之前，龙云控制滇省的半独立状态并未有太大变化。抗战军兴，国民政府迁都重庆，云南的意义与价值急剧上升，滇省的逐步中央化已是大势所趋，龙云与蒋介石的矛盾已难以避免。1945年爆发的旨在撤换龙云的昆明事变，就是这种矛盾层垒

叠加至一定程度的喷发。

蒋介石为何要在1945年这一时间点态度决绝地实施滇省去龙？抗战期间龙云与中央政府虽频有摩擦，但在抗战问题上的积极态度仍是毋庸置疑的，云南为支撑抗战所作的贡献有目共睹。到胜利前夕，蒋却要策划倒龙，并以武力实施，其中奥妙颇值得咀嚼。

事实上，在蒋1945年的日记中对于龙云不满甚至愤懑的记载充斥其间，如1945年3月蒋写道：

> 下午见美军参谋长等，商讨驻印军调回本国及我军占领腊戍后停止之计划，阅及其（龙云——引者注）对昆明物价飞涨，对友军之房租地价不断激涨，使国民表现其趁国难发横财，丧失其国民党之精神等语，龙志舟之不知自爱盖如此也。（1945年3月2日）

20日，蒋介石赴昆明视察，但龙云却“以病住温泉”，拒不出来迎接，致蒋“甚觉奇异”。24日，蒋在“上星期反省录”中云：

> 龙云之骄横不道殊非想象所能及，猓猓之终为猓猓，夜郎自大乃意中事，无足为奇，彼之行态实已自知其末日将至，横竖总为时代所淘汰，故毫不有所顾忌。据卢汉言，彼故作此态，时时予中央以难堪，无论整编军队或中央政策，彼必持反对态势，特使外国军官知中央不能统御地方，以丧失国家威信为得计。盖彼于此时，只要中央动摇，抗战失败，使内外交迫无法维持革命政权时，彼乃可以自保也。

蒋介石用“猓锣之终为猓猓”来咒骂龙云，涉及人格污蔑，实属罕见，可见对龙云仇恨之深。28日，蒋与龙云会面，龙氏当即强硬提出“中央军队撤出昆明与滇西”，蒋认为龙云“跋扈不法”，“夜郎之徒，恐无法使之就范矣”。既然不能使龙就范，只能采取断然去龙的措施。7月19日，蒋写道：

“对滇龙之处置，不可再缓，应速决定步骤。”

据上述记载，蒋决心撤换龙云的理由主要有二：其一，驻滇美军向蒋告状，抨击龙云治滇无方，导致“昆明物价飞涨”，美军负担之“房租地价不断激涨”，而龙是在“趁国难发横财”；其二，龙拒绝在滇省推行中央化，蒋、龙矛盾趋于尖锐。然而，以上两因素并不能直接引导出撤换龙云的必要性与紧迫性。首先，经历八年艰苦卓绝的对日抗战，各省普遍存在物价上涨等问题，云南并非最突出的。其次，地方实力派与中央政府之间就该地控制权问题发生拉锯式的博弈颇为普遍，龙云在维系其在滇省权力上的种种动作，远不如晋系阎锡山与桂系等激烈。甚至，蒋撤龙的计划也遭到其下属的非议。那么，导致蒋介石急切地谋划撤换龙云的主要动因在哪里呢？其在后续的日记中给出了答案。蒋在10月2日的日记中写道：

> 辞修（陈诚——引者注）、经儿（蒋经国——引者注）来见，子文亦来，对龙云撤换令主暂缓，恐美国借款因之不成也。余决心已定，若不于此时撤龙，则今后共毛（毛泽东——引者注）如回延叛乱，或东北问题不顺时，则更难撤换矣。要在乘此内政渐安时，先将西南基础奠定，而后建国平乱、对内对外皆有运用余地。至于美国借款之事，与此相较实不值一计，舍本图末非谋国之道。此事纵有危机，亦不能不冒也，况上帝早已许可乎？

蒋在6日所作的“上星期反省录”中写道：

> 云南龙云问题已如期解决，此乃全国统一与西南国防及建设前途最重要之基本大事。自此共毛、俄史（斯大林——引者注）、东北与西北问题虽变乱巨测，但建国已有南方纯一之基地，而且俄国未有如日本往昔之海军可以干扰或封锁我基地。八年抗战至此，方得建立此革

命基地，不亦难乎，惟心神乃得自慰矣。

可知，蒋此时对于滇省政略的筹划与实施，着眼点是在抗战胜利后国共两党的角力。其中又牵涉三个层面的具体问题。

其一，抗战期间，龙云为抵御国民政府中央化滇省的压力，将民盟等第三方面的政治力量积极引入云南，对他们的活动采取默许政策，中共在滇省的活动亦颇有成效，昆明一时有“民主堡垒”的赞誉。在蒋看来，龙云已经超过他能允许的红线。一旦与中共全面内战，作为大后方的云南如果不稳，蒋介石则可能腹背受敌，因此蒋必须尽速解决滇省问题，根绝后患。其二，在蒋建构的战略里，在与中共内战时期，云南仍被赋予最后国防支撑点的角色。蒋担忧一旦与共产党全面内战，存在着苏联武装干预中国局势的可能性，如此，他可能再次陷入独木难支、被逼入川滇黔苦撑的局面。蒋也就不能不对滇省去龙问题快刀斩乱麻。其三，滇省问题的解决，对于西南地区政略的运用具有示范效应。蒋在滇龙问题解决后，曾写道:“滇龙如期撤换，国防基地稳定，实为统一之本。因之川潘（文华）各军亦就范，听命移防，成都亦可安定。”

蒋介石对于滇龙问题的迅速解决颇为自得。他说:“滇龙亦于此期间被我撤换解决，川军则无形就范听调，琼州、台湾皆如期收复，西南革命基础至此始得稳固。”

2. 在卢汉问题上的纠结与摇摆

在蒋介石最初的计划中，撤换龙云后是以李宗黄来替代掌管云南的，最后却不得不以龙云手下的大将卢汉继任，原因是蒋在盱衡形势后，有意借此举稳定因昆明事变而动荡不安的滇局，最大程度地管控因“去龙”而触发的政治动荡。从蒋历来措置此类事件的手法来看，以卢汉替代龙云，似乎又存在相当的连贯性。蒋当年打击桂系，却又分化瓦解，对桂系大将黄绍竑颇为倚重，甚至将其调往中央。蒋介石与冯玉祥角力之时，收买冯系大将韩复榘、石友三等为己所用。蒋氏的这种有打有拉，又打又拉的策略确有其独到之处，他任用卢汉可以稳定滇局，对卢氏施以羁縻进而大肆笼络，以收加强掌控滇省之目的。

从其日记看，蒋氏对于卢汉在相当一段时间内是颇为倚重的，有不少接见与洽商的记载。如蒋1946年7月24日写道："云南党政会报由庐（卢汉——引者注）主持；十时举行庐山夏令营开学典礼毕，回寓与卢永衡（卢汉——引者注）谈滇事约一小时四十分钟，乃别诀。"

因蒋撤换龙云而得以执掌滇政的卢汉，是否因此对蒋感恩戴德、忠贞不贰呢？《李宗仁回忆录》中记述李宗仁在1949年年底曾与卢汉促膝长谈，卢汉说了对蒋内心不服的真实情感：

> 他（卢汉——引者注）对蒋先生以往所加予他的种种阴谋迫害，说来尤咬牙切齿。抗战胜利后，蒋先生调虎离山，要他率滇军精锐两军在安南接收，以便杜聿明在昆明解决龙云。迨杜氏政变失败，卢汉始奉命回滇任云南省主席。在他任内，中央驻大军于滇，中央官员嚣张万分，使他穷于应付。讲到愤激之处，卢汉说："为应付他们，我卢某简直在做婊子！""婊子"就是"妓女"，卢汉的意思是，他应付那些中央大员卑躬屈节的情形，简直如妓女一般。后来卢汉又郑重地向我建议说："总统，蒋介石是要复职了。可否由我二人发电报给他，建议把国民政府迁到昆明来。等他一到昆明，我便把他扣起来，一块一块割掉他，以泄心头之愤。"我一听此言，不觉毛发悚然。心想战事尚远在

湘、黔边境，而卢汉已经不稳了。

对于卢汉而言，龙云乃前车之鉴，为避免重蹈覆辙，其在肆应以蒋为首的中央政府时，内心深处的复杂与纠结可以想见。蒋介石对非嫡系一向疑心较重，他对于卢汉的“背叛”，进而滇局可能出现的倾覆未尝没有感知。只是随着“戡乱”战事趋于困境，他在对滇政略运用上的空间已被大为压缩。

1949年年初，蒋介石被桂系逼宫下野，转入幕后操纵政局。在云南问题上，蒋所要面对的，除卢汉外，还有野心勃勃的桂系，一组敏感的三角关系悄然成形。7月23日，蒋记道：“桂系强战（占）云南，志在必得，而彼又想利用中央廿六军与滇卢冲突，以坐收其利也，为鄙之至。”8月20日，蒋又写道：“滇卢问题实为一西南根据地之根本问题，不能不早有准备与决定也。”蒋介石此时面临着几乎与四年多前同样的问题，只是对手从龙云变成了卢汉。

蒋认为，如对卢汉采取强弓硬拉式地措置，等于将云南逼入桂系阵营。然而，如若放任自流，滇局难免糜烂进而难以收拾。故在如何处理卢汉的问题上颇显纠结与摇摆，日记中在“用卢”与“去卢”之间徘徊。8月27日，蒋介石在重庆召见卢汉，曾被后者拒绝，他断定“卢汉已被奸党包围”，开始考虑撤换卢汉，进而彻底改造滇局。8月31日，蒋召见卢汉，卢避而不见。蒋心有不详之虑，开始考虑改造滇局的相应配套。蒋写道：

> 记事后约见谷纪常，决提其为滇黔剿匪总司令。指示对滇部署与要务。复见黔省各将领。正午俞局长由滇回报，卢果不来，乃派其朱秘书长与杨文清为代表请示。其已为龙云所部与共匪所包围，复以其本人不明利害、不识大体，猡猡之习性，不能感化，乃不得不作断然处置，以保全西南而回复兴之基地。下午约见卢之代表，婉悦接待，

三时后，致季常函指示具体办法。

对谩骂的口气以致“猡猡”的蔑称，均与当年对龙云时如出一辙。9月3日，蒋在本星期预定工作课目中写下了对卢汉及云南的处置方案：

> 滇事处置方针：甲、鲁道源任主席；乙、谷正伦为滇黔剿匪或绥靖总司令；丙、龙泽汇恢复93军长；丁、卢汉专任西南副长官；戊、鲁应待滇事平台后，再入滇就职；己、空运应先准备待运；庚、应以政治解决为主，避免流血；辛、如对滇用战，则后方动摇，前线必受影响，务须极力避免军事解决。

这份详细的计划中，卢汉名义“升任”，实则被架空贬职，与对付龙云是一个路数。以鲁道源替换卢汉主滇，乃桂系动议。出身滇军的鲁道源此时虽在白崇禧麾下，但并非桂系核心，如此提议蒋勉强能接受。至于蒋其他的配套人事调动，除有确保滇局平稳过渡以策万全之意外，更有与桂系争夺滇省控制权之意。

然而，9月4日卢汉突然亲自赴渝谒蒋，使得本已箭在弦上的人事更动戛然而止。蒋在4日记称：

> 朝课后得卢汉昨夜至岳军（张群——引者注）电，其自动欲来渝晋谒，料其已知自到筑，与广州对滇之计划，桂系有非得滇不可之势也。……上午，与岳军谈滇卢事甚久。

卢汉赴渝，已有向蒋输诚之意。而彻底改造滇局，蒋要冒桂系在西南势力坐大的风险。两害相权，蒋之态度又趋于暧昧。事实上，蒋此时对桂系的警惕与不满远超卢汉，滇省去卢一案已在蒋对桂斗争力道加强的背景下变得黯然。

9月5日，蒋的日记中充斥着对桂系的不满：

萧毅肃由粤来告桂系对滇对顾之目的，必欲取而代之。……桂李（李宗仁——引者注）已强索阎院长（阎锡山——引者注）密委鲁道源为滇主席委状，一面要求余准空运鲁部入滇，与中央驻滇廿六军听其指挥。而此等重大变更，则反不先行洽商，亦不敢提出非常会用法定手续办理。李略函皆以决定性云强言，令余遵行而已。彼等近以湘中战事胜利乘机要胁（挟）。测其用意，如所求不随，乃必将其桂军由湘撤退，进占滇黔，而以湘粤桂拱让敌亦所不惜，此为最复杂最难处之事，应深加考虑再定。……本（五）日丑初即醒，考虑滇事应以对桂方针如何为基准，而以卢事如何处理为附件。

以蒋立场观之，此时卢汉反而成了抑制桂系向西南扩张势力的高大防波堤。10日，蒋对于自己因应局势而更张彻底改造滇局之举颇为自得：

本周之初，滇庐（卢）已经绝望，无法挽救，只有冒险用军事解决之一途。而广州、香港尤其共匪龙逆（龙云——引者注）与桂系皆望滇鲁叛乱，其各种宣传皆以鲁已宣布独立，并伪造卢电，有使其非叛不可之势。不料卢最后觉悟，毅然飞渝来见，商决一切，而共龙等幸灾乐祸、挑拨离间之大阴谋竟得于一日间彻底粉碎。卢回滇后居然遵命实施清共政策，此实国家转危为安最大之关键。如非上帝佑华，人力决难挽此既倒之狂澜也。感谢上帝护佑。

在9月底，蒋介石对云南的局势又改为乐观：“卢汉能回心转意，来渝面晤之后，又能服从命令实行反共，此不仅云南为反攻最后基地，乃能失而复得，而且中华民国整个之国家亦固之转危为安，此实是抵偿西北全部丧失而有余矣。”

然而，随着解放军步步进逼西南，国民党内部的矛盾加深，兵败如山倒。蒋介石于11月从台湾飞抵成都，希望收拾残部，做最后一搏，重演抗日战争时期困守西南根据地、最后获胜的故事。蒋介石对卢汉甚是怀疑，但又不能不抱有很大的幻想。11月19日，蒋介石的日记就表明了这种矛盾的态度："滇卢态度急变为可虑，此乃意料之中。但中央尚有相当兵力驻滇，料其不敢公开背离，惟对之不能不有坚决之方针也。"蒋介石给卢汉写信，"以道义相励"，安抚拉拢。

至12月，包括云南在内的西南地方实力派面对现实，对蒋介石与国民党政权已失去信心，纷纷考虑向解放军投诚。蒋介石已有所察觉，他写道：

> 刘文辉、邓锡侯避而不敢应召，观其来函更可证明其内心所在，彼借口以怕王主席与其为难，而实则另有作为。彼等已经受匪威胁决作投暗弃明之叛离，似已成竹在胸矣。滇卢态度亦已渐明，既不愿大本营设昆明，亦不愿就滇黔剿匪总司令名义。其用心如刘邓如出一辙。如余一离蓉，彼等或可联名发表降匪宣言，故余明日仍留蓉，必使宗南部署完妥后再行也。

为做最后努力，蒋介石还派张群到昆明见卢汉，以探虚实。卢汉与张群虚与委蛇，不告诉实情，并说自己正在戒烟，身心不正常，希望蒋能多给军饷与武器。张群因此判断卢汉尚可争取，并希望蒋介石能与自己同去昆明，劝卢汉。不料12月9日张群再飞昆明，刚下飞机即被扣留。昆明的对外联络中断。此事表明，卢汉已决定与蒋介石一刀两断。

蒋介石12月10日的日记道，昨晚终夜呼叫昆明电话，始终不通。早晨听说电报局已叫通滇局，正在通报。但很怕接到的是"叛变之通电"。不久，电报送来，果然是卢汉致刘文辉等人的和平通电，并且请四川各将领"活捉蒋匪"。至此，蒋的所有梦想都破灭，如五雷轰顶。他又悔又恨地写道：

阅之并无所感，只觉自身之鲁钝愚拙，一再受欺，一再养乱，以致党国与军民遭受此空前侮辱与莫大之灾殃耳。小子粗疏，太不警觉儆醒矣。近日以来逆卢言行早露叛迹，如及时防范或趁早解决，犹易为力，奈何一误再误，冥顽不灵如此也。

蒋介石已危机四伏，下属力劝其立即离开成都，以免不测。

1949 年 12 月 10 日下午二时，蒋介石从成都凤凰山机场飞到台湾，从此离开了大陆。

事实证明，嗣后蒋虽持续对卢汉施以怀柔之策，力图羁縻之，但仍无法阻止卢汉通电起义。至此，从抗战胜利前夕始蒋介石在云南近五年的苦心经营、各种算计均归于失败。

1945—1949 年蒋在云南的政略，与其对付党内反对派与非嫡系势力的手法相近，基本上是以怀柔政策分化瓦解，或是施加压力排挤，或是以高官厚禄调虎离山。这样的做法，在一定时空条件下是成功的，也减少了兵戎相见所带来的社会成本的损耗。但由于不能从根本上解决问题，故得逞于一时而遗留下无穷后患。对此，蒋介石自己的认识与反省最能说明问题。

1945 年 10 月，蒋介石成功地将龙云从昆明调至重庆，29 日，他邀请龙云午餐后记道：

正午，约阎（阎锡山——引者注）与龙（龙云——引者注）聚餐。诚无独有偶，健生（白崇禧——引者注）与孟潇（唐生智——引者注）、次辰（徐永昌——引者注）、颂云（程潜——引者注）等作陪。抚今思昔，二十年来凡叛变与反动之将领，除陈炯明自毙外，其他皆一一归来听命矣，岂非上帝所赐之光荣乎？

字里行间，充满着得意。就前因后果与现实场面而言，蒋介石的得意不无缘由：餐桌上的六人均是国民党内非蒋系的，且多有与蒋在战场上兵戎相见的历史。然而，蒋得意得太早，这些人的“归来听命”只是暂时的，四年之后，六人之中的龙云、唐生智、程潜再次“背叛”了蒋介石，给其致命一击。阎锡山、白崇禧、徐永昌等虽退到台湾，但与蒋介石渐行渐远。蒋在失去大陆后，对自己处置党内政敌的策略有深刻的反省。他在 1950 年 1 月的“反省录”中写道：

> 向来政治主张化敌为友，认此为政治唯一的要道，但至今则自认为应有改正之点。如其有势力时，自可化敌为友，但一旦失势，不仅昔日之敌仍是为敌，而且向来受我协助而因之成功者之道义交友，亦将认余为敌，弃之如遗。

在行动上，蒋介石在撤台后也确实接受了大陆时期的教训，改变策略：对旧政敌彻底清理，永不重用，如桂系白崇禧、阎锡山等；对新的潜在政敌则防患未然，断然处置，如吴国桢、孙立人等。

从某种意义上讲，大陆时期的失败，是蒋在台湾时期得以稳固统治的“成功之母”。

六、蒋介石对傅作义由爱到恨的转变

八年抗战胜利，蒋介石声威大振，被部分国人喻为“民族领袖”。然而，令蒋介石料想不及的是，仅仅四年多的时间即被中共击败，退到台湾。在大厦将倾的年代，国民党高级军事将领们扮演了影响时局进程的要津角色，傅作义即其中之一。非嫡系的傅作义曾靠其军事才干赢得蒋介石发自内心的垂赖，对其畀以厚望，因而当傅氏公开宣布北平和平协议时，蒋介石有强烈的被欺骗感觉，大骂傅氏“变节可耻”。至绥远起义前后，蒋介石又对傅氏抱有一丝希望，企望他能“恢复旧志”。

整个国共内战时期，蒋介石是如何对傅作义从爱护信任到失望，再至绝望的呢？我们可循着《蒋介石日记》的相关记载，找寻出此前诸多不为人知的秘辛。

1. 傅作义“可爱” 蒋介石畀以厚望

傅作义在国民党内属于晋绥系，并非蒋介石的嫡系，他有出色的军事才能，枭勇能战，屡立战功。抗战时期，傅作义凭借军功被国民政府授予“青天白日勋章”。抗战胜利前夕，蒋介石在与美国援华军事参谋长魏德迈谈话时，魏氏高度称许傅作义的治军才能。其时，国民党军队的战斗力为美方所诟病，傅作义能被美军称赞，蒋自然印象更深，他当天记道：

> 晚在行营聚餐，与魏德迈谈话，听其视察陕甘绥报告，彼对傅长官（宜生）及其部队之赞许，出于心折也，为之感慰。（1945年6月29日）

日本投降后，傅作义所在的华北成为国共争夺的焦点。蒋介石一度对傅的处境担忧。1945年12月，蒋介石飞抵北平视察，他特意派专机将傅从中共军队包围中接到北平，“谈察绥作战方略”，“面授机宜”。（1945年12月13日）国共内战爆发后，傅作义参与围攻张家口战役，收复了被中共占领下的最大城市，此战不仅是军事胜利，也具政治上的效应。蒋介石对傅作义很是赏识，他在一次会见傅作义后大发感慨：“彼实一完备之将领，可爱。”（1947年5月16日）

傅作义所部主力镇守华北，北可照应东北，南可护卫中原，在全国的战略地位极其重要。国民党军队在全面进攻与重点进攻相继被挫败，林彪在东北率先发起夏季攻势，蒋介石深感东北兵力吃紧，他首先想到的是从傅作义的辖区调派军队增援。1947年6月6日，蒋记道：“第十六军由察调沈令，傅宜生已遵行。”尔后，蒋介石又多次抽调傅作义的部队出关作战。

> 昨夜作战计划决定后，以东北兵力不足，拟亲飞北平督调部队增援。十一时起飞，十四时前到西苑，即入城住旧宅。召见李、孙、陈等，知已决调傅（作义）部一个师空运沈阳，甚慰。（1947年10月4日）

此一时期，傅作义完全服从蒋介石的军事安排与部队调遣要求，作为一个非嫡系的高级将领，傅氏的所作所为深得蒋介石的肯定：

> 本月收获抵偿所失而有余矣，此则冀察部队抽调自如运用应心之

所致，不能不归功于宜生之忠勇也。（1947 年 10 月 31 日“本月反省录”）

为提高指挥效能与战斗力，蒋介石决定裁撤张垣、保定两个绥靖公署，将其整合并入华北“剿总”司令部，任命傅作义为华北“剿总”总司令。坊间传闻，蒋的举措违背了其嫡系将领才负责一方的习惯，是不得已而为之。从蒋的日记看，他对傅非常赏识，遴选其作为华北“剿总”最高长官是蒋的真实意愿。傅得到任命后曾一度婉拒。1947 年 11 月 27 日，蒋介石专门召见傅作义，要求傅“莫再坚辞华北剿匪总司令任务。”蒋介石对此一任命相当自信，颇寄厚望：

北京之行对华北军事指挥之统一，与傅作义担任华北剿匪总司令，必于戡乱前途能发生优良影响也。（1947 年 11 月 29 日“上星期反省录”）

然而，蒋介石是过于乐观了，他对傅作义畀以重任并未完全达到预期设想。随着战局的发展，傅作义对东北战局悲观而倾向固守华北，对蒋由华北向东北派援军的命令转而采取了回避与拖延的策略。1948 年 1 月 10 日，蒋介石约傅作义谈增援东北事，傅不仅不附和，反而提出要蒋增加华北的兵力。此举颇出蒋意外，甚至感到不解：傅的“态度通与前相反，何耶?”翌日，蒋介石更详细地记了他与傅之间的过招：

今晨六时半起床，朝课未毕，宜生来见，以大沽战况紧急之电见告，彼欲即时飞回北平，其恐商谈增援东北兵力也。余乃明告其今后华北与东北二战区应打成一片，首先应掌握冀热辽边区与保掌北宁路，双方应先派主力部队肃清边区之匪，令其对冀西南暂取守势。又以辞修病状公私关系相勉，彼似仍无所动。最后，余令其三星期后必须抽出三个师有力部队，东进实行此一任务。彼虽口头勉允，未知其能遵令奉行否？（1948 年 1 月 11 日）

蒋介石已经明了傅作义保存实力的用心，只能恩威并施，先用“公私关系相勉”，后用命令强其执行。但即使如此，蒋仍不能确定傅是否执行命令。之后，蒋介石感到傅越来越不听话，其对傅的不满情绪“发酵”，蒋介石认为，傅作义的行为是在与桂系勾结，与他作对。蒋沉痛地写道：

对北方将领最有希望之人（傅作义），而今已失望，实为国家之不幸。军阀之终成为军阀也。（1948 年 4 月 22 日）

2. 傅作义“变节” 蒋介石感到突然

国共内战发展至决战阶段，蒋介石虽对傅作义不满，却又需要依靠其才智与实力以期摆脱战争窘局。辽沈战役初期，蒋介石为组织援军纾解锦州之困，亲飞沈阳督战，他途经北平之时与傅作义“谈战局”，认为傅对战局的看法“实有研究与见解正确也”。（1948 年 10 月 3 日）当东北国民党主力军队被围歼后，蒋不得不把捍卫华北的大任托付给傅作义。10 月 26 日，蒋介石与傅作义商谈石家庄等华北要津的攻防之策，傅的要求是，蒋要“尽量增张其实力，并授以全权，使之能发挥其长才也。”（1948 年 10 月 26 日）

蒋介石对东北彻底绝望后，不得不筹备华北防务，他数次与傅作义详谈，表达对其寄予重托：

上午，与宜生详谈华北今后责任重大，付之全权，望其对中央各部能严加管束，一如其直属部队，无负付托之重也。（1948 年 10 月 30 日）

朝课后约宜生来谈，告其事实与意旨，华北必须固守，非万不得已不得放弃，并以全权任其决定，并鼓励慰藉之。（1948 年 11 月 5 日）

次日，蒋又与何应钦、顾祝同商讨华北军事方略，“决令宜生固守，并增加其兵力也。”之后，蒋亲自找傅谈话，振奋其信心：“说明华北不能放弃，并以全权交彼”，望其“切勿有所顾虑”。（1948 年 11 月 6 日）

这里，蒋对傅不仅有精神激励，且有增加其兵力，授其全权的实际帮助，而要求傅对中央军“严加管束”，即蒋把嫡系部队交非嫡系的将领指挥，实属罕见。

解放军在华北采取“围而不攻”、“隔而不围”的策略，迫使华北的国民党军沿着几条主干路线压缩到几大城市。蒋介石感觉到危机的逼近，开始考虑放弃华北，部队南撤。但傅作义不愿放弃华北。12 月 12 日，华北解放军对新安堡发起总攻，就地歼灭傅作义的主力第 35 军。蒋介石认为此役对傅作义打击甚大：

> 华北战局因第卅五军在新安堡被围，新三军被匪袭击，以致宜生大受刺激，其精神亦受到严重威胁，似有神经失常之象。此为全局最大之打击，原定全力固守津沽之计划恐难实现。果尔，华北战局已等于失败矣，而宜生又为政治与虚荣之所牵制，不愿放弃北平而企图固守，是等于自灭也。（1948 年 12 月 12 日）

蒋介石认定，傅作义受到严重打击，意志消沉则华北等于失败，他决定放弃“固守”华北计划。蒋不断命令傅作义将所部南撤，甚至给傅准备了新职“东南区绥靖主任”。面对傅的拖延拒绝，蒋在 1949 年 1 月 13 日嘱与傅作义同属晋绥系的徐永昌向傅转达了如下意思：“总统之意，甚愿兄率部移防青岛，豫鲁军事，由兄全权指挥，倘敌又以全力来犯，果至万不得已之时，则东南诸省仍须倚畀吾兄也。”傅作义回复提出了突围至大沽等四项办法，就是不提全军南撤。蒋介石得讯，对傅并未产生任何疑忌，反而相信傅“实忠诚，无他意也。”（1949 年 1 月 14 日）

1949年元旦前后，蒋介石内外交困，遇到桂系的逼宫，很大一部分精力在应付桂系，考虑下野后的布局安排。他有所不知的是，面对不断恶化的军事形势，傅作义亦有保存实力的个人打算。傅在其部队被解放军分割包围之际，即秘密派员与中共接触，以期达成谅解。天津被攻克后，傅又派遣亲信邓宝珊出城与解放军谈判，双方已于1月16日秘密签订《关于北平和平解决问题的协议》。谈判的过程极其保密，傅作义还以表示愿意南撤来迷惑蒋。蒋介石那段时间虽对傅不满，但压根没有想到傅会"变节"，他继续向傅指示"今后方针及处置之道"。1月初，傅作义派机接其家眷由重庆飞回北平，以免宣布起义后遭到不测。对此重大变故，蒋介石虽也感到"骇异"，却未深究，反而自我安慰地认为这是傅作义"忠于"他的表现，即傅因蒋要辞职，"故其不愿南来，并无他故也。"（1949年1月20日）

1949年1月21日，蒋介石通电下野。当天，蒋还专派徐永昌飞往北平通报情况，"劝勉"傅作义坚定信念："实告以余虽下野，政治与中央并无甚变动，切嘱各将领照常工作，勿变初计。"（1949年1月21日）可是，就在蒋宣布下野的当天，傅作义与中共和平解决北平的协议就大白于天下，给蒋当头一棒。

1月23日，回到故乡的蒋介石得知傅作义与中共协议的内容，他在日记中破口大骂：

> 起床时闻经儿报告，李代总统昨午夜一时曾与经儿电话，称北平传与共匪已成立休战条件，准在城内与共匪成立联合办事处，所有军队除极少数外，皆开出郊外整编。此事殊出意外。万不料宜生怯愚至此，变节如此之速乎？余诚不识其人矣。驻平中央部队尽为其所卖矣。但余尚望其不至于此耳，应待今后事实证明。（1949年1月23日）

蒋介石内心相当愤怒，他一面责骂傅作义“怯愚至此”，“变节之速”，但内心仍不愿接受这残酷的事实，心存侥幸，“尚望其不至于此耳”。

当蒋确定傅“叛变”的事实后，他思考的重心开始转向如何营救身处华北的嫡系将领石觉、李文等人，使损失降到最低点，以济将来。1月25日，蒋介石开始设计将嫡系部队空运南撤的计划。当天，他得知傅作义同意中共在一月后将“国军”改编为“人民自卫队”，而并未提及空运部队南撤事，认为傅“已出卖整个国军，对匪投降矣。万不料傅之变节至此，是诚忘恩负义之不如矣。”当晚，蒋介石担忧李文等将领的安危，几乎难眠，“昨夜十二时初醒，切思北平国军李文等为傅所卖，如何补救之道?”（1949年1月26日）其后几天，蒋一直设法“营救”国军南撤，免遭灭顶之灾，并派人携带他的亲笔信到北平，对李文、石觉与傅作义“面授机宜”。

1949年1月29日，蒋介石在“上星期反省录”中写下了他为保存嫡系而供傅作义选择的几套方案：

> 北平国军既为匪傅所卖，不能南撤，明知已无可为力，但应对傅责以大义，令其设法作以下之处置：甲、中央各军分途突围作九死一生之计，与其坐任共匪宰割侮辱，不如死中求生，发扬革命精神。乙、如甲项不可能，则要求傅负责照原定方针，先让国军空运南撤，然后和平交出北平。丙、如乙项亦不可能，则必须将中央军各级官长空运南撤，而将全部士兵与武器交傅编配。丁、为实行丙项之方针，其意即宁可全军交傅，而不愿与由匪整编，以保留国军革命之人格。此为对傅最低限度之要求也。戊、如丙项亦不可能，则要求其将师长以上各高级将领空运南归。已、若丙、戊两项皆不可能，则惟有轰炸北平之匪、傅，予以同归于尽。当先作最后警告，散发传单，仍要求其作

乙、丙两项之实施也。（1949 年 1 月 29 日，“上星期反省录”）

结果是，李文、石觉等中央军高级将领得以安全飞离北平。也即傅作义只部分地满足了蒋介石的最低的要求。蒋介石对傅和平“拱手相让”北平的“变节”行为极为意外，所受刺激极大，令其一直耿耿于怀，他大骂其为“傅奸”，称其行为是“无耻之至”。蒋在 1949 年 1 月底写的月末反省中，对傅作义“投共事件”有如下小结：

余廿一日下野，而北平傅作义即于翌日发表降匪之条件，五十万之国军完全被其一手所卖，此实万所不料，此岂乱世末俗，决非以诚所能感召乎？（1949 年 1 月 31 日，“上月反省录”）

3. 傅作义绥远起义　蒋介石“绝望”无比

北平和平解放后，中共对傅作义的势力基地——绥远地区采取所谓的“绥远方式”，即暂时默认该区划界自主管辖，不做任何变更。傅作义最初也担心中共能否稳固新政权，通过一些故旧与败退到广州的国民党政权有着若明若暗的联络。各方关系交织错综，绥远问题相当复杂。

1949 年 8 月，毛泽东吩咐傅作义飞归绥，帮助时任绥远省政府主席董其武实现起义。蒋介石得知傅作义返回包头的消息时，虽断定其目的“必为匪来包，说服其旧部降匪”，但仍抱有一丝的幻想，“未知其脱离匪巢后，果能恢复其志节否？应设法劝导之。”（1949 年 8 月 28 日）恰巧此时，徐永昌在宁夏视察，就近随时向蒋介石报告傅作义的“动态与言论”。9 月 16 日，蒋介石一面为傅作义强制其部属“通电降匪事不胜愤忿”，一面又庆幸“尚未发表”，派徐永昌急飞绥远，对傅进行“劝阻”。（1949 年 9 月 16 日）次日，徐永昌等人飞抵包头与傅作义见面，做最后的努力。徐转达了蒋介石给傅的电报，其中称西安事变后，自己听信了中共“爱国抗日”等，才使国家受了“大祸”，故要求傅作义“切勿再受共党险恶的欺骗”。蒋介石对傅作义已经失去信心，所有的努力是知不可为而为之。

然而，傅作义权衡再三，毅然选择了与国民党政权与蒋介石决裂，蒋介石最后的侥幸也破产了。9月19日下午2时，徐永昌的飞机离开包头，4时，傅作义等人就发表绥远起义的通电。20日，蒋介石记道：

> 傅作义对徐次辰之言一面表示其待机复仇报德之意，一面不惜事仇，以示苟安偷生。此乃既经投降一次，何不投降多次之心理有以致之。此种首鼠两端卑劣情态，若不死于敌手，亦为人类所不齿。可绝望矣。（1949年9月20日）

这说明，蒋对傅作义真的绝望了。傅作义参加的北平和平解放、绥远起义，导致国民党在华北、西北的溃败。9月底，蒋介石无比悲观地写道：

> 绥远自傅作义到后，又不料其无耻不道，挟众降匪，因之宁夏马鸿宾亦随之降匪。二十余年来对西北用尽心力，正期巩固边陲，竟为若辈丧失殆尽，而且丧失之大而速，诚为不可想象之悲剧。不知何日方能收复矣？（1949年9月30日，“上星期反省录”）

国共内战时期蒋介石对傅作义态度的演变，可以映射出那个时代，他面对众叛亲离却无可奈何、百般无奈的一个侧面。

七、白崇禧被蒋介石严密监视的晚年

1966年12月2日，国民党高级将领白崇禧在台北逝世。坊间传言，白崇禧之死非常突然，副官发现时，白的“身体发绿，口吐白沫”，且床单撕破多处，故白并非死于官方所宣布的心脏病，而是被蒋介石所派特务暗杀的。白的死因成谜。近期，白崇禧之公子、著名作家白先勇先生所著《父亲与民国》一书，分别由两岸的广西师范大学出版社与时报出版公司出版发行，该书中对其父的生平事迹有详细评述，也澄清了白崇禧的死因之谜。

白先勇新著中对白崇禧与蒋介石的恩怨有所涉及，但他并不赞成研究者们夸大其父与蒋的矛盾。白先勇认为，蒋介石与白崇禧有过长期密切的合作而得到良好结果的关系，如北伐时期与抗战时期。导致两人矛盾与冲突的原因，一是个性关系，两个强人相处，冲突势在难免。二是对于国家政策方面的不同意见造成分歧。白崇禧晚年曾感慨万端地说：蒋介石是重用他的，“可惜我有些话他没有听”。①

然而，白先勇有所不知的是，蒋介石在日记中有大量关于其父的记载，

① 《父亲与民国》下册，时报出版公司2012年版，第154页。

相当长的时间内，蒋对白恨之入骨，多有谩骂。

1. 白崇禧逼蒋介石下野

白崇禧与蒋介石的关系可以说是恩怨交织、错综复杂。他们在国民党内渊源不同，各成一系。白崇禧与李宗仁同出身广西，关系密切，同为桂系的首领，被合称为“李白”。桂系与蒋介石曾有过密切合作，也数次兵戎相见，如在两次蒋桂战争、中原大战中打得你死我活。抗日战争中，双方合作对日作战。抗日战争胜利后，在国民党“行宪”选举“总统”时，蒋介石属意选孙科为“副总统”而压制李宗仁。桂系与蒋撕破脸皮，全力动员，最终李宗仁如愿当选。

在此过程中，蒋介石对李宗仁的仇恨逐步增加，他最初对白崇禧印象并不坏，认为白的态度比李好，较为理性，“甚明理，不以彼（李宗仁）等跋扈、蛮横为然也。”蒋甚至想让白来劝阻李宗仁。1948 年 2 月 9 日是农历除夕，蒋召见白崇禧，请白转告李宗仁不要再为竞选“副总统”做宣传，“勿予共匪以可乘之隙，自削其剿共之形势与力量也”。（1948 年 2 月 9 日）有段时间，蒋想以自己“退选”，推出胡适竞选总统的方式逼退李宗仁。为此，蒋专门召见白崇禧，说明不竞选的决心，说军人不要竞选，以免重蹈民国初年军人当政的覆辙，要白劝告李宗仁“勿再竞选副总统为要”。（1948 年 4 月 2 日）但是，白崇禧以国防部长身份在国民大会上作军事报告时，暗示挑拨，攻击陈诚。蒋认为对白“不惟对人乘机报复，而且惟恐天下之不乱。”（1948 年 4 月 13 日）

选举结束后，蒋介石一意削弱桂系势力。他不顾李宗仁反对与白崇禧的不满，免去白的国防部长，“仅令其任华中剿匪总司令专职”。而桂系也利用战局的失利，责难蒋介石越级指挥军队。到1948年年底，桂系图穷匕首现，白崇禧从武汉派使者到南京，劝蒋从速下野，威胁称“恐各省将有通电劝辞也”。(1948年12月22日)12月24日白崇禧从汉口公开发出“亥敬电”，谓“人心、士气、物力已不能再战”，主张与中共谋和，逼蒋下野。几天后，白操纵下的湖北省参议会发出通电，主以政治方法解决国事，响应白崇禧的“亥敬电”。同时，蒋介石试图调动武汉的兵力，遭白拒绝，致蒋在日记中记:“白（崇禧）之叛迹更显，且令张笃伦电余威逼促辞，似有迫不及待，一不做二不休之势。抑何可笑。余乃泰然置之。”(1948年12月25日)

蒋介石权衡利弊，决定辞职下野，他对白崇禧的仇视有增无减。白当面向蒋表达愿就国防部长之意，蒋则直截了当地说，他的下野是由白通电所逼成，“此种遗憾决非一时一语所能消除也”。(1949年9月26日)。11月2日，蒋介石记道：

> 白崇禧昔对余之毁灭方式，不仅诽谤诬蔑，而且公然造谣，以白为黑，以无为有，是非倒置，功过混淆，投机取巧，寡廉鲜耻，其恶毒阴险有过于共匪之借刀杀人者。党国不幸，生此奸回，苍苍者不知将何止，极耶！

虽然在日记中以“寡廉鲜耻”、“奸回”等词来辱骂白，但蒋此时仍以李宗仁为主要打击对象，对白有所拉拢，他曾让人转告白崇禧，如果愿意合作，白可以出任行政院长兼国防部长。1949年年底，李宗仁突然置大局于不顾，以“治病”为由远赴美国。白崇禧对李做法非常不满，12月，他随国民党政权退到台湾。李、白分道扬镳，以他们为核心的桂系分崩离析。白崇禧渐失兵权，为蒋所控制。

2. 白崇禧“虎落平川”

1950年年初，在台湾的蒋介石与在美国的李宗仁之间为“复职”产生激烈争执。为配合蒋介石“复职”的步伐，白崇禧1950年1月率桂系的李品仙等人致电李宗仁，劝其“为留将来旋回余地，现在不妨暂退一步”。建议李以在“自动解除代总统职务，致电中央”。这说明白崇禧在“复职”问题上完全站在了蒋一边。

为示安抚，1950年3月1日蒋介石“复职”当天，还专门邀宴白崇禧等桂系将领。白崇禧基于现实，为求自保，极力划清与李宗仁的界限，配合蒋“复职”。然而，蒋介石内心里对桂系将领戒备至深，疑其在台北的活动是与李宗仁里应外合。蒋在1月底的日记中称：“白崇禧又在台北作无耻无赖之宣传煽惑，希图作最后之毁蒋运动，对此应有以制之。此奸不去，姜笋混淆，无以复兴”。(1950年1月31日) 4月2日，蒋再次邀宴白崇禧等。把酒言欢之后，蒋对白等并未释怀，而在日记中记道：

> 约白崇禧等聚餐。广西子之伪言伪行，不能再信以误国。彼虽表示必诚实，不能令我有所动也。其害国害民之大，无法取信也。

蒋介石在台湾的统治随着朝鲜战争爆发、美国援助的到达而渐趋稳固，他随即开始了被后人称为“白色恐怖”的大规模整肃行动。国民党的党政军高层那些大陆时期曾反对过蒋的干部，均被清除或边缘化。或是由于蒋对白崇禧极端仇视，或是李宗仁仍在美国的反蒋活动，蒋对白崇禧处置尤为严苛。

1952年10月，国民党完成“改造运动”后在台北召开“七全大会”。蒋介石重建党的核心，重用陈诚、蒋经国等人。为安置被边缘化的“党国元老”，特意设了“中央评议委员”一职，该职只是名誉，没有任何实权。陈诚建议将白崇禧纳入评议委员名单，为蒋介石坚拒。蒋在会议结束后日记中反省道：

> 本党代表大会提出评议委员名单，除去白崇禧与刘健群二名，乃为革命消除渣滓第一决心之表示，亦为今后革命组织最有效之一着。……白之罪恶，举世上所有无耻、污秽、贪劣腐败、倒戈叛逆、军阀、奸诈阴险、狠冷酷诸德乃集于其一身而有余，二十六年来忍受其污蔑陷害，余亦不自其有如此耐力耶？然而，今惟亦除其党内之名位而已，而其军职犹在也。
>
> 党中除白之名位事，对其本人处分之事小，而于革命之纪律与精神之影响最大。二十六年来，党政军之败坏与革命之不成，因素虽多，而广西子桂系军阀之作祟，实为其之中心也。深信此根除去，则党事乃可有为矣。(1952 年 10 月 25 日，“上星期反省录”)

这段日记，对白崇禧恣意谩骂污辱，用词恶毒，认白为一切失败的主因，视逐出白的党内名位为除去“毒根”。白崇禧只保留了“总统府战略顾问委员会”副主任委员的虚职，表面上享受着一级上将的终身待遇，却失去一切实权。台湾情报部门还在白崇禧公馆不远处专设了一个派出所，监视他的行踪。在所有随蒋介石退台的国民党高级军官中白崇禧属于待遇最差的。

一代名将凋零。白崇禧有自知之明，在日渐艰难的处境中逆来顺受，一方面从家庭生活中寻求温暖，另一方面则将精神之安慰寄托在宗教信仰与活动上。偶尔，白也与少数朋友郊游打猎、组织围棋等与政治无关的社会活动。

3. 白崇禧密函蒋，要求“自由”

然而，台湾情报部门对白崇禧的监视有增无减，到20世纪50年代中期，由原来的固定居住监视，改为了全程监视，即只要白崇禧出门，即有特务汽车跟踪。白崇禧完全丧失安全感，觉得受到莫大污辱，且日常生活不胜其扰，在与朋友密商后，在1956年5月2日给蒋介石写亲笔信，要求解释，并解除监视。

在这封近二千五百字的长信中，白崇禧首先向蒋介石表达忠心：“窃职追随鞭镫，垂三十年，北伐、抗战、剿匪诸役，均蒙驱使，拔擢优渥，感荷隆恩，自愧才疏，未克图报，中心藏之，未敢或忘。”“职加入本党三十三年，承国父遗教熏陶，蒙钧座英明领导，故职之政治立场异常坚定，决非任何歪曲之政治主张或异端邪说可能动摇。凡对于违反本党三民主义及损害祖国权益之任何党派，任何个人，职均极端反对，不稍宽假。”他接着列举自己对“共匪”、对第三势力的态度，以证明其立场坚定。

白崇禧在信中特别撇清与李宗仁的关系，先承认与李同籍广西，共事多年，但强调自己“虽重私交，尤重公谊，虽爱朋友，尤爱国家”，曾对李的“政治措施失当，军事指挥不灵”多有批评。到台湾后，自己支持蒋介石“复职”，对李宗仁在美国的所有言行，均予反对。“誓在钧座领导之下鞠躬尽瘁，以尽国民天职，对李代总统在美之背（悖）谬言论，加以驳斥，澄清中外视听。”

一番表态铺垫之后，白崇禧便转入正题，提到传言中当局对其不信任，特务监视之事：

惟近几年来常闻人云，职之住宅附近有便衣人员，监视职之行动，如乘车外出，即有便衣者乘车跟踪。职初闻之而不相信，因职追随钧座三十年，加入国民党三十三年，又早已发表上述正确而光明的政治态度，且职到台湾是为信仰钧座实行反共抗俄国策而来，到台七年，除遵行国策外，并无任何其他的政治活动，事实俱在，天下皆知，谅在钧座洞鉴之中，故对上述情报漠然置之者久矣。嗣见便衣者积年累月跟踪不舍，职乃疑焉，故留心观察，确实发现职之住宅松江路一二七号附近，日夜均有便衣人员监视职之行动，并备有房屋汽车。①

白崇禧列举了他二月间职赴新营台南狩猎，四月职赴新竹狩猎，阴历三月回教斋月他每晚九时到清真寺礼拜，为期一个月。这些活动期间，“均有便衣者乘车跟踪往返，毫未间断。”白抱怨说，“无论昼夜，如职出门开会、访友、旅行等，均有便衣者乘车跟踪往返，从不松懈。”白崇禧报告说，他虽不知特务人员从何而来，但跟踪他的小型吉普车是军用编列。他希望蒋介石能过问此事，还他自由，更盼能与蒋介石见面，“如蒙钧座不弃而召见之，职愿当面详为报告”。

白崇禧也将信抄送“副总统”陈诚。陈劝慰白不要过虑，打圆场说，便衣人员是保护他的，“我也有人跟随”。白崇禧回应说：“你现在是副总统，当然有此需要。我并无此必要”。

被跟踪的不愉快经历，在白家孩子的心灵中留下阴影，以致多年之后，白先勇仍能清楚地记得那辆黑色吉普车的车号：15–5429。

有件趣事：白崇禧太太马佩璋女士喜欢看京剧演出，带着孩子们外出看戏成为一家人的乐事（白先勇可能就是受此熏陶，而后走上文学与戏剧创作

① 《父亲与民国》，下册，第191页。

之路)。有天晚上白崇禧夫妇带着孩子去看《红娘》，他们的车子刚在戏院门口停下，就发现那辆跟踪他们多年的了黑色吉普车如影子般地跟上来。当晚大雨滂沱，天气很冷。白太太对跟踪的特务起了怜悯之心，叹息说，真辛苦他们了。掏钱让白先勇去多买3张票，请他们一起进戏院看戏。白先勇买票后走到吉普车边，对缩在车中的特务说："我母亲请你们看戏呢！"车里的3个人大感意外，慌张了一阵，最后还是接过了戏票。

蒋介石对白崇禧的要求置之不理，继续监视，到白去世也未放松。1966年12月1日晚，白崇禧赴朋友家宴，同行中有前"外交部长"叶公超，叶因得罪蒋介石而遭罢官，也在被监视之列。宴罢，白崇禧与叶公超同车离去，身后始终有特务跟随。次日，白崇禧即辞世。

4. 白崇禧的确切死因

1966年12月2日，白崇禧突发心脏病去世，时年74岁。台湾当局以高规格安排其丧礼。"副总统"兼"行政院长"严家淦与"国防部"部长蒋经国立即派遣"国防部"副部长马纪壮前往白府吊唁，并宣布由"国防部"负责以军礼治丧，由何应钦、孙科、陈立夫、顾祝同等200余人组成治丧委员会。

12月9日举行公祭，蒋介石颁发"轸念勋猷"挽额及"旌忠状"，并亲自到台北殡仪馆灵堂献花致祭。蒋"面露戚容，神情悲肃"。白先勇观察到，"当天在所有前来公祭父亲的人当中，恐怕没有人比他（蒋介石）对父亲之死有更深刻、更复杂的感触了。"暂无从了解蒋的内心感受，但推理上，蒋应该对一位宿敌的去世而窃喜吧。1951年8月25日，蒋介石得到陈果夫过世的消息，一面"不胜悲伤"，一面又写："然其亦可去耳"。意即陈果夫也该死了。

白崇禧死了。蒋、白之间长达四十年的恩怨分合，就此了结。

白先勇在《父亲与民国》中，郑重地澄清了白崇禧死因的讹传，并指出谣传的来源：

> 父亲于民国五十五年十二月二日因心脏冠状埃及梗塞逝世，享年七十三岁。关于父亲死因，两岸谣传纷纷，有的至为荒谬。起因为一位在台退休的情治人员谷正文的一篇文章。谷自称属于监控小组成员，文中捏造故事，谓受蒋中正命令用药酒毒害父亲。此纯属无稽之谈。父亲逝世当日，七弟先敬看到父亲遗容，平静安详，大概发病突然，没有受到太大痛苦。①

至此，“白崇禧死因之谜”应该真相大白，是正常的病逝，不是蒋介石下令谋害。

① 《父亲与民国》下册，第7页。

八、1961 年蒋介石缘何罢免叶公超

1961 年，台湾奋力阻止蒙古入联合国大会未果，引发台湾政坛的剧烈震动。其后不久，时任“驻美大使”的叶公超“骤然”遭贬。

叶公超（1904—1981），广东番禺人，生于江西九江。1920 年赴美国留学，后复转赴英国，1924 年获剑桥大学文学硕士学位。1926 年归国，先后任北京大学英文系讲师、清华大学外国文学系教授、任西南联合大学外国文学系主任。1941 年起进入政界，曾任国民政府外交部参事兼欧洲司司长、外交部常务次长、外交部部长等职。随国民党政权去台湾后，叶公超任“行政院”政务委员兼“外交部部长”、出席联合国第五届大会“首席全权代表”等。1958 年调任“驻美国全权大使”，1961 年 11 月被蒋介石免职。叶公超跨政、学两界，曾是新月派的作家，其英文水平为英国首相丘吉尔所称赞，任“驻美大使”期间，他受美国总统艾森豪威尔的器重。正因为叶公超有“达官兼名士”的资本，自视甚高，故常给人恃才傲物之感。

叶公超在国民党政权危机之时，追随蒋介石甚为忠诚。他突然遭贬，外界揣测连连。有云，叶氏被贬，乃因其泄露了台湾在蒙古入会问题上的底牌，导致台湾对美交涉中的被动；有云，叶氏被罢职，实因“祸从口出”，

辱骂蒋介石是“一条狗”，被叶氏的僚属曹文彦密参一本，令蒋怒不可遏。然而，这均是局外人的推测。蒋介石是此事的主导者，他对叶公超的不满情绪是怎样累积的，对叶氏强硬处置的决定是怎样做出的？曹氏密报在其中起了怎样的作用？通过梳理1961年《蒋介石日记》中有关记述，或许能从另一个角度理解叶公超被贬之因。

蒋介石1961年的日记中最早出现对叶公超的不满之语，是在5月1日。当日，蒋介石记道：

> 叶某之奸滑（猾）言行，当不出于我意想之中。机时其对我之污辱，其愚昧狂妄至此，殊出意外。好在发觉尚早，犹有准备之时间。惟其投机成性，如政府势力强固，彼当不敢叛变。但应切实戒备，如我略有弱点予以可乘之隙，则其推波助澜出卖国家，成为吴逆（吴国桢——引者注）第二，乃意中事。十年来，更觉文人之无德妄为，毫无国家观念之可痛。而留美之文化买办，凡长于洋语者，无不以一等奴隶自居为得意，可悲极矣。应切记。（1961年5月1日）

据说，曹文彦向蒋介石密报叶有辱骂蒋之文写于4月8日，那么，此段日记极有可能是蒋介石对曹氏所报叶公超对其“污辱”的反应。因蒋介石声称，虽对叶公超的“奸滑（猾）言行”早有所知，但未曾料想，叶氏对其本人的“污辱”竟然“至此”程度。蒋介石由此上纲上线，预测叶公超将会“叛变”，成为第二个吴国桢。

值得注意的是，因叶公超的刺激，引出蒋介石内心深处对一般文人的不满，尤其是对“留美之文化买办”的愤恨。看似毫无道理的迁怒，却反映出蒋在与美国交涉的十年中，因不断地“受辱”，积压了对与美国直接交涉的“外交官”疑忌与不满。

8月下旬，蒋介石决意不为以美国为首的各方压力所屈服，不惜以在安理会动用否决权以阻止蒙古入会。但叶公超在与美国交涉过程中，发现美国态度强硬，无法更改其政策，便向台北方面力陈，应放弃对蒙古入会案使用否决权。蒋介石叹曰“可痛”，怒斥叶公超是“汉奸卖国之所为”，认为“此奸不除，必为国患”。(1961年8月23日)，将叶定性为“汉奸”了。

8月26日，蒋介石复函肯尼迪，坚持否决蒙古入会案的立场。美国国务院对蒋介石的强硬态度极为不满。9月1日，叶公超转达美方的意见。蒋自述，对美方的这一反应早有预料，但对叶公超“又大惊小怪”，不禁“痛愤”。叶公超本只是奉本职向蒋传达美国方面的意见，蒋无力改变美国的立场，便迁怒叶氏“对政府表示其惊惶不了之词”，却不敢对美方“正色直言相告”，“徒觉可耻而已”。(1961年9月1日)

次日，蒋介石因感“叶奸言行可恶，其媚外成性，尤为可虑”，提出召叶公超回台，以免为美国务院利用。但“副总统”兼“行政院长”陈诚却认为叶“可信”，蒋遂暂放弃此意，却又怪陈诚“不明善恶，不分忠奸”。(1961年9月2日）若非陈诚阻止，或许早于9月初，叶氏已被蒋召回台湾。

9月26日，各方运作使安理会延期审议蒙古入会案，意欲在此期间继续对台湾施压，美国更向蒋介石发出近乎“最后通牒”式的警告。重压之下，蒋介石对叶氏的怒意与日俱增。9月底，蒋在日记中不惜笔墨，挞伐叶公超：

除外有“鲁丑”(美国国务卿鲁斯克——引者注）之压迫以外，尚有内奸叶公超借外力以自重，其对内欺诈恫吓之外，且以其勾通白宫自夸，以压迫政府依照其主张解决外蒙入会问题，而对政府之政策置之不理，更不敢对美提起政府之严正抗议。认为美国所不愿者，提出无益，徒增美国之怒，且对政府不断侮辱。此其卖国汉奸之真相毕露。

余认为秦桧、张邦昌不是过也。(1961年9月29日)

蒋介石将对美交涉受挫的内因，归之于叶公超不能“据理力争”，反而以压迫己方让步，曲意逢迎美国。蒋将叶公超与秦桧、张邦昌比肩，足见对叶氏的厌恶至极。

10月初，土耳其等原先允诺在蒙古入会案问题上支持台湾的国家也相继改变立场，台湾陷入孤立无援之境。蒋介石此时也顶不住压力，酝酿改变原定否决蒙古入会案的立场。10月6日，蒋介石得悉肯尼迪准备于11日对外宣布，美国将继续在联合国“一切机构”维护台湾地位，并继续坚决阻止大陆进入联合国“一切机构”。蒋介石认为这种表态“仍是空调反对共匪入会，而非我所要求者，其间且大有出入”。蒋进而认定，此一交涉结果皆因叶公超未能遵令坚持立场，与美方强硬交涉所致。蒋十分震怒，夜间竟“又失眠”，自述为“年来最苦闷之一次”。这说明，蒋介石对叶氏的容忍已至极限。当时，在美国及联合国为此问题奋斗的一线“外交官”，如“常驻联合国代表”蒋廷黻等也因此被波及，遭蒋介石责难：

我在美外交人员如叶、蒋（蒋廷黻——引者注）等认为我已改变政策，大施伎俩以示好美国政府，而反胁（挟）制与压迫政府，使能依照他们所拟定的不否决外蒙之意见实施也，可痛之至！政客总是政客、奸徒总是奸徒，只造成其个人地位，而毫不为国家得失的根本方针一加计较也。(1961年10月7日)

10月9日，蒋介石约见“总统府秘书长”张群、“外交部次长”许绍昌谈对美交涉问题。许转达叶公超来电，蒋闻后又“不胜痛愤”，斥其“欺诈威胁的卖国媚外的心态毕露”，“乃决令辞修（陈诚——引者注）电叶回国述职”。值得回味的是，蒋竟担心叶公超抗命不归，发出“未知其果能奉命速回否”的疑问。

两天后，陈诚谒见蒋介石，商讨“对美交涉方针与公超是否回来”。蒋认为，叶公超留在美国“不惟无助于交涉，只有妨碍交涉，以其自定政策压制政府，献媚于外，且必欲由其一手包办而决非执行其政府之政策”。至此，召叶公超回台湾成定局。叶公超接到召令后，立即匆忙返台。蒋却又认为“公超急欲离美回台，且其神经已显露紧张不安之情绪，是贼胆心虚乎？”（1961 年 10 月 14 日）

事已至此，蒋对叶公超已全无信任，叶无论如何做都是错。

事实上，在与美方的交涉陷入僵局时，蒋介石已绕过“外交部”，启动了一条私人“外交”渠道，即令其子蒋经国与美国中央情报局驻台办事处主任克莱恩接洽，由克莱恩直接向肯尼迪总统传达台湾方面的意愿。10 月 14 日，克莱恩与蒋经国商妥蒋介石与肯尼迪秘密协议的要点。蒋介石对此表示满意。次日，蒋介石召见叶公超，质问其所拟与美国交换条件的秘密保证中，“不敢提其使用否决权；在其公开声明中，连中华民国政府为代表中国唯一合法政府亦不敢要求，则尚有何意义？”（1961 年 10 月 15 日）蒋介石既然已获肯尼迪同意对此做秘密保证的让步，此举也就不过是为证明自己此前对叶公超“卖国求荣”的判断了。

或许，通过蒋介石对围绕秘密保证一事对美交涉的总结，能更清楚地看出蒋对叶氏的观感。蒋对此有如下记述：

> 第二周，即八日，国务院对我要求之拒绝，交涉又告中断，中美关系濒临最后关头，乃令公超回国述职，亦示美以决绝之意，忽于十二日当公超离美之时，甘（肯尼迪——引者注）乃自动与我作直接解决之提议。十三日，公超回台。十四日，甘乃依我从前要求，惟其对

匪入会时美可使用否决权之要求改为秘密保证。余既允其所求，而公超尚夸夸称其与白宫能如何接近与交涉之有力，安知已完全依我要求直接解决，此既公超认为徒增反感绝难提出之条件也。(1961年10月30日)

蒋甚至将召令叶公超返台，视为“解决内部困难，防止其外卖国之一大关键”，认为“与对美外交成功同样重要”(1961年10月14日)。

10月18日，蒋介石复函肯尼迪表示感谢之意，以在获得口头秘密保证的同时多一层书面保障。至此，围绕蒙古入会案的对美交涉告一段落，蒋介石除去心头大石。19日，蒋自述午睡甚酣，“此为数周来最能安眠熟睡之一次也。”因为以对美外交问题得能如此解决，“不仅对外可以建威信，更是对内得以消萌（弭）耳。内奸叶逆自不敢撒狡抗命矣。”(1961年10月20日)

此后，蒋介石开始考虑对叶公超的处置问题。蒋最初有如下考虑：

叶逆之处理步骤：甲、下周暗示其自动辞职，行政院派为顾问？乙、令其自反、自新、安分修养；丙、驻美大使人选：(子)廷黻、(丑)之迈；丁、人选未定前派员暂代馆务。(1961年10月21日)

10月26日上午，蒋介石至“总统府”与张群讨论这一问题。10月27日，蒋仍考虑此事：“一、处置叶逆问题从速解决；二、继任美使人选蒋廷黻、陈之迈、陈立夫。上午，致辞修函，为处理叶逆问题之商讨，并附叶逆之逆迹一份，使知其事实也。”(1961年10月27日)。

处置叶公超是蒋介石的既定方针，但如何处置，他则有所顾虑：其一，陈诚原对召回叶公超就有所保留，此时陈诚正处病中，如何让陈接受，并且认同。其二，“驻美大使”的继任人选的问题，如何不至于在美国方面引起风波。

10 月 28 日，陈诚复函蒋，“同意去叶”。陈诚同意后，蒋介石数度与张群研商，讨论的重点已转移至对外方面的“顾虑”，也就是不致让美国有意见。

10 月 30 日，蒋介石致函陈诚，将“驻美大使人选以蒋廷黻为宜之意告之”。（1961 年 10 月 30 日）三天后，蒋介石决定电令蒋廷黻“速受驻美大使任务，以岳军（张群——引者注）名义转达方式行之”。（《日记》，1961 年 11 月 2 日）

11 月 18 日，“总统府”发令：“驻美大使”叶公超另有任用，应予免职。特任蒋廷黻为“驻美大使”，仍兼“驻联合国常任代表”。经多人说情，蒋介石未对叶公超严厉处罚，而令其转任“行政院”政务委员等闲职。蒋介石自述对叶公超的此种处置，实是基于“国内外关系”的考虑，且是对叶氏“姑再试之”。（1961 年 11 月 18 日）至此，对叶公超的处置告一段落。

纵观蒋介石对叶公超丧失信任、失去耐心，终至欲除之而后快的过程，有数点值得注意：其一，曹文彦密报在其中所起的作用确实不可低估，至少起到了导火索的作用。其二，蒋介石首次动议召令叶公超回台湾是在 9 月初。蒋介石每遇对美交涉受挫之时，对叶公超的怨愤便增长一分。其三，但凡主张对美交涉时应实事求是、注意技巧与策略的“外交官”，均不免遭蒋介石责难。

台湾在与美国的交涉中，居于相对弱势地位。而身为台湾最高决策者的蒋介石，却每次交涉期望过大，初取强硬态度，命在第一线的“外交官”执行，但终因实力与底牌有限，对美交涉多以退让妥协告终。实际上，在蒋大权独揽的格局之下，不要说是外交官，就是“外交部长”，甚至“行政院长”陈诚对于“外交大事”也无权决定，最后的决定权在蒋介石。他并不自审，反而将所有过错归结于从事实际工作的“外交官”，让他们充当“替罪羊”，以此维持自己的“形象”。

蒋介石这种不信任下属，功成归己、错咎他人的处事方式，在其处理叶公超的过程中充分显露。

九、蒋介石究竟有无向陈诚“交班”的计划

蒋介石到台湾后，接受大陆失败的教训，重起炉灶。其中最重要的措施，就是清理门户，重塑个人权威。不仅大陆时期的异己者如桂系白崇禧等被清洗，就是原来的亲信如何应钦、陈立夫等也被冷落，蒋所倚重的是陈诚与蒋经国等人。陈诚在台先后担任台湾省政府主席、“行政院长”等要职，对稳定台湾局势、完成土地改革、初步发展经济等有重要贡献。1954 年蒋提名陈诚为“副总统”、1957 年蒋提议国民党设“副总裁”一职，由陈诚出任。1958 年陈诚再兼任“行政院长”，仕途如日中天。台湾内外舆论，无不认为陈诚是一人之下、万人之上，是蒋介石的“接班人”。

1965 年陈诚在台湾过世时，蒋介石写了如下挽联：

光复志节，已至最后奋斗关头，那堪吊此国殇，果有数耶？

革命事业，尚在共同完成阶段，竟忍夺我元辅，岂无天乎？

这既是对陈诚的高度评价，也概括了两人的关系，情真意切。其中“共同完成”、“元辅”等词，更易让人联想到蒋是在痛惜无法完成向陈诚“交班”的计划。

陈诚在大陆时就曾大病缠身，应该没有取蒋介石而代之的奢望，每次

蒋提请陈出任重要职务，他均婉拒推辞数次。陈诚自述，1950年蒋介石首次提他担任“行政院长”前，“余曾恳辞达九次之多，最后介公以命令式相强”。台湾“国史馆”根据档案编辑的《陈诚先生书信集：与蒋中正先生来往函电》中，收录了陈诚各时期要求辞职的函电。这固然与官场习气有关，但至少说明陈并未官迷心窍，急不可耐。

1954年蒋介石提名陈诚出任“副总统”。依《中华民国宪法》，“总统”任期6年，只能连任一届，蒋的提名，使人觉得他会在6年后向陈“交权”。陈当选“副总统”后，曾专门向蒋请示今后之工作，蒋指示其“对政策、制度、党务方面，多注意指导”。陈谨守分际，辞去“行政院长”职，除奉蒋之特别指示外，不插手具体党政事务。1957年6月，陈向蒋报告任职3年的处事原则：

> 职自四十三年（1954）春渥蒙钧座提名为副总统，嘱职以后对于政策、制度、党务三方面多注意，提供意见.岁月匆匆，至今忽已三年。在此三年之中，职盱衡内外局势，每欲有所进言，以图报效，惟念越分言事，究非所宜。以职个人而言，与钧座关系，钧座为职追随三十年余之长官，不啻父兄师保之亲，原无所用其瞻顾，但以宪法之精神与国家制度言，不得不谨守分际，树立风范，以为国家久远之计，因是每欲有言，辄复未言而止。①

陈诚不负具体责任的4年，其声望与地位并未下降，蒋介石也满意。1957年10月召开的国民党“八全大会”上，蒋特意提议设置国民党“副总裁”一职，并提名陈出任。蒋在日记中记下了设置副总裁的深意：

① 《陈诚先生书信集：与蒋中正先生往来函电》（下），第777页。

> 副总裁之设置，为将来与现在的政治党务的安危与成败关系，皆有必要，无论对辞修与经国计，更有必要也。(1957 年 9 月 27 日)
>
> 本日设置副总裁案，以交议方式提出大会讨论后表决（起立），以三百二十余代表中，赞成者二百八十余票通过。可知尚有少数代表不识大体，尚有派系成见也。经国发言甚为得体，明理为慰。此副总裁案成立以后，本党革命基础稳固，不仅在组织上战胜共党匪奸，而且复国建国长期革命任务可以如期如计推进。(1957 年 10 月 28 日)

可见，蒋设立副总裁的目的是要保证“接班”的顺利，即“长期革命任务可以如期如计进行”。他特别提到此举对陈诚与蒋经国“更有必要”，不管其意是“副总裁”一职是要为蒋经国预留未来，还是要确认陈诚与蒋经国的“接班”先后次序，陈诚得到此职，在公众看来，无疑更稳固了其接班人的地位。比蒋介石年轻 10 岁的陈风头一时。

蒋介石日记显示，蒋在 1958 年 2 月即考虑两年后的“总统”选举问题，他记道：

> 假定两年之内反攻尚未开始，则届期国民代表大会人数不足无法召开时，只有移缴总统职权于副总统继任，而自我出国游历，实行退出政治的计划，以及后继者继续进行其反攻复国任务，而不致中断或有什么变化与遭遇任何困难，此乃今日不能不早为之断，当为余对党国历史最大责任也。(1958 年 2 月 6 日)

这是蒋关于“交班”最早的考虑，不管有多少预设条件的假定，其中还是有将“总统”职权“移交”于“副总统”，他自己“出国游历”“退出政治”等词。

蒋介石虽从未对陈诚或其他人承诺过让其接班，但在他的日记中能隐约看出其曾有此意，如每当他表达对陈诚不满时，总以陈达不到“接班人”的要求，无法“继承大业”相指责。1958年陈诚再次“组阁”时，屡次拂蒋意。蒋认为：“辞修说话不实而取巧……殊为辞修前途忧也。如何使之大公无私，担负大任?”（1958年7月10日）争执结束时，蒋总结道：

> 余方认为其（陈诚）对余不应如此诈伪不诚也。殊出我意外。卅年来苦心培植，不惜他人怨恨与牺牲一切情感而扶植至今。其结果如此，伤心极矣。此为余平生对人事干部所最失败痛心之一次也。（1958年7月13日）

“卅年来苦心培植”，说明蒋介石对陈诚长期的培养。“不惜他人怨恨”较易理解，是讲他对陈的偏爱引起其他人不满，而“牺牲一切情感而扶植至今”则有些隐讳，应该是说他在培养陈与蒋经国之间的艰难选择。蒋将陈诚的不听话，当成是平生对人事干部所“最失败痛心之一次”，可见其伤心的程度。

随着1960年第三届“总统”选举日期临近，台湾岛内要求蒋介石遵守宪法不再参选，向陈诚“交班”的呼声颇高，胡适的言论为其代表。蒋介石决定不惜“违法”连任“总统”，通过修改《动员戡乱时期临时条款》，冻结了“总统”只能连任一次的规定，不仅使自己第三次当选“总统”，还意味着他可以无限期地连任下去，直到“鞠躬尽瘁”。这等于公开宣示其生前无“交班”的可能性，所有希望陈诚接班的人幻想破灭。

然而，此后蒋在日记中，仍以“接班人”的高标准苛责陈诚。陈虽连任“副总统”，但其态度已与6年前大不相同，更令蒋觉得陈并非未来事业“寄托之人”，以至夜不成寐：“昨夜十时后就寝，之初当能熟睡一小时半，及至十二时前醒后一直至今晨五时后起床，未能睡去，以辞修之狭窄虚伪大失所望，不知国家与革命事业如何寄托矣，甚叹。以天下与人易，为天下得人难也，果如此乎?”（1960 年 7 月 22 日）为促使陈诚觉悟，蒋介石甚至设想好与陈谈话的腹案，以当面允诺其“元首修补者”的身份促其觉悟与振奋：

> 明示辞修彼已成为元首候补者，国家前途人民祸福将来全属望于彼身上，如果其心情言行一、如最近数月来之表现，几乎中外友好人士皆为失望，人心无所寄托，此岂只是我个人忧惶无措而已。能不憬悟自修乎？二、玩弄手段施用权术，只可偶一为之，则人或可谅解。如无时无地不用权术，而过去不自觉其为人所谅察，反以为人愚而我独智，岂不危哉。(1960 年 8 月 3 日)

但蒋最后放弃了与陈谈话的设想，反而在会议场合对陈诚“加以慰勉”，“而未道破其缺点，使之自悟，或更有益”。用暧昧的言行让下属产生期待而努力，却从不明确承诺，始终居于主动地位，这是蒋的一种驾驭术。

蒋介石不愿明确表示向陈诚交权的另一个重要的因素，是他到台湾后一直在培植蒋经国。但蒋经国此时在国民党内的资历尚浅，职位较低，尚难一步登天。

1962 年，75 岁高龄的蒋介石要进行前列腺手术，为预防万一，他终于对“交班”计划有明确的交待：

> 下周即将诊治溺道症，或须用手术麻醉，故对国家与政府大事准备处理之要旨。特别对于经儿与辞修之关系，精诚合作之重要有所嘱托，此后只要辞修能以诚待经国，再无疑忌，且不听细言，则近年来经儿已经领受严教，对修忠诚当无问题也。(1962 年 4 月 21 日，“本星期预定工作”)

4 天后，蒋介石写下的日记类似遗嘱，更清楚地交待了他万一不测之后陈诚与蒋经国的关系：

近日行将施用手术以前，甚思今后党国与政府如何革命之任务问题，有一个切实指示，就是经国与辞修精诚团结，以支持此一难局，来收复大陆全部失土，拯救全国同胞，以达成我毕生之志愿。甚望辞修能宽容大度，一以诚心待人，不尚虚伪；则经国自能以事我者事彼，共同一致完成革命也。惟有如此，方能贯彻我期望也，但此事必须有夫人从中指导，依照我的意志解决问题。口能发生效果，望辞修与经国皆能善体此意则幸矣。(1962 年 4 月 25 日)

日记中虽未说明陈诚与蒋经国各任何职，但“经国自能以事我者事彼”一句，说明蒋经国地位在陈诚之下，要服从陈诚领导。

手术后三个月，蒋介石发高烧，他再次感到“生死莫卜”，所担心的仍是“政府之处理”，即权力交接问题。他在 7 月 22 日的日记中写道：“对政府之处理，甚望辞修与经国能如我之容忍，彼此互谅互助，彻底合作，亦能如我与他二人者，则余之反攻复国事业，仍可继续完成也。”次日，蒋更写了他死后的具体人事安排：

病中甚念外交与内政问题，如余果病死，……至内政问题，在“人和”为第一，如辞修继任总统以后，唯一重要问题即行政院长与台省主席人选，余认为目前只有（周）至柔、（袁）守谦与经国三人中选择之。此外以余所知者皆不适也。此乃可作为今后决策之参考耳。以至柔为有主动能力，但其心术与作为在重要关头颇有偏差，望能共同纠正之。而经国则有理想，与守谦皆能负责者也。(1962 年 7 月 23 日)

在这个假定他死后的“交班”计划中，陈诚继任“总统”，“行政院长”与台湾省主席二职则在周至柔、袁守谦、蒋经国中三选二。周至柔曾任空军总司令、参谋总长等职，其时是台湾省主席。袁守谦曾任国防部次长、时任政务委员兼交通部长。蒋经国则是“行政院退除役官兵就业辅导委员会主任委员”。三人之中，蒋经国资历最浅，职位最低。而蒋在此时将陈诚与蒋经国并列，嘱咐“互谅互助，彻底合作”，显然是竭力提升蒋经国的地位。这是蒋日记中最后一次涉及“交班”。此后直到陈诚辞世，日记中再无向陈“交班”的记载。

综观如上过程，蒋介石从未明确表示生前要将权力移交他人，即他没有生前向陈诚“交班”的计划。他在1962年的“交班”底牌是：万一他过世之后，由陈诚继任“总统”，蒋经国担任“行政院长”，宋美龄“监权”。在这一计划中，看似陈诚“接棒”，但蒋经国的地位大大提升，是一个更大的受益者。这个模式在1975年蒋介石过世后形成“严家淦—蒋经国体制”，竟然最终成真。

附录一：陈红民访谈：蒋介石在台湾的危机时刻

澎湃新闻记者　彭珊珊　实习生 许雅惠

2007年，浙江大学历史系教授陈红民建立了“蒋介石与近现代中国研究中心”，他意识到，“人民公敌蒋介石”离一个客观的研究对象又近了一步。

这是国内外第一个研究蒋介石的学术机构。在很长一段时间里，“蒋介石”在中国大陆的语境下代表一个被革命推翻的政权，政治“敏感”使得学术研究的开展也顾虑重重。

2010年，“蒋介石”三个字首次出现在大陆召开的学术研讨会的标题中。陈红民在浙大主办“蒋介石与近代中国”国际学术讨论会，并同步出版了《蒋介石与近代中国》丛书。面对国内外同行的诧异与好奇，他不得不一次次解释：“我没走什么‘高层路线’。会议能顺利召开，说明我们国家的开放，已经有足够的雅量与自信去评价一个争议人物。”

同时，浙江的民间社会也对“以蒋介石为代表的浙籍人士”在近代中国的历史表现出很大的兴趣。中心成立之初，浙江恒励置业集团有限公司捐资100万人民币与浙大共建，并设奖学金资助以蒋介石相关研究作为硕士、博士学位毕业论文的研究生，目前已有24人获得资助。

与出生地相比，在蒋介石统治了20多年的台湾地区，他的境遇则大不如前。今年2月以来，台湾多地掀起拆除蒋介石铜像运动，威权时代留下的蒋氏铜像遭喷漆、被用垃圾袋套头，甚至被“断头”。

陈红民认为，从1949年蒋介石退兵台湾，到1975年他去世结束统治，这一阶段对于评价和理解蒋介石至关重要。那么，蒋介石在后半生的所作所为，对国民党、台海局势乃至今天的台湾社会造成了什么影响？为什么说大约每隔十年他就会遇到一次大危机？

澎湃新闻：蒋介石在台湾26年，几乎占其政治生涯的一半，相关研究却较大陆时期少得多，原因何在？

陈红民：中国人说“盖棺定论”，对蒋介石来说，台湾时代可能比前一段更重要。呈现出许多与大陆时代不同的方面，但我们对此的研究空白太多。

对台湾学者而言，蒋介石在世时，基本是在个人崇拜的专制文化之下，很难进行独立的学术研究；后来台湾社会迅速地变化，威权主义不在了，研究蒋介石仿佛变成了一个“过气”的题目。

首先是政治氛围有变化。民进党上台之后要“去中国化”。“去中国化”本身是抽象的，具体的比如不说中文、不写汉字、不吃中餐，他们又做不到，于是就要“去蒋化”。他们声称国民党是外来政权，蒋介石是当时的领袖，通过“去蒋化”来打倒国民党是一个重要的策略。拆毁台湾各地的蒋介石铜像是其中一个表现，最严重的是2007年，把台北的“中正纪念堂”改成“台湾民主纪念馆”，“大中至正”四个字改成“自由广场”，甚至要把蒋介石的遗体从大溪迁到公墓去。

而现在的国民党为了选举成功，也有意和蒋介石划清界限。

当下台湾民众对蒋介石的认识是不全面的。很多人在民进党的煽动下用一种不理性的视角来看待蒋，包括渲染“白色恐怖”、“二二八”事变，拿现在的制度作参照，指责蒋独裁。但如果当时蒋介石不能维持台湾社会的稳定，也不会有后来的经济发展、社会开放。比如陈水扁自己也说，他家属于台湾社会最穷的三甲贫户，能考上台湾大学、读法律系、获得较高的社会地位，这只有通过土改、教育平等的措施才有可能实现。所以只说蒋介石坏，不看他的贡献，其实是另外一种不理性。

对大陆学者来说，很长一段时间我们对1949年之后的整个台湾社会都不太了解。1985年我的导师茅家琦教授最早开始研究当代台湾史，当时是一个敏感题目。我们跟着他一起写《台湾三十年》《八十年代的台湾》这几本书，开始逐渐了解台湾到底经历了哪些阶段，每个阶段大致什么情况，包括台湾的流行音乐、电影、乡土文学，以及经济如何起飞、思想文化怎么变化。了解这个社会之后，你才能研究政治结构如何变化，然后执政党、党的领袖是什么样的。如果你都不了解这个社会，就谈不上评价执政党或党的领袖。这是一方面原因。

另一方面，改革开放以后，海峡两岸有更多交流，但这时台湾社会已经发生很大变化，蒋介石也过世已久，关注的人也就不多了。

澎湃新闻：退兵台湾初期，局面一度非常混乱，蒋介石如何处理国民党内的矛盾，以及与台湾本地人之间的问题？

陈红民：蒋介石刚去台湾的时候遇到了第一个大危机。

他退守台湾的设想是，把台湾海峡作为抵挡解放军的天然屏障，没想到后来解放军把海南岛也打下来了，说明渡海作战没问题。另外，美国在内战结束之前就不再支持他，袖手旁观等尘埃落定，任其自生自灭。

但这时朝鲜战争爆发，台湾的地位突然变得很重要。1950 年 6 月 27 日，美国总统杜鲁门宣布第七舰队进驻台湾海峡，解放军要渡海作战势必会和美国发生战争。所以美国的介入化解了外在环境的危机。

蒋介石初到台湾时是“下野”的状态，指挥军队也不方便。这时“代总统”李宗仁又称病跑去美国不肯回来。蒋介石到台湾后面临三件事：首先统一党政上层，然后稳定社会秩序，最后才能谈备战打仗。

1950 年 3 月，蒋介石“总统”复职，之后他开始整合国民党内部力量。国民党在大陆时期是一个很松散的党，到台湾以后通过“改造运动”把党员干部重新规划组织起来，严格整顿。比如，将所有党员重新登记，虽然少了很多人，但留下来的都是中坚分子，投机的中间派都被剔除出去了。另外，蒋介石整顿派系，不光是反对他的桂系等被清洗，连他曾倚重的陈立夫、宋子文、孔祥熙都不再重用，国民党内部更新换代，启用陈诚、周至柔、蒋经国等年轻一辈。这样，国民党基本实现了党政团结。

然后蒋介石开始整顿军队，淘汰老兵。过去国民党军队很松散，他通过建立政治部制度，就是一种监视部队军官的制度，使得军队很快稳定下来。

党政大权的统一，是蒋介石在大陆时期没有做到的。

另外，蒋介石还去了解共产党的经验，他读过毛泽东的《中国革命战争的战略问题》和中共七大的文件等。

他向共产党学习了全民动员的经验：蒋介石过去主要依靠军队，党和民众也没什么联系；到台湾以后，他首先建立了“中国青年反共救国团”，把高中以上的青年都集合起来，团长是蒋经国；同时把妇女也集合起来，组成“中国妇女反共抗俄联合会”，主任是宋美龄。这样就把他在大陆时期忽视的事情做起来了，整个台湾社会被他控制住，系统也更加严密了。

另外他给民众一些好处，比如“土地改革”。台湾当时是个农业社会，开始先减租（“三七五减租”），有步骤地实行公地放领，最后实行“耕者有其田”。农民有了自己的土地，也就稳定了。

还有“白色恐怖”。蒋介石推行非常严厉的镇压政策，彻查“匪谍”，对共产党人，“宁肯错杀一千，不能放过一个”。当时甚至有这样的情况：被认为是共产党的人就装进麻袋直接扔到海里，没有任何审查。有些跟共产党没有关系的左派人士也遇害了。

用这样恩威并施的办法，蒋介石把台湾控制了起来。美国插足两岸事务为他赢得较为稳定的外部环境以后，他能够比较从容地进行内部的整肃，安稳度过了第一个危机时期。

澎湃新闻：雷震、胡适、殷海光等知识分子的批评，对于蒋介石的影响有多大?

陈红民：现在很多人强调或渲染了胡适、雷震、殷海光他们宣传的“民主”、“自由”对蒋介石的影响，我认为这其中有夸张。首先是“秀才造反”，只是舆论上的宣传。其次，这几个人的蜕变过程也很有意思：胡适本来跟蒋介石是好朋友，胡适从来没有敢说跟蒋介石决裂过，他甚至多数情况下是帮蒋介石的。雷震本人也是老国民党党员，长期以来，他负责跟青年党、民社党这些社团联系。他办《自由中国》的时候，台湾也正需要这样的宣传，所以最初的《自由中国》杂志是官方资助的，是“教育部”给钱的。20 世纪 50 年代末期它才慢慢独立出来，因为它老跟“政府”唱反调，慢慢才走到反对的路上。而且，雷震从来没说过反对蒋介石，他要反对蒋介石下边的那些人，或者一些具体的政策，或者说蒋介石参选“总统”不对，但他从来没有要推翻国民党，完全没有这些话。

而且，蒋介石也抓这些人，他很从容地考虑怎么处理。我们都知道雷震的案子先是《自由中国》批评当局，后来发展到雷震开始组政党，叫“中国民主党”，党章都出来了。但蒋介石抓他的时候不用这个罪名，却说雷是“匪谍”。胡适跟蒋介石说，雷震影响那么大，你还抓起来，而且他是普通百姓，怎么能军法审判？蒋介石说，哎呀，如果雷震是别的问题我都放，但他现在是“匪谍”。这样胡适也无法没跟他争辩了。蒋这种方式虽然很拙劣，但蒋介石对外宣称追随三民主义，不会用民主方式来作为一个罪名，他的逻辑在表面上能自圆其说。

所以这没有危及到蒋介石的统治，只是让他很难受。他警告过雷震好几次，没有效果，就抓起来了。

孙立人案件也是这样。蒋介石当时完全能够掌控台湾全部的军队，他把孙立人抓起来之后，没想好怎么定罪，日记里写了两三个月，讨论来讨论去，怎么处分他，甚至怎么告诉他，怎么告诉美国人，也就是说，蒋有很充分的时间来讨论这些问题，对他来说这应该不是一个危机。

用蒋介石自己的话来说，真正的危机是“心腹之患”，心脏出了问题是要死人的；但是现在这些人不过是“肘腋之患”，就是胳膊肘，虽然也难受，但不至于死人。

而真正的心腹之患是能置他的政权于死地的事情，往往和国际格局有关。

澎湃新闻：1958 年的“八二三炮战”给蒋介石的冲击体现在哪些方面？

陈红民：这是蒋介石在台湾的第二个危机时刻。虽然有美国的舰队挡在台湾海峡，但如果大陆方面执意要开战，又会打破蒋介石苦心营造的平衡。

此前毛泽东没有决定要打，但1956年台湾和美国签订了所谓的“中美共同防御条约”，等于是把美国帮助防卫台湾“法律化”了，这导致了毛泽东决定炮击金门。当然，中共的战略考虑是多方面的，我们现在看来，毛泽东就是试探一下美国的态度，但蒋介石不知道。他感觉到的是，解放军又准备好了，通过情报也了解到大陆在厦门也做了很多军事部署，同时赫鲁晓夫又访问中国，蒋介石就觉得这是真的要合作攻打台湾了，非常紧张。当时世界其他国家也很关注，毕竟台海局势是一种平衡。

而且，炮战第一天，台湾就损失了金门的三个防卫副司令——赵家骧、吉星文、章杰。蒋介石措手不及。

蒋介石的如意算盘是：第一，美国人帮他守台湾；第二，如果混得好，说不定美国人愿意帮他“反攻大陆”，金门开火正是一个机会。但美国人不会干这种傻事，所以两者之间产生了很大的分歧。

蒋介石极力加强台湾跟金门的联系。其实美国人一直希望他从马祖、金门撤兵，因为这两个岛离大陆近、离台湾岛太远，维持成本很高，不如撤兵固守本岛。但蒋介石坚决不同意，有两个原因：一是军事考虑，那里是前沿，进攻可作跳板，防守形成锁链；第二，他认为那两个岛属于“福建省”，台湾岛是“台湾省”，也就是说，他蒋介石不是只有一个岛，还有一个全中国，只是暂时还没反攻大陆——这个心理上的观念很重要。所以他坚决不肯退兵。

蒋当时非常紧张，白天打仗，晚上派蛙人把军需用品送到金门岛上。蒋介石自己不能上前线，就派蒋经国去，蒋经国代表他好几次上前线慰问官兵。

毛泽东当时主要是试探台湾和美国的关系，打一段时间又突然说，我们停战几天，你们可以补充物资，然后我们再打。停战一星期，台湾真的开始大量运送物资到前线。然后毛泽东说，你运送物资可以，美国军舰不能护送，护送就要打，因为这是中国内战，和美国没有关系。

一开始真的有美国军舰护卫台湾军舰，解放军就往运输船和护卫船之间发射炮弹，美国军舰就跑开了，不再护送。毛泽东就说，你看美国人真的不是你的朋友，我们说让你送，你好好送就行，非得让美国人来，我们一打炮，美国人就往回跑，他也不是你的朋友。

毛泽东当时没有要通过打金门来解放台湾的计划，但是金门炮战对蒋介石冲击非常大。

澎湃新闻：1971 年联合国大会恢复中华人民共和国的合法席位，1972 年尼克松访华、中日邦交正常化，这是台湾的“外交”大溃败时期。此后蒋介石在内外政策上有何变化?

陈红民：台湾时期蒋介石基本上每隔 10 年就遇到一次大危机。继 20 世纪 50 年代初、50 年代末以后，到 1970 年世界形势发生变化，他又遇到了第三个危机。

蒋介石面临的是联合国席位的挑战。联合国席位的重要性在于，一个国家只有一个代表权，谁占有位置谁就有国际社会承认的合法性。对蒋介石来说，已经失掉大陆，联合国是他保证和各个国家尤其是美国保持联系的纽带，也是证明他在台湾统治“合法性”的象征。

所以，每年 10 月联合国开会之际，台湾所有的“外交”都围绕保住联合国的席位展开。台湾在联合国的席位之所以能维持住，就是因为冷战格局，因为美国和西方国家的支持。最初美国人帮忙，讨论议程的时候，中国代表权问题不进入表决议题就是不讨论。到了 20 世纪 60 年代，国际社会发生非常大的变化，许多非洲的殖民地国家独立，第三世界国家进入联合国。联合国是一国一票，所以众多第三世界国家给了大陆很大支持。这样再不讨论这个问题就不行了。1961 年联合国把中国代表权的问题定为“重要问题”，要求三分之二国家同意才通过，不是说简单的半数通过。台湾方面非常生气，此前有防火墙，中国席位议题不讨论，现在三分之二通过就承认，是退了一大步。台湾与美国有很多的分歧。

蒋介石派“副总统”陈诚到美国访问，跟美国发了很多火，但是台美关系中美国是主导，蒋介石没有什么筹码来讨价还价。

1965 年，法国和中华人民共和国建交，西方国家阵营里随之出现了多米诺骨牌效应，更多国家有意愿与我们建交。

蒋介石日记里有大量相关记录，就是每年联合国各国的投票，慢慢朝着对他越来越不利的方向倾斜。1971 年联合国 26 届联大召开时，蒋介石就考虑“退出”联合国。

蒋介石这个人总是能自圆其说，台湾有联合国席位的时候，他说联合国是“正义”的化身，“共匪”进不去，但到联合国快要驱逐他的时候，他就说联合国已经失去正义，没有公义可言了，我们不要也罢，主动退出。他此前好几次都提出，我们“退出”联合国算了，被赶出来是很屈辱的事情。

1971 年 10 月开会，3 月他就在考虑，台湾今年要不要派代表团去联合国，要不要先退出，退出就不存在“被驱逐”的问题。有点过了今年又担心明年的感觉，联合国席位问题成了他一个很大的心结。但最后他还是决定要去。

时任美国总统尼克松是共和党，坚定的反共分子，本来是蒋介石的好朋友，他于 20 世纪 50 年代两次访问台湾，但后来他担任总统，面对世界格局的变化，首先还是考虑美国利益，部分放弃台湾。

1971 年基辛格访华时，蒋介石就预感到联合国席位不保，但他还是说要做最后的抗争。在联合国大会投票之前，台湾评估结果对其不利，便指示代表团宣布“退出”，因为联合国已经没了“正义”、“被‘共匪’影响”。联合国接着就通过了驱逐台湾的决议。

紧接着日本、加拿大、新西兰、澳大利亚等国都和中国建交，台湾面临“外交大溃败”，对台湾社会冲击很大。

但另一方面，台湾经过二十多年的建设，蒋介石个人权威已非常巩固，社会稳定。1965 年美国取消对台“经济援助”，但这时台湾经济已经开始“起飞”，可以独立发展。而联合国席位问题由来已久，此时台湾社会大众的承受能力已经比较强，特别是 20 世纪 60 年代的“重要问题案”以后，感觉这一天早晚要到来。

蒋介石发了文告，号召台湾民众“庄敬自强”，“处变不惊”，以后只有靠自己了，内部要团结。1972 年台湾“总统”选举，已经两次连任的蒋介石表示本来准备退下来了，但因为世界局势变动，抵抗“共产逆流”的责任不敢放弃，又继续当“总统”。但这是他恋栈不愿放权的一个托词。

澎湃新闻：总体上蒋介石迁台后的心态有何变化？

陈红民：20 世纪 50 年代以后台湾社会相对稳定了，他的心态反而感觉超脱一点了。早期行政的事情就交给陈诚，后来是严家淦，再后来是蒋经国，自己虽然做了“总统”但比较超脱。

如果说蒋后半生有特别要批评的部分，就是他晚年恋栈、迷恋权力，不肯放权，而且自私。大陆时代他也迷恋权力，但那时他毕竟有任务，打日本、打军阀……要统一权力。但到了台湾局势稳定以后，1960 年“法律上”也规定他不能连任，陈诚表现出治理台湾的能力，他还不愿意放权，找很多理由。大陆时期他还主动“下野”过三次，他还有点自信。台湾那个时候所有人都认为应该交给陈诚，他坚决不肯让，完完全全是出于私心了。

这件事的动机、结果都不好。如果说再远一点，大陆失败使他对任何人都不相信，陈诚那么忠诚的人都不相信，最后他觉得只能传给自己的儿子。

澎湃新闻：从对今日台湾的影响来看，您如何评价1950—1975年的蒋介石?

陈红民：如果站在今天台湾社会的角度来看，蒋介石早期的作为有合理的部分。最初那种恩威并施的方式也是因为兵荒马乱的特殊环境，在大陆失败的教训对他来说太惨痛了。

他学习共产党的经验，稳固下层社会，把党建成一个有战斗力的集中统一的党，在军队里做“政治工作”，等等。陈永发主持过一个20世纪50年代两岸发展的比较研究的项目，认为1949年以后大陆和台湾发展的某些过程很相近，比如大陆开始土地改革，台湾也一样；大陆是“镇压反革命，巩固新生政权”，台湾是“白色恐怖”，都是为了政权的巩固，一方面是对敌对力量的肃清；另外一方面是对社会基层的巩固。台湾经济建设也有分阶段的几年计划，大陆有社会主义改造，都是发展。所以蒋介石在台湾统治的成功很大程度上因为他学习了共产党的政策。

另外，他为什么在大陆会失败，到台湾以后能够维系政权，外在的因素前面谈过了，还有他个人性格的原因。我认为蒋介石个人能力不够强，政治眼光不够远大，气魄也不够大——有人批评他“民主无量，独裁无胆”。他拘泥于小事，事无巨细地管。事必躬亲是他的优点，但作为一个国家领导人他还欠缺点，作为一个军队的统帅他也欠缺一点，但他如果做一个军长，一个省主席，他的个性、他的能力可能更匹配了。过去我们一直批评他，我个人认为一个人的个性没有好坏之分，重要的是匹配。

还有，蒋介石在台湾时期外部环境很有利，从来没有遇到大陆时期那样的各种挑战。一方面美国给了强有力的支持；另一方面台湾内部从来没有出现一个有组织的有武装的反对力量。这也是为什么他有时反应过度，那是在大陆失败的教训，因为在大陆时期反对他的人多，且多是有武装有组织的。但到了台湾之后就基本上没有这样的麻烦事。除了前面谈的三次危机之外，他的统治环境相对稳定，不像大陆时期按下葫芦又起瓢。

附录二：在斯坦福大学读蒋介石日记的日子

2010年1月30日，要离开Palo Alto的早晨，突然想起还要去CVS买些东西，就匆忙出门。清晨的天气极好，晴空如洗，蓝天上缀着朵朵白云，朝阳灿烂，尽情洒落在地面，当天为周末，街上人极少，恍然若在梦中。正好有一金色长发美女走来，穿着白色衣服，俨然仙女下凡。此刻，Palo Alto这种美国西部小镇安静、美丽与舒适的特点显露无遗。脑海里竟然生出些许不舍的感觉。两次到斯坦福大学胡佛研究所读蒋介石日记的经历，许许多多的细节，一幕幕地映在眼前……

1. 初读蒋介石日记

蒋介石日记在斯坦福大学胡佛研究所对外开放，在史学界引起的反响很大，这是2007年春天浙江大学建立蒋介石与近代中国研究中心的背景之一。当时我的基本判断是，随着蒋介石档案与日记等一批新资料的开放，蒋介石相关研究必然成为学术热点。我们接触到蒋介石日记的时间相对较晚。2007年年底，我去台湾东海大学参加"近代中国国家的型塑：领导人物与领导风格国际学术研讨会"，结识了胡佛研究所的马若孟、郭岱君、林孝庭诸教授，去斯坦福大学读蒋介石日记的计划才进入实施阶段。承郭岱君教授热心邀请，并联络安排住宿诸事，我与浙大同仁方新德教授于 2008 年 11 月 10 日到达期盼已久的斯坦福大学。

到达的次日，郭岱君教授就安排斯坦福大学历史系的博士生乔志健接我们去了胡佛研究所档案馆，急不可耐地开始阅读蒋介石日记。我当天记道：

> 9 点 15 分到了胡佛研究所，一路上开过去，就喜欢斯坦福大学的校园，安静整洁，不少树树龄很长，非常高大。这里的建筑都不高，红顶黄墙，也非常有特色。照相一定很好看。胡佛研究所在校园挺中间的位置，胡佛塔是其标志。乔志健介绍了学校的一些情况。档案馆在地下一层，简单地凭护照登记即可办证阅览，蒋介石日记有些特殊规定，不准照相、复印、扫描等。现在提供的是由原件用绿色纸张复印的，单页。查阅时不能带任何东西进去，档案馆提供纸张，出门时要检查（听说原先只能用铅笔，这次可以自己用任何笔）。基本上每年装一盒子，每月一册，每次只能调一册。我的目标先是 1931 年“约法之争”，全天看了 1—5 月的，抄了一些。进入了一个新的宝藏。

知道蒋介石日记是个宝藏，但时间有限，不可能通读全部日记，我“功利主义”地将查阅内容限定在两个方面（据我所知，不少学者均采此方法）：一是蒋介石与胡汉民的关系。研究胡汉民多年，蒋胡关系是个大课题，希望能有新收获。二是蒋介石到台湾后的表现，补充那时正在撰写的《蒋介石的后半生》一书。当时日记尚未完全开放，只到 1955 年。

每天从早到晚在胡佛研究所档案馆奋笔疾抄日记的情景，去过的学者都记忆深刻。开始很新鲜，到后来就变成了靠体力与耐力支撑的“体力劳动”。好在日记的内容不枯燥，尤其是蒋介石不断有率性骂人与自责的记载，正可“提神”。通过阅读日记，了解蒋的喜怒哀乐与为人处世原则，增加了对他“同情之理解”，也纠正了自己对蒋的一些“误解”。在此举二例：

（一）关于蒋与基督教的关系。以前曾认为蒋信教只是实用主义。2008年秋天，珠海书院联合浙江大学近现代史研究所等六家单位在香港举办“宋美龄及其时代”国际学术研讨会，我担任“宋美龄与基督教”一场的主席，曾无知地说，不能太夸大宗教在宋一生中的作用，还质问报告者“宋美龄是个政治人，还是宗教人?”讨论结束后，蒋方智怡和宋曹琍璇两位女士都上来说我不了解蒋、宋对基督教的感情，劝我去读日记。读到日记后，我才了解到宗教在蒋介石生活中的重要地位，他是个虔诚的基督教徒。

（二）蒋介石的恒心与毅力。蒋介石从1917年开始记日记，一直坚持了55年，无论政务军事多么繁忙，身体如何不适，每天都写，直到1972年85岁的蒋才因病不能写字而停止。这需要何等毅力。看日记，大概可以判断蒋资质中上，不是那种绝顶聪明的人，生活颇有规律，刻板无趣。但毅力坚强，超乎常人，是他能成功的重要因素，所谓成功者必有过人之处。他常以“忍常人所不能忍，方能为常人所不能为”自勉。

12月3日，我结束首次的阅读之旅，从旧金山坐飞机经上海转赴日本参加会议。越临近离开，越觉得时间不够用。20世纪50年代的日记，开始是逐日看，后来就“快速阅读”，只看每周的“反省录”，了解大概（这是蒋日记的一个好处）。到临行的前一日，正看到蒋处理“孙立人案”的紧要处，急煞人也。好在方新德教授晚我几天走，只好托他代抄部分。方教授的时间也很紧，还是帮我抄了，感谢他。

2. 又到斯坦福

再去斯坦福大学阅读蒋介石日记是在2010年的元旦，我结束在哈佛大学半年的访问，直接从波士顿飞旧金山。前一天，波士顿忽降漫天大雪，还担心飞机能否准时起飞呢，早上出门时，东方出现一片晴天，竟然有又圆又大的日出，鲜亮耀眼。好久未看到如此美丽的日出，后来在飞机上又见到彩虹，心里觉得会是个好兆头。到旧金山后，段瑞聪与李玉教授来接，郭岱君教授当晚即宴请，我有宾至如归的感觉。

第二次在斯坦福大学足有一个月，主要看新开放的最后一部分日记（1956—1972年），为修订《蒋介石的后半生》做准备。因有了第一次的经验教训，知道取舍，所以摘抄起来还算顺利。再读日记时有两点很深的感触：

（一）蒋介石写日记的心理宣泄功能。关于蒋为何写日记，学者们分析已较充分，但他通过写日记发泄自己不良情绪的功能似少有人论及。蒋介石性格内向拘谨，绝少知心朋友，所有的苦闷与烦恼均难以通过与别人（包括家人）沟通倾诉来宣泄，所谓“身在高处人孤独”，故写日记发泄对人对事的不满成为他的特殊方法。大家都对他在日记中骂人之多、用词之刻薄印象深刻。其实，蒋对于“公”与“私”分得很清楚，很少将日记中的情绪带到公务中。如他到台湾后的日记里，有多处对陈诚不满的记载，但在实际上，他对陈诚十分倚重。再如日记对胡适的记载可用“痛恨”来形容，但他在公开场合对胡十分“尊崇”，时时请教，邀宴祝寿，让胡适有受宠若惊之感。可见，蒋是善于管理个人情绪的高手，一个理智的政治家。

（二）蒋的私心与权术。第一次看日记时对蒋多了些“同情之理解”，认为他对权力的追求有时是其“责任感”与“使命感”所致；但看到台湾时期的日记，则看法有些改变，蒋介石确实私心挺重。一方面是“大陆失败”的教训，一方面是老年人对失去权力的恐惧，他的心胸与格局比大陆时期更小。如1972年他已经85岁，还一心要选“第五届总统”，表面说自己年老体衰要另选贤能，实际上又说没有人才，自己不出则局面无法维持。薛岳投其所好，上“劝进表”要蒋连任，蒋却在日记中大骂薛是“旧军阀思想”，以小人之心揣度他。

第二次在斯坦福看日记时，内人毕纲从南京赶来会合，我的心情、生活与工作效率明显好于第一次。她不仅在生活上给予照顾，每天还与我一起去档案馆，两人同坐一桌，我看到需要抄录的部分，就指给她抄。我们二人小学、中学与大学都曾同校，但这种夫妻“同桌研读”的日子在我们25年的婚姻生活中并不多见。开始她对蒋的手迹不熟，抄得很慢，不时要停下来问我，熟悉起来后就快多了。蒋介石与她的专业差到十万八千里，抄写是个苦差事，所以她时常抱怨我是将她骗到美国干苦力活的。我说这次她到美国不是参加蜻蜓点水式的旅行，而是在斯坦福大学“深度游”，都深到胡佛塔下面看蒋介石日记了，“可不是每个人都有这种机会的哟!”。抱怨归抱怨，她还是勤勤恳恳地帮我抄。有她帮忙，我顺利看完了蒋到台湾后的全部日记。回到南京后，她又利用业余时间将抄录的内容录入电脑。真是“贤内助”。

也有听说其他学者的家人帮着抄日记的故事，其中最厉害的要数日本大东文化大学鹿锡俊教授的夫人。她陪夫婿一年，独自抄日记而让鹿教授看其他史料，还能在所抄内容中标出“重点”，提醒鹿教授运用时注意，对“蒋学”已经相当入门了。

3. 学术交谊

我曾经在《函电里的人际关系与政治》一书的“后记”里写道：“做学问的道路艰辛而又枯燥，但在此过程中所结识的师友、所得到的教诲、所建立的友谊却令人终身受益与难忘。”相信这也是许多史学界同行的共同感受。两次在斯坦福大学读蒋介石日记，遇到了不少的新朋与故知。杨天石教授将先后在胡佛读日记的学者称为“同研会”（共同研究之意），大家工作时共同砥砺，分享心得，业余时间一同郊游、拍照、聚餐，使得每天枯燥的读、抄工作添了些许情趣。真的难以想象，若没有这些“同研会”的朋友，在斯坦福大学的日子会是个什么样子？

可以说，我与每一位在斯坦福大学相遇的“同研会”朋友都有一段学术机缘。

感谢郭岱君教授，不仅是她的努力促成了蒋介石日记的开放，还在于她在协助浙江大学蒋介石与近代中国研究中心同仁们办理赴斯坦福大学的手续时提供的各种便利，及我们到达后无微不至的招待。感谢宋曹琍璇女士（Shirley Soong）对我们的各种关照，她租小客车拉我们去旧金山游览，走遍各个好玩的角落，如数家珍。感谢胡佛研究所资深教授马若孟、副所长兼档案馆馆长苏萨、林孝庭教授与房国颖女士。

第一次去斯坦福大学时，我在南京大学多年的同事董国强教授恰在斯坦福大学人文中心做访问学者，他热情地充当了车夫，去机场接送，并陪同去旧金山游览。我与日本中央大学土田哲夫教授相识于20世纪80年代，当时他在南京大学留学，他的夫人土田青（冯青）女士也是多年的朋友。他们是休两年的学术假，前一年在台北“中研院”近代史研究所，正巧我在政治大学任半年的客座教授，我们在台北见过面。后一年他们转到斯坦福大学，我们故友相逢，分外亲切。冯青看我时间紧，主动将她摘抄中我需要的部分相赠，可谓雪中送炭。中国社会科学院近代史所的罗敏、金以林、黄道炫三位教授与我们几乎同时到达胡佛研究所，金、黄二位还与我们利用感恩节假期同游优胜美地（Yosenmeti）、大峡谷与拉斯维加斯。日本庆应大学段瑞聪教授是知名学者山田辰雄的学生，我们于2000年在台北相识。他两年的学术假期都住在斯坦福大学，故我两次都见到了他。我们于2009年8月分别从东部与西部出发前往加拿大参加学术会议。之后，他专程去美国东部访问，我陪他去哈佛燕京图书馆，他在馆里看到了自己的著作，很欣喜，我建议他捧着书合影。段教授摄影技术上佳，他用单反相机在“哈佛苑”内帮我拍了张很不错的照片。我再次访问斯坦福大学时，他亦照顾得很周到。我们还先后三次同去访问蒋廷黻的女儿蒋寿仁女士，吃饭聊天，他把访问观感都写进了博客。

巧的是，我再次访问斯坦福大学时，另一位南京大学的同事李玉教授正在胡佛研究所做访问学者，事先预订房间等均有他协助。那一个月，我们同住一层楼，每天同进同出，他对学校及周边环境很熟，陪我们走了不少地方。李玉待人极诚恳热心，一同逛店时，他费尽周折帮着挑选到一件打折的“奥巴马服”（奥巴马访问长城时穿着，厂家以此打广告）。我回国后，请他就近帮助核对过日记的内容。日本大东文化大学鹿锡俊教授是我多年的老朋友，我曾邀他到杭州演讲过。他们伉俪在斯坦福大学一年期间，广泛游历，去美国东部时访问过哈佛大学，我们先在那里相会，白天同在燕京图书馆工作，下班后坐地铁去波士顿游览，非常愉快。我到斯坦福大学后，他们给予了极大的帮助，每周末专车去超市买菜。鹿教授伉俪还开车带我们去十七英里海滩（17 Miles Driver）游玩，一路风光秀丽怡人，游者欢声笑语，印象极深。

4. 研究成果

毫无疑问，蒋介石日记是中国近代最有影响的个人日记，对其史料价值的判断，学者们见仁见智。较普遍的看法是，日记内容不可能在总体上改变我们对历史的看法，但它提供了不少重要历史事件的细节。对于研究蒋的人际关系、心理活动与家庭生活，日记有着不可替代的重要作用。笔者也是循这样的理解来运用这份珍贵史料的，两次赴斯坦福大学阅读蒋介石日记，摘录了近20万字，拓展了学术视野，加深了对蒋介石的认识，对个人的研究与浙江大学蒋介石与近代中国研究中心的工作均有助益。可以说是“公私两利”。

先说“公”。作为大陆地区唯一以蒋介石为主要研究对象的学术机构，浙江大学蒋介石与近代中国研究中心先后有四人六次去阅读日记，在这场“蒋介石日记热”中没有缺席。我们2009年1月在杭州与“日本蒋介石研究会”举办了“蒋介石与近代中国”工作坊。2010年4月，更主办了中国大陆首次“蒋介石与近代中国国际学术研讨会”，相当多的与会学者曾在胡佛阅读过蒋介石日记并在论文中引用。所有这些，为推动蒋介石相关的学术研究在大陆地区的发展与国际交流尽了绵薄之力。我还将部分抄录完整的日记作为史料，与研究生和青年教师共同研读，使他们掌握最新史料，提高年轻一辈对蒋介石研究的兴趣。迄今为止，在浙江大学已有八位硕士研究生、四位博士生，在南京大学还有三位博士生（笔者指导）选择蒋介石作为其学位论文研究对象。

在"私"的方面。蒋介石日记成为我最近一段时间研究中运用最多的史料。最重要的成果是将1955年前的日记内容运用到《蒋介石的后半生》(浙江大学出版社2010年版)一书中，使之成为大陆地区第一部引用日记的蒋介石传记，出版后获得学界较好的评价。目前正在努力，将1956年以后的日记补入，以免遗珠之憾。我利用日记完成的几篇论文，参加了五次国际学术会议，其中已发表有《蒋介石遗嘱知多少》(《近代史研究》2010年第3期)、《蒋介石1950年在台湾之"复职"研究》(《江海学刊》2010年第3期)、《相异何其大——台湾时代蒋介石与胡适对彼此间交往的记录》(《近代史研究》2011年第2期)、《蒋介石与"弹劾俞鸿钧案"的处置》(载《蒋中正日记与民国史研究》，台湾世界大同出版有限公司2011年版)。另有几篇文章，也将陆续刊出。写作《蒋介石遗嘱知多少》初稿时，我人在哈佛，方新德教授与肖如平、刘大禹博士正在斯坦福大学读日记，故请他们核对与补充材料。没有他们的惠助，不可能完成。同时，上海《世纪》杂志还以"蒋介石日记解读"为专栏，连载我所写的文章，都是些轻松有趣、侧重于蒋介石个人生活与情感的内容，目前已刊出九篇。另一篇依据蒋介石1972年日记写成的《从最后的日记看蒋介石晚年心态》长达一万五千字，在《南方都市报》分两次刊出，在读者中引起强烈反响。我的设想是未来将这些文章结集，出本轻松有趣的关于蒋介石的书。

后 记

初看《蒋介石日记》时，觉得资料特别生动：他每天的想法，他的自责，他的骂人，他的苦恼，他的自恋……这与平日教科书上那个概念化的蒋介石十分不同。当即萌发了写组文章的想法，介绍蒋介石这些鲜为人知的方面，从另一角度促使更多的人了解他，日后或能结成本别具一格的书，作为学术研究之外的“副产品”。

当时连书名都想好了，叫《点点滴滴蒋介石》。

最早的文章写于2009年，中央文史馆与上海文史馆办的《世纪》一度曾为我开了个专栏来连载。后来事情太多，写作时断时续，几年下来，有30余篇了。现在结集成书，也算是不负初心。但扪心自问，还有好多篇已构思好，史料也备齐的稿子尚在腹中，不知何时能写出。时间有限、能力有限，奈何?!

本书中所有的文字，除蒋介石与胡适关系的部分内容是新稿外，全部公开刊发过，首发的报刊物与媒体包括：《近代史研究》、《民国档案》、《社会科学战线》、《江海学刊》、《浙江大学学报》、《中国国家历史》、《社会科学辑刊》、《世纪》、《纵横》、《南方都市报》、《凤凰周刊》、《总统府》、澎湃新闻、腾讯文化等，在此向所有报刊、媒体表示感谢，尤其感谢付出心血的各位编辑。

一些文章发表后被不少媒体转载，但鲜有打招呼与按规定付稿酬的。一方面，他们扩大了文章的影响，传播了知识；另一方面身为传媒工作者却又无视知识产权，我真不知该对这些人说些什么。

在文章结集出版之际，有以下三点要说明：

一、在结集时，尽量采用原稿，补充了刊发时因版面、篇幅等原因删除的部分。有的文章进行了重要修订与补充，如蒋介石遗嘱的内容，从原先的9份，增加了新发现的3份。对不同风格的文章加以整合，在保证史实准确的前提下，尽量朝内容通俗、文字生动的方向修改。为阅读流畅起见，原有的注释基本删除，一些重要的史料，尤其是蒋介石日记的内容，则简约地注释。

二、书中部分文章的原稿是我与浙江大学的博士、硕士研究生共同完成的。合作的基本模式是：我提供基础史料，在相关课程上组织导读讨论，确定写作主题，然后学生选择题目，完成文字初稿，最后由我重写定稿，发表时联合署名。参与合作的人员如下（他们现在大多已毕业离校）：肖如平、曹明臣、傅敏、段智峰、王丛丛、朱晶、张莉、罗树丽、原静文、银品、周丽丽、夏思、潘建华、徐亮。他们仍拥有相关文章的部分著作权，感谢他们!

三、本书的结集只是个阶段性的成果，是个试验品。需要写的同类文章选题还很多，写作风格亦需更明晰，自己也打算继续写下去。希望后面每篇文章都是更好的一篇，以后的书是更好的一本。

以此自勉自励!

陈红民

2016年3月7日于杭州仿秋斋

责任编辑：王世勇

图书在版编目（CIP）数据

细品蒋介石：蒋介石日记阅读札记 / 陈红民 等 著．—北京：
人民出版社，2016.12（2024.1 重印）

ISBN 978 – 7 – 01 – 016837 – 1

I. ①细…　II. ①陈…　III. ①蒋介石（1887—1975）– 人物研究
IV. ① K827=7

中国版本图书馆 CIP 数据核字（2016）第 245311 号

细品蒋介石

XIPIN JIANGJIESHE

——蒋介石日记阅读札记

陈红民 等 著

人民出版社 出版发行
（100706　北京市东城区隆福寺街 99 号）

北京汇林印务有限公司印刷　新华书店经销

2016 年 12 月第 1 版　2024 年 1 月北京第 3 次印刷
开本：710 毫米 ×1000 毫米 1/16　印张：32
字数：391 千字

ISBN 978 – 7 – 01 – 016837 – 1　定价：128.00 元

邮购地址 100706　北京市东城区隆福寺街 99 号
人民东方图书销售中心　电话（010）65250042　65289539